高等学校制糖工程专业教材

现代甜菜糖厂技术装备

郑喜群　王文霞　主编

中国轻工业出版社

图书在版编目（CIP）数据

现代甜菜糖厂技术装备/郑喜群，王文霞主编. —北京：中国轻工业出版社，2017.8
高等学校制糖工程专业教材
ISBN 978-7-5184-1241-9

Ⅰ.①现… Ⅱ.①郑… ②王… Ⅲ.①甜菜制糖-制糖工业-食品加工设备-教材 Ⅳ.①TS243

中国版本图书馆CIP数据核字（2017）第199127号

责任编辑：苏　杨
策划编辑：马　妍　　责任终审：张乃柬　　封面设计：锋尚设计
版式设计：宋振全　　责任校对：吴大鹏　　责任监印：张　可

出版发行：中国轻工业出版社（北京东长安街6号，邮编：100740）
印　　刷：河北鑫兆源印刷有限公司
经　　销：各地新华书店
版　　次：2017年8月第1版第1次印刷
开　　本：787×1092　1/16　印张：22.25
字　　数：490千字
书　　号：ISBN 978-7-5184-1241-9　　定价：70.00元

邮购电话：010-65241695
发行电话：010-85119835　传真：85113293
网　　址：http://www.chlip.com.cn
Email：club@chlip.com.cn
如发现图书残缺请与我社邮购联系调换
151044J1X101ZBW

本书编写人员

主　编　郑喜群　齐齐哈尔大学
　　　　王文霞　齐齐哈尔大学
参　编　孟凡龙　齐齐哈尔大学
　　　　张慧君　齐齐哈尔大学

前　言

甜菜是世界第二大制糖原料，在世界食糖中，甜菜糖约占糖总产量的 20%。在我国，甜菜糖占国内糖总产量的 10%~20%。我国甜菜现主要分布于北纬 40°以北，包括东北、华北、西北三个产区，新疆、黑龙江、内蒙古是全国前三大甜菜产区，2015 年三大甜菜主产区的甜菜总产量达 685.7 万吨。我国 2014/2015 榨季甜菜糖产量为 73.8 万吨。2014/2015 榨季全国制糖行业销售收入 549 亿元，实现利税总额 10.4 亿元。

近年来，在我国广大糖业科技人员的努力下，我国糖业生产技术与装备水平都得到了明显提高。在生产线设计与装备制造方面，大规模制糖生产线已实现了全面设计制造和安装。然而，我国制糖工业的科学技术进步较慢，在产品品种和质量、能耗、生产以及设备效率等方面，与欧美国家的甜菜糖厂相比还有相当大的差距。

随着我国制糖产业的发展，制糖工程产业从业人员的知识结构与学历有了很大提高。但是，由于我国制糖工业结构的调整，该行业的科技人员中仍存在着技术技能较低、难于应对现代化装备与技术的要求、创新能力相对薄弱、科技人员不足以及管理人员素质还有待于提高等问题。为了适应当前高等院校教学改革，齐齐哈尔大学食品工程专业增加制糖工程方向，编写了一套四年制本科制糖工程专业教材，可供从事制糖行业的科研和技术人员参考。

本教材所论述的制糖机械和设备是以我国大型甜菜糖厂目前所采用的通用机械设备为基础，同时也适当照顾了中小型糖厂。为了反映当代制糖工业的最新技术水平，本书对国内外新研制以及国外先进的制糖机械和设备也加以介绍，以便加速我国甜菜制糖工业的发展。

本书共分十三章。编写人员如下：郑喜群（第一章、第二章、第三章、第四章），孟凡龙（第五章、第六章、第七章），王文霞（第八章、第九章、第十章），张慧君（第十一章、第十二章、第十三章）。本书由郑喜群、王文霞主编。

本书参考了国内外专家、学者的有关专著、论文、工程实践，大专院校出版教材，国内外知名企业的技术资料和成品样本等。

本书在编写过程中得到了齐齐哈尔大学领导的关心与支持，得到许多专家、教授的指导与帮助，在此表示衷心的感谢。

由于作者水平有限，书中出现缺点和错误在所难免，恳请读者批评指正。

编者
2017 年 4 月

目　录

第一章　甜菜收购与甜菜预处理设备	1
第一节　甜菜收购计量、除土、倒运及样品处理设备	1
第二节　甜菜输送设备	5
第三节　甜菜除杂与清洗设备	23
第四节　流洗水甜菜尾根回收与除渣设备	31
第二章　切丝设备	37
第一节　切丝机	37
第二节　切丝刀片、装刀与刀片维修	45
第三章　渗出装备	52
第一节　概述	52
第二节　连续渗出器的类型与构造	53
第三节　连续渗出器的计算	72
第四节　渗出器的防腐	82
第五节　渗出附属设备	85
第四章　清净剂制备设备	90
第一节　石灰窑	90
第二节　石灰消和设备	97
第三节　窑气除尘与降温设备	101
第五章　加灰饱充设备	106
第一节　加灰设备	106
第二节　饱充设备	110
第六章　脱色设备	115
第一节　硫黄炉	115
第二节　脱色反应设备	118
第七章　过滤设备	127
第一节　加压过滤设备	127
第二节　真空吸滤设备	139
第三节　过滤计算	143
第八章　加热设备	147
第一节　加热器的类型与构造	147
第二节　加热器的计算	158
第三节　汽凝水排出设备	168

第四节　热损失及保温 171

第九章　蒸发设备 175
第一节　概述 175
第二节　蒸发罐的类型和构造 176
第三节　蒸发罐主要部件 186
第四节　蒸发罐的计算 201
第五节　蒸发站的附属设备 210

第十章　结晶设备 235
第一节　概述 235
第二节　结晶罐的类型与构造 236
第三节　结晶罐的设计与计算 255
第四节　助晶设备 263

第十一章　分蜜设备 276
第一节　离心分蜜原理 276
第二节　离心机的类型与构造 278
第三节　离心机的计算 296
第四节　离心机的平衡 307
第五节　离心机的维护、检修要点 308

第十二章　砂糖干燥、筛分、包装与仓库设备 310
第一节　砂糖干燥的基本概念 310
第二节　干燥设备 311
第三节　砂糖筛分设备 320
第四节　包装和仓库设备 324

第十三章　固体物料及砂糖输送设备 331
第一节　概述 331
第二节　皮带输送机 331
第三节　斗式提升机 335
第四节　螺旋输送机 340
第五节　振动式输送机 344

参考文献 346

第一章 甜菜收购与甜菜预处理设备

甜菜成熟后在田间经打叶、切冠、起收、除土后装入机动车辆送往糖厂的厂内或厂外收购站。在收购站内，经地中衡计量后，开往指定堆卸场地卸车，检质人员根据甜菜中杂质含量多少进行扣土、扣杂。有条件的糖厂将甜菜卸入除土堆垛机的喂料储斗，进行机械除土后堆垛，被清除的杂土输入送菜车辆进行空车称重。经过机械除土后进行堆垛的甜菜，泥土和杂质含量低，利于保藏散热，但仍含有相当数量的沙土和杂物，需经检质进行去土扣杂后计算净量。检测手段完善、实行按质论价的糖厂，在甜菜收购时会进行随机取样，对样品进行清洗前后计量扣土，分选切削前后计量扣杂，对经过清洗、切削处理的样品甜菜提取甜菜糊进行质量检测，检测结果作为甜菜收购价格的依据。

厂外收购站点收购的甜菜应实行计划运输回厂，直接送入甜菜预处理工序，尽量减少厂内二次倒运量。甜菜运输回厂分为铁路和公路两种运输途径，铁路运输装车设备通常为装载机和移动式皮带输送机，公路运输装车由装载机独立完成，运输车辆多为大中型自卸汽车和平板高护栏运货汽车。

甜菜从户外进入车间预处理工序的输送分为干法和湿法两种。干法是将甜菜卸入给料器的贮斗，经带式输送机送入除土机进行除土，然后由带式输送机将甜菜送入预处理工序的流送槽内，水在甜菜入槽口处加入。除土机分离出的沙土，由螺旋输送机或皮带输送机输入运输车辆运走。湿法是将甜菜卸入甜菜窖，借助窖内水力喷射器喷出的水力将甜菜冲入流送沟，甜菜借助水的流动力和浮力经流送沟流送进入预处理工序。需要升运时，通常采用甜菜泵或扬送轮。

甜菜预处理过程主要是借助水的浮力，根据泥沙、甜菜与杂草在不同水流速度下的沉降与漂浮性能，通过机械运转进行除石器除石和除草机除草、除杂；在洗菜机内进行摩擦清洗、缓冻，进一步清除沙石等杂物。经过洗菜机清洗的甜菜由扬送耙或斜置螺旋输送机送出洗菜机后用清水进行喷淋清洗，经斗式提升机或带式输送机送入切丝工序。甜菜在进入切丝工序之前，需经过除铁器除铁和电子秤计量。

第一节 甜菜收购计量、除土、倒运及样品处理设备

一、甜菜的收购、贮存场地

甜菜收购贮存场地要求坚实、平整，利于车辆通行，甜菜堆放场地要求中间高、两侧低，周边外排水畅通，避免秋季雨水浸泡甜菜造成糖分流失，有条件的糖厂可采用混凝土覆盖一劳永逸。厂内甜菜堆放场地要保证厂内收购甜菜时前期合理堆放用地，同时满足半个月以上生产加工量所需甜菜堆放用地，避免甜菜收购时因堆放场地不足，导致甜菜堆过高、过大，造成甜菜发霉变质；或遇气候变化，厂外运输中断时，因厂内贮存甜菜量不足而导致生产中断。

甜菜贮存分为临时贮存、暖菜贮存和冻固菜贮存三种形式，贮存菜堆大小各厂不一。一般情况下，临时贮存菜堆宽度6~10m，高度1.5~2.5m；暖菜贮存菜堆宽度6~10m，高度2.5~3.5m；冻固菜贮存菜堆宽度10~20m，高度为装载机或除土堆垛机的最大堆垛高度，菜堆的横断面呈梯形。无论何种贮存形式，为减少风吹日晒，菜堆表面都要用草帘或塑料布等遮盖物覆盖，同时做好通风散热，避免菜堆发热导致甜菜变质。对于质量较差的甜菜，优先运送回厂，优先加工。

二、计量设备

糖厂在收购甜菜时采用地中衡进行计量，常用的地中衡有机械式中的计量杠杆式地中衡，机电结合式中的电阻应变式地中衡和电子式地中衡三种类型。规格一般在30~120t范围内选取。前两种类型的地中衡需安放在地下的基坑内，秤体表面与地面持平。电子式地中衡（汽车衡）可直接安放在地面上，秤体表面高于地面，秤体两端带有坡型钢制引桥，便于汽车行驶。后两种地中衡具有计量信息显示、储存和打印功能，显示控制器根据来自传感器的载荷信息，准确、快速、稳定地显示出计量数值，同时指示打印设备将计量数值、车号、日期等信息数据打印出来。此外，电子应变式地中衡在发生停电时，可从计量杠杆的刻度尺上读取计量数值。

三、桥式取样装置

桥式取样装置如图1-1所示，由龙门架和取样机组成。龙门架上安有步行梯、护栏、供取样机横向行走的铁轨及限位装置。取样机由取样钢桶、控制钢桶旋转与升降和取样机

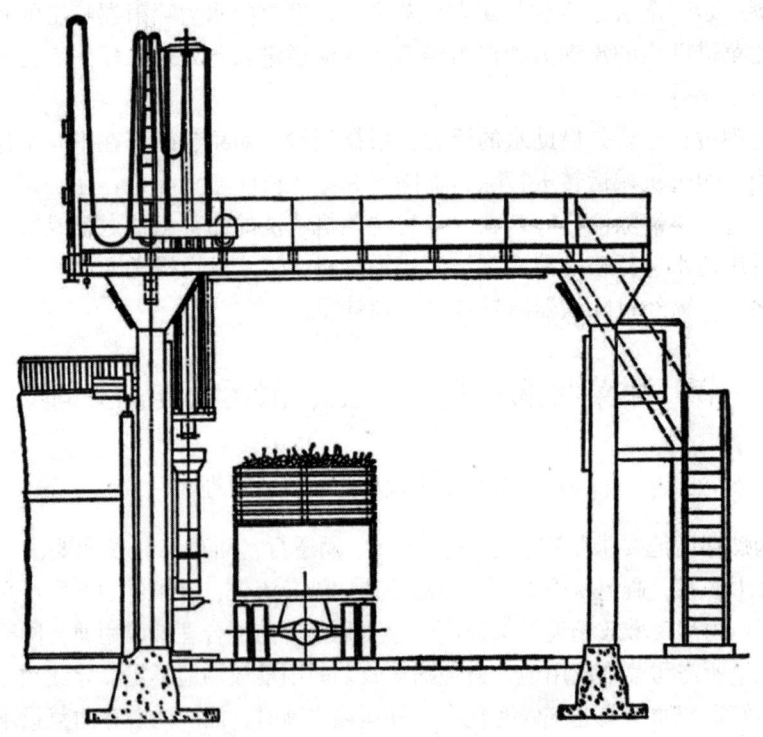

图1-1 桥式取样装置示意图

横向行走的驱动系统组成。当汽车停靠在龙门架的下方时，驱动取样机使取样钢桶位于车内甜菜的上方，钢桶开始旋转下行，钢桶与甜菜接触时作为取样行程起点，根据取样数量设定取样行程终点。钢桶下端对称开有两条螺旋线型缺口，底边内衬螺旋带，钢桶旋转下行过程中将甜菜采集于钢桶内。取样结束后钢桶继续旋转开始上行，达到取样机的正常行走高度后，取样机开始横向行走；到达样品收集器上方，钢桶开始反方向快速旋转，将样品卸入样品收集器。

四、样品处理装置

样品处理包括计量、清洗、分选去杂、提取甜菜糊、样品输送和数据处理。每个单元可独立进行，也可联动运行。如图1-2所示，是一组联动运行的甜菜样品处理设备。采集的甜菜样品首先进入电子秤进行称重计量，获取样品总重量数值，然后翻入防滑皮带机，由防滑皮带机将甜菜样品输送到洗菜机上方，经溜槽进入洗菜机进行清洗。洗菜用水一般采用污水处理得到的清水。甜菜清洗后从洗菜机侧面开设的活板门排出并溜送到分选传送带上，由操作人员将变质甜菜挑出，对没有达到切削标准的甜菜进行切削。变质甜菜和切下来的杂质放入电子秤，计量出杂质重量。经过分选处理的甜菜进入电子秤，计量出甜菜净重量，然后翻入防滑皮带机，由皮带机将甜菜输送到制糊机上方，经溜槽进入制糊机。甜菜制糊机主要由壳体、内置回转臂、锯糊锯片和传动系统构成。壳体为圆柱形卧式钢桶，壳体上下设有进出料闸板门，回转臂的转动轴通过轴承水平安装在钢桶的端壁上，由电动机带动运转，锯片安装在壳体外部侧面，从侧端探入钢桶内，由电机带动旋转。甜菜样品进入制糊机后，由于回转臂的转动，带动甜菜在壳体内沿壳体做周向不规则运动，使

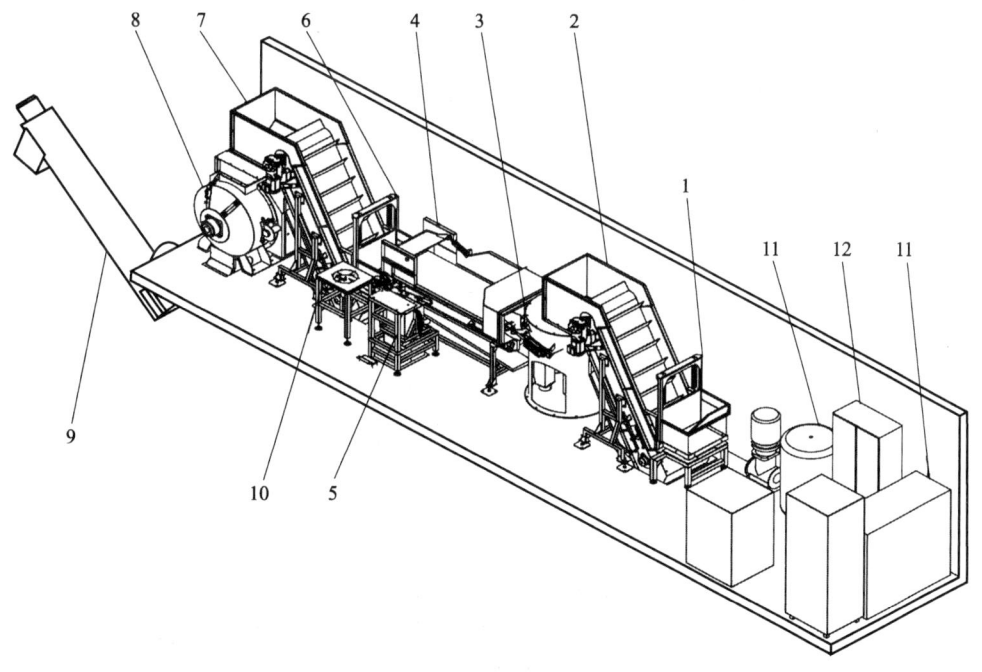

图1-2 甜菜样品处理设备
1、5—电子秤 2、7—防滑皮带机 3—洗菜机 4—分选传送带 6—切削铡刀
8—制糊机 9—螺旋输送机 10—清洗水盆 11—液压、气动系统 12—控制系统

甜菜交替与快速旋转的锯片接触，被锯片锯成甜菜糊；而甜菜糊则被快速旋转的锯片带出壳体落入样品收集器，收集得到的甜菜糊送入检验室进行质量检测。取糊后，甜菜样品从底部排出由螺旋输送机或皮带机输出，装入运输车辆。样品处理各单元设备处理能力一般在 25~30kg/批量。

五、除土堆垛机

机械化起收的甜菜，表面带有大量泥沙、菜叶等杂物，不将其清除会使甜菜在贮藏过程中加速霉变，造成糖分流失。甜菜除土堆垛机械种类很多，主要由受料、均匀给料、菜土分离与输送系统组合而成。如图 1-3 所示，它是一台集卸车、除土、堆垛多项功能为一体的联合设备，由卸车台、给料输送机、除杂机、出料输送机、出杂输送机、俯仰机构和回转机构组成。

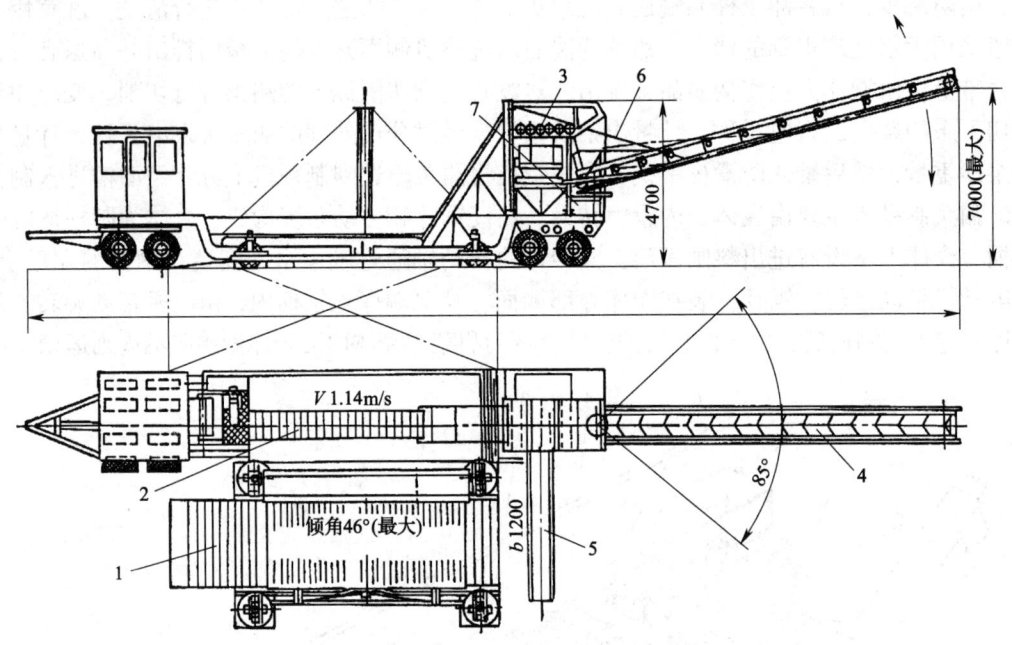

图 1-3　联合卸车堆垛机

1—卸车台　2—给料输送机　3—除杂机　4—出料输送机　5—出杂输送机　6—俯仰机构　7—回转机构

除土堆垛机一般由拖拉机牵引并带动运行，工作场地要求坚实平整。

六、厂内倒运机械

厂内倒运是指将甜菜、煤、石灰石、焦炭等原材料从厂内的贮存场地运送到通向车间的输送设备。倒运装车机械为轮式装载机，推送机械为推土机，运输机械为自卸汽车。通常，甜菜自贮存场地用装载机装入自卸汽车，通过自卸汽车将甜菜送入湿法的甜菜窖或干法输送的除土机给料器。煤的贮存堆放场地与锅炉给煤贮仓相接时，直接用推土机将煤推入给煤贮仓，较远时用装载机将煤装入自卸汽车，通过自卸汽车将煤卸入给煤贮仓。石灰石和焦炭的堆放场地一般离计量贮斗很近，通常采用小型装载机直接将其送入各自的计量缓冲贮斗。

第二节 甜菜输送设备

一、湿法输送设备

（一）流送沟

1. 结构

流送沟是水力输送甜菜的沟渠，横断面呈 U 形，如图 1-4 所示，流送沟内壁为石块砌筑或用 U 形钢板对接制成，内壁要求光滑、平整、耐腐蚀。沟底具有一定的坡度，使水在沟内保持一定的流速，借助水的浮力和流动力，将甜菜从户外送入车间进入各预处理工序。

2. 技术参数与要求

直线坡度：我国东北 12~15mm/m，其他地区 15~18mm/m；

弯线坡度：15~20mm/m；

转弯处曲率半径：不小于 3m；

沟底圆角半径：为沟宽的 1/4；

沟高与沟宽的比值：1.0~2.0；

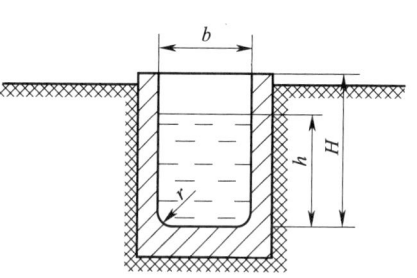

图 1-4 流送沟截面图
b—流送沟宽度　r—沟底圆角半径
h—流送沟浸水深度　H—流送沟高度

有效横断面积与总横断面积比值：0.75。有效横断面积是指菜水混合物流送时在流送沟内的横断面积；

流送速度：取决于流送沟的尺寸与坡度，东北地区不超过 1.0m/s 为宜，其他地区不低于 1.0m/s 为宜；

流送用水量与被流送甜菜量的比值（水菜比）：用水力喷射器冲菜入沟时取 5.0~7.0，不用水力喷射器冲菜入沟时取 5.0；

生产不均衡系数：取 0.7~0.8。

3. 计算

（1）流送沟的有效截面积

$$F_e = \frac{1000(1+n)A}{86400 v \rho K} \tag{1-1}$$

式中　F_e——流送沟有效横断面积，m^2

　　　A——日加工甜菜量，t/d

　　　v——设定流送速度，m/s，设计时取 1.0m/s

　　　ρ——菜水混合物的密度，kg/m^3，取 $1000kg/m^3$

　　　n——水菜比，有效截面积设计计算时取最大值 $n=7$

　　　K——生产不均衡系数

（2）流送沟各部尺寸

① 流送沟总截面积：$F = \dfrac{F_e}{0.75} \approx Hb$（沟底圆角按方角计算） $\tag{1-2}$

式中　F——流送沟总截面积，m^2

　　　F_e——流送沟有效截面积，m^2

H —— 流送沟高度，m

b —— 流送沟宽度，m

取沟高与沟宽比值为 x，则

$$F = xb^2 \tag{1-3}$$

② 流送沟宽度：
$$b = \sqrt{\frac{F_e}{0.75x}} \tag{1-4}$$

③ 流送沟高度：
$$H = xb \tag{1-5}$$

④ 流送沟底部圆角半径：
$$r = \frac{b}{4} \tag{1-6}$$

⑤ 流送沟浸水深度：
$$h = \frac{F_e}{b} \tag{1-7}$$

(3) 实际流送速度

实际流送速度可按以下经验公式进行计算

$$v = C\sqrt{\frac{F_e l}{P}} \tag{1-8}$$

式中　v —— 菜水混合物在流送沟内的实际流送速度，m/s

　　　F_e —— 流送沟有效截面积，m²

　　　l —— 流送沟的坡度，按直线坡度计算

　　　P —— 流送沟在流送甜菜时浸水周边长度，m

$$P \approx 2h + b \tag{1-9}$$

式中　h —— 流送沟浸水深度，m

　　　b —— 流送沟的宽度，m

　　　C —— 流送沟的流送速度系数

$$C = \frac{6n(n-1.1)}{n+1.1} \tag{1-10}$$

　　　n —— 水菜比，流送速度验算时取最小值 $n = 5$

(4) 最小流送速度验算　在流送沟设计计算时设计流速必须大于最小流速，设计流速小于最小流速时泥沙会在沟内产生沉积，无法进行正常流送。但设计流速过快不仅增加流送耗水量，而且会提高流送过程甜菜表皮破损。

最小流送速度：
$$v_{\min} = 0.55h^{0.64} \tag{1-11}$$

式中　$v_{\min}$ —— 最小流送速度，m/s

　　　h —— 流送沟浸水深度

（二）甜菜窖

甜菜进入流送沟的方式有两种：一种是将甜菜堆卸在流送沟的两侧，采用推送机械推菜入沟，定位安装在流送沟内的水力喷射器喷射出流送水将甜菜流送。另一种是将甜菜卸入窖内，由工人控制水力喷射器冲菜入沟。采用水力喷射冲菜入沟时，甜菜窖通常将流送沟围在窖内，窖的总容量为 2~3d 甜菜加工量。

1. 矩形甜菜窖的结构

矩形甜菜窖是我国甜菜糖厂的通用形式。如图 1-5 所示为矩形甜菜窖的截面图，上面形状的甜菜窖适合于甜菜经铁路运输进厂时直接将甜菜卸入窖内，或采用自卸汽车跟沟

下菜时使用；其窖底坡度不小于45°，以减少甜菜卸入时产生破损；其宽度和深度一般为下图的2/3。目前，我国甜菜糖厂收购的甜菜多采用汽车将甜菜运输回厂，而且工厂每日的额定生产能力多在千吨以上，为缩短流送距离一般将甜菜窖筑成图1-5中的下面形状。甜菜窖的窖底和窖墙具有一定坡度和斜度，流送沟居中贯穿甜菜窖首尾。在窖底流送沟的一侧，等间距安装水力喷射器的连接管头，供水管线敷设在窖底下面。甜菜窖在修筑时可采用石块构筑或混凝土浇灌，要求窖底表面和内壁平整光滑、耐腐蚀、耐挤压、不塌陷。甜菜窖的位置应选择在靠近预处理车间的较高地方。

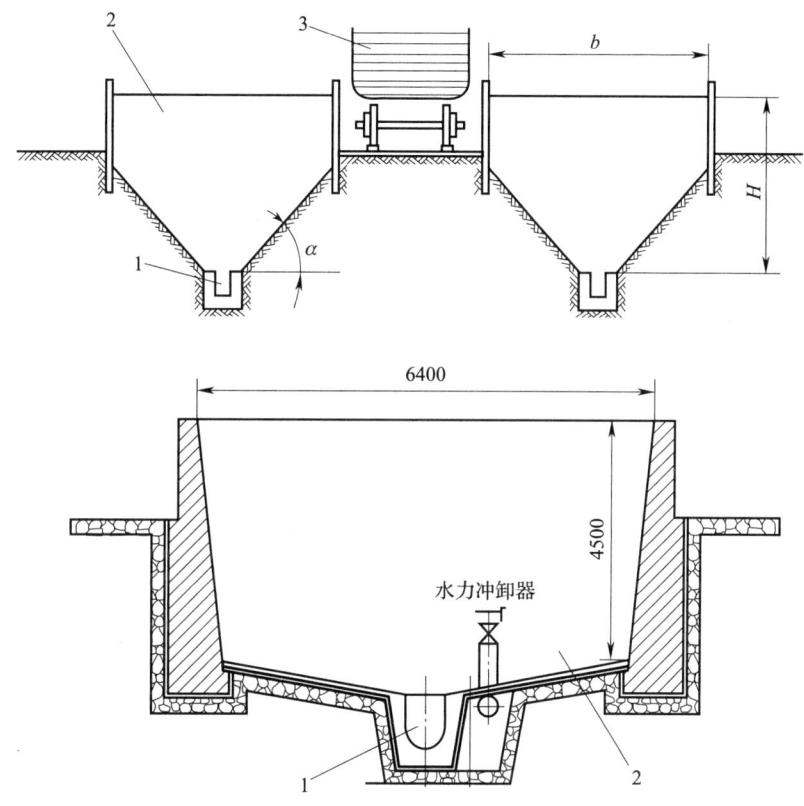

图1-5　矩形甜菜窖截面图
1—流送沟　2—甜菜窖　3—火车
b—甜菜窖上部宽度　H—甜菜窖深度

2. 技术参数与要求

窖底纵向坡度：与流送沟坡度相同；

窖底横向坡度：0.15m/m；

立向斜度：0.15m/m；

顶部宽度：6~7m；

总高度：4~6m；

甜菜窖数量与排列方式：两个以上平行并列；

窖底与内壁要求：光滑、平整、耐腐蚀；

窖体上沿要求：坚固并高出地面，防止上菜车辆滑入窖内。

3. 计算

（1）甜菜窖总容积

$$V = \frac{1000AZ}{24\rho} \qquad (1-12)$$

式中　V——甜菜窖总容积，m^3
　　　A——日加工甜菜量，t/d
　　　Z——甜菜在窖内停留时间，一般为 $48\sim72h$
　　　ρ——窖内甜菜的堆积密度，为 $600\sim650kg/m^3$

（2）甜菜窖横截面积

$$F = \frac{B+b}{2}(H-h) + \frac{b+b_0}{2}h \qquad (1-13)$$

式中　F——甜菜窖横截面积，m^2
　　　B——甜菜窖上部宽度，m
　　　b——甜菜窖底部宽度，m
　　　b_0——流送沟宽度，m
　　　H——甜菜窖总深度，m
　　　h——甜菜窖窖底斜坡高度，m

（3）甜菜窖长度

$$L = \frac{V}{nF} \qquad (1-14)$$

式中　L——甜菜窖的长度，m
　　　V——甜菜窖总容积，m^3
　　　F——甜菜窖横截面积，m^2
　　　n——甜菜窖数量，2个以上。

（三）水力喷射器

1. 结构

水力喷射器的类型很多，我国甜菜糖厂通用的水力喷射器为双环式，如图1-6所示。双环式水力喷射器的特点是水流出口经两个出水环，合并进入喷管，然后经喷嘴喷出。为提高喷出水流的质量，在喷射器的两个水环汇合处与喷嘴间安有锥形压缩管。出水环与主管的连接处安有铜套和水封装置，水封材料为软聚氯乙烯。由人工操作手柄，可使喷射器的喷嘴做上下、左右摆动，可随意调整水柱喷射方向和角度，借助水的冲击力将窖内甜菜冲入流送沟内进行流送。

2. 技术参数与要求

喷嘴直径（d）：指喷射器出水口内径，根据额定生产能力计算选取；
喷嘴倾斜角度：一般为 $6°\sim14°$；
喷嘴出水速度：冲卸甜菜时喷嘴出水速度要求达到 $20\sim25m/s$；
水力喷射器安装间隔距离：出水速度数值的 $1/3$（m）；
工作压强：以设计计算为准。

3. 计算

根据冲卸甜菜时要求达到的水流速度设定喷嘴出水速度进行以下计算：

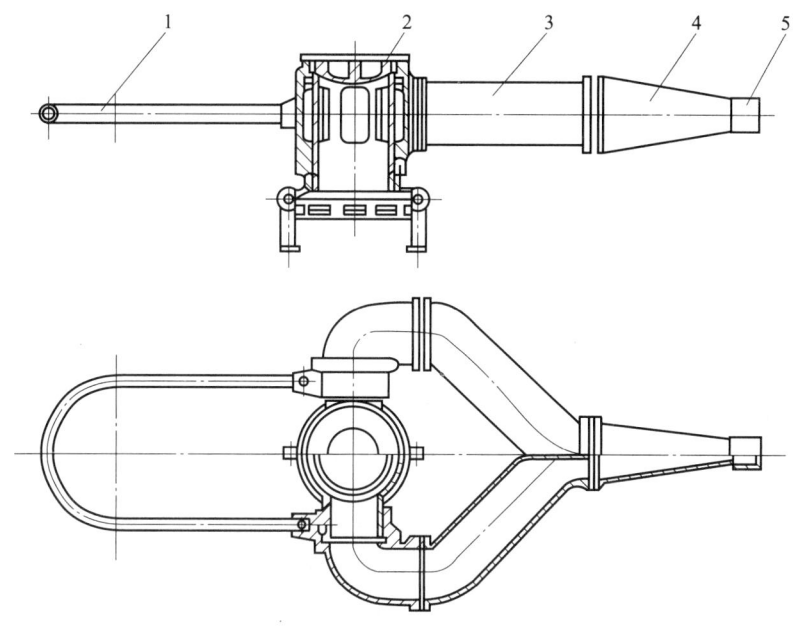

图1-6 双环式水力喷射器
1—手柄 2—主管 3—三通管 4—锥形压缩管 5—喷嘴

（1）水力喷射器出水量　水力喷射器出水量等于甜菜流送用水量，所以

$$W = \frac{1000nA}{86400\rho K} \tag{1-15}$$

式中　W ——出水量（流送水量），m^3/s
　　　A ——日加工甜菜量，t/d
　　　n ——水菜比，取7
　　　ρ ——流送水的密度，取 $1000kg/m^3$
　　　K ——生产不均衡系数，取 0.7~0.8

（2）水力喷射器喷嘴内径　水力喷射器喷嘴计算内径

$$d_1 = \sqrt{\frac{4W}{\pi n v_1}} \tag{1-16}$$

式中　d_1 ——喷射器喷嘴出口计算内径，m
　　　W ——水力喷射器出水量（流送水量），m^3/s
　　　n ——水力喷射器同时开启的数量，一般为2~3支
　　　v_1 ——水力喷射器设定出水速度，m/s

根据计算内径按水力喷射器规格，上选最近喷嘴内径，比如计算内经为72.3mm时，最近上选内经为75mm，应确定喷嘴内径为75mm。

（3）水力喷射器实际出水速度

$$v_2 = \frac{4W}{n\pi d_2^2} \tag{1-17}$$

式中　v_2 ——水力喷射器实际出水速度，m/s，不小于20m/s

W——水力喷射器出水量，m^3/s

d_2——水力喷射器喷嘴的选取内径，m

n——水力喷射器同时开启的数量

π——圆周率

(4) 喷嘴内水的压强 根据流体力学动能公式

$$P = \frac{\rho v^2}{2\varphi^2} \quad (1-18)$$

式中 P——喷嘴内压强，Pa

φ——与喷嘴倾斜角度有关的速度系数，如表 1-1 所示

ρ——流送水的密度，kg/m^3

v^2——水力喷射器实际出水速度，m/s

表 1-1　　　　　　　　喷嘴倾斜角度与速度系数的关系

喷嘴倾斜角	2°	4°	6°	8°	10°	12°	14°	16°	18°
系数 φ	0.873	0.909	0.925	0.933	0.949	0.955	0.965	0.969	0.970

（四）甜菜泵

1. 类型与结构

甜菜泵的类型按叶轮形状大体分为两种，一种是离心式甜菜泵，另一种是蜗壳式甜菜泵。蜗壳式甜菜泵与离心式甜菜泵相比，蜗壳式甜菜泵对甜菜磨损较轻，但设计与制造难度较高。为减轻对甜菜的磨损，使用离心式甜菜泵时可选用低转速大口径泵型。

如图 1-7 和图 1-8 所示，分别为离心式和蜗壳式甜菜泵，它们主要由壳体、叶轮、主轴和传动系统组成。叶轮位于壳体内，固定安装在主轴上。主轴通常由电动机通过皮带轮，连轴器或减速器带动运转。壳体通常由铸铁铸成，其形状根据叶轮的形式而设计，为

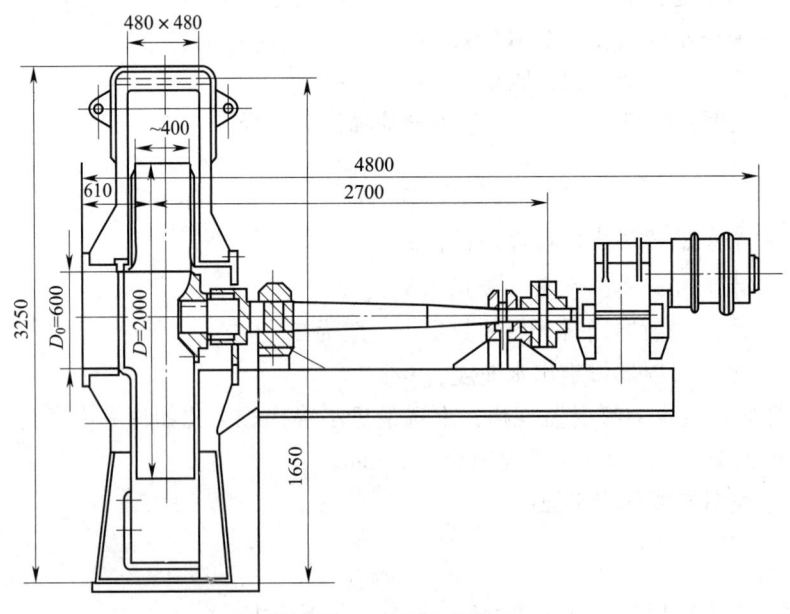

图 1-7　离心式甜菜泵

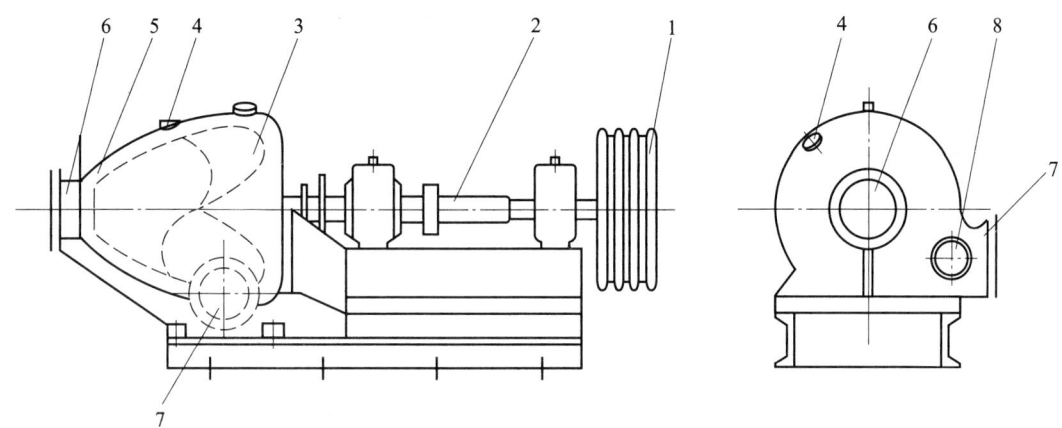

图1-8 蜗壳式甜菜泵
1—皮带轮 2—主轴 3—叶轮 4—观察孔 5—泵体 6—进口 7—出口 8—排渣孔

减少泵体对甜菜的磨损,在泵体内衬有可更换的内胆。叶轮是甜菜泵的核心工作部件,如图1-9所示,甜菜泵的叶轮与水泵不同,叶轮上仅有两片涡形叶片,通过叶轮的旋转将菜水混合物吸入泵体,并扬送到设定高度。

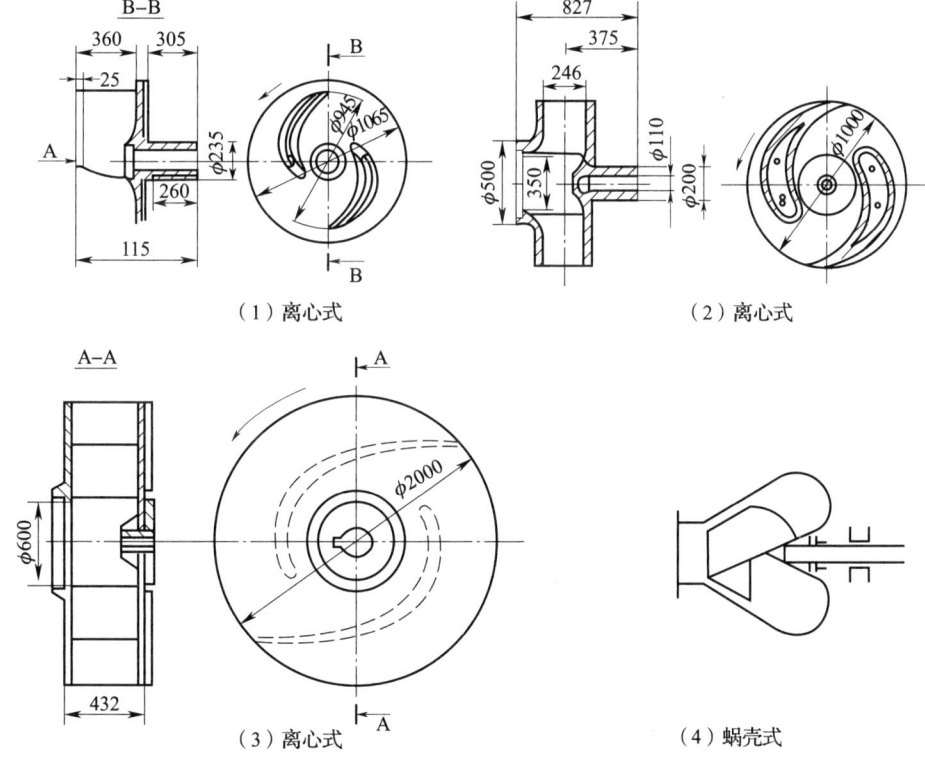

(1)离心式　　(2)离心式

(3)离心式　　(4)蜗壳式

图1-9 甜菜泵叶轮示意图

无论是离心式还是蜗壳式甜菜泵在升送甜菜过程中都会使一定量的甜菜尾根发生折断,如不能将尾根回收,会产生很大的经济损失。所以在选用甜菜提升设备时,在扬程允许的条件下,尽可能选用扬送轮。

2. 主要技术参数与要求

吸入速度：1.0~2.0m/s，由泵的叶轮型式决定，蜗壳式高一些；

扬送速度：0.8~1.5m/s；

主轴转速：350~500r/min；

扬程：一般在11~20m；

机械效率：0.3~0.4。

3. 计算

（1）生产能力计算

$$A = \frac{86400\pi D^2 v\rho}{4 \times 1000(1+n)K} \tag{1-19}$$

式中　A——日加工甜菜量，t/d

　　　D——吸入口（叶轮进口处）直径，m

　　　v——菜水混合物吸入泵内的速度，m/s

　　　ρ——菜水混合物的密度，取1000kg/m³

　　　n——水菜比

　　　K——生产不均衡系数，取0.7~0.8

（2）需用功率计算

$$N = \frac{g(G_1+G_2)H}{1000\eta} \tag{1-20}$$

式中　N——所需功率，kW

　　　G_1——单位时间内扬送甜菜量，kg/s

　　　G_2——扬送水量，kg/s

　　　H——扬送高度，m

　　　η——甜菜泵的机械效率，取0.3~0.4

　　　g——重力加速度，取9.807m/s²

（五）扬送轮

1. 结构与工作原理

扬送轮的主体结构如图1-10所示，它主要由转动轮、支撑架、甜菜溜槽与传动装置构成。

转动轮由轮轴、轮毂、轮辐和轮圈组合而成。通常由6根或8根轮辐将轮圈和轮毂连为一体，轮圈被分割围成若干提菜斗。轮轴与轮毂的中心轴孔通过定位键固定在一起，轴的两端通过轴承安装在支承架上，溜槽则安装在固定机架上。

传动系统由电动机、减速器、减速器输出齿轮和从动齿圈组成。从动齿圈一般安装在轮辐与轮圈的连接部位，与输出齿轮啮合传动。当扬送轮转动运转时，甜菜不断进入提菜斗内，随着转动轮的转动被提升到顶端倾入溜槽。

扬送轮分为分水式和带水式两种类型，分水式扬送轮轮圈和提菜斗开有很多分水孔，菜水混合物进入时甜菜被提升，流送水从分水孔流出被分离。带水式扬送轮的轮圈和提菜斗不开分水孔，将菜水混合物一起扬送。扬送轮的最大优点在于，扬送过程甜菜不破损，设备运行安全可靠，制造与维修费用低，与甜菜泵相比动力消耗低。缺点是扬程低，占地

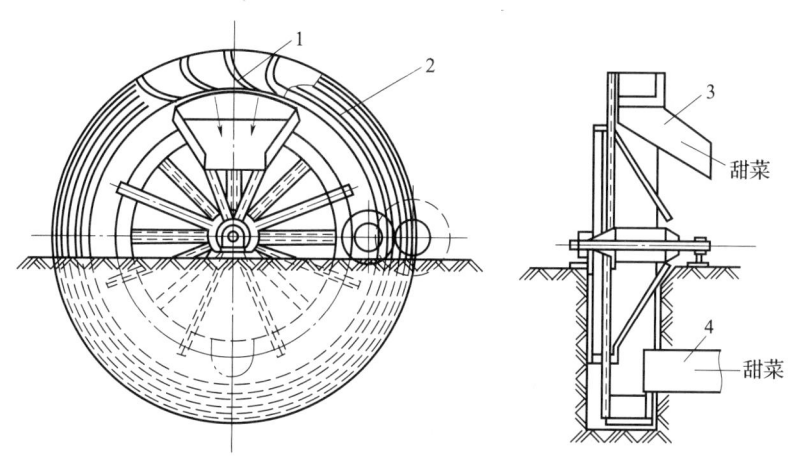

图 1-10 扬送轮
1—提菜斗 2—轮圈 3—溜槽 4—流送沟

空间大，操作环境差。由于扬送轮占地空间较大，所以只有在甜菜提升高度在 10m 以内时采用扬送轮。

2. 主要技术参数与要求

轮圈圆周速度：1.0m/s；

扬送高度（H）：m，$H = 0.8(D-2S)$，（D 为轮圈直径，m；S 为轮圈径向厚度，m）；

提菜斗的长度、宽度、深度：不小于 350mm。

3. 计算

（1）扬送轮生产能力计算

$$A = \frac{86400Sbv\rho\varphi_1\varphi_2}{1000}K \tag{1-21}$$

式中　A——日加工甜菜量，t/d

　　　S——轮圈厚度（径向测得），m

　　　b——轮圈宽度，m

　　　v——轮圈圆周速度，设计计算时取 1.0m/s

　　　　　实际速度由 $v = \frac{\pi Dn}{60}$ 计算，n 为扬送轮的转速，一般为 2~3r/min；D 为轮圈直径，m

　　　ρ——甜菜在提菜斗中的密度，kg/m³

　　　　　带水式扬送轮 $\rho = \frac{1000}{1+n}$（kg/m³），n 为水菜比

　　　　　分水式扬送轮 $\rho = 500 \sim 600$（kg/m³）

　　　K——生产不均衡系数，取 0.7~0.8

　　　φ_1——提菜斗填充系数

　　　　　分水式扬送轮 $\varphi_1 = 0.7$

　　　　　带水式扬送轮 $\varphi_1 = 0.8 \sim 0.9$

φ_2 ——轮圈有效空间利用系数，可按下列经验公式计算：

$$\varphi_2 = \frac{S - 0.36L}{S} \quad (1-22)$$

式中　L ——轮圈上小斗之间的距离，m
　　　S ——轮圈径向厚度，m

（2）需用功率计算

① 分水式扬送轮的功率计算

$$N = \frac{gGH}{1000\eta} \quad (1-23)$$

式中　N ——所需功率，kW
　　　G ——甜菜质量流量，kg/s
　　　g ——重力加速度，取 9.807m/s²
　　　η ——机械效率，取 0.3~0.4
　　　H ——扬送高度，m

② 带水式扬送轮的功率计算

$$N = \frac{g(G_1 H_1 + G_2 H_2)}{1000\eta} \quad (1-24)$$

式中　N ——所需功率，kW
　　　G_1 ——甜菜质量流量，kg/s
　　　G_2 ——流送水质量流量，kg/s
　　　H_1 ——甜菜扬送高度，m。$H_1 = 0.8(D - 2S)$
　　　H_2 ——流送水扬送高度，m。$H_2 = 0.65(D - 2S)$
　　　g ——重力加速度，取 9.807m/s²
　　　η ——机械效率，取 0.5~0.6

二、干法输送设备

（一）给料器

在干法输送过程中给料器对均衡下菜起到缓冲和保障作用，如图 1-11 所示，它主要由甜菜储斗、脊形缓冲板和复合带式输送机组成。

甜菜储斗由钢板对接焊制，底部横向焊有多根钢管，钢管的作用一是将储斗两侧横向加固连接，二是减轻输送带直接承受的压力，三是输送带运行时拨动甜菜。脊型缓冲板的下沿安装在储斗内的钢管上，两端与贮斗连接，它的主要作用是减缓输送带承受的压力，将甜菜分流，使甜菜从输送带的两侧落到输送带上，随着输送带的移动甜菜被均匀分布到输送带上。复合带式输送机位于储斗下方，在输送带的表面上等间距横向安装钢制防滑挡条，挡条的两端与输送带两侧的传动链相连接，电动机经减速器通过链轮传动带动传动链运行。钢制挡条不仅能防止甜菜与输送带发生打滑，同时提高输送带的抗拉强度。甜菜卸入储斗后，经缓冲板两侧落到输送带上，随着输送带的运行，甜菜被均匀输出，输送带的线速度一般在 0.5~1.0m/s 间调节。

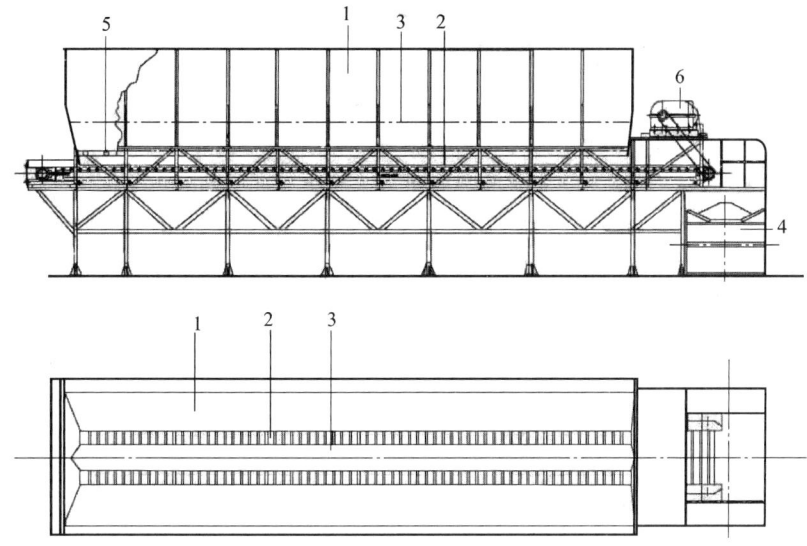

图 1-11 给料器

1—甜菜贮斗 2—复合带式输送机 3—脊型缓冲板 4—总带式输送机 5—横向钢管 6—电动机、减速器

（二）除土机

甜菜干法输送的除土设备主要有纵向螺旋辊除土机和横向爪轮片组或梅花轮片组除土机。生产实践证明爪轮片组除土机对杂土分离优于梅花轮片组除土机。

1. 纵向螺旋辊除土机

纵向螺旋辊除土机如图 1-12 所示，主要由正反向螺旋辊，螺旋辊托架和传动装置组成。甜菜进入螺旋辊除土机后，随着正反向螺旋辊的转动，甜菜被不断翻动推进，使甜菜

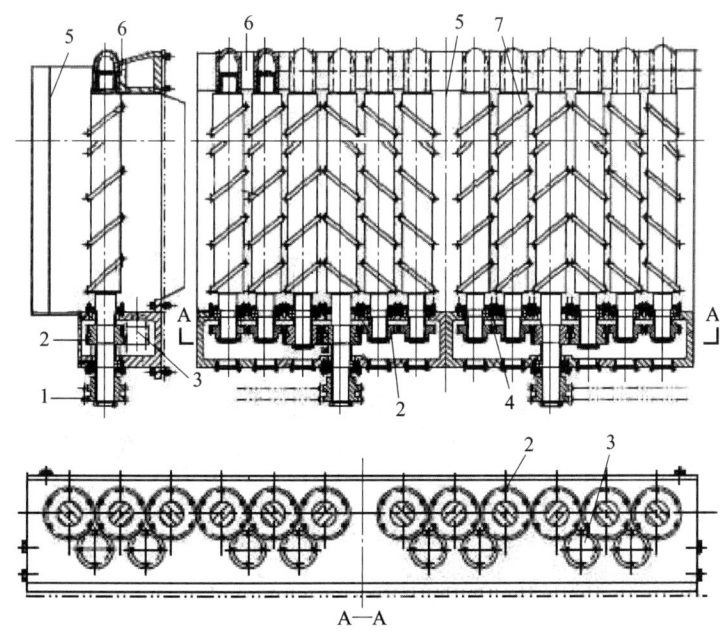

图 1-12 螺旋辊除土机

1—皮带轮 2—螺旋辊齿轮 3—导向齿轮 4—轴承 5—隔板 6—托架 7—螺旋辊

表面的泥土脱落,泥土经螺旋辊间的空隙落入收集斗排出,甜菜进入下一工序。螺旋辊的轴颈为 150~200mm,螺旋直径超出轴径 30~50mm,一般由圆钢围成。

2. 横向爪轮片组除土机

爪轮片组除土机如图 1-13 所示,主要由爪轮片组、机架和传动装置组成。每组爪轮片由多片爪轮片定位安装在轴上,与轴一起转动,相邻两组的轮爪相互交错。甜菜进入后随着爪轮的转动,甜菜被不断弹起、翻动并向前推进,使甜菜表面的泥土不断脱落,杂土随爪轮的转动,被带入爪轮组间的间隙排出,甜菜进入下一工序。梅花轮片组除土机与爪轮组除土机的区别在于用六瓣梅花片替代爪轮片。

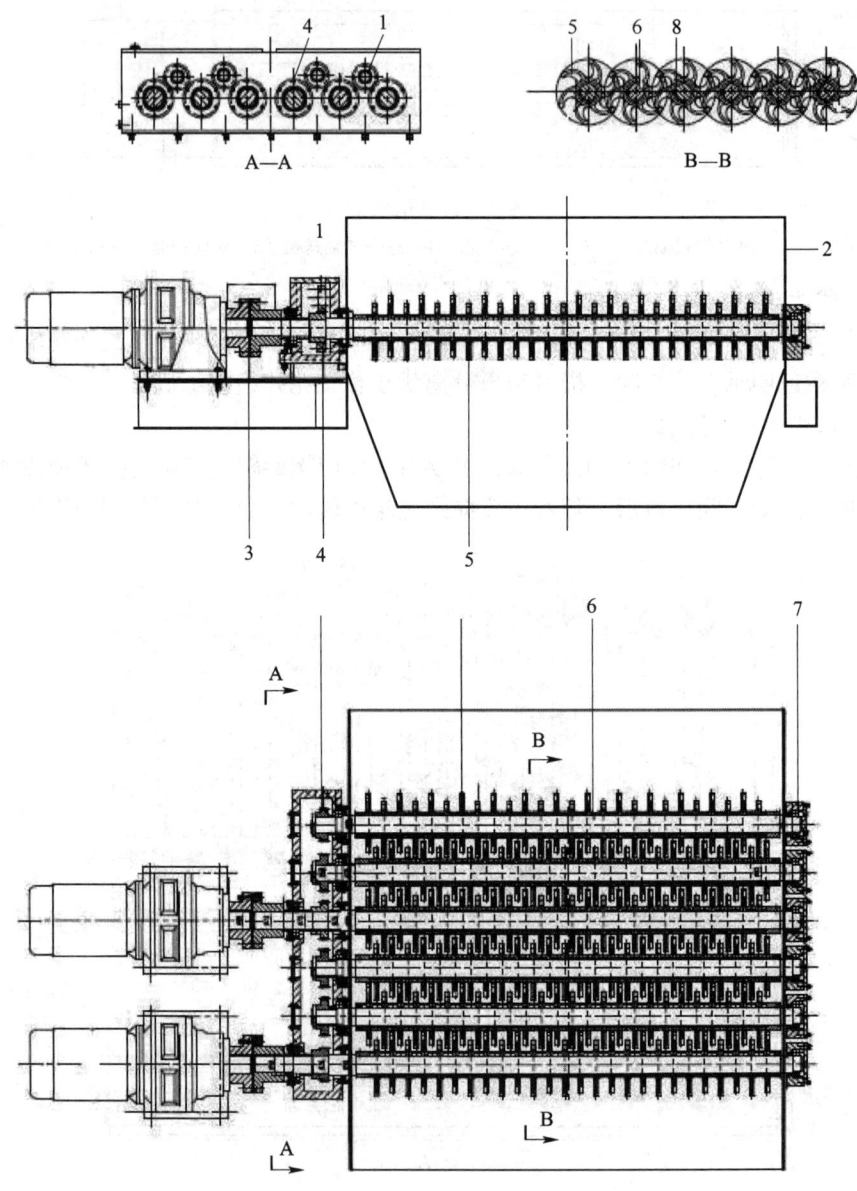

图 1-13 爪轮片组除土机
1—导向齿轮 2—外壳 3—联轴器 4—爪轮组齿轮 5—爪轮片 6—轴 7—轴承 8—定位键

(三) 带式输送机

带式输送机应用非常广泛，在甜菜糖厂中主要用来输送甜菜、菜丝、砂糖、滤泥、废粕、煤及石灰石等。它是一种连续输送机械，具有输送能力稳定、输送距离长、安装维修方便、运行安全可靠等优点。

1. 结构

带式输送机如图1-14所示，主要由输送带、托辊、鼓轮、机架和传动装置构成。

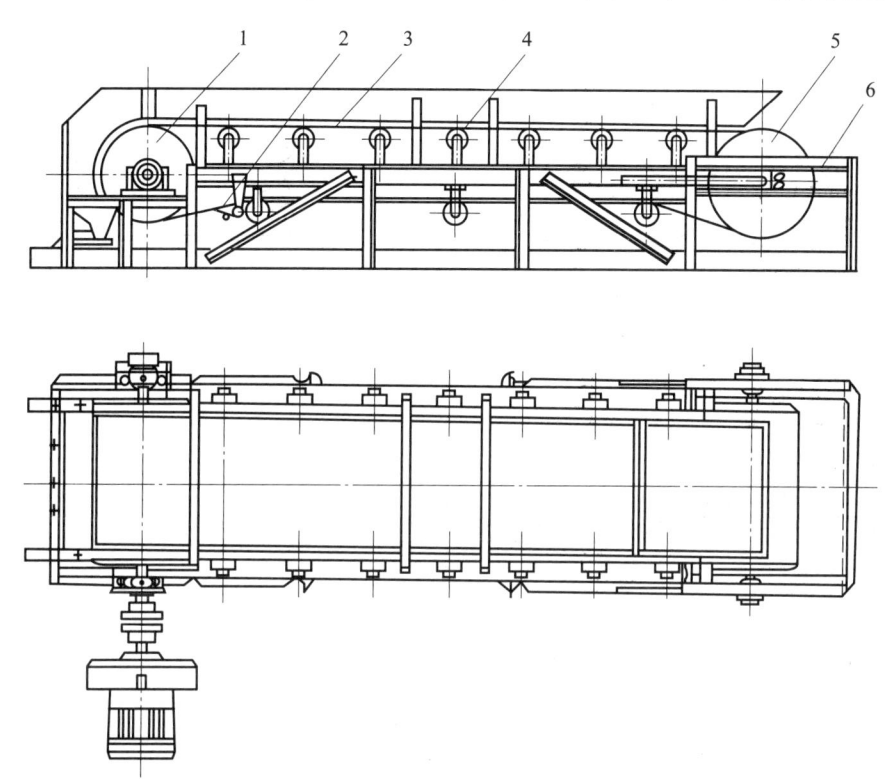

图1-14 带式输送机
1—主动鼓轮 2—刮板 3—输送带 4—托辊 5—从动鼓轮 6—机架

输送带起到牵引与承载作用，一般采用橡胶与帆布硫化叠加制成，也可采用聚乙烯带或钢带。

托辊分为承载带托辊和空载带托辊，即上托辊和下托辊。下托辊为单节直线型托辊，上托辊分为单节直线型、两节V型和三节槽型。常见的槽型托辊如图1-15所示，其中C型托辊可减轻物料对皮带的冲击，D型托辊可调节皮带跑偏。托辊主要由固定轴、转动辊、滚动轴承组装而成。

鼓轮分为主动鼓轮和从动鼓轮，出料端为主动鼓轮，进料端为从动鼓轮，鼓轮的宽度要比输送带的宽度宽出100~200mm。鼓轮由轮轴和转鼓组装而成，通过轴承安装在机架上。

传动装置由电动机、变速器和联轴器组成。输送带的运行是靠鼓轮与输送带之间的摩擦力来实现的，为防止打滑必须调整好输送带的适宜张弛度，通常采用螺旋弹簧、重锤或配重车等张紧装置来调节输送带的张弛度，如图1-16所示。

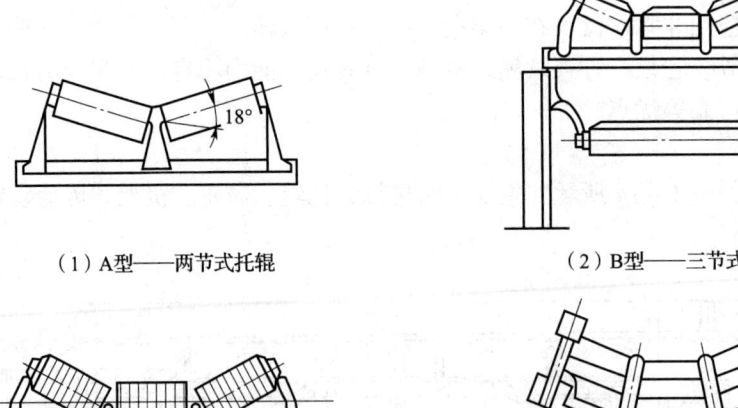

(1) A型——两节式托辊　　　　(2) B型——三节式托辊

(3) C型——缓冲型托辊　　　　(4) D型——槽型调心托辊

图1-15　槽型托辊类型图

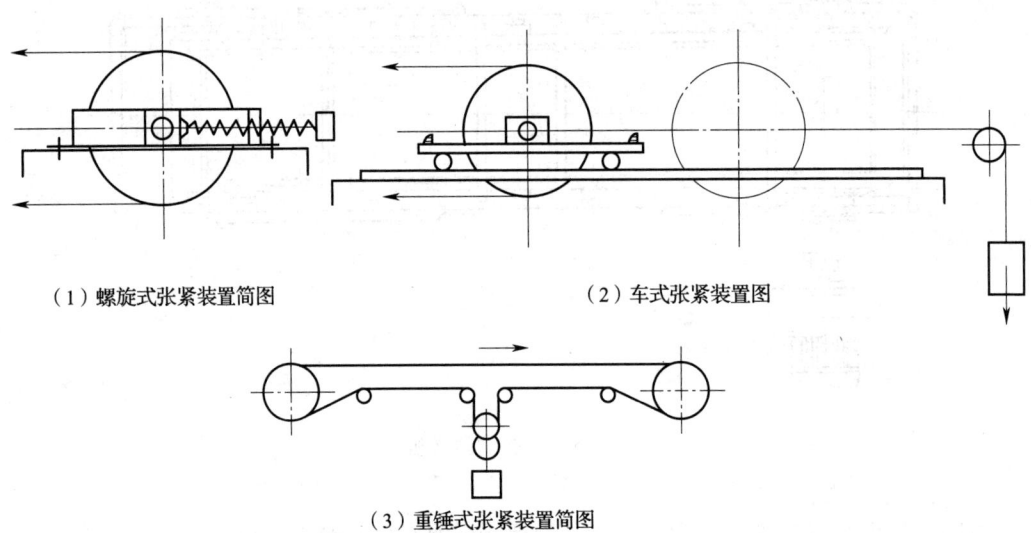

(1) 螺旋式张紧装置简图　　　　(2) 车式张紧装置图

(3) 重锤式张紧装置简图

图1-16　皮带机张紧装置示意图

2. 计算

(1) 带式输送机输送能力计算

$$G = \frac{1000aA}{86400K} = FvpC \tag{1-25}$$

式中　G——输送能力（单位时间内输送的物料质量），kg/s

　　　A——日加工甜菜量，t/d

　　　a——被输送物料量对甜菜加工量的质量比

　　　K——生产不均衡系数，取 0.7~0.8

　　　F——被输送物料在输送带上的横截面积，m^2

　　　直型带 $F = 0.04B^2$，槽型带 $F = 0.0876B^2$，B 为输送带宽度，m

v——输送带的线速度,m/s,根据物料特性在 1.0~2.0m/s 范围内设定

ρ——被输送物料的密度,kg/m³。甜菜取 400kg/m³,菜丝取 350kg/m³,压粕取 500kg/m³,砂糖取 900kg/m³

C——倾斜角度修正系数,如表 1-2 所示

带式输送机在输送不同物料时允许倾斜的角度如表 1-3 所示

表 1-2　　　　　　　　　带式输送机倾斜角度修正系数表

倾斜角度	0°~7°	8°~15°	16°~20°	21°~25°
修正系数	1.0	0.95~0.90	0.90~0.85	0.85~0.75

表 1-3　　　　　　　　　带式输送机的允许倾斜角度

物料名称	甜菜	糖、石灰石	菜丝、水粕、煤	压粕	袋装成品
倾斜角度	14°	16°	18°	20°	22°

(2) 输送带宽度计算　由式 (1-25) 得,被输送物料的截面积

$$F = \frac{G}{v\rho C} \tag{1-26}$$

所以输送带宽度 B 为:

① 输送带为直型输送时:

$$B = \sqrt{\frac{G}{0.04v\rho C}} \tag{1-27}$$

② 输送带为槽型输送时:

$$B = \sqrt{\frac{G}{0.0876v\rho C}} \tag{1-28}$$

(3) 带式输送机所需功率计算

$$N = \frac{g}{1000}\left(\frac{GL}{K} + GH\right) \tag{1-29}$$

式中　N——输送机所需功率,kW

　　　G——输送能力,kg/s

　　　g——重力加速度,取 9.807m/s²

　　　L——输送机的长度(两鼓轮的轴心距离),m

　　　H——提升高度,m

　　　K——与 L 和 G 有关的系数,如表 1-4 所示

表 1-4　　　　　　　　系数 K 与输送距离和输送能力关系表

输送能力/(kg/s)	输送距离(输送机长度)/m				
	5	10	15	20	30
1.39	0.1665	0.2950	0.3330	0.3700	0.4225
2.79	0.2220	0.3330	0.4070	0.4440	0.4995
4.17	0.2590	0.3885	0.4625	0.4995	0.5550
5.56	0.2960	0.4255	0.4995	0.5365	0.5920

续表

输送能力 (kg/s)	输送距离（输送机长度）/m				
	5	10	15	20	30
6.94	0.3145	0.4440	0.5180	0.5550	0.6200
8.33	0.3330	0.4625	0.5365	0.5920	0.6475
11.11	0.3700	0.5180	0.5920	0.6290	0.6660
13.89	0.4070	0.5550	0.6290	0.6660	0.7400
27.78	0.5180	0.7030	0.7585	0.7955	0.8150

（四）螺旋输送机

螺旋输送机在甜菜糖厂中广泛用于甜菜、废粕、滤泥、糖膏等物料的输送。具有结构简单、横断面尺寸小、可多点进料和多口排料、运行安全可靠、制造成本低等优点。其缺点是物料和机械部件磨损大，消耗功率高。

1. 结构

螺旋输送机如图 1-17 所示，主要由 U 形槽体、转动轴与固定在轴上的螺旋叶片和传动装置组成。U 形槽体的两端由端板封闭，上部可加盖活动盖板。转动轴穿过端板两端由安装在端板上的滚动轴承和止推轴承密封支撑，轴的首端与传动装置的减速器输出轴联结。物料从螺旋始端槽体的上部进入，在螺旋末端槽体的下部排出，螺旋输送机输送物料是靠螺旋叶片的连续旋转和螺旋叶片与物料间的滑动将物料逐渐向前推进。当螺旋机过长时，可在中间增设轴承吊架避免转动轴发生颤动。

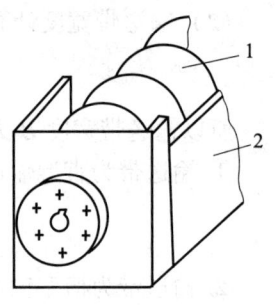

图 1-17 螺旋输送机
1—螺旋带 2—槽体

2. 计算

（1）输送能力计算

$$G = \frac{1000aA}{86400K} = \frac{\pi(D^2-d^2)Sn\varphi\rho}{4 \times 60} \quad (1-30)$$

式中 G ——螺旋输送机输送能力，kg/s

A ——日加工甜菜量，t/d

a ——被输送物料量对甜菜加工量的质量比

K ——生产不均衡系数，取 0.7~0.8

D ——螺旋直径，m。输送甜菜时不小于 0.6m

d ——轴直径，m。指螺旋机内物料输送内径，如转动轴为方轴时按轴边长的 3.54 倍计算，如转动轴为圆轴时叶片直径的 0.2 倍计算

S ——螺距，m/r。指螺旋叶片每圈的间隔距离，一般为叶片直径的 0.5~0.7 倍

n ——螺旋旋转速度，r/min

φ ——装填系数，如表 1-5 所示

ρ ——被输送物料的密度，kg/m³

（2）所需功率计算

$$N = \frac{gG(\mu L + H)}{1000\eta} \quad (1-31)$$

式中　　N——螺旋输送机所需功率，kW

　　　　G——输送能力，kg/s

　　　　μ——阻力系数，如表1-5所示

　　　　L——水平输送距离，m

　　　　H——输送高度，m

　　　　η——机械效率，取0.6

　　　　g——重力加速度，取9.807m/s²

甜菜糖厂螺旋输送机计算参数如表1-5所示

表1-5　　　　　　　　螺旋输送机计算参数表

物料名称	倾斜角度	φ	ρ / (kg/m³)	n / (r/min) 或 v / (m/s)	μ
甜菜	<36°	0.54	500	$v=1.1$	3.5
	36°~40°	0.45			
	40°~45°	0.43			
湿粕		0.40	600	$v=0.8$	3.0
压榨粕		0.15	500	$v=0.8$	3.0
干粕		0.80	250	$v=0.8$	2.5
绵糖、红糖		0.25	800	$n=40$	3.0
石灰		0.32	800	$n=3$	3.5
滤泥		0.15	1250	$n=30$	5.0

（五）斗式提升机

斗式提升机在甜菜糖厂中主要用于提升甜菜、干粕、糖、煤等干物质。具有占地空间小、设备与建筑投资少的优势，缺点是安全运转率较低，维修难度大、环境差。

1. 结构

斗式提升机如图1-18所示，主要由料斗、链条（或传送带）、驱动鼓轮、转向鼓轮、张紧装置、机壳、机架与传动装置组成。料斗按一定间距链接在链条上，链条由驱动轮带动运行，驱动轮在上方，转向轮在下方，两轮通过轴承安装在机架上，转向轮的轴承架与张紧装置相连接，通过移动转向轮的上下位置来调整链条的张紧程度。斗式提升机的运行部件一般用机壳封闭，机壳上设有活动门以便于观察运行情况。传动装置由电动机和减速器组成，在带动驱动轮运转时需安装逆向止行棘轮，以防停机时料斗发生逆行。

斗式提升机的卸料方式有两种，即"离心式"和"重力式"，如图1-18所示。离心式卸料需要料斗有较大的运行速度，物料受离心力的作用于顶端切线射入接料斜槽，接料斜槽需安装在不妨碍料斗运行的位置收集物料。重力式卸料是在驱动轮的下方安装一个惰轮，使链条下行时向内弯曲，加大料斗翻转角度，使物料靠重力作用卸出。

2. 计算

（1）提升能力计算

$$G = \frac{1000aA}{86400K} = \frac{V\varphi\rho v}{l} \tag{1-32}$$

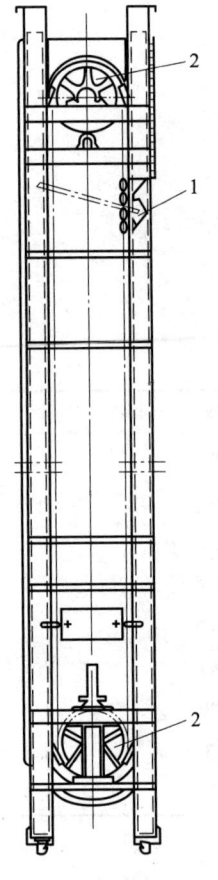 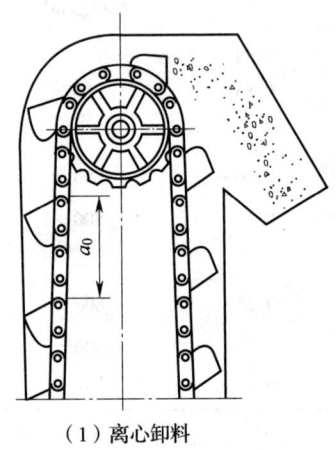 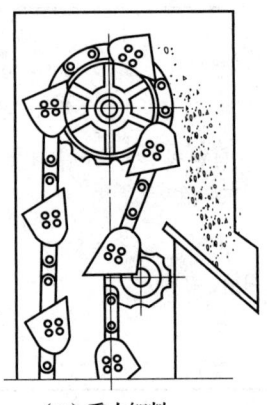

(1)离心卸料　　　　　(2)重力卸料

图1-18　斗式提升机与卸料方式

1—料斗　2—驱动轮与转向轮

式中　G——提升能力，kg/s

　　　A——日加工甜菜量，t/d

　　　a——被提升物料量对甜菜加工量的质量比

　　　K——生产不均衡系数

　　　V——料斗的单斗容积，m^3

　　　φ——料斗的装填系数

　　　ρ——被输送物料的密度，kg/m^3

　　　v——料斗的提升速度，m/s

　　　　　重力卸料取 0.3~0.6m/s

　　　　　离心卸料则 $v=3.15\sqrt{R}$，m/s；R 为链轮半径，m

　　　l——料斗间距，m。$l=\dfrac{2H+\pi D}{n}$

　　　H——上下鼓轮的轴心距离，m

　　　D——鼓轮上链沟直径，m

　　　n——提升机料斗的数量

甜菜糖厂斗式提升机计算参数如表1-6所示。

表 1-6　　　　　　　　　　　　　斗式提升机计算参数表

物料名称	φ	ρ / (kg/m³)	v / (m/s)
甜菜	0.70	500	0.65（环形链），0.80（铰链）
糖	0.75	800	1.5
干粕	0.70	250	1.0
压粕	0.50	500	1.0
废粕	0.75	600	1.0
煤	0.75	750	1.5

（2）需用功率计算

$$N = \frac{gGH}{1000\eta} \tag{1-33}$$

式中　N ——斗式提升机所需功率，kW

　　　G ——提升能力，kg/s

　　　H ——提升高度，m

　　　η ——提升机机械效率，取 0.2~0.3

　　　g ——重力加速度，取 9.807 m/s²

第三节　甜菜除杂与清洗设备

一、转筒式除石器

除石器的种类很多，随着不断改进，到目前为止国内外广为使用的为转筒式除石器。

1. 结构与工作原理

转筒式除石器的结构如图 1-19 所示，主要由转筒、螺旋带、双斗扬送轮、主轴、溜槽和传动系统组成。

转筒上均匀开有筛孔，转筒的内外壁上分别安装了三条螺旋带。双斗扬送轮的外斗是两个半环形挖斗，用来收集细沙；内斗入口是两个沉井，收集粒度较大的沙石，挖斗与沉井两者相通。扬送轮与转筒的首端连接在一起，在接近转筒与扬送轮连接点的转筒外围安装有链圈，齿型传动轮通过与链圈啮合，带动转筒和扬送轮转动。在转筒两端内侧分别由三根轮辐将转筒与轮毂连接，主轴穿过轮毂通过轴承安装在横跨流送沟两侧的支撑座上，将除石器托起，转筒轴向底部与流送沟沟底保持同一水平位置。

菜水混合物进入除石器后，由于流通截面积扩大，流送速度下降至沙石发生沉降的速度范围。在菜水混合物流速大于 0.2m/s（甜菜发生沉降时的流速）时甜菜继续向前流送，而夹带在甜菜中的沙石则沉降到转筒底部，细沙从筛孔流出筒外，随着转筒的旋转，转筒内外的螺旋带将沙石分别推入扬送轮内外的沙石沉井与挖斗。当沙石沉井与挖斗升到顶部时沙石被倒入溜槽排出。对于甜菜中沙石含量较多的糖厂，可采用两台除石器串联安装以保证除石效果。

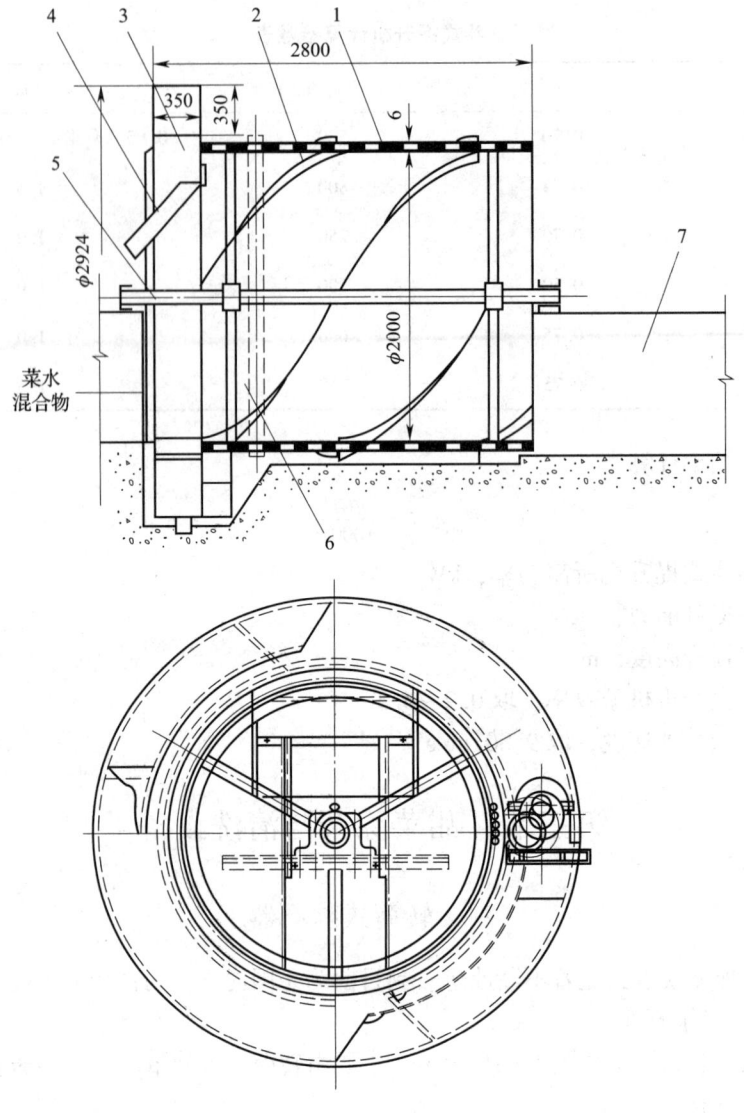

图 1-19 转筒除石器
1—转筒 2—螺旋带 3—扬送轮 4—溜槽 5—主轴 6—齿圈 7—流送沟

在生产过程中，有时甜菜与沙石一同排出，其原因是生产不均衡，菜水混合物流速不稳定，流速过低或水菜比过低而导致；有时沙石清除不彻底，其原因是沙石过多，除石器流通截面积小，菜水混合物在通过除石器时流速过快。

2. 主要技术参数

甜菜在除石器内停留时间：10~15s；
滚筒线速度：0.2~0.4m/s；
菜水混合物最高流速：低于菜水混合物在流送沟内的最小流速；
菜水混合物最低流速：不小于甜菜在水中发生下沉时的速度，健康甜菜为0.2m/s。

3. 计算

（1）最高流送速度　菜水混合物通过除石器时的最高流速不应超过在流送沟内产生

沙石沉降时的流速。

$$v_{\min} = 0.55h^{0.64} \quad (1-34)$$

式中　$v_{\min}$——菜水混合物通过除石器时的最高流速，m/s；

　　　h——菜水混合物通过除石器时的流送深度，m。按甜菜在流送沟内浸水深度计算

（2）最小有效截面积计算

$$F_r = \frac{v_e F_e}{v_{\min}} \quad (1-35)$$

式中　F_r——除石器的最小有效截面积，即菜水混合物在除石器转筒内流过时的截面积，m^2；

　　　F_e——流送沟的有效截面积，m^2；

　　　v_e——菜水混合物在流送沟内的流速，m/s；

　　　$v_{\min}$——菜水混合物通过除石器转筒内时的最高流速，m/s。

（3）除石器转筒最小直径计算

$$D = \frac{L^2}{4h} + h \quad (1-36)$$

式中　D——除石器转筒的最小直径，m（设计直径应大于最小直径）；

　　　L——菜水混合物在除石器内流通时横截面的弦长，m；

　　　h——菜水混合物在除石器内流通时横截面的矢高，m，按菜水混合物在流送沟内的流送深度计算

二、除　草　机

甜菜预处理过程中用于除草的主设备均为耙式除草机，机型可根据除草机所处的水平位置设计成矩形链耙式、三角链耙式或轮带式。

（一）链耙式除草机的结构与工作原理

如图1-20所示为矩形链耙式除草机，它主要由齿耙、传动链、齿型轮、挡辊、溜槽、机架和传动系统组成。矩形链耙式除草机的齿型轮有两对，位于除草机的两端，分为主动轮与从动轮，两对齿型轮的轮轴通过轴承安装在机架上，主动轮由电动机通过皮带轮或减速器来带动运转。在两对齿型轮上装有两条传动链，在两条平行的传动链之间，等距离横挂着若干组齿耙，前后两组齿耙交错安装。用皮带轮取替齿型轮时，将齿耙固定在输送带上，链耙式除草机即变成带式除草机。

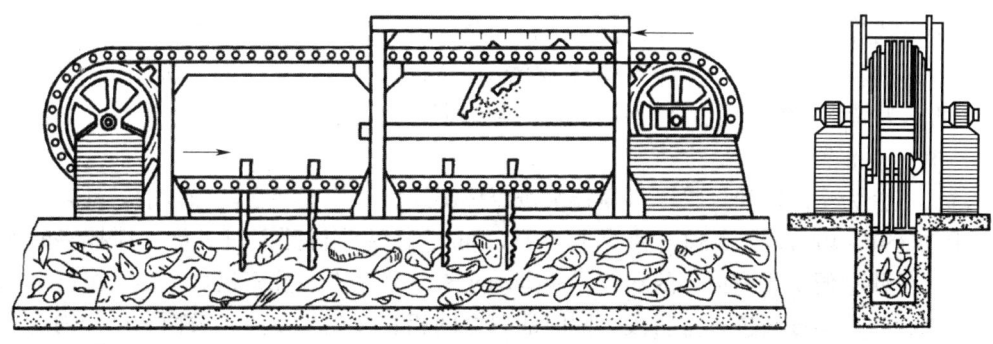

图1-20　矩形链耙式除草机

除草机一般固定安装在除石器后部的流送沟上，流送沟的宽度略大于户外流送沟的宽度，使菜水混合物的流送趋于平稳，以利于杂草、菜叶向上漂浮。运行时齿耙探入菜水混合物中，铁耙运行方向与菜水混合物流送方向相反。齿耙与菜水混合物逆向运行过程中，耙齿将漂浮的杂草、菜叶等挂住带出，当齿耙运行到机架上部时与横向固定在机架上的挡辊相撞，使杂草从耙齿上脱落下来经溜槽排出。

当除草机下部流送沟标高较低时，为了便于杂草装运，可增加一个从动轮提高杂草脱落高度，使机型变为三角型。

矩形链耙式除草机具有结构简单，运行安全可靠，齿耙在水内运行距离与时间较长，除草率高等优点。缺点是杂草扬送高度低，在流送沟标高低时不适合将杂草自动装入倒运车辆。

(二) 链耙式除草机主要技术参数与要求

齿耙长度：大于750mm；

齿间距：约为70mm；

齿耙之间的横向间隔：100~150mm；

节距：500~1000mm；

齿耙运行速度：0.2~0.25m/s；

齿耙浸水深度：不小于200mm；

浸水齿耙组数：不少于4组。

除草机所需功率：

$$N = 2.94b \tag{1-37}$$

式中　N ——除草机所需功率，kW

　　　b ——每组铁耙的宽度，m

三、洗 菜 机

甜菜经流送（干法输送除土）、除石、除草处理后，甜菜中仍夹带有秸秆等杂物，甜菜表面仍粘有部分泥土。为彻底清除甜菜中的杂物和泥土，将甜菜与流送水分离后需送入洗菜机进行彻底清洗。到目前为止，广为使用的有满水式洗菜机、转鼓式洗菜机和振动喷淋式洗菜机。转鼓式洗菜机适合暖甜菜清洗；满水式洗菜机适合寒冷地区甜菜清洗，在清洗的同时对甜菜进一步进行缓冻，以便于切丝。振动喷淋式洗菜机可置于满水式和滚筒式洗菜机之后对甜菜进行进一步喷淋清洗，也可单独完成对暖甜菜的清洗。

(一) 满水式洗菜机

1. 结构与工作原理

满水式洗菜机的主要功能为：使甜菜在洗菜机内相互摩擦清洗甜菜表面泥沙，间隔排出沉积到底部的沙石，将秸秆等漂浮物清除，将清洗好的甜菜排入输送设备。如图1-21所示为满水式洗菜机，主要由槽体、推进搅拌桨、排石器、扬送耙（或斜置螺旋输送机）和传动装置组成。

洗菜机分为洗涤段和排料段，搅拌桨按照螺旋线性排列安装在洗涤段的转动轴上，桨叶间距为350~400mm，主轴转速为14~18r/min。在洗菜机甜菜进入端，搅拌桨的安装密度略大一些，便于快速进入的甜菜尽快翻动起来。甜菜进入洗菜机后，由于搅拌桨的翻动与推进，使甜菜逐渐进入排料段。同时甜菜之间相互摩擦，使甜菜表面和须沟内的泥土溶入水中。对于冻固甜菜，洗菜机同时起到缓冻作用。

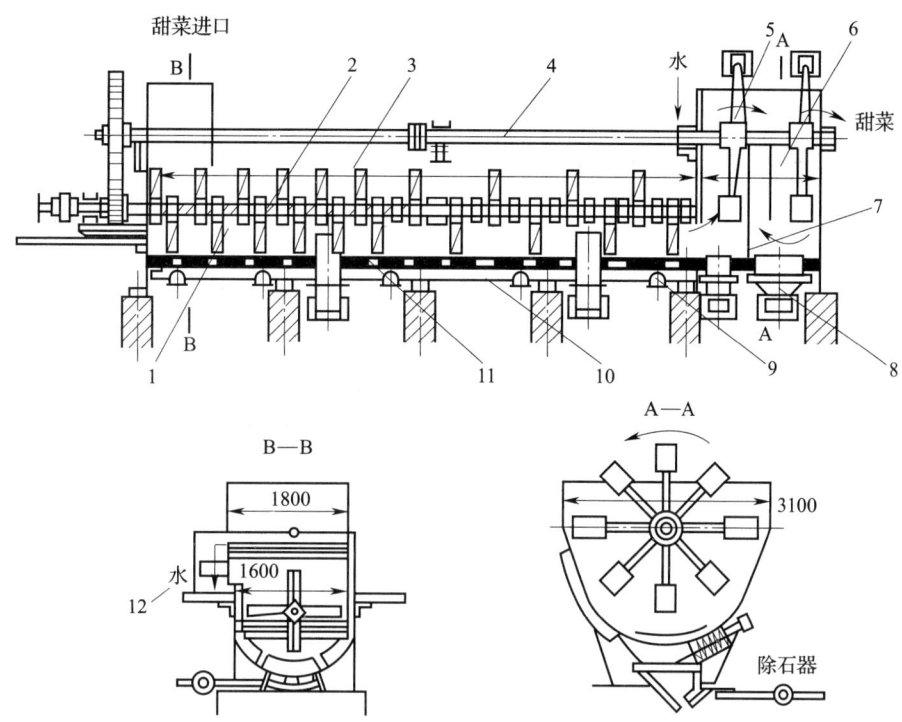

图 1-21　满水式洗菜机

1—桨叶　2—主轴　3—洗涤段槽体　4—横轴　5—扬送耙　6—排出段槽体
7—挡板　8—除石器　9—排污门　10—槽体实底　11—筛孔底　12—溢流口

在洗菜机的槽体底部设有栅格夹底，泥沙与小石块经栅格的空隙进入底层，排石器和污水排放阀分别设在槽体的底部。在排石器的中部和底部安有闸板阀，排石时首先打开位于中部的闸板阀使收集于排石器上部的沙石落入排石器的下部，然后关闭中部闸板阀，打开底部闸板阀将沙石排出后关闭。排污阀与排石器的闸板门可定时开启，进行污水和沙石排放。

在甜菜清洗过程中，清水从洗涤段的末端一侧加入，污水从另一侧溢流排出。在洗菜机内甜菜与水呈逆流接触运行。洗涤段的水位正常保持溢流状态，搅拌桨的上缘浸入水面 500mm 以上，这样可以保持洗涤段水面平静，秸秆等较轻的漂浮物从溢流口漂出，而较大的漂浮物漂向尾端由人工捞出。

在洗涤段与排料段之间安装有隔板，隔板的下端开有洞口，甜菜通过洞口从洗涤段进入排料段。经过洗涤的甜菜进入排料段后，通常用斜置螺旋输送机或扬送耙将甜菜送出。采用扬送耙输送时通常为两级扬送，两级扬送耙串联安装在同一根转动轴上，两级之间由两块隔板隔开。甜菜从洗涤段进入第一级扬送耙的槽体后，由第一级扬送耙将甜菜捞起卸入两隔板之间，进入第二级扬送耙槽体，由第二级扬送耙将甜菜捞起送出洗菜机。由于两级扬送耙在回转时距槽体底部有一定距离，在运行时只会将甜菜捞起，而沙石则落入排石器沉井被定时排出。

满水式洗菜机洗涤段和排料段的传动轴分别由变频电动机带动，可以分别调节甜菜在洗菜机内的推进和排出速度，使二者协调一致。

2. 计算

(1) 洗菜机洗涤段有效容积计算

$$V_e = \frac{1000tA}{1440\rho K} \qquad (1-38)$$

式中　V_e——洗涤段有效容积，m^3

　　　A——日加工甜菜量，t/d

　　　ρ——洗菜机内甜菜密度，取 $400 \sim 420 kg/m^3$

　　　K——生产不均衡系数，取 0.8

　　　t——甜菜在洗涤段中平均停留时间，min。如表 1-7 所示

表 1-7　　　　　　　　流送沟长度与甜菜洗涤时间关系表

流送沟长/m		<50	50~200	>200
停留时间/min	不冻菜	9.0	7.5	6.5
	冻固菜	12~13	10~11	8~10

(2) 排料段扬送耙单耙容积计算

$$V = \frac{1000A}{1440K\rho\varphi mn} \qquad (1-39)$$

式中　V——扬送耙单耙容积，m^3

　　　A——日加工甜菜量，t/d

　　　K——生产不均衡系数，取 0.8

　　　ρ——扬送耙中甜菜密度，kg/m^3，取 $\rho = 550 kg/m^3$

　　　φ——扬送耙填充系数，取 0.7

　　　m——单级扬送耙回转臂数量，一般为 6 或 8

　　　n——扬送耙转速，r/min

(3) 洗涤段主轴所需功率，可按下面经验公式计算

$$N = \frac{gGL}{1000 \times 0.088K} \qquad (1-40)$$

式中　N——所需功率，kW

　　　g——重力加速度，取 $9.807 m/s^2$

　　　G——单位时间内洗涤甜菜量，kg/s

　　　L——洗涤段长度，m

　　　K——生产不均衡系数，取 0.8

(二) 喷淋洗菜机

喷淋式洗菜机如图 1-22 所示，主要由振动输送机（或滚动输送机）和压力喷嘴组成。

振动输送机的槽底敷设带有豁口的波纹板，槽体由曲轴或凸轮带动作振动运动。甜菜从槽体的一端进入，在槽体的振动作用下波动前进，槽体的上方安装喷嘴，高压水流通过喷嘴喷出，冲击甜菜使其不断翻滚，将甜菜表面的泥沙冲洗干净。喷淋洗菜在与满水式或滚筒式洗菜机配合使用时可将振动输送机改为滚动输送机，在槽底横向安装多组梅花轮片

组,每组梅花轮组由多片梅花片定位安装在轮轴上组成,轮轴的端部装有齿轮,由传动系统带转动,甜菜进入槽体后不断被翻滚推进,设置在槽体上方的喷嘴喷射出清水将甜菜冲洗干净。

目前我国甜菜糖厂的喷淋洗菜多采用梅花轮片组输送机与压力喷嘴组合。

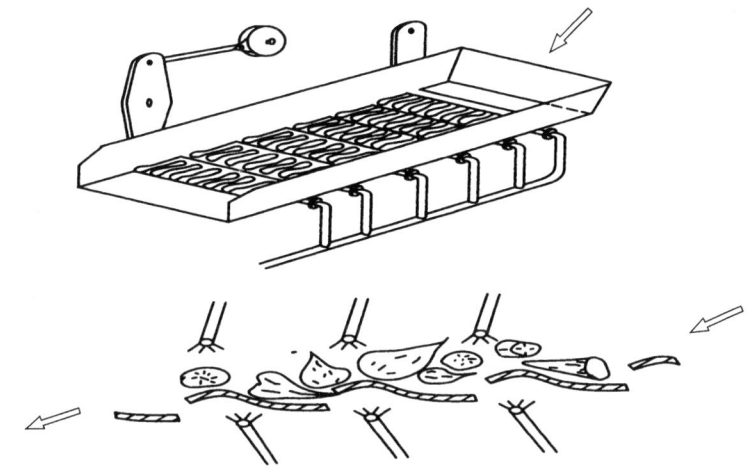

图1-22 振动槽喷淋式洗菜机

(三) 转鼓式洗菜机

1. 玛干(Maguin)转鼓式洗菜机

玛干转鼓式洗菜机适用于湿法输送的暖菜清洗,如图1-23所示,它主要由洗菜滚筒、除石器、杂草分离和喷淋清洗四部分组成。

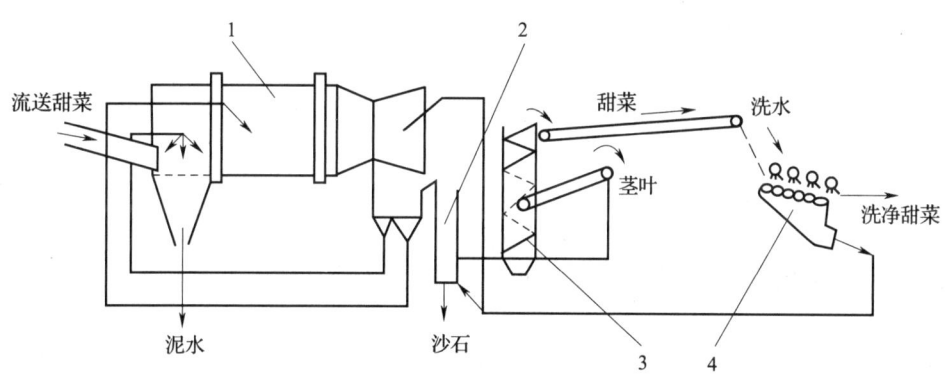

图1-23 玛干转鼓式洗菜机洗涤过程示意图
1—转鼓洗菜机 2—除石器 3—茎叶分离槽 4—喷淋清洗

滚筒分为进料段、中段和排料段,内部按螺旋线形排列安装抄板,使甜菜在滚筒内相互摩擦前行,甜菜在相互摩擦前行过程中表面的泥沙松动或脱落。进料段和排料段的滚筒壁上开有分水孔,菜水混合物在经过进料段时流送水经进料段的分水孔流出,甜菜进入中段进一步摩擦脱泥,在靠近排料段出口位置洗菜用水喷向甜菜,将甜菜表面的泥沙冲掉,泥水经分水孔排出后送入中段。除石器多为斜置拉板式(或沉井式),甜菜从滚筒排入除石器时,喷淋洗菜排出的水从除石器的中下部进入,甜菜被浮送进入杂草分离器,沙石沉入底部排出。杂草分离器由槽体、除草拉板（耙）和半封闭斜置螺旋输送机组成。甜菜进入槽体后杂草浮到水面被横向运行的拉板带出，甜菜被螺旋输送机送入滚动式喷淋清洗机。

2. 韦诺－皮克（Venot-pik）转鼓式洗菜机

韦诺－皮克转鼓式洗菜机适用于干法输送的暖菜清洗，如图1-24所示，主要由洗菜滚筒、除石器、茎叶分离器和清洗器组成。

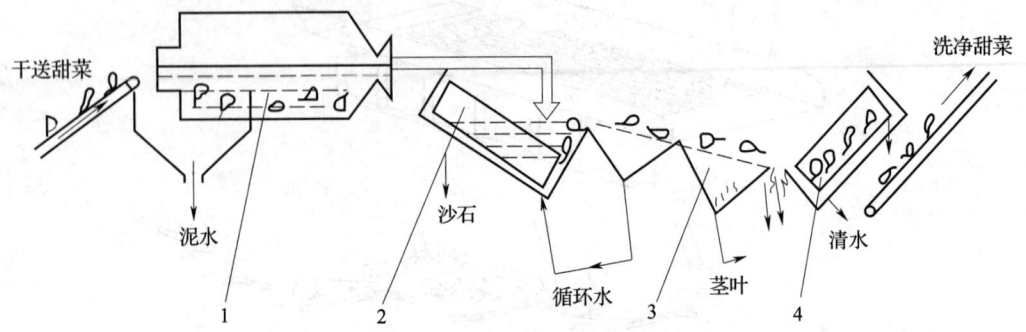

图1-24 韦诺-皮克转鼓式洗菜机洗涤过程示意图
1—转鼓洗菜机 2—除石器 3—茎叶分离槽 4—清水清洗

韦诺－皮克转鼓式洗菜机与玛干转鼓洗菜机的区别在于滚筒内安装螺旋带，滚动筒体全部开有分水孔，滚筒内保持一定水位，喷淋清洗水嘴设置在螺旋输送机的后半部上方，直接对螺旋输送机内的甜菜进行喷淋清洗。

四、除 铁 器

1. 结构与工作原理

经过洗涤的甜菜中仍带有铁丝、农机碎片等铁器，在进入切丝机前应将铁器清除，否则会损坏切丝刀片。铁器的清除通常由电磁力除铁器完成，电磁力除铁器分为上悬箱式和滚筒式两种类型。

上悬箱式除铁器通常悬挂安装在甜菜带式输送机的上方，形状有方形和圆形，方箱宽度与圆盘直径同甜菜带式输送机的输送带宽度相同。在上悬箱内装有线圈和铁芯，通入直流电后产生电磁场使箱体磁化，将混于甜菜中的铁器吸附在箱体的下表面上，由人工定时清除。

滚筒式除铁器是在甜菜带式输送机的主动滚筒内安装线圈和铁芯，通过集电环将直流电通入线圈，使铁芯内产生磁场将主动滚筒磁化。电磁力透过输送带将经过主动滚筒的铁器吸附在输送带上，当输送带向下回转离开电磁场后，铁器自动脱落到收集槽内，由人工定时清除。

2. 技术参数

直流电压：110/220V；

直流电流：14.9/7.45A；

输入直流电功率：1.64kW。

第四节　流洗水甜菜尾根回收与除渣设备

流送水和洗菜水在糖厂中为多次循环使用水，与甜菜分离后水中含有大量菜皮、尾根、碎菜肉块、泥沙等杂质。为回收甜菜肉块和甜菜尾根，将水中泥沙和菜皮等杂质不断分离出去，降低流送水在循环使用过程中微生物繁殖速度，提高循环水质量，甜菜糖厂分别采用了尾根回收、浮渣分离和泥沙沉降设备。

一、尾根捕集机

甜菜在流送、清洗过程中产生的尾根质量为甜菜质量的 1%～2%，具有一定回收价值。尾根回收可采用尾根捕集机将其从流洗水中分离出来。甜菜尾根捕集机如图 1-25 所示，主要由卧式半圆柱形筛箱、转动轴、支撑臂、刮板和传动系统组成。支撑臂一般为八根，分为四组，每组等角度安装在箱内轴的两侧，在每组支撑臂的端部装有刮板，刮板与筛网的压紧程度通过拉杆调节。带有尾根的流洗水从箱体一侧进入后，水与菜皮通过网孔从筛箱底部排出，尾根被回转的刮板从筛箱的侧方送出，使尾根与流洗水分离。

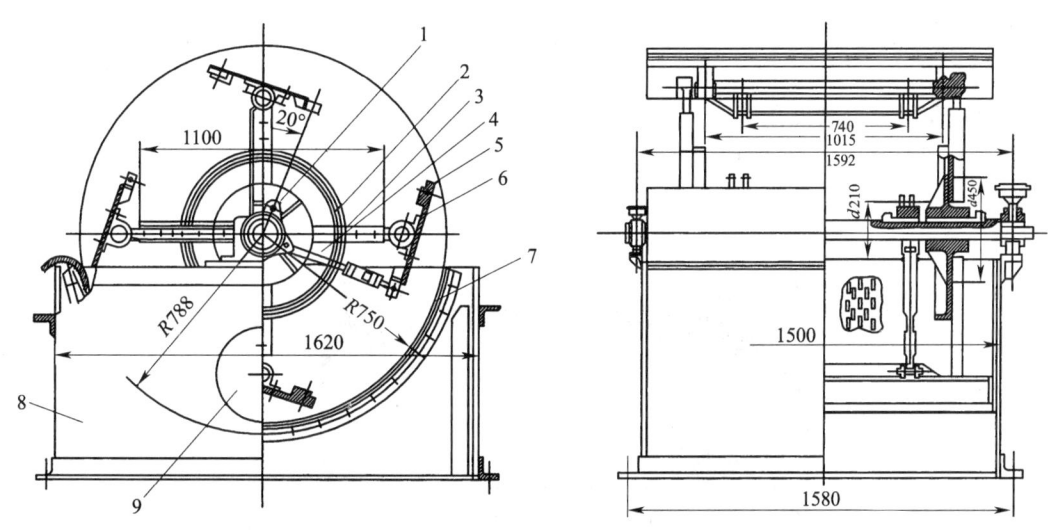

图 1-25　尾根捕集机

1—拉紧盘　2—加强圈　3—支撑　4—拉紧装置　5—刮板　6—抄板　7—篦板　8—外壳　9—进水孔

二、浮渣分离设备

浮渣分离主要是将流洗水中的碎菜皮、尾根等块状物质从流洗水中分离出去。渣水分离设备的类型很多，但原理都是利用水的重力使水从筛孔流出，将浮渣留在筛板上。

(一) 高频直线振动筛

1. 结构与工作原理

高频直线振动筛在甜菜制糖工业中广泛应用于流洗水中的浮渣和石灰乳中的灰渣分离。如图 1-26 所示，主要由筛箱、激振器、弹性元件、进出料箱、支撑机架和电动机组成。

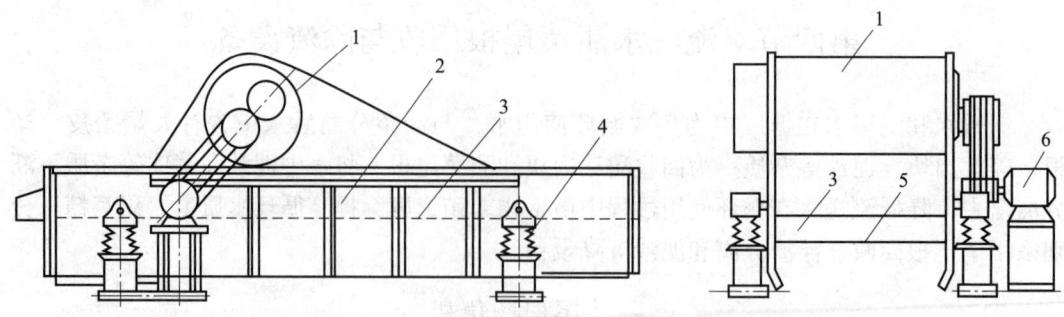

图1-26 高频直线振动筛
1—激振器 2—筛框 3—筛板 4—弹性元件 5—筛框横梁 6—电动机

筛箱由筛框、筛板及压紧装置组合在一起。筛框由侧板和横梁组合构成，横梁一般采用无缝钢管或型钢。筛板的种类很多，制糖流洗水分离采用的筛板规格一般为20孔/25.4mm，通常用钢板横向铣孔制成，安装时开铣面朝下。筛板安装在筛框内，张紧密封通常用木板或橡胶板做压条，加弹簧垫用螺栓紧固。

激振器分为两组，每组由转动轴和固定在轴上的偏心重块组成，每组偏心重块一般为1、2、4块，偏心重块的偏心部分的横断面为扇形，如图1-27所示，为双轴激振器。两组偏心重块的质量相同，安装时相位相反，转动时方向相反。两组激振器由一台电机带动做反方向运转，当两个偏心重块随轴转动时，产生的离心力对称于x轴互相抵消，合并于y轴相互叠加，其结果在y轴方向产生一个往复的激振力，使筛箱在y轴方向上产生往复的直线振动轨迹。高频直线振动筛的激振器转速一般为940~960r/min，筛箱振幅为3~6mm。

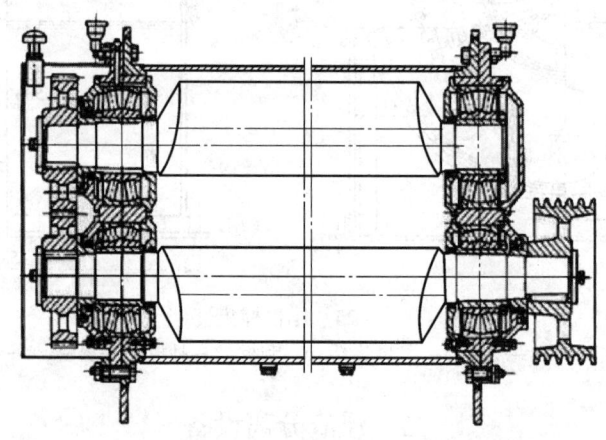

图1-27 双轴激振器

弹性元件是筛箱与机架连接必不可少的重要元件。主要有螺旋弹簧、弹簧钢板和橡胶弹簧三种类型。

支撑机架的主要构件为支撑立柱，筛箱通过弹性元件坐于支撑机架上，激振器横架于筛框之上。由于振幅很小，传动电机可安装在机架上，也可横向安装在筛框上面。电动机输出轴和一组激振器的转动轴装有皮带轮，通过传动带带动激振器转动。安装时筛面与水平面保持一定的向下倾斜角度时（一般为 $-5°\sim-3°$），高频激振器转动时产生一定频率的激振力并作用于筛箱，使筛箱产生相同频率的振动和振幅，而筛板上的分离物随着筛箱的振动，不断向前抛落。通过调整筛板与水平面的夹角，可以调整筛板上分离物的前进速度。

进料箱为流洗水分布器，与来水管相接，可由圆形钢管均匀开设出水口制成。出料箱分为位于振动筛尾端的出渣箱和位于筛箱下部的集水箱。出渣箱与排渣溜槽相接，废渣经溜槽被排放到指定位置或装入运输车辆。集水箱下部与出水管相接，除渣后的流洗水被送入幅流沉降池进行沉降除泥。

2. 计算

（1）离心激振力计算

$$F = \omega^2 G_0 e = 0.011 G_0 n^2 e \tag{1-41}$$

式中　F——离心激振力，N

　　　ω——偏心块角速度，$\omega = \dfrac{2\pi n}{60} = 0.105n$

　　　n——偏心块转速，r/min

　　　G_0——偏心块总质量，kg

　　　e——偏心距，m

$$e = 38.197 \dfrac{(R^3 - r^3)\sin a}{(R^2 - r^2)a} \tag{1-42}$$

式中　R——扇形偏心块外半径，m

　　　r——扇形偏心块内半径，m

　　　a——扇形偏心块圆心角的一半，如图1-28所示

（2）振动筛需用功率计算

$$N = \dfrac{F^2}{210n(G + G_0)\eta} \tag{1-43}$$

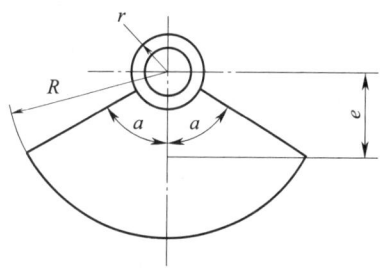

图1-28　偏心块截面图

式中　N——激振器需用功率，kW

　　　F——离心激振力，N

　　　n——激振器偏心块转速，r/min

　　　G——设备振动部分与物料质量，kg

　　　G_0——偏心块总质量，kg

　　　η——机械效率，取 0.8~0.9

（二）链板除渣机

1. 结构与工作原理

链板除渣机如图1-29所示，主要由固定筛箱和链板机组成。固定筛箱三面装有围板，板状筛板借助筛板骨架固定在箱体上。链板机位于筛板上方，由传动轴、齿型传动轮、传动链、刮板组成。齿型传动轮对称安装在轴的两侧，轴体两端通过轴承安装在箱体上，刮板平行等距离固定在两条传动链上，运行时与筛板接触。流洗水经分配器均匀分布到前部筛板上，水透过筛孔流出，菜皮、菜尾等渣质被刮板带到筛板尾端落入溜送槽。

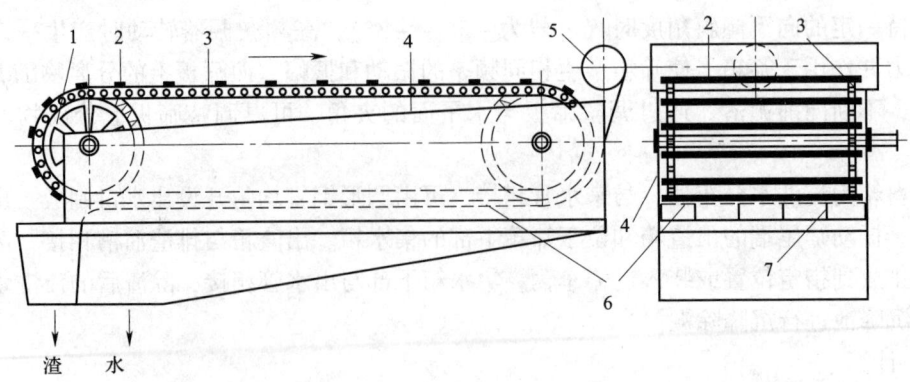

图 1-29 链板除渣机
1—齿型传动轮 2—刮板 3—传动链 4—箱体 5—流洗水分配器 6—筛板 7—骨架

2. 技术参数与要求

刮板移动速度：1.0m/s；

筛板规格：20孔/25.4mm；

需用功率：参照除草机配置。

（三）回转式捞渣机

回转式捞渣机的原理同尾根捕集机相同，结构区别在于：捞渣机没有拉紧装置，用板刷代替刮板和抄板，水经筛孔流出，菜皮等浮渣留在筛板内，被回转的板刷带出。

三、幅流沉降池

在流洗水循环使用过程中泥沙沉降设备多为幅流式沉降池，沉清水直接作为流送甜菜用水继续循环使用。从沉降池底部排出的泥浆通常被送入厂外污水池进行自然沉清，清水送回厂内污水处理站经过生化处理后继续使用。

1. 结构与工作原理

甜菜糖厂安装使用的幅流式沉降池多为中心进水，周边出水类型，其结构如图1-30所示，主要由池体、中心支柱、进出水装置、刮泥机和驱动系统构成。

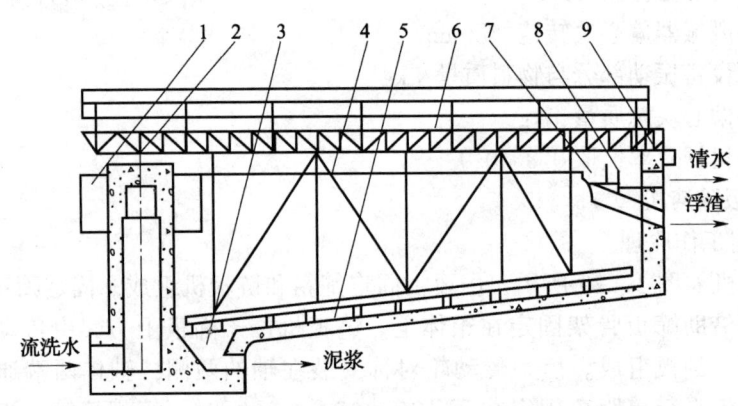

图 1-30 周边传动幅流沉降池
1—稳流筒 2—旋转桁架中心支座 3—集泥槽 4—浮渣刮板
5—刮泥板 6—旋转桁架 7—浮渣收集槽 8—清水堰 9—驱动装置

池体用耐酸水泥浇筑制成,周边为圆柱形,池底光滑平整并带有一定坡度。在池体上缘内侧围有清水堰,出水管与清水堰底部相通。在清水堰内侧围有浮渣挡板,挡板上沿高出清水堰,下沿探入液面,清水经浮渣挡板底部流入清水堰,使浮渣与清水分离。在池体外侧设有 1~2 个集渣箱,水面浮渣和泡沫被移动的浮渣刮板推入浮渣收集槽排出。在池体周边台面上敷设有供桁架行走的轨道。

中心支柱垂直立于池底中央、上部周边安有污水稳流筒,稳流筒的周围封闭围成一体,上部敞开,底部均匀开有出水口。进水管从中心支柱底部进入,经柱体内上升到稳流筒上部后弯出,污水自稳流筒上部斜线排入,经稳流筒缓冲降速后从稳流筒上下出水口均匀缓慢流出进入池内。支柱底部周边设有集泥槽,槽底与抽泥管道相通。

刮泥机由桁架、刮泥板、浮渣刮板组成。桁架分为半径桁架和直径桁架,一般在桁架上部铺设有人行桥。当池径过大、泥沙含量高时可加设 1~2 组直径较小的与主桁架连为一体的副架。主桁架位于池心的一端与中心旋转支撑座连接,桁架的另一端带有转动齿轮,与池体周边的齿型轨道啮合。当桁架为中央传动运行时,动力电机与减速器被安装在中心支柱上方的桥上,通过齿轮传动带动桁架行走,这时池体周边轨道为平轨。当桁架运行为周边传动时,动力电机与减速器被安装在靠近池边的桁架端部上方,轨道为齿型,此时轨道应敷设在池体的圆周台面上。采用周边传动时由于传动力矩大,电能消耗低,维修方便,所以采用者较多。

刮泥板按一定角度均匀安装在桁架底部,运行时与池底保持很小间隙,将池底污泥推入污泥收集槽。浮渣刮板安装在桁架的中上部位,刮板下沿与液面保持相同水平位置,角度与刮泥板相反,随着桁架的运转浮渣刮板将污水表面的浮渣和泡沫推入周边的浮渣收集槽。

2. 主要参数与要求

池体直径与有效深度之比:6~12;

表面最大水力负荷:≤2.5m³/(hm²);

沉降时间:指污水在池内的停留时间,一般为 1~1.5h;

池底坡度:0.05~0.10m/m;

刮泥机转速:1~3r/h;

刮泥机周边线速度:<3m/min;

浮渣挡板淹没深度:0.3~0.4m;

整流板出水速度:<1.0m/s;

传动方式:池体直径小于 20m 时采用中心传动,大于 20m 时采用周边传动。

3. 计算

(1) 沉降池表面积计算

$$F = \frac{1000A(n+w)}{24Kq\rho} \tag{1-44}$$

式中　F——沉降池表面积,m²

A——日加工甜菜量,t/d

n——甜菜流送水菜比,取 7.0

w——甜菜洗涤水菜比,取 0.4

K —— 生产不均衡系数，取 0.8

q —— 水力负荷，取 $2.0\text{m}^3/(\text{hm}^2)$

ρ —— 流洗水密度，取 1000kg/m^3

（2）沉降池内直径

$$D = \sqrt{\frac{4F}{\pi}} \tag{1-45}$$

式中　D —— 沉降池内直径，m

F —— 沉降池表面积，m^2

（3）沉降池周边深度

$$h = h_1 + h_2 = qt + h_2 \tag{1-46}$$

式中　h —— 沉降池周边深度，指池内周边水的深度，m

h_1 —— 沉降池有效深度，m

q —— 水力负荷，m^3/hm^2

t —— 沉降时间，h。取 1.5h

h_2 —— 池底缓冲层深度，m。等于刮泥板高度加 0.3m

（4）刮泥机所需功率计算

$$N = \frac{vM}{9550\eta} \tag{1-47}$$

式中　N —— 所需功率，kW

v —— 刮泥机最大运行速度，r/s，按 3r/h 计算

η —— 机械效率，取 0.7~0.8

M —— 总阻力力矩，Nm。$M = 150D^2K$。D 为刮板外缘直径（m），K 为载荷系数，取 500~550N/m。对于机械起收的甜在贮藏过程中不进行除土处理时，K 值取 600~750N/m

第二章 切丝设备

甜菜糖厂对甜菜中蔗糖分的提取均采用渗出法，将甜菜切成满足渗出工艺要求的菜丝是将甜菜中糖分快速渗出的首要条件。甜菜切丝的主设备为切丝机，附属设备主要是切丝刀片整形、修复机械。

第一节 切 丝 机

切丝机大体分为三种类型，即平盘式、转鼓式和离心式。三种类型切丝机的工作原理都是利用甜菜和切丝刀片的相对运动将甜菜切成菜丝。

一、切丝机的结构

（一）平盘式切丝机

平盘式切丝机通过装有切丝刀片的刀盘转动将进入楔形压菜槽内的甜菜挤压切成菜丝。如图2-1所示，主要由壳体、刀盘和传动系统组成。

壳体分为上、中、下三部分。上部为圆柱形筒体，由钢板卷制而成。上壳体的主要作用是贮存一定量的甜菜，在壳体内形成一定高度的菜柱。平盘式切丝机，刀盘以上菜柱高度要求保持在1.5m以上，避免刀盘上的甜菜跳动，同时对均衡供菜起到一定的缓冲作用。中部为钢铁圆筒铸体，下部为锥筒铸体，刀盘转动立轴的径向定位与轴向承载的轴承支架分别与中下部壳体固定连接。减速器防护帽位于壳体中央，固定安装在径向定位轴承支架的支撑臂上。中部壳体的下部带有楔形压菜槽（图2-2），与刀盘的刀框穴上下对应，压菜槽的斜挡板与刀盘约成50°角，安装时压菜槽与刀盘的上表面间隙为5~8mm。甜菜经防护帽与壳体间的环形空间进入楔形压菜槽被挤压切丝。

在楔形压菜槽的末端装有一个弹簧盖板，切丝刀盘正常运转时盖板不会弹开，当有石块、铁件进入压菜槽后会将弹簧盖板撞开，石块或铁件自动弹出。在压菜槽的后部设有活动盖板，用于检查和更换刀片。

切丝刀盘为圆形平盘，是平盘式切丝机的核心部件（图2-3），安装位置在中、下部壳体之间。刀盘制作通常采用铸钢或铸铁整体铸成，厚度为25~35mm，盘心开有棱锥形轴孔，在靠近外围的盘面上等分布、同心铣出偶数长方形刀框穴，工作时装有切丝刀片的刀框置于刀框穴之内。切丝刀盘的直径和刀框穴的数量由额定生产能力决定，不同规格的平盘式切丝机的刀盘直径在1300~2800mm，刀穴4~32个。切丝刀盘制作的基本要求是盘面光滑耐磨损，盘面上凹点的深度在0.5mm以内；厚度均匀，质量均布，动平衡平稳。当刀盘磨损到一定程度时要进行抛光、铣穴，磨减到一定厚度后要换掉。切丝刀片工作一定时间后要及时进行更换，换刀时打开楔形压菜槽后端的活动盖板，将刀盘内的刀框钩出，将重新装好刀片的刀框放入。

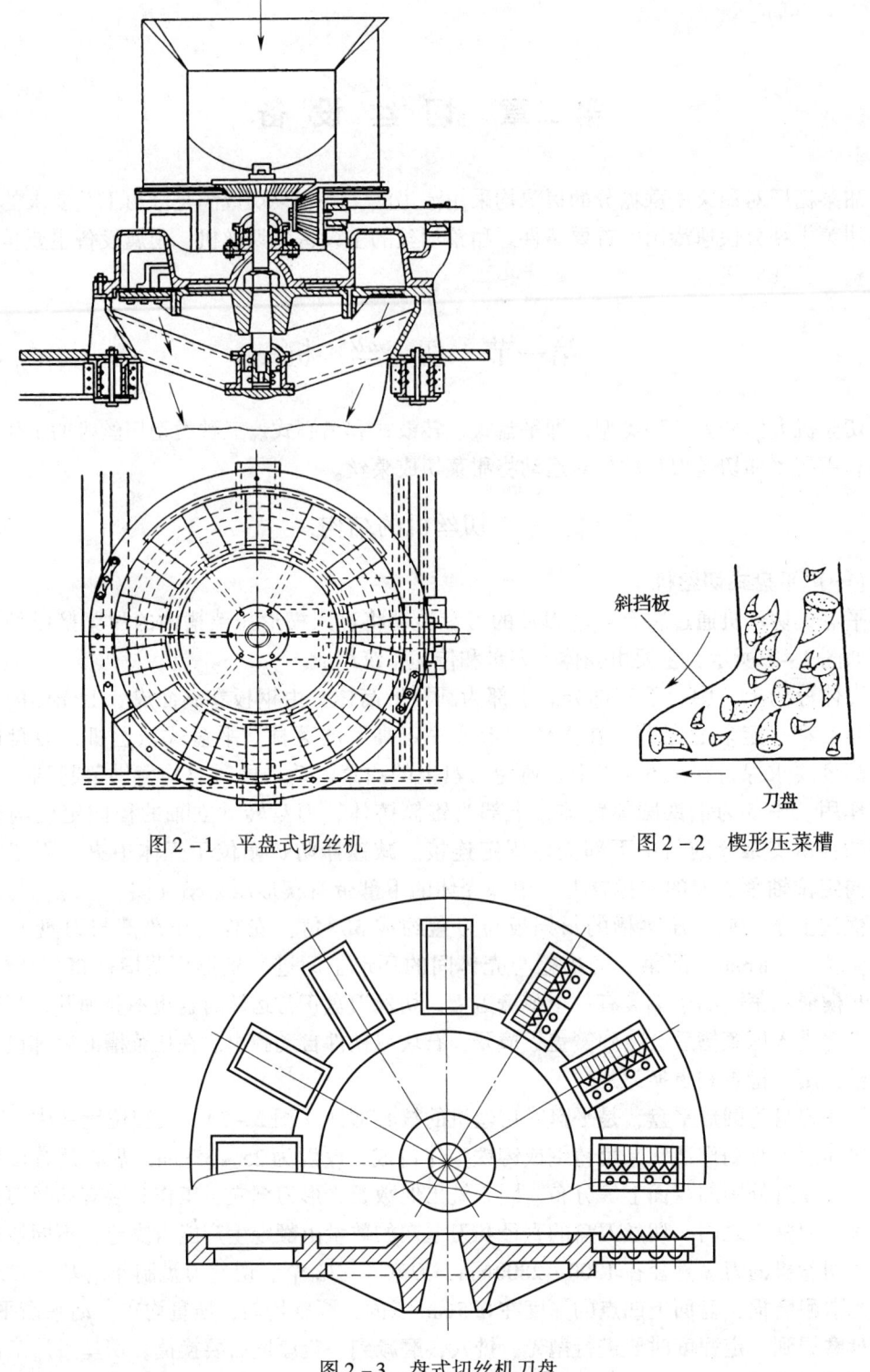

图 2-1 平盘式切丝机 图 2-2 楔形压菜槽

图 2-3 盘式切丝机刀盘

平盘式切丝机的传动系统主要由电动机和减速器组成。电动机通常为两台，按其功能分为主、副电动机。主电动机驱动切丝机刀盘正常运转，副电动机在换刀时驱动刀盘缓慢运行。主电动机通常为变频电动机,可根据接收到的进入切丝工序甜菜量的计量信息(或者根据检测到的切丝机贮菜筒内的菜位信息)和渗出器进料口菜位检测信息,在切丝刀片处于正常切削速度范围内调整转速。平盘式切丝机的减速器为一组相互垂直安装、啮合传动的伞形齿轮,位于刀盘上方,由防护帽罩遮盖。主动伞形齿轮与横向主动轴定位安装在一起,由电动机带动运转。转动立轴从刀盘中心轴孔的背面定位穿出由紧固螺栓将立轴与刀盘固定在一起,转动立轴的上端与减速器的从动伞形齿轮紧固连接。

平盘式切丝机的换刀工作需要停机完成,所以在设备配套时应有一台备用设备。

为了提高切丝机的生产效率和菜丝质量,减少换刀次数,平盘式切丝机可配置安装转动刷刀机和压缩空气(或蒸汽)吹洗喷嘴(图2-4),来及时清除堵塞刀片的甜菜纤维和其他物质。转动刷刀机与吹洗管配合装在平盘上装有刀片的环形部位上方,可在不停机的状态下进行刷刀。转动刷刀机由转动刷和电动机组成,转动刷由电动机通过联轴器直接带动运转,电动机功率为0.735kW,转速为1400r/min,刷子直径为210mm。装在刷子上的尼龙丝直径为0.8mm,长66mm,刀盘的最大圆周速度与滚刷的圆周速度之比为1:2。吹洗喷嘴等间距安装在直径为25mm端部封闭的气管上,喷嘴间距约为40mm,喷嘴内径为2~3mm,工作压强约为0.15MPa。

如图2-5所示为刷刀装置控制系统示意图,系统运行由时间继电器通过控制给气电磁阀的开关来完成。刷吹时转动刷电机运转,电磁阀打开,压缩空气从喷嘴喷向切丝刀盘,同时压缩空气将气缸活塞顶起,提起配重体,使滚刷压在刀盘上旋转。刷吹时间结束时电磁阀关闭,断掉气源,配重体将气缸活塞压回,同时将刷刀机提起,滚刷电机停止运

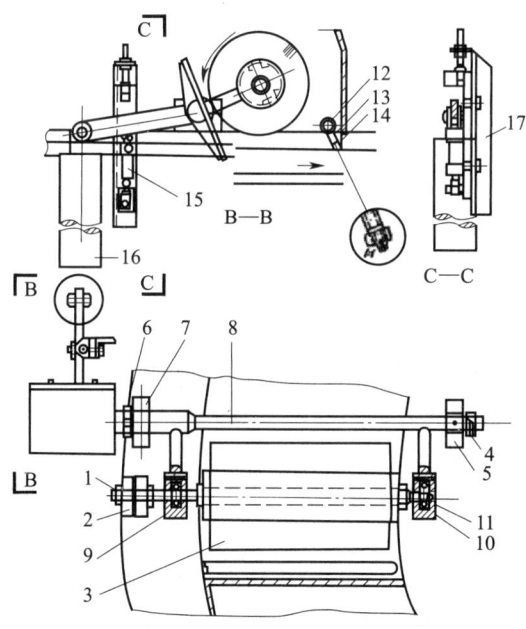

图2-4 刷刀装置结构示意图
1—接电动机 2—靠背轮 3—刷子 4、6—定位轴承
5、7、9、10—轴承 8、11—轴 12—气管 13—喷嘴管
14—喷嘴 15—气缸 16—配重 17—支架

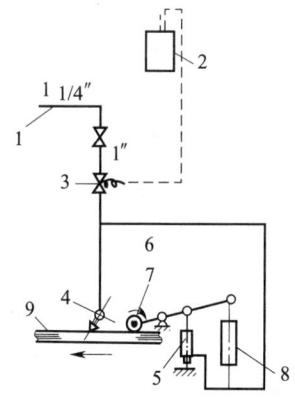

图2-5 刷刀装置控制系统示意图
1—电源 2—时间继电器 3—电磁阀
4—喷嘴 5—气缸 6—刷子
7—电动机 8—配重 9—刀盘

转。对于两台以上同时运转的切丝机进行刷刀与吹洗时，可将每台切丝机设定的刷吹时间编入时间继电器，按时间编排顺序相继进行刷刀、吹洗，实行自动控制。在加工新鲜甜菜时刷刀和吹洗可间歇进行，时间间隔可根据具体情况而定，一般情况下 1~2min 刷吹一次，时间为 10~20s，每台切丝机压缩空气耗量约为 $0.6 \sim 0.8 m^3/min$。加工木质、枯萎、多纤维甜菜时，刷刀和吹洗应连续进行。

（二）离心式切丝机

离心式切丝机如图 2-6 所示，主要由圆筒壳体、蜗旋体、转动立轴、传动系统和栅状闸板组成。

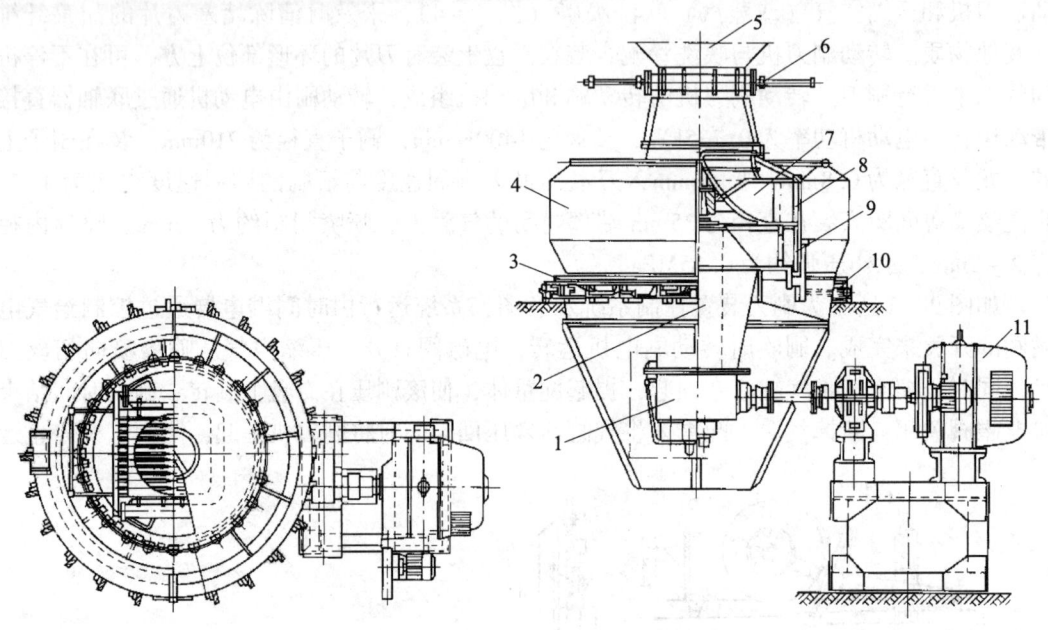

图 2-6 离心式切丝机

1—齿轮箱　2—立轴　3—液压器通阀　4—外套筒　5—贮菜斗
6—栅状闸板　7—蜗旋体　8—刀框穴　9—液压缸　10—壳体　11—电动机

离心式切丝机的圆筒壳体分为上中下三段，上下两段为单层圆锥形钢筒，上段进菜下段排丝，中段为套筒。中段套筒的内筒为直立圆筒，在圆筒侧壁上均匀分布着 4~24 个竖式带有平滑沟槽的长方形刀框穴。按切丝机切丝能力，内圆筒直径为 800~1700mm，高度为 500~700mm。中段套筒的外筒为罩体，主要作用是收集菜丝，防止菜丝外溅。外筒中段为圆柱形，上下两端为圆锥形。在外筒的中上段与内筒刀框相对的位置设有活板门，通过活板门可观察到各组切丝刀片的切丝状况。换刀时打开活板门，通过提升切丝刀框下部的盲框将带有切丝刀片的刀框顶出；然后再将装好刀片的刀框沿滑槽自上而下装入，到达设定工作位置后将其固定。刀框的升降由可按筒体圆周行走的液压或机械升降系统配以机械手来完成，换刀操作可在不停机的状态下进行。

蜗旋体是一个带有三个蜗形叶片的蜗锥形铸体，位于直立圆筒内，蜗形叶片的端部与位于圆筒内壁上的刀片相对。蜗锥形铸体中心开有棱锥形轴孔，与转动立轴上端的棱锥形轴段紧密配合安装，轴头用螺母紧固防止上下窜动。转动立轴的中上部和下部分别由向心轴承和承载轴承定位支撑，轴的下端与从动伞齿轮定位连接。主动伞齿轮与减速器输出轴相连接，由电动机经减速器带动运转，通过伞齿轮的啮合传动带动立轴转动。立轴转速一般为100~110r/min。

在切丝机圆筒上方设有贮菜斗，甜菜由贮斗进入切丝机。在甜菜的入口处设有一对栅状闸板，闸板由液压系统控制关闭和打开。当一对闸板都关闭时，各遮住甜菜入口面积的一半，甜菜不能进入切丝机，进入切丝机内的甜菜量通过调整闸板开度来调节。当闸板打开时，甜菜进入切丝机直立圆筒中央，落到旋转蜗旋体的蜗形叶片之间被带动回转，产生的离心力使甜菜紧压在圆筒内壁的刀片上，甜菜在沿圆筒内壁回转过程中不断被切成菜丝。

(三) 转鼓式切丝机

转鼓式切丝机如图2-7所示，主要由转动鼓、固定鼓、机壳和传动系统组成。

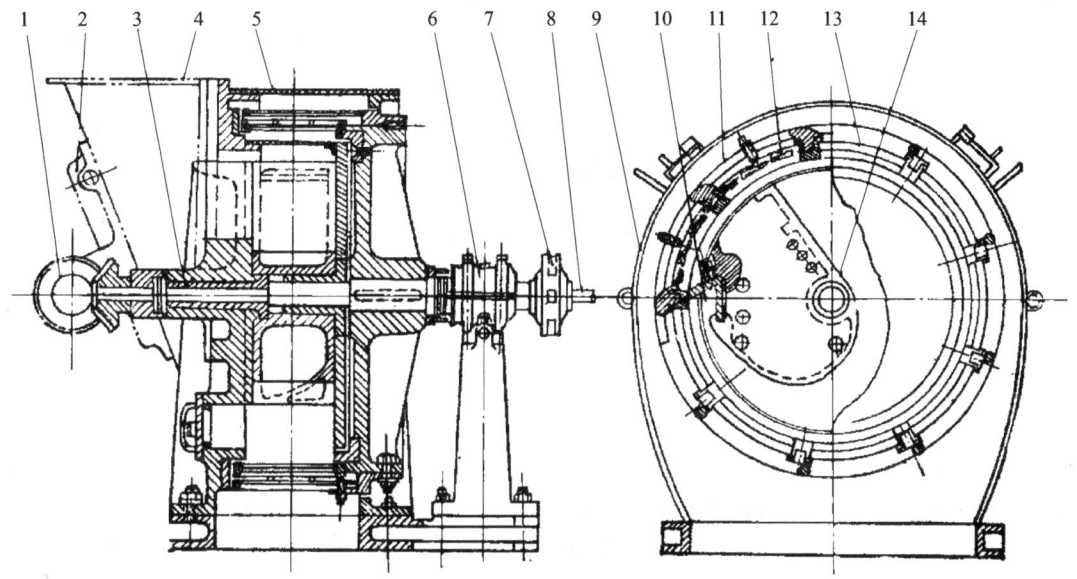

图2-7 转鼓式切丝机

1—伞齿轮组 2—甜菜推进器 3、6—轴承 4—进菜斜斗 5—外壳 7—换刀盘车
8—机轴 9—活动盖 10—除渣门 11—转鼓 12—刀框 13—刀框穴 14—楔形压菜偏心挡板

转动鼓是转鼓式切丝机的核心构件，由轮圈、轮轴和鼓面组合而成。轮圈由两支同等直径的钢圈用横轴等间距连在一起合成，刀框安装架穿过两钢圈的连接横轴固定在钢圈上。转鼓直径一般在1200~2200mm，宽度在350~600mm，可装刀框安装架8~22个。每个刀框安装架只容纳一个刀框，每个刀框可装2~3排（4~9片）切丝刀片。轮圈的一侧钢圈与直径大于轮圈的钢制鼓面固定连接，在鼓面与钢圈平均直径重合的圆周位置等距离开有螺丝孔，用来固定轮圈和安装止推件。止推件安装在鼓面的外侧，换刀时由气动或液压活塞的机械手推动止推件使转鼓缓慢运转，通过挤压止推件可使转鼓固定不动。在转动鼓面中心开有轴孔，轮轴定位穿过轴孔，与转鼓连为一体。

立式固定鼓面位于转动鼓无鼓面的一侧，鼓心开有轴承孔。转动鼓的轮轴，一端通过轴承穿过固定鼓面，由固定鼓面支撑；另一端由机架上的轴承支撑。轴的两端分别与减速器和甜菜推进器的传动齿轮连接。蜗形偏心压菜挡板安装在固定鼓面的内侧,与装在转动鼓上的刀框形成一个楔形压菜槽。与楔形压菜槽相对应的固定鼓面上设有活动门,便于清除硬质杂物和未能切尽的甜菜。在固定鼓面上,位于蜗形偏心挡菜板的上方设有刀框进出门。刀框推进、拉出的气动(或电动)装置安装在固定鼓面的外侧。在固定鼓面上,在蜗形偏心挡菜板轴心对称的位置开有进菜口,进菜口的外侧安有斜斗,与甜菜贮斗相通。甜菜推进器安装在斜斗的下部,类型有旋转螺旋式和进退弹簧钢板式两种,进入鼓内的甜菜量由甜菜推进器控制。

机壳为罩在鼓面外围的固定壳体,按一定间隙将鼓面大于轮圈的周边罩在里面,菜丝经壳体与转鼓之间的空间落到带式输送机上被送往渗出工序。在机壳的两侧安有活动板门,用于观察切丝情况或检查、更换刀片。

转鼓式切丝机的主传动系统由电动机、减速器、传动皮带轮和传动带组成。副传动(换刀盘车、刀框进出)由连杆、气缸、活塞、限位运行架、机械手等与液压、气动或电动系统配合组成。转动鼓主轴由主传动电动机经减速器或皮带轮减速带动运转,转速约为110r/min。转动鼓主轴另一端的甜菜推进器与转动鼓主轴通过伞形齿轮减速器带动运行,使甜菜连续均匀地进入鼓内,充满鼓内下部空间,随着转鼓的转动和蜗形压菜挡板的阻挡,甜菜被挤压到转鼓与蜗形压菜挡板形成的楔形压菜槽内被切成菜丝。

二、切丝机工作性能对比

切丝机的工作性能主要包括机械效率、菜丝质量、操作便捷性和在不同季节时对甜菜的适应能力。具体分析如下。

(一) 平盘式切丝机的特点

1. 优点

(1) 菜丝质量好,平盘式切丝机工作时刀盘以上保持有1.5m以上菜位,位于盘面的甜菜受到的压力较大,位置相对稳定,加上配有楔形压菜装置,使切出的菜丝碎菜含量少,"V"形菜丝含量多。尤其是在甜菜缓冻不好的情况下,切出的菜丝质量远优于其他类型切丝机。

(2) 动力消耗低,除刀盘水平转动自身动力消耗外,只需克服切削阻力的动力消耗。

(3) 单位刀片长度工作效率较高,优于转鼓式切丝机,但低于离心式切丝机。

(4) 可调速度范围大,由于菜位稳定,在很大切削速度范围内切出的菜丝质量可以满足渗出工序对菜丝的质量要求。

(5) 可及时排出甜菜带入的石块、铁件等硬质杂物。

2. 缺点

(1) 设备利用率低,更换刀片需在停机状态下进行,所以需要备用机台。

(2) 运转时对各刀框内切丝刀片的切丝质量无法观察。

(二) 离心式切丝机的特点

1. 优点

(1) 切削速度快,刀片工作效率高,各组刀片始终处于切丝状态,所以单位刀片长度切丝能力大。

(2) 设备利用率高,可在不停机状态下完成刀片更换,无需备用机台。

（3）设备紧凑，占用空间小。
（4）可随时观察各组切丝刀片的工作质量。

2．缺点

（1）菜丝质量差，甜菜在回转运动时位移较大，碎菜含量多，"V"形菜丝含量少。

（2）动力消耗大，除蜗旋体转动和克服切削阻力动力消耗外，还需要使甜菜在机体内产生圆周运动动力消耗。

（3）机内没有保险装置，不能及时排出甜菜带入的石块、铁件等硬质杂物。

（三）转鼓式切丝机的特点

1．优点

（1）菜丝质量较好，甜菜在机体内与刀片切削位置相对稳定，优于离心式切丝机。

（2）动力消耗较低，优于离心式切丝机。

（3）结构简单，制造方便。

（4）刀片更换自控程度较高。

2．缺点

（1）设备利用率低，更换刀片需在停机状态下进行，所以需要备用机台。

（2）单位刀片长度工作效率低，机内只有一个压菜槽，刀片只有转到机体下部时才起切削作用。

三、切丝机切丝能力调节

甜菜制糖生产是一个连续的生产过程，均衡生产很重要，稳定甜菜切丝量是均衡生产的关键。要做到这一点，一是要保持切丝机供菜稳定，二是及时调整装刀数量，三是调节切丝机的运行速度。

为保证切丝机供菜稳定，通常在切丝机的上方设有贮菜斗，贮菜斗的容量一般为20～30min 甜菜加工量。正常运行时贮菜斗内始终保持一定的菜位，斗内的菜位通过摄像直接显示到洗菜和切丝两工序的监视控制面板，操作人员根据斗内菜位及时调整进菜量。

装刀时应根据甜菜加工量、菜丝厚度、设备参数计算出装入刀片数量，菜丝厚度发生变化时应及时调整装刀数量。

在一定转速下，切丝机的切丝能力会随刀片的锋利程度和甜菜质量而变化。当刀片变钝，甜菜变质和枯萎时，切丝机的实际切丝能力会相应降低。为保证切出的菜丝质量流量稳定，通常根据切丝机输出的菜丝质量流量检测数据和渗出器对菜丝量需求情况，对切丝机的运行速度进行调整。当菜丝质量流量大于设定值或渗出器进料口菜位过高时，可下调主电动机转速，减小切丝量；当菜丝质量流量小于设定值或渗出器进菜口菜位过低时，可提高切丝机主电动机转速，加大切丝量。

目前，切丝机的主电动机普遍采用可控硅－滑差电动机或可控硅－直流电动机，这两种电动机都能满足切丝机无级调速的要求。可控硅－滑差电动机由交流电动机和电磁滑差离合器组成，滑差电动机的调速是通过电磁滑差离合器激磁电流的大小来控制。可控硅－直流电动机由可控硅整流器和直流电动机组成，直流电动机由可控硅整流器供电，而直流电动机的转速则由可控硅整流器的输出电压决定。

四、切丝机的计算

切丝机计算主要是根据额定生产能力算出达到额定生产能力时需用切丝刀片总长度，根据需用刀片总长度选择所需要的切丝机型号和机台数量。根据切丝机类型和所需刀片总长度算出切丝机需用功率，配备适当功率的电动机。

1. 需用刀片总长度

$$L = \frac{1000A}{86400vb\rho K_1 K_2} \quad (2-1)$$

式中　L——需用刀片总长度，m。$L = mnl$，m 为切丝机装刀刀框穴数量，平盘式切丝机为 $m-1$；n 为每个刀框的装刀片数；l 为刀框可装刀片的单片长度。目前国内使用的切丝刀片有 165mm 和 200mm 两种长度

　　　A——额定生产能力，t/d

　　　v——平均切削速度，m/s

　　　b——菜丝厚度，m

　　　ρ——切丝机内甜菜密度，取 600kg/m³

　　　K_1——切丝机的结构系数

　　　K_2——切丝机的使用系数

各种类型切丝机的 v、ρ、K_1、K_2 的参数值如表 2-1 所示。

表 2-1　　各种类型切丝机的 v、ρ、K_1、K_2 数值

项目名称	单位	平盘式	离心式	转鼓式
切削速度 v	m/s	8.0	6.7~9.65	7.4
甜菜密度 ρ	kg/m³	550	600	550
结构系数 K_1	—	0.85	0.90	0.50
使用系数 K_2	—	0.80	0.90	0.90

不同类型的渗出设备对菜丝厚度要求不同，同一台渗出器在不同生产阶段对菜丝厚度要求也不同，所以在需用切丝刀片总长度计算时，应根据渗出设备的类型及该类型渗出器在加工新鲜甜菜时对菜丝厚度的要求进行选型计算。一般来说塔式和 RT 渗出设备菜丝厚度取 0.0008m，Dds 渗出器菜丝厚度取 0.001m。在生产管理过程中，根据渗出设备在不同生产阶段对菜丝厚度的要求，进行安装切丝刀片总长度计算。如表 2-2 所示为不同菜丝厚度时，日加工 1000t 甜菜时需用切丝刀片总长度。

表 2-2　　不同菜丝厚度，日加工 1000t 甜菜时各种切丝机需用切丝刀片总长度

切丝机类型 \ 菜丝厚度/m	0.0007	0.0008	0.0010	0.0015	0.0020
平盘式	5.525	4.835	3.868	2.578	1.934
离心式	4.161	3.641	2.913	1.942	1.456
转鼓式	9.027	7.898	6.319	4.213	3.159

2. 功率计算

切丝机需用功率与很多因素有关,主要有菜丝长度、刀片长度、切削速度及切丝机结构等,很难用精确的理论公式表达,只能用经验公式做近似计算。正常切削时需用功率可按式(2-2)计算,带载荷启动时启动功率约为正常需用功率的2倍。

$$N = \frac{\beta L v}{1.36 l d} \qquad (2-2)$$

式中　N——切丝机所需功率,kW

　　　L——切丝刀片总长度,m

　　　v——平均切丝速度,m/s

　　　d——刀隔,m。刀隔与牙数关系如表2-3所示

　　　l——菜丝长度,m/100g

　　　β——系数,平盘式切丝机 $\beta = 0.107$,离心式 $\beta = 0.172$,转鼓式 $\beta = 0.184$

第二节　切丝刀片、装刀与刀片维修

一、切丝刀片的类型与规格

在切丝机内用于将甜菜切成丝的刀具称为切丝刀片,由于切丝刀片的刀刃呈V字连体,俗称V型刀片。按其制造方法可分为铣制刀片和模压刀片两类。铣制刀片按其刀刃形状又分为带立刃V型刀片和不带立刃V型刀片两种,而模压刀片只有一种不带立刃的V型刀片。切丝刀片V型刀脊具有统一的角度,分为90°和60°两种。工厂广为使用的刀片为带立刃的铣制刀片和不带立刃的模压刀片,刀脊角度为90°。

制作切丝刀片的常用材料为T7碳素工具钢,刀刃部分热处理硬度为洛氏硬度HRC45~48。用这种工具钢经热处理后制成的切丝刀片,具有足够的硬度和韧性,不易脆裂,在使用过程中刃部不易发生卷口、崩口、裂口等现象。

常用切丝刀片按外形尺寸可分为165mm×90mm和200mm×90mm两种规格,按切丝刀片V型刀刃的大小又可将每种规格的刀片分为数种型号,通常用牙数和刀隔来区分。切丝刀片上相邻刀脊之间的距离称为刀隔,每片刀片含有的刀脊数量称为牙数。切丝刀片的牙数、刀隔和外形尺寸的对应关系如表2-3所示。

表2-3　　　　　　　　切丝刀片牙数、刀隔、外形尺寸对应表

刀隔/mm	5	6	7	8	9
165mm×90mm 刀片牙数	33	27	24	21	18
200mm×90mm 刀片牙数	40	33	29	25	21

如图2-8所示是带有立刃的铣制刀片,它是用工具钢经锻压制成毛坯,再经刨、铣、锉等加工工序制成。刀刃由三角刃和立刃组成,其中三角刃用以切出菜丝的"V"形部分,立刃则将多个相连的"V"形切开,不至于出现几个"V"形相连的"联片"。使用这种切丝刀片时,各组切丝刀片的安装位置相同,运行轨迹前后重合,除第一刀切出的菜丝呈五面体外,第二刀以下即能切出很好的"V"形菜丝,如图2-9所示。使用这种类

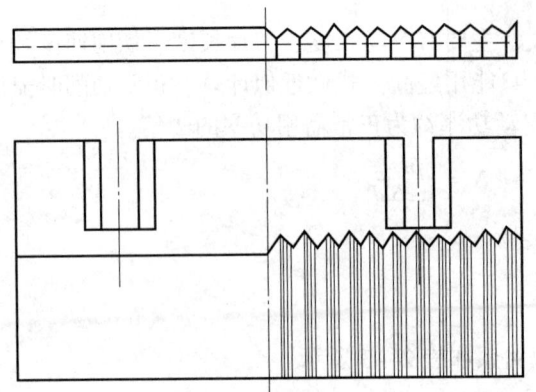

图 2-8 带立刃的铣制刀片

型的切丝刀,切出的菜丝质量较好,但由于加工制造过程钢材耗用多,制作工序多,所以价格很高。

如图 2-10 所示为模压刀片,它是利用模压件压制而成的,其外形与铣制不带利刃刀片相同,但厚度较薄。模压刀片的刀刃只有三角刃,而没有立刃。此种刀片制造工艺简单,不需要经过复杂的铣制加工过程,钢材耗用少。据比较,对于同一规格的刀片,模压刀片的钢材耗用量比铣制刀片约减少 90%,因此造价很低。使用模压切丝刀片切成的菜丝形状多为大小"V"形和棱形,如图 2-11 所示。

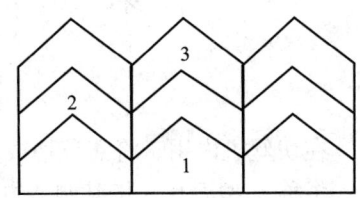

图 2-9 带立刃的铣制刀片切出的菜丝形状

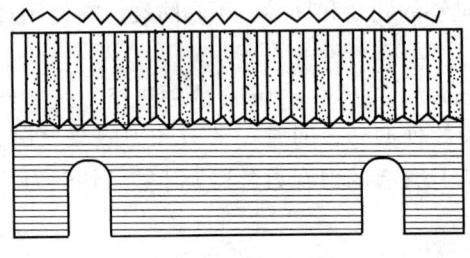

图 2-10 模压刀片

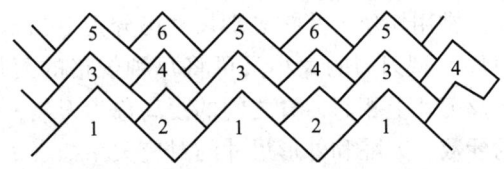

图 2-11 模压刀片切出的菜丝形状

同一规格的模压刀片分为 A 型和 B 型两种,A 型刀片与 B 型刀片的刀刃位置错开半个刀牙。安装时前后相邻两排分别为 A 型和 B 型刀片,后排刀片的上刀脊与前排刀片的下刀脊相对,同时下刀脊必须低于与刀刃相对的刀板,避免切出"联片"菜丝。

二、刀框与装刀

刀框是用来安装刀片的框架,各种类型切丝机的刀框结构相似,但外形各有差异。如图 2-12 所示为平盘式切丝机的刀框,框体为钢制构件,每个刀框可安装 2~3 片切丝刀片,切丝刀片用埋头螺丝紧固在刀框上,刀刃向上凸起。切丝时装好刀片的刀框装嵌在切削平盘相应的框穴中,不用螺丝固定,换刀时用铁钩轻轻一提即可取出。

离心式切丝机的刀框每框一般安装两片刀片，在与甜菜相接触的内表面，刀框具有与固定直立圆筒内圆相同的弧度，切丝刀刀刃向内凸出。框体两侧与直立圆筒的平滑燕尾沟槽相吻合，装卸刀时刀框沿平滑燕尾沟槽上行卸出，下行装入。

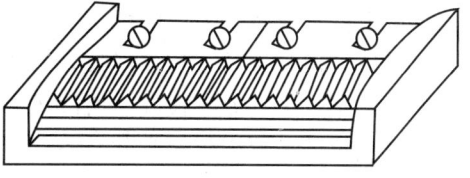

图 2-12　盘式切丝机的刀框

转鼓式切丝机的刀框每框一般装刀 2~3 排，每排 2~3 片刀片。刀框的背面开有与刀框安装架横轴相吻合的弧形槽，装刀时弧形槽插入刀框安装架的横轴将刀框推入到设定位置后固定。各组刀框安装后与甜菜接触的内表面构成圆筒形状，只有切丝刀刀刃向内凸出。

在刀框中，对着刀刃的地方装有刀板，刀刃比刀板高出的部分称为刀高。装刀时通过调节刀高，就可以切出不同厚度的菜丝。为了使菜丝顺利从切丝刀下面自由落出，刀片不堵塞，避免菜丝弯曲折断，切丝刀的刀口应离开刀板一定距离，此段距离称为刀退，刀退的大小通过移动刀片的前后位置来调节。切丝刀片与刀板在刀框中的安装如图 2-13 所示。刀框装入切丝机后，刀框的表面应保持在同一水平面或同一圆周线上，不要出现凹凸，否则会引起甜菜位移和增加动力消耗，使菜丝中过细、过薄的菜丝和碎菜含量增加。

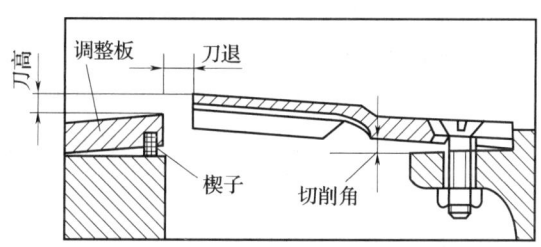

图 2-13　刀片在刀框中的位置

切丝机切出的菜丝质量好坏，与刀片在刀框中的安装位置是否准确有极大关系，各组刀片的刀高、刀退一致，切出的菜丝就厚度均匀、整齐、碎菜含量低。刀隔与刀高、刀退的选择，取决于渗出器的类型和甜菜品质。刀片安装时，首先根据甜菜品质和渗出要求选取适当规格的刀片，确定刀高和刀退；然后用相对应的样板校正刀高和刀退，确保菜丝质量达到要求。对于新鲜甜菜，选用牙数较多、刀隔较小的刀片，装刀时刀高、刀退也较小；切出的菜丝较细，菜丝比表面积较大。当处理冻固、萎缩或多纤维的甜菜及冻化、变质甜菜时，选用牙数较少、刀隔较大的刀片，并适当加大刀高和刀退。

对于使用 Dds 连续渗出器的甜菜糖厂，通常情况下按表 2-4 选择刀片的规格及相对应的刀高和刀退。

表 2-4　　　　　甜菜品质与刀片规格及刀高、刀退的关系　　　　　单位：mm

甜菜品质	新鲜甜菜	冻固、多纤维甜菜	冻化、变质甜菜
刀隔	6 或 7	7 或 8	8 或 9
刀高	4.5~5.5	5.0~6.0	5.5~6.5
刀退	4.0~5.0	5.0~6.0	6.0~7.0

理论上，只要各个刀框中的刀刃位置安装得准确，无论是使用铣制刀片还是模压刀片，都可以切出整齐的"V"形菜丝。但在实际生产中，甜菜在被切丝过程中会产生位移，切出的菜丝形状差异很大。所以进入切丝机的甜菜量保持均衡稳定是减小甜菜位移、提高菜丝质量的重要措施，为此，各厂在切丝机的上部均安装甜菜贮筒，对切丝机的均衡供菜起到稳定与缓冲作用。

三、刀片的维修

切丝刀片在工作一定时间后，刀刃逐渐变钝需要换下重新磨刃。甜菜中混入的石块等硬质杂物会造成刀片变形、损坏，须停止使用，取出修理。

刀片的修理主要包括清洗、整形、齐刀、粗磨刀、细磨刀五个工序。

刀片的清洗是由人工将变钝、变形及损坏的刀片从刀框中取出，用水刷洗干净，将变形和损坏的刀片挑出。

整形是将变形、损坏的刀片进行手工初步整形后放入整形机的刀具夹内夹紧，刀具夹可前后移动通过刀具整形钢模。整形钢模分为左右两片，两者保持一定间隔，进刀处间隔较大，逐渐缩小到接近刀片厚度，在两片钢模的最小间隔位置装有立式转动钢滚，两滚间隔为刀片厚度，刀片在进入整形钢模的过程中，被逐渐挤压平整。

齐刀是将刀片嵌固在齐刀机的进刀架上，使刀片横向行走，逐渐进刀，与齐刀机上转动的砂轮片接触，将刀口上的凸齿、裂口磨去，将刀口磨齐，如图 2-14 所示。对豁口较大，又只有一到两个豁口的刀片，为延长其使用寿命，齐刀时可将豁口保留一定大小。切丝刀片的刀口可齐成 90°（直角刃）到 120°（仰角刃）多种角度，如图 2-15 所示。加工新鲜甜菜和缓冻较好的甜菜时齐刀角度为 90°，加工缓冻不好的甜菜、冻化甜菜或多纤维甜菜时齐刀角度为 90°~120°。刀片磨齐后用转动刷除掉刀刃上的毛刺，以便于下部操作。

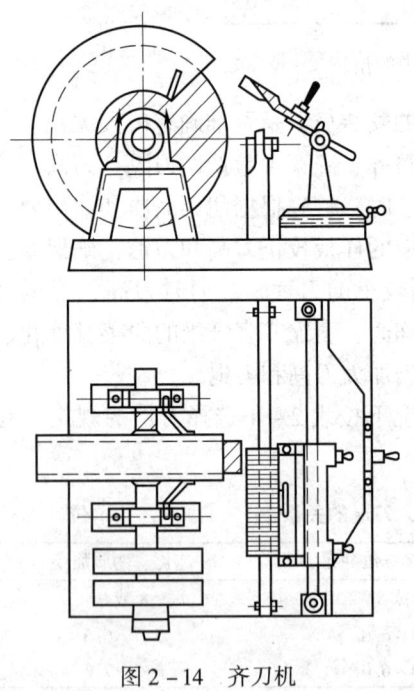

图 2-14 齐刀机

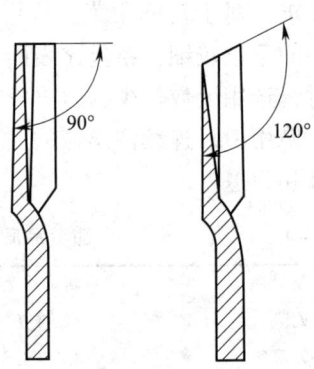

图 2-15 刀片的刀口角度

粗磨刀是将刀片准确嵌入自动粗磨机的进刀架上,按设定进刀程序,由粗磨机上转动的粗磨圆盘锉将刀片上的三角刃内侧逐一磨出刃长为6~8mm(或8~10mm),刃口厚度为0.3~0.4mm(或0.4~0.5mm)的粗磨刀刃,俗称大刃,如图2-16所示。圆盘锉的规格与刀片规格相对应,对于带立刃的刀片在磨大刃的过程中将立刃同时磨出。没有自动磨刀机的工厂,可先磨立刃,后磨三角刃。

细磨刀是将刀片准确嵌入自动细磨机的进刀架上,按设定的进刀程序,由细磨机上转动的细磨圆盘锉在刀片的粗磨刀刃上逐一磨出刃长为1~2mm,刃角为30°~35°的小刀刃,俗称小刃,如图2-17所示。完成细磨的刀片,刀刃表面不带毛刺和白点,刀刃锋利无卷刃,斜面光滑无沟纹,质量一致。使用人工进行刀片细磨(锉刀)时,小刃长为0.5~1.0mm,刃口厚度约为0.2mm,不可带有卷刃,用手指甲抠动刃口不变形为宜。

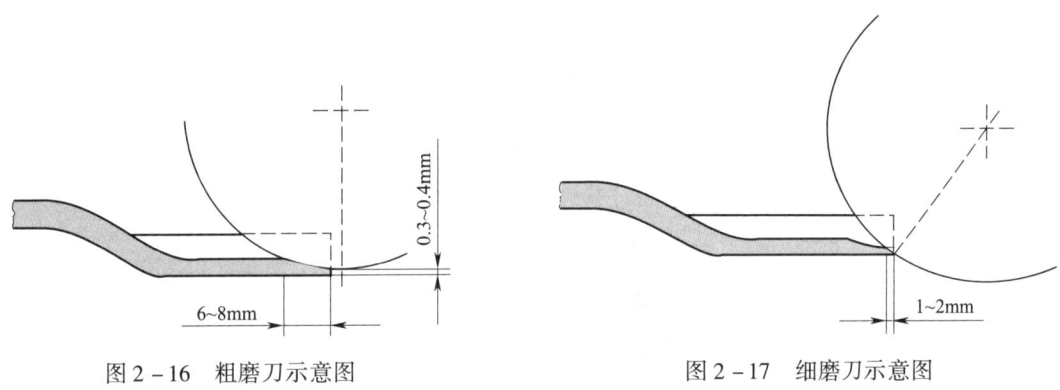

图2-16 粗磨刀示意图　　　　　　图2-17 细磨刀示意图

粗磨刀、细磨刀和人工磨刀所用刀具的材料均为T12碳素工具钢,硬度为HRC60-65,规格与切丝刀片规格相匹配,对不同规格的刀片,在进行磨刀时应选用相对应的磨具。

四、转塔式自动磨刀机(RT磨刀机)

转塔式自动磨刀机只需将待磨的切丝刀片放入存刀架后启动磨刀机,便可按设定程序自动完成刀片整形、齐刀、粗磨刀、细磨刀全过程的工作,它适用于不带立刃的切丝刀片。

如图2-18所示为转塔式磨刀机的平面图。中央是带有工件夹紧装置的转塔,四周分为定位夹紧、齐刀、粗磨刀、细磨刀四个工位,整形磨具固定安装在定位夹紧与齐刀工位之间。转塔每一次转动的角度为90°,间隔时间为独立工序中最长需用时间。各工位机器的运行程序根据工作性质和需用工作时间设定,下面分别作以介绍。

1. 定位夹紧工位

定位夹紧工位由存刀架、刀片推杆和推杆液压缸组成,如图2-19所示。当转塔上的夹紧装置转到定位夹紧工位时,推杆液压缸内的活塞向左移动,与活塞连在一起的推杆将存刀架内最下层的刀片推入夹紧装置的指定位置,夹紧液压缸活塞上升,带动夹头将刀片夹紧。当夹紧装置转向齐刀工位时,刀片从整形磨具内经过,刀片被挤压平整。

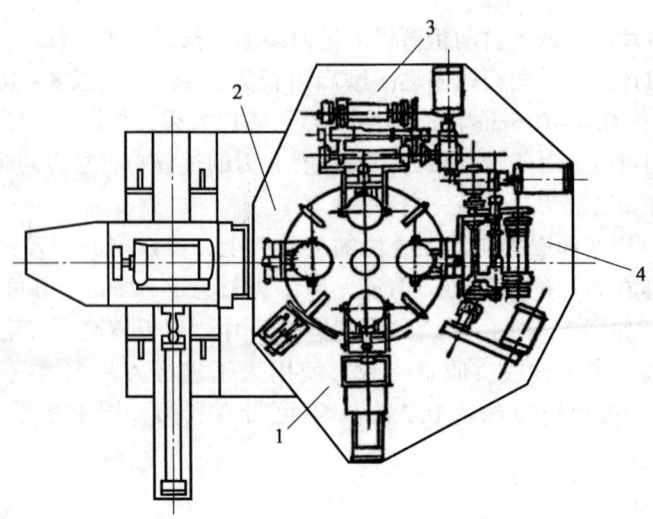

图 2-18 转塔式自动磨刀机
1—定位夹紧工位 2—齐刀工位 3—粗磨刀工位 4—细磨刀工位

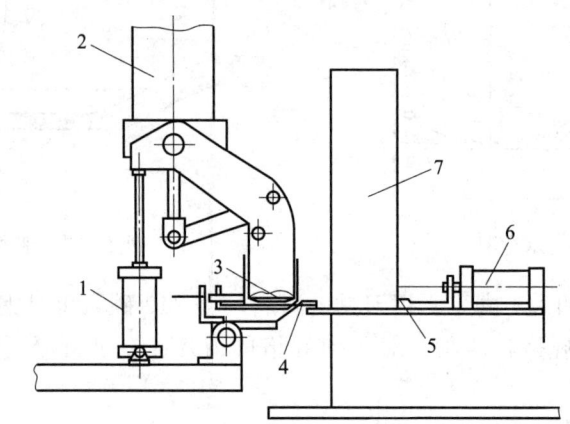

图 2-19 转塔式自动磨刀机定位夹紧工位
1—夹紧液压缸 2—夹紧机构摆动液压缸 3—夹头 4—刀片 5—刀片推杆 6—推杆液压缸 7—存刀架

2. 齐刀工位

齐刀工位是一台往复移动的砂轮机，如图 2-20 所示。当夹紧的刀片转动此工位时，转动的砂轮机自左向右依次移动，砂轮片与刀片相接触进行齐刀，齐刀后砂轮机自右向左返回原位。当需要齐出不同角度的刀口时，通过调节夹紧机构摆动液压缸的活塞行程来调节刀片夹紧装置的角度。

3. 粗磨刀和细磨刀工位

粗磨刀与细磨刀工位都是转动圆盘锉磨刀机，如图 2-21 所示，二者的区别是粗磨刀机圆盘锉的尖角为 74°，细磨刀机圆盘锉的尖角为 87°；由于刀片粗磨与细磨的刃长和刃的厚度不同，所以刀片与圆盘锉的接触角度和位置也不同；此外细磨刀机的转速高一些。

在这两个工位中，磨刀机按刀片规格设定单次行程和停留时间，依次从左向右移动，刀片由夹紧机构摆动液压缸活塞控制抬起与磨刀角度，为避免磨刀时刀片颤动，磨刀机上设有刀片扶持机构，磨刀时可将刀片压稳。

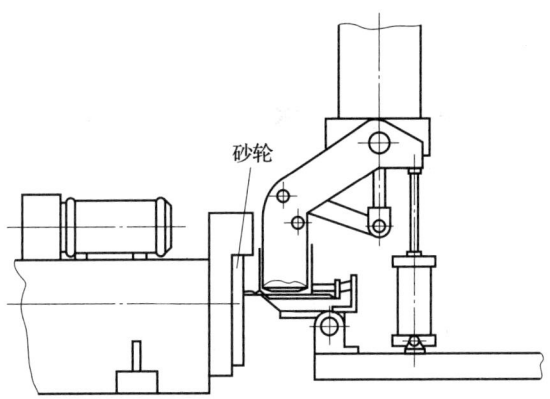

图 2-20 转塔式自动磨刀机齐刀工位

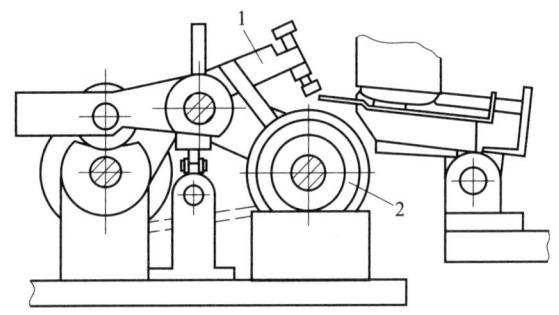

图 2-21 转塔式自动磨刀机磨刀刃工位
1—切丝刀扶持机构 2—圆盘锉

第三章 渗出装备

第一节 概　　述

甜菜切成菜丝后,被送入渗出工序,进行蔗糖分提取。从甜菜中提取蔗糖分通常采用渗出法,所用设备称为渗出装备。渗出装备包括渗出器及其辅助设备。辅助设备的作用是为保证渗出器连续、正常运转提供必要的条件。如菜丝输送机将菜丝送入渗出器,废粕输送机将渗出器排出的废粕送走,加热器保证渗出温度,除渣器清除渗出汁中的碎菜肉,供水设备提供符合渗出要求的渗出用水等。

当前,适用于甜菜制糖工业的渗出器有许多种类型,相应的辅助设备和流程安排也各不相同,都有自己的特点。全面评价渗出设备的优劣是一件复杂的事情。一般来说,可以从两个方面进行评定。一方面是看它所能达到的各项工艺指标是否先进,另一方面是看经济效果是否合理。

从渗出机制及影响渗出过程的各项工艺因素来分析,优良的渗出器应在适当提汁率的条件下,使废粕中糖分损失不高于规定的标准;渗出过程中非糖除去率高,获得的渗出汁纯度高、质量好;渗出器排出的废粕,其压榨性能好;菜丝在渗出器内停留时间短;设备的结构有利于抑制微生物繁殖;操作简便,易于实现自动化控制。

从经济技术方面考虑,优良的渗出器耗用钢材少,容易制造,维修方便;设备投资少,维修费用低;需用功率低,热能消耗少;设备占地面积和占用空间少。

在甜菜制糖工业发展过程中,自渗出提糖法问世以来,罗伯特(Robert)渗出罐组(图3-1)在渗出发展史中占有重要的位置。这种由多个独立渗出罐串联起来的渗出罐组在甜菜制糖工业中沿用了近一百年的时间。制糖工作者曾对它进行过广泛的研究,发挥了它的积极作用。在较老的专业书刊中不难看到关于渗出罐组的详细叙述。

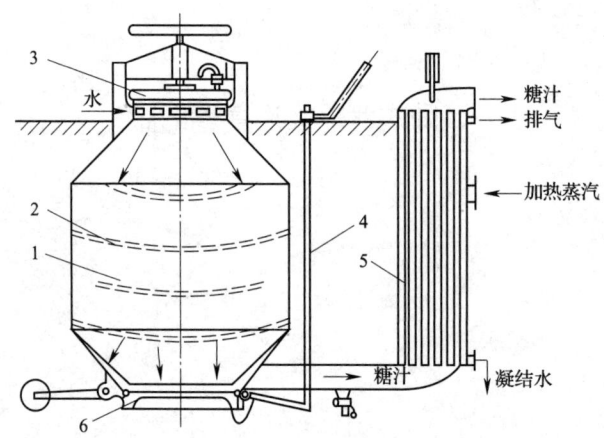

图3-1　渗出罐组
1—罐体　2—链条　3—上盖　4—罐底锁紧装置　5—加热器　6—底盖

渗出罐的上部和下部呈截圆锥形，中部为圆筒形。罐的上下端开有罐口，并安有活动罐门，上口供装菜丝和进行罐内清洗，下口用来排放废粕。操作时，首先关闭下罐门，菜丝从上口装入，装满后关闭上罐门。上下罐门关闭时为密封设置，上罐门关闭由人工搬动手轮通过螺杆来压紧；下罐门关闭通过压动连杆来关闭罐门，然后用铁勾手扣牢。在罐体的下部锥体内侧装有笆板，用来防止在糖汁串向下一罐时将菜丝带出。为防止下部的菜丝挤压过紧，在圆筒罐体的内侧安有 3~5 层相互交差的铁链。进出汁管口的位置分别开设在罐体的上下锥形体处。渗出罐的单罐容积由生产能力来确定，一般为 3~12m³。糖汁加热器多为列管式加热器。

渗出罐组运行时，菜丝入罐后不动，糖汁从罐顶进入罐底抽出，经加热提温后依次流经各渗出罐，最后进入刚装入菜丝的渗出罐，然后从底部抽出被送入清净工序，俗称首罐提汁。渗出罐组的操作是循环作业，对于单个渗出罐来说是间歇式操作，而从渗出罐组整体看，进菜丝和提取渗出汁是连续的。

在正常情况下，进入渗出罐的菜丝很细 [18~20（m/100g）]，菜丝在罐内没有回混现象，所以能够达到较好的工艺指标，因此渗出罐组才被延续使用了近一百年的时间。

渗出罐组的主要缺点是：操作人员多，劳动强度大，操作繁琐。每组渗出罐需 5~7 人不停的劳动；废水产率高，高达 120%（对甜菜），污水排放和污水处理量大；渗出总耗水量高，在 230%（对甜菜）左右；设备结构不利于实现自动控制。

由于渗出罐组存在上述缺点，大约从上世纪五十年代初期开始，陆续被各类连续渗出器所取代。随着在使用过程中的不断改进，到目前为止，各类连续渗出器已趋于完善。

目前世界上应用比较广泛的几种连续渗出器，都能够很好的达到各项工艺指标。就其结构和性能来说也各有独到的优点。因此，在学习渗出器时，了解各类型渗出器的特点和适用条件非常重要。

第二节　连续渗出器的类型与构造

连续渗出器的类型很多，按其安装的形式来分，可分为卧式和立式两类；按渗出器内物料的运动形态来分，又分为有格室和无格室两类。到目前为止，应用最为广泛的是卧式无格室的 Dds 双螺旋连续渗出器、立式无格室的 BMA 塔式连续渗出器、卧式有格室的 RT 转鼓式连续渗出器。

一、卧式双螺旋连续渗出器

卧式双螺旋连续渗出器，最早由丹麦的一家糖业公司研制，简称 Dds 连续渗出器。它是目前应用较广、比较适用的一种连续渗出器。各种规格的 Dds 连续渗出器的主要外形尺寸如表 3-1 所示。

表 3-1　　　　　　　各种规格 Dds 渗出器的主要尺寸

生产能力/(t/d)	近似尺寸/m						近似传动轴功率/kW
	渗出器长度	渗出器宽度	底座最大宽度	首端高度	尾端高度	设备总长度	
550	20.0	2.9	4.2	4.7	7.6	23.5	1×19
750	22.3	3.1	4.8	4.9	9.3	26.7	1×26

续表

生产能力/(t/d)	近似尺寸/m						近似传动轴功率/kW
	渗出器长度	渗出器宽度	底座最大宽度	首端高度	尾端高度	设备总长度	
1100	22.5	3.6	5.3	4.7	8.8	27.6	2×19
1400	22.5	4.0	5.5	5.6	9.5	27.6	2×20
1700	22.5	4.5	6.1	5.6	10.2	28.0	2×26
2000	22.6	4.8	6.5	6.0	10.3	28.0	2×33
2400	22.9	5.4	6.5	7.0	11.0	29.9	2×44
3000	22.9	6.0	7.9	7.0	11.8	30.7	2×55
3600	23.1	6.6	7.9	8.2	13.2	31.1	2×88
4200	23.3	7.2	8.5	8.4	13.6	33.0	2×110

注：生产能力为550t/d和750t/d的渗出器为底端单侧传动。

Dds渗出器属于无格室、卧式连续渗出器，是目前我国甜菜糖厂使用最多的一种类型，使用效果普遍良好。

（一）Dds连续渗出器的流程及器内物料运动状态

Dds连续渗出器的结构及流程如图3-2所示，菜丝由带式输送机送入渗出器的进料口后，被两条相互平行安装的螺旋推进器沿渗出器纵向向前推进，直达渗出器的尾端。渗出用水在靠近废粕轮的位置加入，由于渗出器具有一定的倾斜角度，所以水与菜丝逆流运行，在逆流运行过程中水与菜丝相互接触，菜丝中的糖分不断从菜丝渗入水中，当菜丝到达渗出器尾端时，菜丝中的糖分含量已降到工艺要求，此时的菜丝被称为废粕。废粕由废粕轮上的带有分水孔的轮斗捞起排出渗出器，经由螺旋输送机或带式输送机送入压榨机进行压榨。为回收压粕水中的糖分，压粕水经除渣、灭菌处理后被送回渗出器，压榨粕则被送往干燥车间进行烘干处理。而渗出用水在与菜丝逆流运行过程中糖分含量不断增加，到达渗出器的菜丝入口时糖分含量已达到工艺要求，被称为渗出汁。渗出汁则通过安装在首端的带孔篦板流出，与菜丝分离。为了确保渗出过程达到所要求的温度，在渗出器的底面和侧面设有蒸汽加热室。

Dds连续渗出器安装时为倾斜安装，首端低，尾端高，渗出器与地平面的倾斜角度为8°13′。渗出器采取倾斜安装的目的是使渗出用水加入渗出器后具有一定的位压，以克服菜丝层的阻力向首端运动。渗出水在渗出器内的位压与渗出器倾斜角度之间的关系：

$$P = L\sin a \quad (3-1)$$

式中　P——渗出水在渗出器内的位压，m

　　　L——渗出器槽体长度，m

　　　a——渗出器倾斜角度

渗出水具有的位压是克服菜丝层流体阻力的推动力，流体阻力越大，需要的位压越高。从式（3-1）可以看出，当渗出器长度一定时，位压的大小取决于渗出器与地平面的倾斜角度。对于Dds渗出器而言，渗出器的安装倾斜角度取决于渗出器内菜丝层的流体阻力。

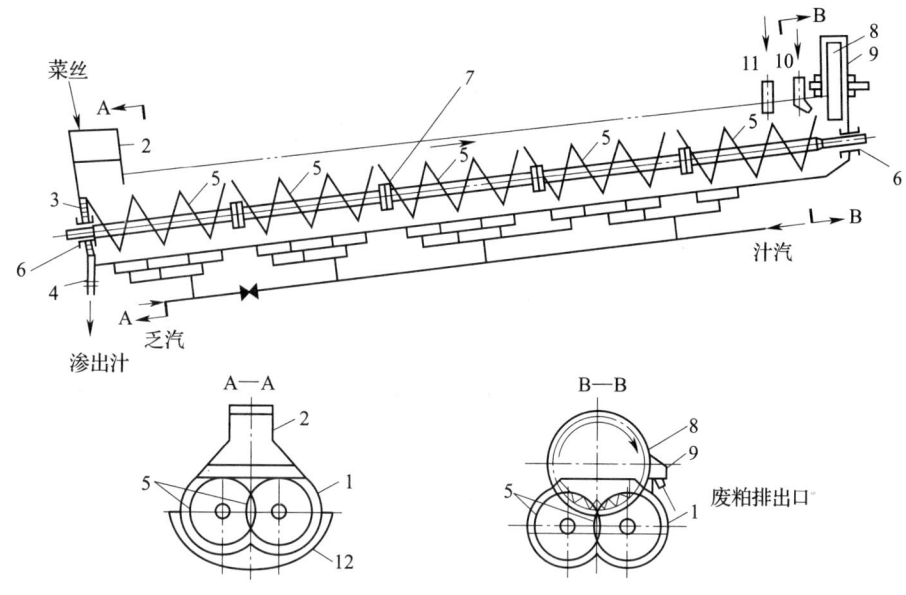

图3-2 Dds渗出器的结构及流程图

1—外壳 2—进菜斗 3—笆子 4—提汁管 5—螺旋 6—密封填料函 7—联轴节
8—废粕轮 9—废粕轮外壳 10—入水口 11—压粕水入口 12—加热室

菜丝层的流体阻力是一个多因素的函数,主要因素有菜丝质量、甜菜的健康和成熟程度、菜丝在渗出器内的密度、提汁率、菜丝在渗出器内的温度变化等。由于这些因素对流体阻力的影响关系很难定量地明确表示出来,所以渗出器的适宜安装倾斜角度是经过多次实验而确定的。

根据丹麦对Dds连续渗出器的实验结果,与渗出器安装倾斜角度8°13′相适应的工艺条件为:菜丝在渗出器内的密度590~600kg/m³,100g菜丝长度10~12m,菜丝中碎菜丝含量2%以下,提汁率110%~115%,渗出平均温度65℃。

在倾斜安装的Dds渗出器内,由于设备结构的特殊性,菜丝被双螺旋推进器推向尾端的过程,有回混和打滑现象相伴随,所以菜丝不是随螺旋推进器旋转一周前进一个螺距,而是仅前进大约1/3个螺距。

(二) Dds连续渗出器的结构

Dds连续渗出器主要由壳体、双螺旋推进器、蒸汽加热室、传动装置、提汁笆板、废粕轮、进菜斗、渗出用水和压粕水的给水装置组成,如图3-2和图3-3所示。生产能力为1400t/d、1700t/d和3000t/d的Dds连续渗出器的结构尺寸如表3-2所示。

1. 壳体

壳体由碳素钢板压型焊接而成。外形为两个相交的圆柱体,顶部被平削后加上盖板的槽体。在壳体盖板中心、沿纵向敷设一条操作走廊。在走廊下方的壳体内侧装有菜丝导向板。走廊的两侧分别设有5个观察门,用来观察渗出器内物料的运行状态。壳体首端壁与壳体纵向底线垂直,并采用型钢在外侧进行加固。壳体尾端的端板,位于传动轴以上部分与地面垂直,传动轴以下部分与壳体纵向底线垂直。在壳体首端的顶部开有菜丝进口,进菜斗与进口相连,一般高出盖板1m以上,主要起缓冲作用。

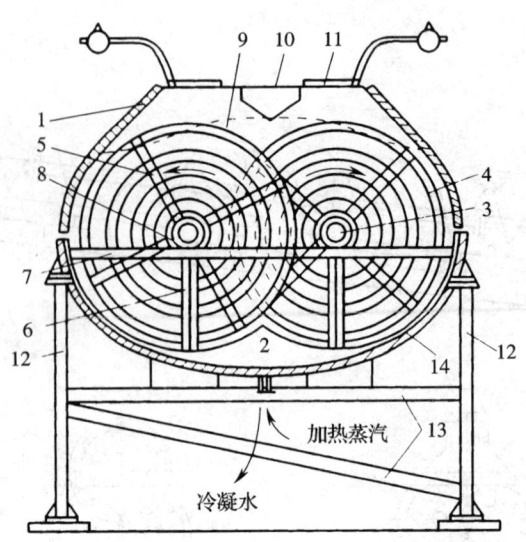

图 3-3 Dds 渗出器横截面

1—壳体 2—加热室 3—空心轴 4—螺旋带 5—螺旋带的支撑 6—轴承的垂直托架 7—轴承座横梁 8—连接轴承 9—菜丝表面 10—操作平台 11—观察门 12—支撑柱 13—加固架 14—加热室外壳

表 3-2 Dds 连续渗出器的结构尺寸

生产能力/（t/d） 结构尺寸	1400	1700	3000
渗出器底弯曲半径/m	1.25	1.375	1.840
螺旋推进器直径/m	2.4	2.65	3.58
螺旋推进器轴心距/m	1.6	1.75	2.24
螺旋推进器的螺距/m	0.968	0.968	0.940
轴的直径与壁厚/mm	318/20	318/20	426/28
废粕轮直径/m	3.40	3.65	4.90
渗出器总容积/m³	220	265	488
提汁篦板面积/m³	8.0	9.8	12.0
加热室面积/m²	75	90	158

安装时壳体与地面倾斜，角度为 8°13′，由相互连接的 12 个工字形钢柱对称支撑在壳体两侧，支撑掌与壳体外壁为焊接连接。为避免发生下沉，壳体的支撑基础底座相互连为一体。

2. 双螺旋推进器

双螺旋推进器由两条相互平行的空心轴和安装在轴上的螺旋带及翼片组成，如图 3-4 所示。它的主要作用是将从渗出器首端进入的菜丝连续均衡地推向尾端，在输送过程中使菜丝与水充分接触，完成菜丝中的糖分渗出。

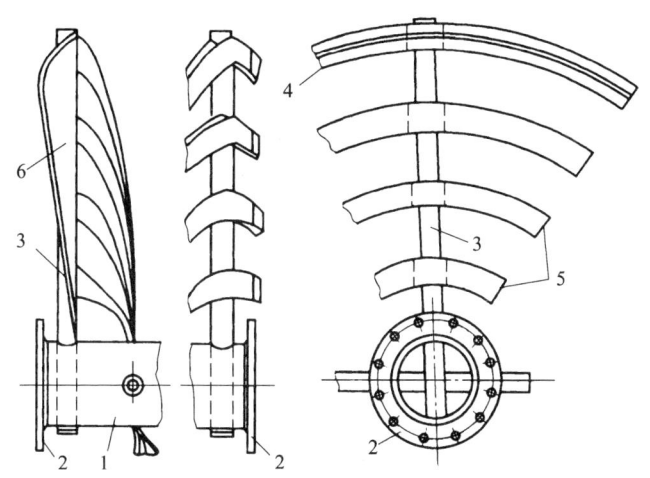

图 3-4 Dds 渗出器的轴段、支撑和螺旋带
1—空心轴 2—法兰 3—支撑 4—丁字钢螺旋带 5—扁钢螺旋带 6—翼片

双螺旋推进器的两根空心轴沿渗出器壳体的纵长方向，平行安装在渗出器壳体内，轴的两端穿过端壁，与安装在端壁外的传动装置相连接。轴心与底壳圆心重合。由于渗出器壳体较长，所以每条空心轴分成 5 段制造，每段轴的两端焊有与轴线垂直的法兰盘。在各段轴的连接处设有滑动轴承，滑动轴承固定安装在渗出器壳体内的钢架上。轴承内设有短衬套，衬套的两端焊有法兰盘与轴头法兰连接。也就是说，每条主轴由 5 段空心轴和 4 段轴承衬套用 8 对法兰盘连接成一体。

在渗出器的两端，轴穿过渗出器端壁的部位，装设密封装置。轴端轴承设在渗出器的体外。由于渗出器是倾斜安装，加上推进器在推进菜丝时会产生反作用力，所以在渗出器的首端（低端）除设有滑动轴承外还要安装止推轴承，尾端只设滑动轴承。

如图 3-3 所示为渗出器的横截面图：在螺旋推进器的两条主轴上各安装若干条螺旋带，螺旋带之间留有一定间隙。在主轴上，每隔 1/4 螺距的位置焊接一根与轴垂直的支撑，作为固定螺旋带的焊接支架，相邻两个支撑互成 90°。通常，支撑用厚壁钢管制成，内圈螺旋带用 100mm 宽的扁钢制成，最外圈的螺旋带用 T 字钢制成。

鉴于菜丝的物理性能及菜丝在渗出器内物理性能逐渐变化这一特点，为使菜丝在渗出器内均衡前行、与糖汁均匀接触、减小糖汁流动阻力，在螺旋带分布时，螺旋带的密度从前到后，逐渐加大，各圈螺旋带之间的间隙宽度逐渐减小，且间隙宽度大于螺旋带宽度。

为避免菜丝绕轴缠绕或分布不均，促进菜丝与糖汁均匀接触，推进器的两条螺旋带相互交叉重叠，而且交叉重叠的位置不在彼此的螺距中心，不同轴段交叉距离也不相等。前两段螺旋带交叉距离相等，自第三段起交叉距离逐渐加大。

在两段轴中间，安装轴承的部位，螺旋带是中断的，其间断距离约等于轴承套的长度。为使菜丝顺利通过螺旋带中断的地带，在每段螺旋带束的首部边缘焊接了收集菜丝的倾斜翼片，如图 3-4 所示。

每段轴上的螺旋带束，其开始的位置不是前一段轴上螺旋带的继续，而是彼此间有一定的角度差，而且每个轴承处的差别角度也不完全相同。

双螺旋推进器运行时，左边的螺旋带按逆时针方向旋转，右边的螺旋带按顺时针方向旋转。从渗出器的首端向尾端看去，左边轴上的螺旋带安装成右螺旋，右边轴上的螺旋带安装成左螺旋。

双螺旋推进器的螺旋带的结构、尺寸和安装位置，都是以实践经验和实验结果为依据而设定的。这样的结构有利于菜丝在渗出器内均匀分布、均衡推进，菜水逆流接触均匀，因此，不能轻易改动。

3. 加热室

在 Dds 渗出器壳体的底部和两侧的中下部设有夹套式蒸汽加热室，以供渗出过程所需热量。在加热室面积和位置安排时，既要考虑工艺要求，又要兼顾热能经济。如图 3 – 5 所示，为菜丝在 Dds 渗出器内正常渗出过程的温度分布曲线图。

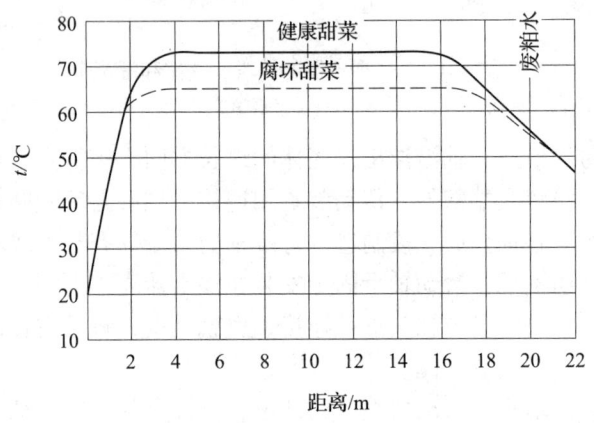

图 3 – 5 Dds 渗出器内温度分布曲线

对于 Dds 渗出器而言，菜丝提温变性达到渗出温度和菜丝在渗出温度下进行糖分渗出，这两个过程都是在渗出器内完成的。为了降低渗出过程的热能消耗，减少热能损失，在 Dds 渗出器的首尾两端一般不设加热室。使在首端进入渗出器的冷菜丝与热渗出汁之间，在尾端加入的渗出用水与热的废粕之间，充分进行热交换，使排出渗出器的物料达到较低温度，如图 3 – 5 所示。在这样布置情况下，渗出汁提汁温度一般为 20 ~ 30℃（比菜丝温度高出 10 ~ 15℃）；废粕排出温度一般为 45 ~ 50℃（比渗出给水温度高出 10 ~ 15℃）。当压粕水回流时，利用蒸汽凝结水通过加热器将压粕水加热到 75℃ 后进入渗出器，充分利用低值热源，减少热能消耗。

根据工艺要求，进入渗出器的菜丝应尽快完成菜丝细胞原生质变性，使菜丝在距离首端 4m 左右的位置达到渗出温度，并在渗出温度下完成菜丝中的糖分渗出。为此，在靠近渗出器首端的壳体底部和侧面布置第一组蒸汽加热室，称为提温段加热室。提温段加热室所传递的热量应满足菜丝提温变性，达到正常渗出温度所需热量。紧随提温加热室向后排布三组加热室，称为渗出段加热室。渗出段加热室所传递的热量应满足维持最佳渗出温度所需补充热量。

渗出器的四组加热室又被分成 13 个独立的加热格室，每个加热格室都有独立的进汽、蒸汽凝结水排出和不凝气体排放口。将加热室实行多格室独立控制的目的是使加热室各处加热温度均衡，便于渗出器内的温度调节。

各加热室的加热蒸汽，通常采用从蒸发罐抽取的汁汽（105~110℃）。为了避免因天气寒冷时菜丝温度过低，导致渗出提温段温度上不来，提温段加热室的加热汽源应设有汽轮机背压蒸汽进汽管线，便于提温段温度上不来时使用。

为降低渗出过程热量损失，在渗出器的外表面敷设有保温层。保温层由保温材料制成与壳体外形吻合的片状体，用玻璃丝布或铁皮包裹在器体上。

丹麦设计的Dds渗出器，是按菜丝温度为5~10℃设计的。实践证明，在菜丝温度为0℃时，渗出器的加热系统仍可以满足渗出工艺要求。然而，位于我国北方的甜菜糖厂，在严寒期菜丝温度低于0℃并带有冰絮，菜丝在提温段很难达到渗出温度，致使菜丝在渗出器内提温线向后延长，有效渗出时间缩短，导致生产能力上不去或废粕糖分损失下不来。为此，我国北方糖厂对Dds渗出器的加热系统进行了以下改进。

根据热量传递公式得知，影响热量传递量的影响因素为传热面积、传热系数和传热温度差。据此，在严寒期，提温段使用汽轮机背压蒸汽提高传热温度差；渗出器内涂盖防腐涂层改为喷镀铝层或其他耐腐蚀金属层，提高传热系数；适当提高提温段加热室的两侧弧长，提温段加热室向前延伸，扩大加热面积；将螺旋带改为方形管和空心丁字管，在管内通入汽凝水进行器内提温（图3-6）。

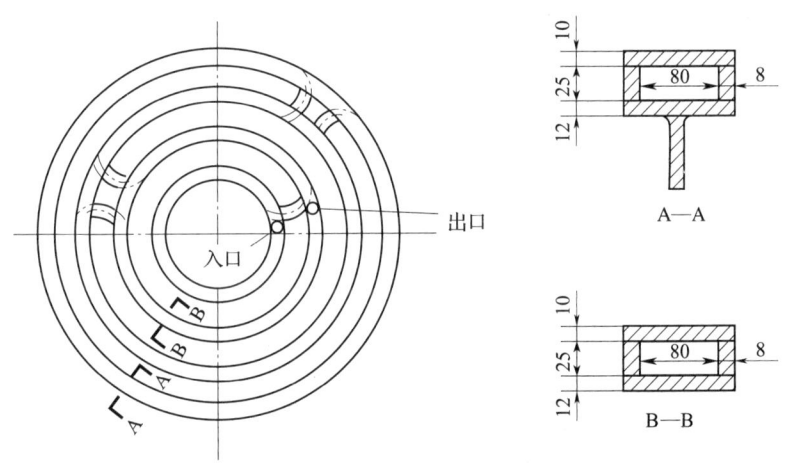

图3-6 空心螺旋管加热器热水流通线路示意图

此外，在严寒期，可适当提高甜菜预处理的用水温度、延长甜菜预处理停留时间，以提高甜菜缓冻效果。

4. 传动系统

Dds连续渗出器的传动装置分为废粕轮驱动和双螺旋推进器驱动两套装置。废粕轮驱动比较简单，由电动机和减速器组成，按一定速度转动，转速不需调节。而双螺旋推进器的驱动则由可控硅-滑差电动机或可控硅-直流电动机，通过减速器，带动螺旋推进器的两轴反向同速转动，主轴转动速度可以在0.4~1.2r/min范围内进行调节。如果两轴转速不同就会使两轴上相互交差重叠的两螺旋带之间的距离发生变化，严重时会导致两条螺旋带互相碰在一起，造成停机事故。转速调节可根据进入渗出器内的菜丝质量变化和菜丝在渗出器内物理性能变化随时调整菜丝在渗出器内的推进速度，使渗出运行保持在良好状态。

当螺旋推进器采用单向传动时，电动机和减速器位于渗出器的首端。采用上下两端传动时，在渗出器的首尾两端，分别设有电动机和减速器，推进器的每根传动轴同时由上下两端的电动机通过减速器带动运转。无论是采用单向还是双向传动，双螺旋推进器的两根主轴都应保持反向、同步、同速运行，主轴转速可以在一定范围内进行调节。因此，带动螺旋推进器的电动机应为同步、可调速电动机，并且各台电动机应通过一个统一的调速系统进行速度调节与控制。

5. 提汁篦板

提汁篦板是控制渗出汁与菜丝分离的部件，位于渗出器首端内侧，与端板内壁平行并留有一定空隙。篦板通常采用2~2.5mm厚的不锈钢板铣孔制成，开孔率在22%左右，篦孔有圆形和条形两种锥形孔，锥度一般为1:5。圆孔篦板的内侧孔直径为2mm，条孔篦板的内侧孔宽为2mm，长一般为8~10mm，如图3-7所示。

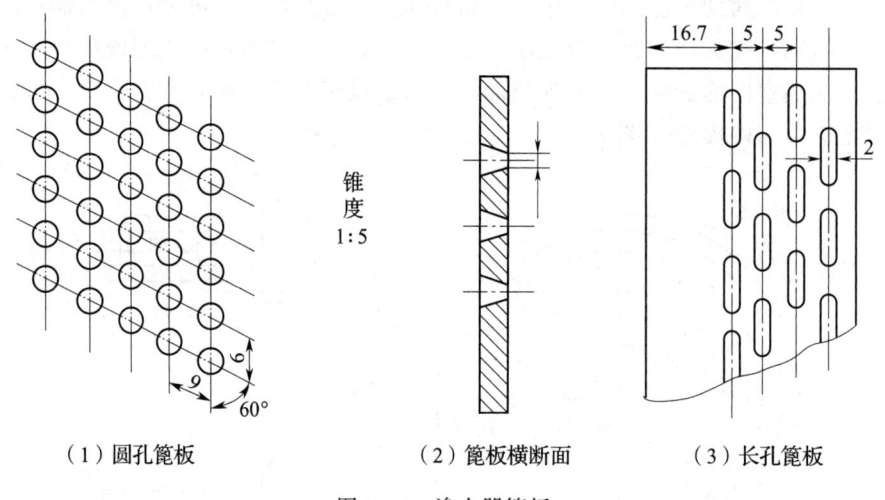

（1）圆孔篦板　　（2）篦板横断面　　（3）长孔篦板

图3-7　渗出器篦板

为及时清除堵塞在锥形孔上的菜丝，使渗出汁通过篦板时畅通，在螺旋推进器首端的主轴上各装一组刮刀，刮刀与篦板平面紧密接触。螺旋推进器运转时带动刮刀将篦孔上的菜丝反复清除。此外，在渗出器的首端板和篦板之间引入低压蒸汽或压缩空气导管，对篦孔进行反向吹洗。当进行反向吹洗时首先关闭提汁阀，然后再打开吹气阀。

6. 废粕轮

废粕轮位于渗出器尾端，与尾端板的上体壁面平行并保持一定的间隙。在废粕轮的圆周外缘上，均匀排布带有分水孔的铁制轮斗，轮斗的圆周外缘宽，内底窄，如图3-8所示。

废粕轮的轮轴与地平面平行，安装后，轮的底部边缘稍高于螺旋推进器的主轴。在废粕轮的外围罩有壳体，可避免废粕外泄。运行时废粕轮的轮斗将废粕从渗出器内捞起，水经轮斗分水孔流出，轮斗运行到顶部向下回转时将斗内的废粕卸出，经导管排入废粕输送机。

废粕轮的排粕能力应满足渗出器的生产能力，设计时应使废粕轮的排粕能力略大于渗出器的生产能力，废粕轮的转速一般为4r/min。

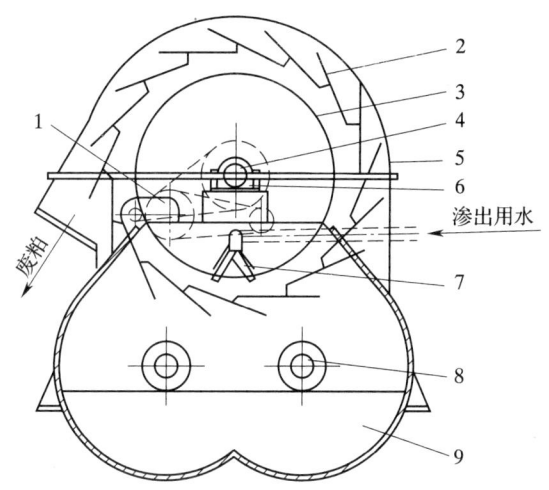

图 3-8 废粕轮与渗出器后壁图
1—传动装置 2—轮斗 3—轮的平面 4—轮轴 5—废粕轮外罩 6—轴承
7—给水喷嘴 8—螺旋主轴 9—渗出器后端盖

7. 渗出用水的进水装置

Dds 连续渗出器设有 2 个给水器,分别输送新鲜水和压粕水。新鲜水给水器距离废粕轮约 0.4m,而压粕水给水器距离废粕轮大约 2m,此处糖汁含糖与压粕水含糖大体相同。给水器是一根带有 2 个短喷管、可以进行转动的套管,横向安装在菜丝层的上方。给水器的转动扳手从渗出器的上壳体穿出,操作人员通过转动扳手角度,控制给水器出水角度,从而调节废粕排出速度。

在正常情况下,给水器的短喷管向下略斜向废粕轮喷水。当短喷管转向废粕轮时,可将轮斗内部分废粕冲掉,从而降低废粕轮的排粕速度。当短喷管转向前方菜丝时,可以加大渗出汁流动速度,降低菜丝推进速度。

当压粕干固物含量较高、压粕水全部回收时,新鲜水补充量很小,为稳定渗出给水、减小末段轴的扭矩,可将压粕水与渗出补水混合后经渗出新鲜水入口进入渗出器。压粕水的循环使用使废粕中胶体物质增加,导致废粕压榨时脱水性能下降,对此,很多糖厂采取向压粕水中(或水粕中)添加石膏水的方法来提高废粕脱水性。向压粕水中添加石膏不仅可以提高压粕固形物含量,降低压粕干燥过程能源消耗,同时又可以提高压粕水回收率,降低渗出糖分损失。

(三) Dds 连续渗出器的特点

设备结构简单,易于制造,耗用钢材少,附属设备少。操作简便,易于自动控制。加热方式简单,不需要菜丝热烫设备。渗出过程热量损失低、耗汽量少,可利用蒸发汁汽和蒸汽凝结水等低值热源进行加热。对菜丝质量的波动敏感,对生产能力波动适应性较差。

二、塔式连续渗出器

由于塔式连续渗出器的主体与地面垂直安装,所以称为塔式。塔式连续渗出器的类型很多,其中以西德的 BMA 型最为著名。各种类型的塔式连续渗出器,就其工作原理来说,大致相同。但在具体结构细节上各有差异，比如菜丝输送装置、传动装置、进料和排粕装置、菜丝热烫设备和渗出流程安排等方面都有不同的设计。

（一）塔式连续渗出器的流程及器内物料的运动状态

以 BMA 塔式连续渗出器为例，常用的流程如图 3-9 所示。

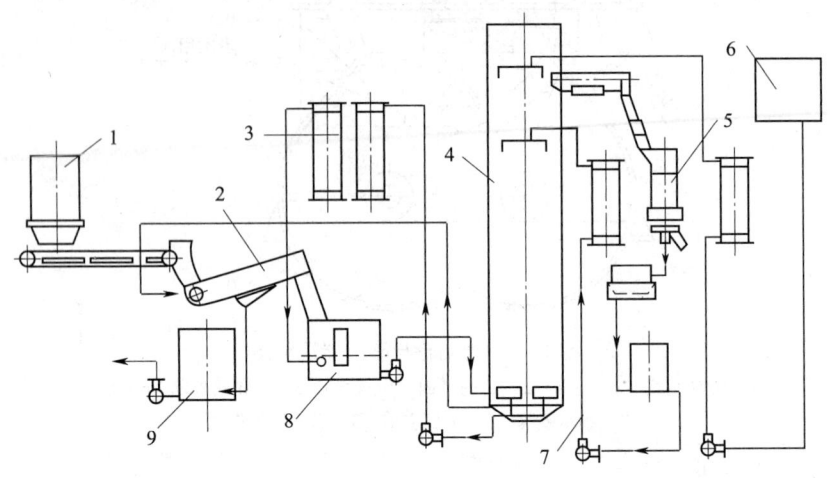

图 3-9　BMA 渗出器流程图
1—切丝机　2—预热器　3—加热器　4—渗出塔　5—压榨机　6—渗出水箱
7—压粕水管　8—热烫器　9—渗出汁贮罐

菜丝经计量后进入预热器，在预热器中菜丝与渗出汁直接进行热交换，菜丝被预热，分离出来的渗出汁经除渣后被送往清净工序。菜丝预热提温后进入热烫器，在热烫器内菜丝与被加热的循环渗出汁混合，菜丝被热烫，菜丝细胞原生质发生变性。热烫后的菜丝与渗出汁混合物由泵送入渗出器的底部，经塔底部的布料器将混合物料均匀分布在渗出器的底部横截面上，菜丝被塔内螺旋推升器缓慢而均衡地推向塔顶。菜丝在向上升运过程中，与从塔顶喷下的渗出给水逆流接触，进行逆流渗出，菜丝中的糖分不断被提取，待菜丝被升运到塔顶部时菜丝中的糖分含量已降到工艺要求，作为废粕被水平安装在塔顶部的两条螺旋输送机推出塔体。渗出给水在自上而下与菜丝逆流接触运行过程中，糖分含量逐渐增加，渗流到塔底部后作为渗出汁与循环汁一起经篦板的孔隙流出塔底。从塔底流出的混合渗出汁，按略大于渗出提汁率比例抽取送入预热器，其余 300%~400%（对菜丝质量）的渗出汁，经加热后被送入热烫器。废粕经压榨后被送出车间，压粕水经除渣、加热灭菌后返回渗出器。

其他类型的塔式渗出器流程与 BMA 渗出器流程大体相同。但是，在塔式渗出器流程中，菜丝预热与热烫又分为以下三种形式。一是菜丝预热与热烫分别在不同设备中进行；二是菜丝预热与热烫在同一设备内逆流进行；三是菜丝预热与热烫在同一设备内错流进行。

在塔式渗出器内，物料运行的路线是复杂的。从总体上看，菜丝沿着螺旋线上升，但实际上由于各方面因素的影响，菜丝的运行轨迹差异很大。在靠近螺旋推升器轴部的菜丝，上升速度比外侧的菜丝上升速度慢。固定在渗出器壁面上的挡浆一方面对菜丝运行起导向作用，另一方面对菜丝绕轴旋转起到限制作用，因此挡浆的导向角度对菜丝的上升速度有着很大的影响。

塔式渗出器的高度多在10m以上，塔底部的菜丝受到上层菜丝的压力大小，直接影响到菜丝糖分渗出和提汁。对此，在螺旋推升器的桨叶设计与排布上做了充分考虑，使桨叶承担了上部菜丝的主要压力。此外，由于菜丝的密度略低于渗出液体的密度，所以操作时使塔内保持一定的液位，利用液体对菜丝的浮力，即减轻底部菜丝的压力，同时又提高了菜丝层的透水性。但是，塔内液位的高度直接影响渗出器的生产能力，液位过高时，塔内菜丝密度下降，生产能力下降；液位过低时，塔内菜丝密度升高，耗用功率上升。对此，各种规格的塔式渗出器都规定出操作液位控制区，并设有液位显示。

（二）塔式连续渗出器的结构

塔式连续渗出器主要由壳体、菜丝输送装置、布料器、废粕输出与给水装置、提汁笆板和传动系统组成。如图3-10所示为BMA塔式渗出器的结构示意图。各种规格的BMA塔式渗出器的外形尺寸数据如表3-3所示。

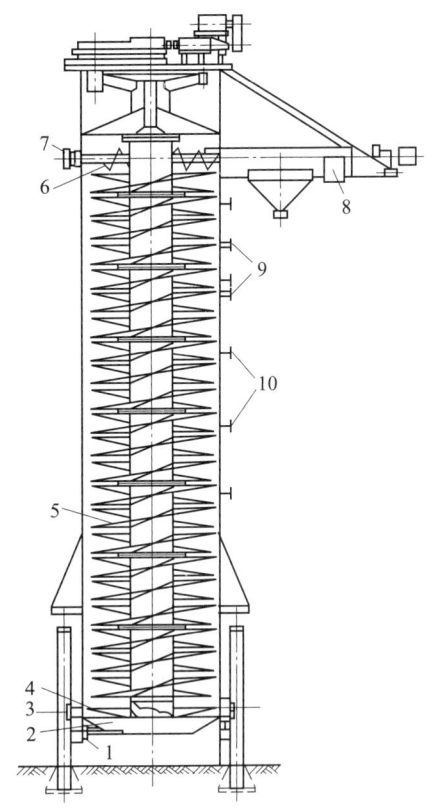

图3-10　BMA渗出塔结构示意图
1—渗出汁出口　2—笆板　3—菜丝入口　4—菜丝分布器
5—桨叶　6—排粕螺旋　7—入水口　8—排粕口
9—压粕水入口　10—取样阀

表3-3　　　　　　　　BMA塔式渗出器的生产能力与外形尺寸

生产能力/(t/d)	1100	1485	1980	2420	3080	3850	4400	4950	5500
塔径/m	3.3	3.8	4.4	4.9	5.4	5.8	6.3	6.5	6.8
有效高度/m	13.8	13.9	13.9	14.1	14.1	15.4	15.4	16.6	16.6

1. 壳体

塔式渗出器的壳体是一垂直竖立安装、用碳钢板制成的圆筒体，上下装有端板。制造时分段制作，每段带有链接法兰，安装时逐段装配，用螺栓紧固连成一体。壳体壁面安有视镜、测温点，开有人孔。壳体外壁敷设有保温材料。在壳体的中下部位焊有支承座，用螺栓将支承座固定在基础的支柱上，以支撑渗出器和物料的全部重量。

在壳体的顶部或底部设有钢制的托架，托架上安装传动设备。在壳体的顶部侧面开有废粕出口（螺旋输送机安装口），两条排粕螺旋输送机经安装口处，于轴的两侧水平穿过，安装在塔的内外。塔内螺旋，在主轴的一侧没有壳体，位于塔外的螺旋安装在壳体内，在壳体的下端开有废粕排出口。

2. 菜丝输送装置

塔式渗出器的菜丝输送装置由螺旋推升器和导向挡桨合成。螺旋推升器用来向上推送菜丝，导向挡桨控制菜丝运行方向和速度。

塔式渗出器的螺旋推升器具有以下性能：

(1) 均衡地将菜丝从塔底推向塔顶，不产生或少产生菜丝回混现象；
(2) 菜丝在被升运过程中，菜丝断碎较少；
(3) 能够适应输送不同质量的菜丝；
(4) 结构紧凑，能够将渗出器的菜丝密度控制在有利的范围内；
(5) 渗出器内不同高度位置的菜丝密度差别不大；
(6) 能够连续调节菜丝的输送速度。

螺旋推升器由固定在空心轴上的桨叶和空心轴组成，如图 3-11 所示为 BMA 塔式渗出器的螺旋推升器结构示意图。

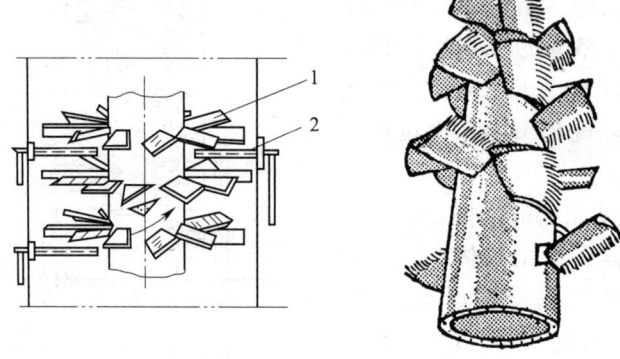

图 3-11 BMA 塔式渗出器的螺旋推升器
1—桨叶　2—导向板

空心轴一般采用厚壁圆筒钢制成。为缩小菜丝在径向不同位置的升运速度差，空心轴的轴径都比较大，一般为壳体内径的 1/3。

桨叶按一定角度、呈多组间断螺旋线形排列焊接在空心轴上，为使菜丝在径向不同位置的升运速度接近一致，桨叶根部仰角大于端部仰角。为保持渗出器内不同高度位置的菜丝升送均衡，在空心轴上不同高度部位安装的桨叶大小和仰角也不同。桨叶尺寸（或安装密度）和安装仰角自下而上逐渐变大。

在螺旋桨叶间断部位的壳体内侧安装有钢板制成的导向挡桨，导向挡桨的旋转手柄位于壳体外侧。通过转动壳体外部导向挡桨的旋转手柄，调整挡桨的导向角度，从而调节菜丝升运速度和密度。

3．分配器

各种类型的塔式渗出器在底部均设有菜丝分配器，位于底部篦板之上。分配器的作用是将从热烫器送来的菜丝与渗出汁混合物均匀的分布到塔底的篦板上，渗出汁经篦孔流出，菜丝被扬升托板推升到桨叶部位。

菜丝分配器如图 3-12 所示，在篦板上面的空心轴底部设有出料口，物料经进料管进入随轴转动的竖管后流出，经设置在空心轴内的分配板和导向板，导向空心轴的出料口。借助物料的压力将安装在出料口上的吊板门推开，物料被分布到篦板上。吊板门自由联接在活动轴上，其开启程度取决于管内外物料的压力，当物料间断时吊板门关闭，避免物料倒流。在空心轴转动方向的出料口外侧焊有斜向扬升托板，托板随空心轴运转时将篦板上的菜丝刮起。由于托板的斜向安装，菜丝被刮起时会向上浮起，随着上部螺旋桨叶的旋转被逐渐向上推升。

4. 排粕装置

经过糖分渗出的菜丝上升到塔式渗出器的顶部时，作为废粕被排粕装置排出渗出器。塔式渗出器的排粕装置有很多种形式，BMA 塔式渗出器的排粕装置为两条水平安装的螺旋输送机。螺旋输送机从渗出器内通向渗出器外部，将废粕送出。此外，还有在排粕位置的主轴上，按一定间隔和角度，均匀焊接一圈刮板，随着主轴转动，刮板将废粕推出渗出器。

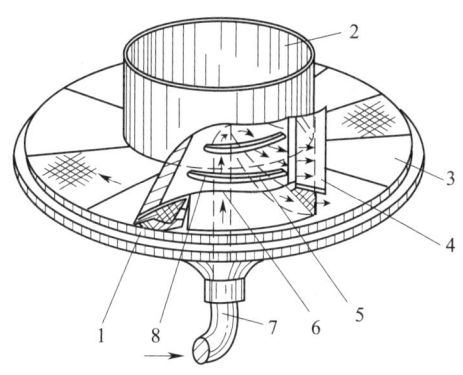

图 3-12 塔式渗出器的菜丝分配器
1—扬升托板 2—空心轴 3—篦板 4—吊板门
5—导向板 6—竖管 7—进料管 8—分配板

5. 传动装置

塔式渗出器的传动系统分为主轴传动和排粕设备传动。排粕设备由电动机经减速器带动运转。主轴传动分为上传动和下传动，对于生产能力较大的塔式渗出器一般采用下传动的居多，而且主轴转速在一定范围内可以调节。

为改善主轴受力，塔式渗出器的主轴传动，一般由多台直流电机经减速器同步带动主轴齿圈运转。

（三）塔式连续渗出器的特点

渗出器的容积利用率高，菜丝在渗出器内的密度大。与 Dds 渗出器相比，对菜丝质量的适应性能强。主设备耗用钢材少，占地面积小。辅助设备多，工艺繁琐。渗出汁循环热烫，渗出汁纯度低。

三、RT 转鼓式连续渗出器

RT 转鼓式连续渗出器属于有格室式渗出器。主体是一个卧式安装的转鼓，它是在伯尔基（Berge）转鼓式连续渗出器的基础上发展而来的，共分为 RT1、RT2、RT4 三种型号。目前使用较多的为 RT2 和 RT4 型，尤其在法国，RT 渗出器使用很普遍。

（一）**RT 渗出器的流程设置**

RT 渗出器的流程设置如图 3-13 所示，菜丝首先进入热烫槽，被 84~85℃ 的热回流汁热烫，然后菜丝与糖汁混合物通过热烫管进入渗出器首端。热烫管内菜丝与糖汁混合物的温度为 72~73℃。

在渗出器内，渗出用水被加热到 72~73℃ 后从尾端加入，流经转鼓内各格室，糖分含量不断提高，最后作为渗出汁与从菜丝中分离出来的热烫汁一起从首端提汁篦孔流出。从渗出器首端流出的渗出汁，按提汁率抽取经除渣后去清净工序，剩余部分（菜丝质量的 2~3 倍）经加热提温后进入热烫槽，对菜丝进行热烫。热烫后的菜丝从渗出器的首端加入，落入转鼓内的格室，同时被逆流经过的糖汁浸泡，随着转鼓的转动菜丝被筛板围成的格室从糖汁中捞起、升高、同时沥水，回转时顺着导向板滑入另一个格室直到尾端被排出。

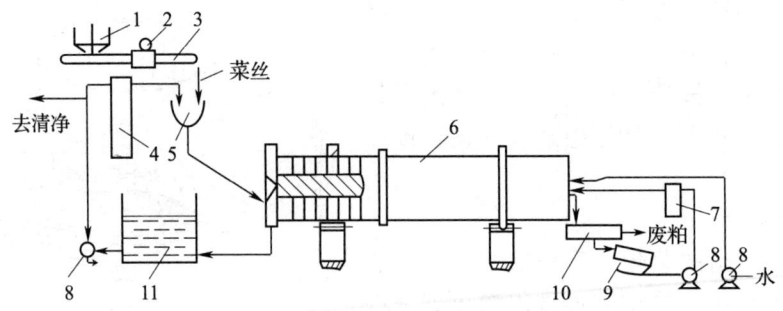

图 3-13 RT 渗出器流程图
1—切丝机 2—电子秤 3—带式输送机 4—加热器 5—热烫器 6—渗出器
7—压粕水处理装置 8—泵 9—除渣器 10—压榨机 11—渗出汁贮槽

在渗出器内，菜丝与糖汁的运动方向，从整体来看是逆流运动。然而在每个格室内，菜丝与糖汁则呈错流运动，而且菜丝的运动方向与转鼓内各格室形成的螺旋线方向相反。

（二）RT 渗出器的结构

1. RT 渗出器的壳体

RT 渗出器的壳体是一个卧式安装的圆筒体。壳体上设有人孔、视镜、温度计、取样旋塞。在壳体两端，沿转鼓轴向装有进汽阀、进水阀、灭菌剂给料阀、液相物料分配头和加料头。

加料头的直径与转鼓直径相同，宽度相当于一个格室的宽度。加料头的筒壁和侧壁为孔板，在侧壁的中心设有热烫排料管入口。

加料头的外围用钢板围起（称为菜丝进口套），与转鼓间的外露缝隙用橡胶垫圈密封。菜丝进口套的顶部设有蒸汽喷射、排放管，内设一个往复运动的刷子，底部开有渗出汁出口。通过喷射蒸汽和刷子运动对加料头的筒壁和侧壁上的孔板不断进行清洗，废汽则经排放管排出。

废粕出口套的外形与菜丝进口套相同，只是没有清洗装置。

2. RT 渗出器的内部结构

（1）RT2 型渗出器的内部结构　RT2 型渗出器有 14 种规格，生产能力 1500～8000t/d，其内部结构分解如图 3-14 所示。

① 延转鼓轴线设有中心板（筛板），每个格室一块。相邻格室的中心板互相错开一定的角度，如图 3-14 中 a 所示。这样安排的目的是把各格室中提升菜丝的位置错开，减小旋转阻力矩的波动幅度。

② 转鼓的内侧，按一定间隔用弓形板 1 和弓形板 2 隔出若干个格室，如图 3-14 中 b 所示。

③ 用板 3 和板 4 交错地与弓形板 1 和弓形板 2 焊接在一起，形成双头螺旋，如图 3-14 中 c 所示。

④ 导向板 5 和 6 交错地与相隔两格室的弓形板 1 和 2 焊接在一起，如图 3-14 中 d 所示。

⑤ 为了改善每个格室的沥水性能，除中心板相应部分带有筛孔外，在板 1 和板 2 以及鼓壁的相应部分都加有筛板，形成一个筐形过滤面，如图 3-14 中 e 所示。

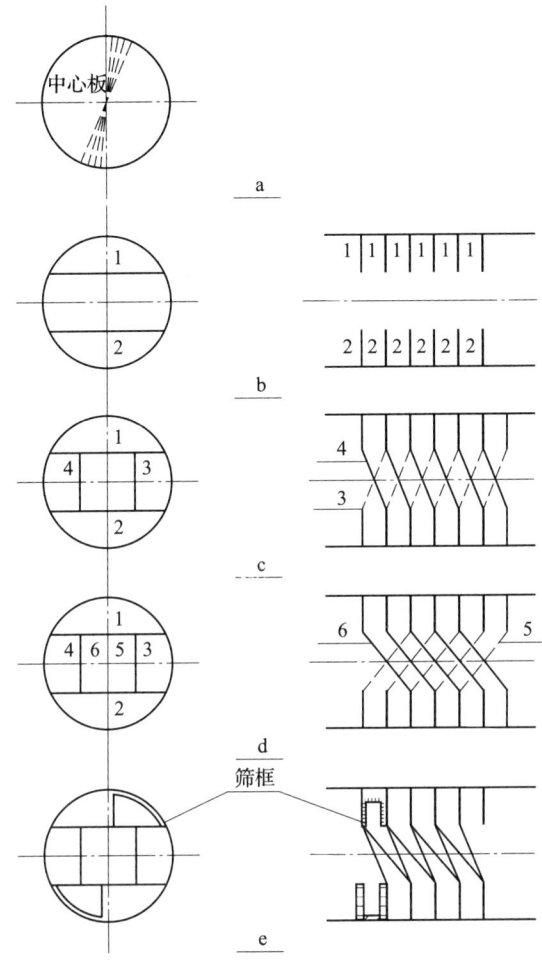

图 3-14 RT2 渗出器结构分解图

（2）RT4 型渗出器的内部结构　RT4 型渗出器有 18 种规格，生产能力 1500~10000t/d，其主要尺寸如表 3-4 所示，其内部结构分解如图 3-15 所示。

表 3-4　　　　　　　　　　　RT4 型渗出器主要规格尺寸

生产能力/ (t/d)	转鼓内径/ mm	转鼓总长/ mm	格室宽度/mm	
			16 个正常宽度的格室	23 个减小宽度的格室
1500	3750	28000	800	720
3000	4700	35370	1010	910
4000	5150	39240	1120	1010
6000	6000	43480	1240	1120
8000	6400	50850	1450	1310
10000	7000	52870	1510	1360

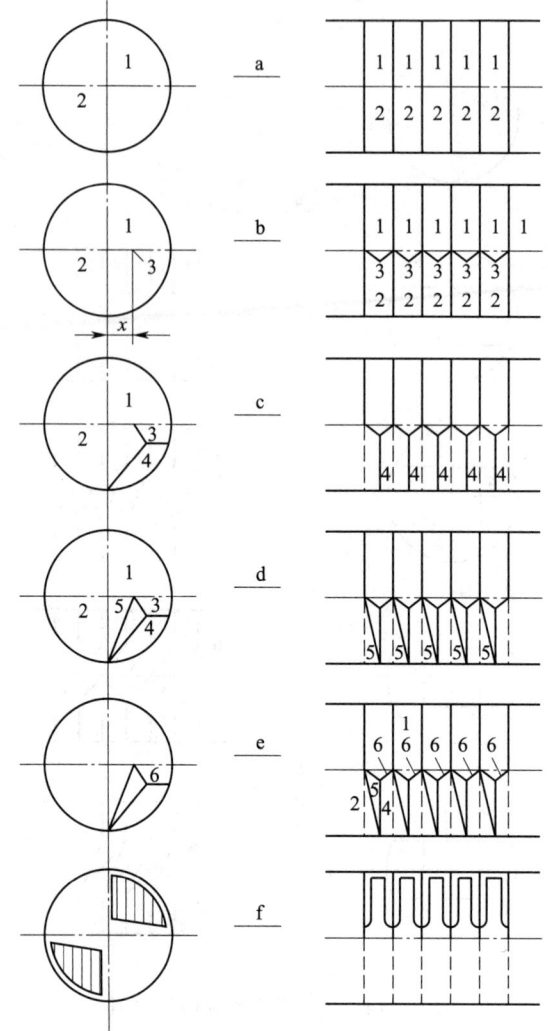

图3-15 RT4型渗出器结构分解图

① 转鼓沿轴向被1、3象限上的板1和2将转鼓分成36个格室,每个格室之间错开10°角,如图3-15中a所示。

② 在2、4象限安装导向板3,如图3-15中b所示。导向板3为在相邻隔板1—1之间和相邻隔板2—2之间,距离轴心x处焊接的倒置三角板,板与轴心线成45°角。x值略小于转鼓半径的1/2。

③ 在三角板的顶端及隔板1—1和隔板2—2当中焊接扇形导向板4,如图3-15中c所示。

④ 沿隔板1的边、三角形板3前缘、扇形板4的边焊接导向弯板5,如图3-15中d所示。

⑤ 沿三角板3后缘,扇形板4横边和下一块隔板1的边焊接导向平板6,如图3-15中e所示。导向板3、4、5、6合称菜丝偏移导向板,其作用相当于RT2渗出器的导向板及螺旋。

⑥ 在格板1之间和隔板2之间安装筐形篦板，如图3-15中f所示。

(三) RT渗出器内物料的运动状态

1. RT2型渗出器内物料的运动状态

如图3-16所示为菜丝和糖汁在RT2型渗出器内运动状态示意图。图中的1、2、3分别表示菜丝与糖汁在RT2型渗出器内运动的三个过程。

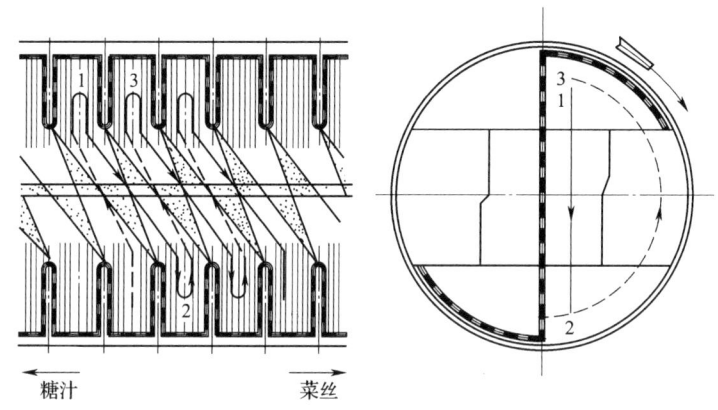

图3-16 RT2型渗出器内菜丝、糖汁的流动状态示意图

如图3-16中1表示菜丝在前一格室内完成一个渗出周期后，随着转鼓的转动篦板将菜丝捞起并举高，菜丝正沿着导向板滑向本格室的底部。图3-16中2表示随着转鼓的转动菜丝与糖汁在本格室内进行糖分渗出。图3-16中3表示菜丝在本格室内渗出周期已完成，随着转鼓的转动由篦板将菜丝捞起并逐渐举高到3的位置，随后菜丝再沿导向板滑向下一个格室。这就是菜丝在RT2型渗出器内特有的渗出三阶段，即下滑、浸泡（渗出）、沥水。

在整个渗出过程中，菜丝由首端进入，逐个格室地向尾端运动。渗出用水在尾端加入，在向前运动过程中与各格室内的菜丝逐一接触，形成逆流渗出。

由于转鼓内的格室呈双头螺旋形，因此渗出器内的菜丝和糖汁都存在两股并行的流动。转鼓每转一周，糖汁向前移动一个节距（两个格室），而菜丝却因为在捞起时与糖汁顺流向后退回半个节距，因此转鼓每转一周菜丝向前移动半个节距。所以在RT2型渗出器内菜丝的停留时间是糖汁的2倍。此外，由于导向板跨越两个格室，所以在渗出过程中菜丝是交叉地浸入两股糖汁流中。

2. RT4型渗出器内物料的运动状态

如图3-17所示是菜丝和糖汁在RT4型渗出器内运动状态示意图。图中的1、2、3分别表示菜丝与糖汁在RT4型渗出器内运动的三个过程。图3-17中1表示转鼓转到某一位置，格室内菜丝被升举到1处开始向下一个格室内下滑。菜丝通过孔隙X和偏移导向板最后到达2处，随着转鼓的转动，菜丝移到3处。从2到3的这段路程中进行糖分渗出。菜丝在RT4型渗出器的各格室中仍然经历下滑、浸泡和沥水三个过程。

RT4型渗出器内物料运动的展开图如图3-18所示，当转鼓转到某一位置时，格室A中的菜丝开始脱水，通过筛筐沥出的糖汁经过相邻的中心板间的通道及多孔板7到达B室，在这里糖汁与含糖浓度较高的菜丝相遇，转鼓继续转动时，菜丝与糖汁混合物经导向板6进入对面的下一个格室C中。以上是转鼓转动半周的情况，当转鼓继续转动时，糖

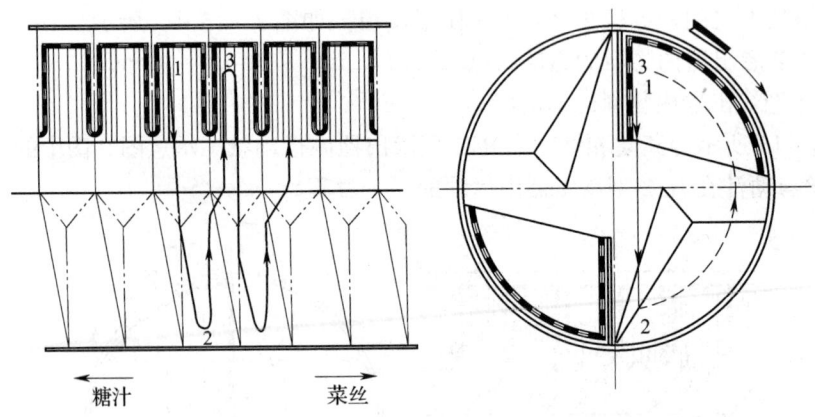

图 3-17　RT4 型渗出器内菜丝、糖汁流动状态示意图

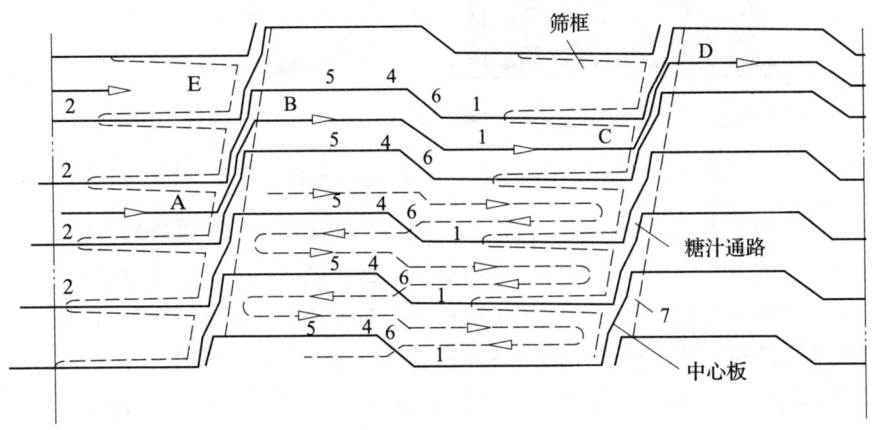

图 3-18　RT4 型渗出器内物料运动展开图

汁又重复上述运动，从 C 室到 D 室再到 E 室。即转鼓每转动一周糖汁沿轴向前进一个节距（两个格室）。

（四）RT 渗出器的传动装置

在渗出器转鼓的外圈上固定着两个铸钢滚圈，分别由两组托轮支撑，对壳体起支撑作用。在其中的一个滚圈上镶着一个驱动大齿轮。对于直径较大的 RT4 型渗出器，也可采用摩擦圈传动。

电动机通过变速器、减速箱的输出齿轮驱动大齿轮来带动转鼓转动。转鼓的平均转速为 29～30r/h，调速范围为 20～40r/h。调速装置一般采用机械无级变速器、液压无级变速器或直流电机调速系统等。

（五）RT 渗出器的主要特点

渗出器内无任何运动部件；渗出过程有浸泡、沥水、滑送三个阶段，逆流性好，对菜丝质量变化敏感度低；加工能力弹性大，适应性强，操作简便；扩大生产能力比较容易。由于 RT4 型渗出器在 RT2 型渗出器的基础上作了许多改进，所以 RT4 型渗出器的容积利用系数比 RT2 高，因此设备尺寸相对小些，但结构复杂。RT2 与 RT4 型渗出器的对比数据如表 3-5 所示，由表中数据可以看出，设备生产能力越大，RT4 型越优越。

表3–5　　　　　　　　　　RT2型与RT4型渗出器对比数据表

直径/mm	RT2型		RT4型	
	生产能力/（t/d）	质量/t	生产能力/（t/d）	质量/t
4100	1000	133	2000	180
4700	1500	183	3000	250
5000	1800	214.5	3500	290
5400	2300	270	4500	335
6000	3000	362	6000	432
6500	3700	450	8500	580
7000	4500	550	10000	650

四、各类连续渗出器的比较

当前，各类先进的连续渗出器都能很好地完成菜丝渗出糖分的任务，都能达到先进的工艺指标，各类渗出器都有各自的特点，没有哪一种渗出器占有绝对优势。为了对各类渗出器进行粗略对比，如表3–6所示为应用较为普遍的三种渗出器的有关数据供学习者参考。

表3–6　　　　　　　　　　渗出器类型和运行参数对比

运行参数＼渗出器类型	卧式双螺旋（Dds）	塔式BMA	RT转鼓式
器内菜丝柱长度/m	22.5	17.5	26~35
器内菜丝密度/（kg/m³）	570~630	600~650	380~420
适宜菜丝长度/（m/100g）	10~12	10~12	12~14
总容积/（m³/100t菜）	15.5	11.3	36
容积利用率/%	90	87~95	30
菜丝停留时间/min	90~100	70~80	80~90
菜丝渗出时间/min	70~80	70~80	80~90
加热方法	汽室传热	热烫	热烫
菜丝过热现象	无	有	有
循环汁量/（%对菜）	0	350	200~300
循环汁温度/℃		78~80	78~80
菜丝进罐温度/℃	5~20	73~75	72~73
渗出汁出罐温度/℃	20~30	73	70
渗出平均温度/℃	65	72	72
废粕温度/℃	45~50	72	72
提汁率/（%对菜）	110~115	120	115
废粕产率/（%对菜）	85~90	70~80	82~86
占地面积/（m²/100t菜）	170	72	240
占地空间/（m³/100t菜）	2260	1530	2050

第三节 连续渗出器的计算

各种类型连续渗出器在结构、尺寸、型式以及实现逆流渗出的方法上都各有不同的设计考虑。这些不同的设计都是在实验的基础上得到的,不能想象用几个公式就能计算出渗出器的结构尺寸。各类渗出器的研究手段是通过小型试验取得数据,然后再放大修正。因此,本节中只介绍一些基本的计算

一、连续渗出器生产能力的计算

连续渗出器的生产能力计算有以下两种算法。

(一) 渗出器生产能力通用计算法

$$A = \frac{1440\rho V_e}{1000t} \tag{3-2}$$

式中 A——渗出器生产能力,t/d

ρ——渗出器内菜丝的密度,kg/m³

V_e——渗出器的有效容积,m³。双螺旋式为总容积的50%,转鼓式为总容积的30%,塔式为有效高度内容积(有效高度指渗出汁篦板至废粕出口底沿之间的高度)

t——菜丝在渗出器内停留时间,min

菜丝在渗出器内的停留时间,可用示踪菜丝法测定,也可用渗出表达方程式(例如西林公式)求得。对于菜丝热烫和菜丝糖分渗出在同一设备内完成的渗出器,菜丝停留时间包括热烫时间和渗出时间。菜丝在渗出器内的密度与渗出器的类型有关,常见渗出器的 ρ、t 数值如表3-7所示。

表3-7 渗出器的类型与 ρ、t 数值

类型	双螺旋式	塔式	转筒式	喷淋式
$\rho/(\text{kg/m}^3)$	570~630	600~650	380~420	600~650
t/min	90~100	70~80	80~90	80~100

(二) 将渗出器看作菜丝输送器进行计算

1. Dds 连续渗出器生产能力计算

$$A = \frac{86400 m \pi (D_h^2 - d^2) \varphi \eta v \rho}{4 \times 1000} \tag{3-3}$$

式中 A——生产能力,t/d

m——同时工作的螺旋输送器数目,对于 Dds 渗出器 $m=2$

D_h——螺旋输送器的螺旋外径,m

d——螺旋输送器空心主轴外径,m

φ——两条螺旋相互重叠系数

η——菜丝占据渗出器有效横断面积的增大系数

ρ——渗出器内菜丝密度，kg/m^3

v——菜丝在渗出器内的推进速度，m/s。可按式（3-4）计算：

$$v = \frac{L}{60t} = snK \qquad (3-4)$$

式中 L——渗出器有效长度，m

t——菜丝在渗出器内的停留时间，min

s——螺旋带的螺距，m/r

n——螺旋输送器的转速，r/s

K——菜丝推进系数

式（3-3）中的重叠系数 φ 不是常数，对不同规格的 Dds 渗出器按式（3-5）计算：

$$\varphi = 1 - \frac{4F}{\pi(D_h^2 - d^2)} \qquad (3-5)$$

式中 F——两条螺旋相互重叠的弓形面积，m^2，如图3-19所示

D_h——螺旋外径，m

d——螺旋轴径，m

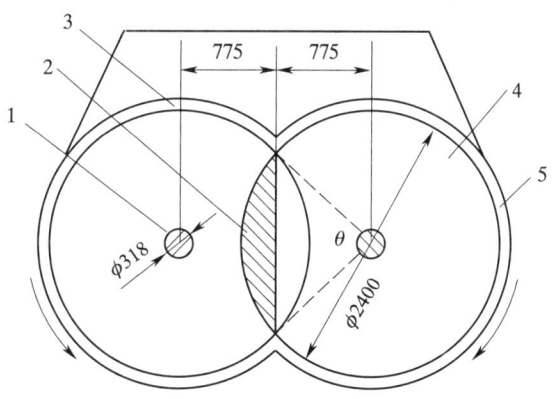

图3-19 1400t/d Dds 渗出器截面图

1—主轴 2—重叠的弓形面积 3—菜丝料面 4—螺旋外缘 5—渗出器壳体

式（3-3）中的有效横断面积增大系数 η 是考虑到在渗出器内，菜丝在推进过程中的横断面积大于螺旋输送器的横断面积这一因素而取的系数。按式（3-6）计算：

$$\eta = 0.5\left(1 + \frac{D_n^2}{D_h^2}\right) \qquad (3-6)$$

式中 D_n——Dds 渗出器壳体内径，m

D_h——螺旋输送器的螺旋外径，m

式（3-4）中的菜丝推进系数 K 是指螺旋推进器转动一周时，菜丝被推进的距离与螺旋推进器螺距的比值。K 是一个变化系数，影响 K 值的主要因素是菜丝的物理性质和设备结构。当设备条件一定时，菜丝在渗出器内的弹性和螺旋推进器的转速决定 K 值的变化。甜菜品质越差，菜丝弹性就越小，K 值越低；渗出温度越高，菜丝弹性就越小，K 值越低。因此，对不同质量的甜菜，应采用不同规格的切丝刀片，通过调整刀高与刀退，调整渗出器内各段温度，使菜丝在渗出器内具有一定的稳定弹性。渗出设备结构一定，菜丝

弹性稳定，K 值的变化主要取决于推进器的转速。从菜丝在渗出器内的推进速度计算公式（3-4）可以看出，菜丝在渗出器内停留时间越短，菜丝推进速度就越大，渗出器的生产能力就越大；菜丝推进速度一定时，螺旋推进器转速越高，K 值就越低。Dds 渗出器的生产能力、螺旋推进器转速、K 值、菜丝停留时间及菜丝密度之间的关系可通过实验绘制出关系曲线。如图 3-20 所示，是 1400t/d 的 Dds 连续渗出器的 K 值与生产能力 A 及推进器转速 n [即 $K=f(A.n)$]和菜丝停留时间 t 与生产能力 A 及菜丝密度 ρ [即 $t=f(A.\rho)$]的关系曲线图。利用此图可快速进行相关计算，查出近似数值。

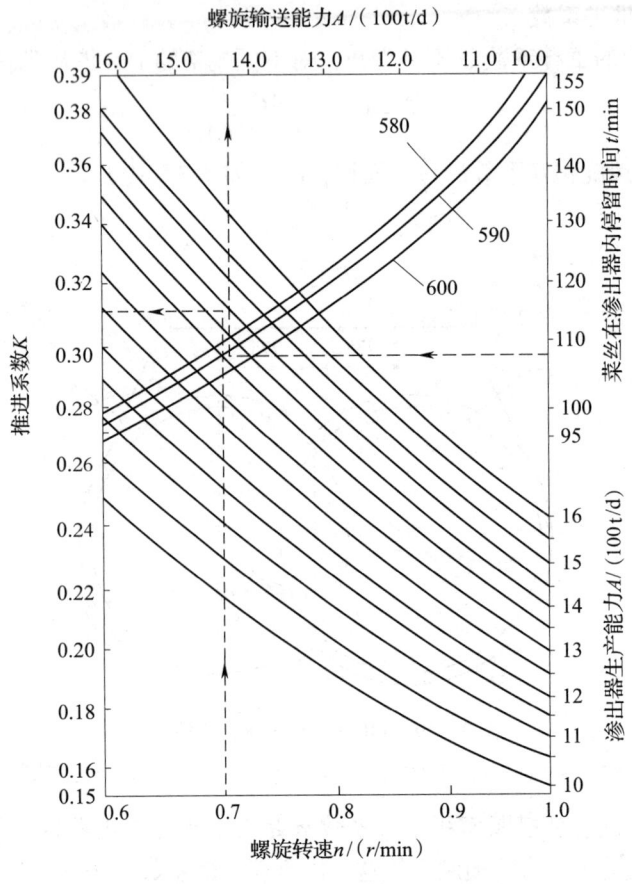

图 3-20　$K=f(A.n)$ 图和 $t=f(A.\rho)$ 图

【例】额定生产能力为 1400t/d 的 Dds 连续渗出器，当渗出器内菜丝密度为 590kg/m³，螺旋推进器转速为 0.7r/min 时，菜丝在渗出器内的停留时间为 105min，试求渗出器的实际生产能力和推进系数 K。

解：查 $t=f(A.\rho)$ 曲线，自纵坐标 $t=105$min 处引水平线与 $\rho=590$kg/m³ 的曲线相交，再自交点引垂直线与横坐标 A 相交，得出实际生产能力 $A=1430$t/d。

再查 $K=f(A.n)$ 曲线，自横坐标 $n=0.7$r/min 处引垂直线与 $A=1430$t/d 曲线相交，再自交点引水平线与纵坐标 K 相交，得出推进系数 $K=0.315$。

【例】已知某 Dds 连续渗出器的有关参数如下：渗出器壳体内径 $D_n=2.5$m、螺旋外径 $D_h=2.4$m、轴径 $d=0.318$m、有效长度 $L=22.5$m、螺距 $s=0.968$m、两轴中心距为

1.55m，当螺旋转速 $n=0.72\text{r/min}$，推进系数 $K=0.32$，渗出器内菜丝密度 $\rho=580\text{kg/m}^3$，求此条件下该渗出器的生产能力和菜丝在渗出器内的停留时间。

解： $\cos\dfrac{\theta}{2}=\dfrac{775}{1200}=0.6458$

$\theta=99.5°$

弓形面积的弦长：$2\times\sqrt{1.2^2-0.775^2}=1.832\text{(m)}$

弓形面积：$F=\dfrac{\pi\times99.5}{365}\times1.2^2-\dfrac{1.832\times775}{2}=0.539\text{(m}^2\text{)}$

重叠系数：$\varphi=1-\dfrac{4F}{\pi(D_h^2-d^2)}=1-\dfrac{4\times0.539}{3.14(2.4^2-0.318^2)}=0.88$

增大系数：$\eta=0.5\left(1+\dfrac{D_n^2}{D_h^2}\right)=0.5\times\left(1+\dfrac{2.5^2}{2.4^2}\right)=1.04$

推进速度：$v=snK=0.968\times\dfrac{0.72}{60}\times0.32=0.0037\text{(m/s)}$

该条件下渗出器的生产能力：

$A=\dfrac{86400m\pi(D_h^2-d^2)\varphi\eta\rho}{4\times1000}=\dfrac{86400\times2\times3.14(2.4^2-0.318^2)\times0.88\times1.04\times0.0037\times580}{4\times1000}$

$=1507\text{(t/d)}$

菜丝在渗出器内的停留时间：$t=\dfrac{L}{60v}=\dfrac{22.5}{60\times0.0037}=101\text{(min)}$

2．塔式连续渗出器的生产能力计算

$$A=\dfrac{86400\pi(D^2-d^2)v\rho}{4\times1000} \tag{3-7}$$

式中　A——生产能力，t/d

　　　D——渗出器内径，m

　　　d——中心轴外径，m

　　　ρ——渗出器内菜丝密度，kg/m³

　　　v——菜丝在渗出器内的上升速度，m/s

$$v=\dfrac{L}{60t}=snK \tag{3-8}$$

式中　L——渗出器有效高度，m

　　　t——菜丝在渗出器内的停留时间，min

　　　s——螺旋桨叶的螺距，m/r

　　　n——螺旋主轴转速，r/s

　　　K——菜丝上升系数，为主轴转动一周时菜丝的上升距离与螺旋桨叶螺距的比值

通过 Dds 渗出器和塔式渗出器的生产能力计算公式，不难看出，当把渗出器看作是菜丝输送器时，可根据通用计算公式列出不同类型的连续渗出器的生产能力计算公式。

二、渗出器主轴需用功率的计算

渗出器的主轴需用功率主要用于克服螺旋输送装置的机械摩擦，将菜丝从渗出器的首端推向尾端。以 Dds 和 BMA 渗出器为例，其主轴需用功率为：

$$N=\dfrac{gG(\mu L+H)}{1000\eta} \tag{3-9}$$

式中　N——主轴需用功率，kW

　　　g——重力加速度，取 9.807m/s^2

　　　G——单位时间输送的菜丝质量，kg/s

　　　L——渗出器的有效长度，m

　　　H——渗出器内菜丝提升高度，m

　　　μ——阻力系数，由实验测定

　　　η——机械效率

由于渗出器的主轴是电动机通过减速器、传动轮等装置带动运转，而且主轴在安装与运行过程中同心度存在一定偏差，此外菜丝在渗出器内被推进时前进与后退同时存在，所以螺旋推进器的机械效率很低，不同类型渗出器的菜丝输送装置的机械效率应通过实验分段确定。

计算公式（3-9）中的阻力系数 μ，随着渗出器运行条件变化而变化，它是许多因素的函数，最主要影响因素为渗出器内的物料状态。在正常情况下，糖汁对菜丝应起到一定的浮力，单位容积内的菜丝质量均匀，此时阻力系数相对稳定。当液面过低时，菜丝密度增大，菜丝延渗出器断面分布出现不均，此时螺旋受力不均，阻力系数增大，严重时会使主轴的同心度发生变化，造成主轴断裂。当菜丝质量不好，或渗出温度过高时，菜丝的透水性变差，阻力系数升高。因此，通过实验测定出不同条件下的阻力系数，选取渗出操作允许条件下的阻力系数作为设计计算依据。

三、传热面积的计算

（一）物料衡算

对于连续渗出器而言，单位时间内进入渗出系统的物料质量应与排出的物料质量相等，据此列出渗出器物料平衡表 3-8。

表 3-8　　　　　　　　　　渗出系统物料平衡表

进入渗出器的物料质量/(kg/h)	排出渗出器的物料质量/(kg/h)
甜菜丝质量 G_s/(kg/h)	水粕质量 G_d/(kg/h)
渗出耗水质量 G_w/(kg/h)	渗出汁质量 G_j/(kg/h)
压粕水回收质量 G_w'/(kg/h)	循环汁质量 G_c/(kg/h)
热烫汁质量 G_h/(kg/h)	

根据表 3-8 列出物料平衡式如下：

$$G_s + G_w + G_w' + G_h = G_d + G_j + G_c \tag{3-10}$$

式中　$G_h = G_c$，$G_d = \varepsilon_d G_s$，$G_w' = \varepsilon_w' G_s$，$G_w = \varepsilon_w G_s$

ε_d、ε_w'、ε_w 分别为水粕质量、回收压粕水质量、渗出耗水质量与菜丝质量的比值，分别称为水粕产率、压粕水回收率、渗出新鲜水耗用率。

（二）热量衡算

设 C 为物料的比热，t 为物料温度，Q 为物料带入的热量，根据物料平衡和热量平衡可以得出，单位时间内带入渗出器的热量与带出的热量相等，据此列出 Dds 渗出器热量平衡表3-9。

表中：$C_s = C_j = 3.77\text{kJ/(kg}\cdot\text{℃)}$，$C_w = C_w' = C_d = 4.186\text{kJ/(kg}\cdot\text{℃)}$，$t_s = 2\text{℃}$，$t_w = 45\text{℃}$，$t_w' = 75\text{℃}$，$t_d = 45\text{℃}$，$t_j = 20\text{℃}$。温度数据因工厂所处地理位置不同、气温不同、预处理和渗出条件不同，略有差异。对菜丝进行热烫时t_s为菜丝热烫后温度。

表3-9　　　　　　　　　　　渗出器热量平衡表

带入热量/(kJ/s)	菜丝 $Q_s = G_s C_s t_s$ 渗出用水 $Q_w = G_w C_w t_w$ 回收压粕水 $Q_w' = G_w' C_w' t_w'$ 通过渗出器加热室传递的热量 Q
带出热量/(kJ/s)	水粕 $Q_d = G_d C_d t_d$ 渗出汁 $Q_j = G_j C_j t_j$ 渗出热损失，取 $Q_l = 0.1Q$

根据表3-9列出热量平衡式如下：

$$Q_s + Q_w + Q_w' + Q = Q_d + Q_j + 0.1Q \tag{3-11}$$

渗出耗热量：

$$Q = (Q_d + Q_j - Q_s - Q_w - Q_w') \div 0.9 \text{ (kJ/h)} \tag{3-12}$$

渗出耗气量：

$$W = \frac{Q}{r} \tag{3-13}$$

式中　W——渗出耗汽量，kg/h

　　　Q——渗出耗热量，kJ/h

　　　r——加热蒸汽凝结热，kJ/kg

（三）渗出器传热面积计算

对于采用循环汁对菜丝进行热烫的渗出系统，循环汁的加热在独立的换热器内完成，换热器的计算将在后面独立章节详细讲解。本节只介绍Dds连续渗出器的传热面积计算。

Dds连续渗出器传热面积的大小应根据工艺控制参数进行传热计算，传热面的位置安排应该以利于工艺技术参数控制为准，进行合理布局。力求使进入渗出器的菜丝尽快达到渗出温度，保持渗出过程处于最佳渗出温度状态。同时做到合理利用热源，降低渗出过程蒸汽耗用量。为降低排出物料温度，Dds渗出器的主加热面积主要布置在渗出器的两侧和底部，在靠近渗出器首端部和尾部不安排加热面积，提温段和渗出段采用不同等级的汽源。

1. 提温段传热面积计算

在Dds渗出器内对菜丝进行加热分为两个阶段，一是菜丝进入渗出器被加热至正常渗出温度，二是菜丝在正常渗出温度下进行糖分渗出所需热量补充。前者称为提温段，后者称为渗出段。从渗出器的提汁笼子至菜丝达到渗出温度点的距离称为提温段长度，在菜丝达到渗出温度点以后至渗出器尾端的距离称为渗出段长度。

根据传热面积计算公式，提温段传热面积

$$F_1 = \frac{Q_1}{K_1 \Delta t_1} \tag{3-14}$$

式中　F_1——提温段加热面积，m^2

　　　Q_1——提温段耗热量，kJ/h

　　　K_1——传热系数，$kJ/m^2 h℃$

　　　Δt_1——提温段内物料的对数平均温度差，℃

式（3-14）中各项可由下述算式分别计算：

(1) 提温段耗热量

$$Q_1 = \frac{G_s C_s (t_s' - t_s) - a G_s C_j (t_j' - t_j)}{0.9} \tag{3-15}$$

式中　Q_1——提温段耗热量，kJ/h

　　　G_s——单位时间内进入渗出器的菜丝质量，kg/h

　　　C_s——菜丝比热，$kJ/(kg·℃)$

　　　t_s'——在提温段与渗出段临界点处菜丝温度，℃

　　　t_s——菜丝进入渗出器时的温度，℃

　　　a——渗出提汁率，%。指渗出汁与菜丝的质量比，用百分数表示

　　　C_j——渗出汁比热，$kJ/(kg·℃)$

　　　t_j'——在提温段与渗出段临界点处渗出汁温度（渗出温度），℃

　　　t_j——渗出汁提汁温度，℃

由于菜丝在渗出器内的提温过程是加热蒸汽通过传热面积将热量传递给渗出汁，由渗出汁直接将热量传递给菜丝。所以，在提温段与渗出段临界点处渗出汁温度高于菜丝温度，两者之间临界点的温度设定为 $t_j' = t_e = 2 + t_s'$，t_e 为渗出温度。所以式（3-15）可改写为

$$Q_1 = \frac{G_s C_s (t_e - 2 - t_s) - a G_s C_j (t_e - t_j)}{0.9} \tag{3-16}$$

(2) 提温段对数平均温度差

$$\Delta t_1 = \frac{t_e - t_j}{\ln \dfrac{t_v - t_j}{t_v - t_e}} \tag{3-17}$$

式中　t_v——加热蒸汽温度，℃

(3) 提温段传热系数　加热面积上的传热系数 K 的数值，随着对数平均温度差的变化而变化。K 与 Δt 的关系曲线如图3-21所示。

当对数平均温度差在25~80℃时，将图中相对应的一段曲线整理为经验公式如式（3-18）。

$$K = 24.82 \Delta t \tag{3-18}$$

综上所述，提温段传热面积

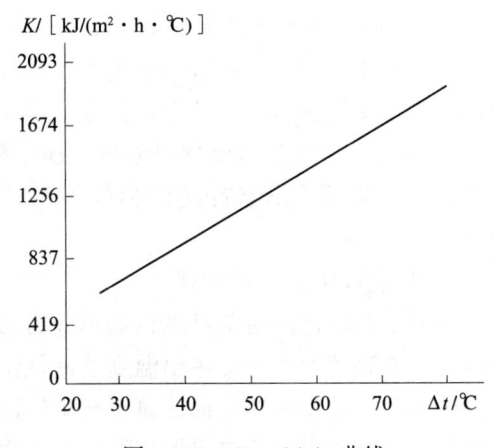

图3-21　$K = f(\Delta t)$ 曲线

$$F_1 = \frac{G_s C_s (t_e - 2 - t_s) - aG_s C_j (t_e - t_j)}{0.9 K_1 (t_e - t_j)} \ln \frac{t_v - t_j}{t_v - t_e} \tag{3-19}$$

当对数平均温度差在 25~80℃时,

$$F_1 = \frac{G_s C_s (t_e - 2 - t_s) - aG_s C_j (t_e - t_j)}{0.9 \times 24.82 (t_e - t_j)^2} \left(\ln \frac{t_v - t_j}{t_v - t_e} \right)^2 \tag{3-20}$$

2. 提温段需用长度计算

渗出器内菜丝与渗出汁的传热方程式为

$$G_s C_s (t_e - 2 - t_s) = \rho L_1 F_e F_s K \Delta t \tag{3-21}$$

$$L_1 = \frac{G_s C_s (t_e - 2 - t_s)}{\rho F_e F_s K (t_j - t_s - 2)} \ln \frac{t_j - t_s}{2} \tag{3-22}$$

式中 L_1——提温段长度,m

C_s——菜丝比热,kJ/(kg·℃)

G_s——单位时间内进入渗出器的菜丝质量,kg/h

ρ——渗出器内菜丝密度,kg/m³

F_s——每公斤菜丝的表面积,m²/kg

F_e——渗出器有效横截面积,m²

K——提温段内糖汁向菜丝传热的有效传热系数,kJ/(m²·h·℃)

t_e、t_j、t_s——分别为渗出温度、渗出汁温度、菜丝温度,℃

K值的大小与菜丝对糖汁的相对移动速度v'有关,经试验测定的二者关系曲线如图 3-22 所示。

在逆流渗出器内,菜丝与糖汁的相对移动速度v'等于菜丝移动速度v_s和糖汁移动速度v_j之和,即$v' = v_s + v_j$ 其展开式为

$$v' = \frac{G_s}{\rho F_e} + \frac{aG_s}{(1000 - \rho) F_e} \tag{3-23}$$

式中 v'——相对移动速度,m/h

G_s——单位时间内进入渗出器的菜丝质量,kg/h

F_e——渗出器有效横截面积,m²

ρ——渗出器内菜丝密度,kg/m³

a——渗出提汁率,%

菜丝表面积 F_s 由下式求得

$$F_s = 20 \left(\frac{b l_s}{\sin \frac{\beta}{2}} + \frac{9.4 \times 10^{-5}}{b} \right) \tag{3-24}$$

式中 F_s——每公斤菜丝的表面积,m²/kg

b——切丝刀的刀隔,m

l_s——百克菜丝长度,m/100g

β——切丝刀的刃脊角度,75°或90°

对于平片型菜丝,可用下列经验公式计算

$$F_s = \frac{2.08}{h} \tag{3-25}$$

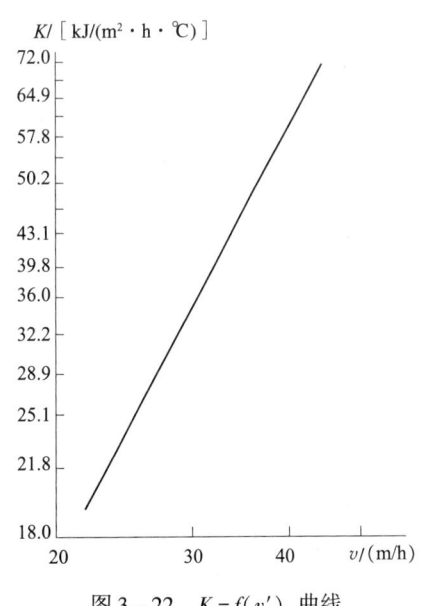

图 3-22 $K = f(v')$ 曲线

式中　h——菜丝厚度，m

传热面积 F_1 以蒸汽夹套的形式布置在渗出器前段长度 L_1 的范围内。对于新设计的渗出器，如果 F_1 布满不了 L_1，可适当缩小传热面对渗出器的包角，使传热在长度 L_1 范围内进行；如果 L_1 布不下 F_1，在允许范围内适当加大传热面对渗出器的包角仍达不到 F_1 数值，可在渗出器内增设传热面积或另设传热设备。

3. 渗出段传热面积计算

渗出器的渗出段在有传热面的区段温度恒定在渗出温度范围，渗出段长度必须保证在渗出温度下，菜丝糖分合理渗出和菜丝与渗出给水进行热交换所需时间，使废丝（废粕）糖分和废丝温度达到渗出工艺控制要求。

渗出段耗热量

$$Q_2 = Q - Q_1 \tag{3-26}$$

式中　Q_2——渗出段耗热量，kJ/h

　　　Q——渗出总耗热量，kJ/h，Q 值计算见式（3-12）

　　　Q_1——提温段耗热量，kJ/h，Q_1 值计算见式（3-16）

渗出段传热面积

$$F_2 = \frac{Q_2}{K_2(t_v - t_e)} \tag{3-27}$$

式中　F_2——渗出段传热面积，m^2

　　　Q_2——渗出段耗热量，kJ/h

　　　K_2——传热系数，kJ/($m^2 \cdot h \cdot ℃$)

　　　t_v——加热蒸汽温度，℃

　　　t_e——渗出温度，℃

渗出段的传热面与提温段的传热面隔离相接，沿渗出器壳体向后排布。为了便于控制渗出器内各段的温度，将蒸汽夹套分隔成几个独立汽室，各汽室进汽量通过蒸汽调节阀控制，实现渗出温度分段控制。各加热室汽源分为开机与正常生产两种，开机时使用透平乏汽，正常生产通常使用二、三效蒸发汁汽。一般情况下，提温段蒸汽温度高于渗出段。

【例】已知某 Dds 渗出器的生产能力 A 为 1400t/d，渗出器的有效截面积 F_e = 8.13m^2，a = 115%，t_s = 5℃，t_j = 20℃，t_v = 105℃，t_w = 35℃，t_d = 45℃，t_e = 73℃，t_w' = 75℃，水粕产率 ε_d = 85% 对菜丝，压粕水回收率 ε_w' = 30% 对菜丝，切丝刀片刀隔 b = 0.009m，切丝刀的刃脊角度 β = 90°，菜丝长度 l_s = 8.0m/100g。求 F_1、L_1 和 F_2 各是多少。

解：$C_s = C_j$ = 3.77kJ/(kg·℃)，$C_d = C_w = C_w'$ = 4.186kJ/(kg·℃)，取菜丝 ρ = 590kg/m^3。

1. 提温段传热面积 F_1 计算

单位时间内进入渗出器的菜丝质量：$G_s = \dfrac{1000A}{24} = \dfrac{1000 \times 1400}{24} = 58333$（kg/h）

提温段耗热量

$$Q_1 = \frac{G_s C_s (t_e - 2 - t_s) - a G_s C_j (t_e - t_j)}{0.9}$$

$= 58333 \times 3.77 \times (73 - 2 - 5) \div 0.9 - 1.15 \times 58333 \times 3.77 \times (73 - 20) \div 0.9$

$= 1.23 \times 10^6$（kJ/h）

提温段对数平均温度差：$\Delta t_1 = \dfrac{t_e - t_j}{\ln \dfrac{t_v - t_j}{t_v - t_e}} = \dfrac{73 - 20}{\ln \dfrac{105 - 20}{105 - 73}} = 55℃$

由于 $\Delta t_1 = 55℃$，在 25～80℃ 对数平均温度差范围，所以 K_1 值可采用公式 $K = 24.82\Delta t$ 进行计算：

$$K_1 = 24.82\Delta t_1 = 24.82 \times 55 = 1365 \text{kJ}/(\text{m}^2 \cdot \text{h} \cdot ℃)$$

提温段加热面积：$F_1 = \dfrac{Q_1}{K_1 \Delta t_1} = \dfrac{1.23 \times 10^6}{1365 \times 55} = 16.4 \ (\text{m}^2)$

2. 提温段长度 L_1 计算

菜丝对糖汁的相对移动速度

$$v' = \dfrac{G_s}{\rho F_e} + \dfrac{aG_s}{(1000 - \rho)F_e} = \dfrac{58333}{590 \times 8.13} + \dfrac{115\% \times 58333}{(1000 - 590) \times 8.13} = 32.3 (\text{m/h})$$

由 $v' = 32.3 \text{m/h}$ 查 K、v' 关系曲线图 3-22，得 $K = 39.8 \text{kJ}/(\text{m}^2 \cdot \text{h} \cdot ℃)$

每公斤菜丝的表面积

$$F_s = 20\left(\dfrac{bl_s}{\sin\dfrac{\beta}{2}} + \dfrac{94 \times 10^{-6}}{b}\right) = 20 \times \left(\dfrac{0.009 \times 8}{\sin 45°} + \dfrac{94 \times 10^{-6}}{0.009}\right) = 2.245 (\text{m}^2)$$

提温段长度

$$L_1 = \dfrac{G_s C_s (t_e - 2 - t_s)}{\rho F_e F_s K(t_j - t_s - 2)} \ln \dfrac{t_j - t_s}{2} = \dfrac{58333 \times 3.77(73 - 2 - 5)}{590 \times 8.13 \times 2.245 \times 39.8(20 - 2 - 5)} \times \ln \dfrac{20 - 5}{2} = 5.25 (\text{m})$$

3. 渗出段传热面积 F_2 计算

由已知条件得出 $G_d = 0.85 G_s$，$G'_w = 0.30 G_s$，$G_j = 115\% G_s$

根据物料平衡式 $G_s + G_w + G'_w = G_d + G_j$

$$G_w = (0.85 + 115\% - 1.0 - 0.30)G_s = 0.7 G_s$$
$$Q_d = G_s \varepsilon_d C_d t_d = 58333 \times 0.85 \times 4.186 \times 45 = 9.34 \times 10^6 \ (\text{kJ/h})$$
$$Q_j = G_s a C_j t_j = 58333 \times 115\% \times 3.77 \times 20 = 5.06 \times 10^6 \ (\text{kJ/h})$$
$$Q_s = G_s C_s t_s = 58333 \times 3.77 \times 5 = 1.10 \times 10^6 \ (\text{kJ/h})$$
$$Q_w = G_s \varepsilon_w C_w t_w = 58333 \times 0.7 \times 4.186 \times 35 = 5.98 \times 10^6 \ (\text{kJ/h})$$
$$Q'_w = G_s \varepsilon'_w C'_w t'_w = 58333 \times 0.3 \times 4.186 \times 75 = 5.49 \times 10^6 \ (\text{kJ/h})$$

渗出耗热量

$$\begin{aligned} Q &= (Q_d + Q_j - Q_s - Q_w - Q'_w) \div 0.9 \\ &= (9.34 \times 10^6 + 5.06 \times 10^6 - 1.10 \times 10^6 - 5.98 \times 10^6 - 5.49 \times 10^6) \div 0.9 \\ &= 2.03 \times 10^6 (\text{kJ/h}) \end{aligned}$$

渗出段耗热量：$Q_2 = Q - Q_1 = 2.03 \times 10^6 - 1.23 \times 10^6 = 0.8 \times 10^6 \ (\text{kJ/h})$

渗出段传热温度差：$\Delta t_2 = t_v - t_e = 105 - 73 = 32℃$

渗出段传热系数：$K_2 = 24.82\Delta t = 24.82 \times 32 = 794.2 \ [\text{kJ}/(\text{m}^2 \cdot \text{h} \cdot ℃)]$

渗出段加热面积：$F_2 = \dfrac{Q_2}{\Delta t_2 K_2} = \dfrac{0.8 \times 10^6}{32 \times 794.2} = 31.5 \ (\text{m}^2)$

第四节 渗出器的防腐

各种连续渗出器的主体都是用普通碳素钢制造的。在进行糖分渗出时,渗出器内的糖汁和菜丝混合物呈弱酸性(pH 5.5~6.5),温度在 70~80℃。在此条件下,渗出器主体容易受到腐蚀。此外,对于强制推动菜丝的连续渗出器(例如 Dds 型、BMA 型渗出器),菜丝对渗出器的内壁和推进器都有磨损,尤其是当菜丝内夹带泥土、沙粒等杂物时,磨损更为严重。对此,应采取相应的防腐措施,以延长渗出器的使用寿命。对渗出器进行防腐处理,主要采用以下三种方式。

一、涂环氧树脂涂层

在渗出器的壳体内壁和推进器的表面,涂上环氧树脂层,能够有效的防止渗出器的磨损与腐蚀。环氧树脂的型号选择时应选取耐弱酸、耐磨、耐水、耐温并与金属表面附着力强的品种。

(一) 涂环氧树脂涂层的程序及要点

1. 金属表面预处理

在涂环氧树脂前,应对金属表面进行预处理。对金属表面进行预处理的常用方法为喷砂法,即利用 0.3~0.4MPa 的压缩空气将粒径均匀(一般为 2.5~3.5mm)、质硬、带棱角、不含泥土的干燥沙粒喷向金属表面,借助沙粒的喷射动力,将金属表面的锈、垢、杂物等清除干净。

预处理后的金属表面应清洁、无锈、无垢、无机械杂质,并带有一定的粗糙度。在这样的表面上涂环氧树脂层才能粘得牢固,达到防腐效果。

金属表面预处理后应立即涂敷防腐环氧树脂涂层,防止表面生出新锈层或被污染,影响环氧树脂涂层的粘牢效果。

2. 配料、涂敷及干燥

(1) 配料比例 环氧树脂涂层可参考表 3-10 中的比例数据进行调配,配方中的填料可根据具体情况调整变换。其中 1 号配方适用于与空气接触部位的喷涂,2 号配方适用于与物料接触部位的喷涂。

表 3-10 环氧树脂涂层配方

1 号配方	各涂层涂料调配比例			
	第一层	第二层	第三层	第四层
6101 环氧树脂	100	100	100	100
邻苯二甲酸二丁脂	10	10	10	15
间苯二胺	15	15	15	15
石墨粉	20	30	20	10
丙酮	30	30	20	10
丁苯		5	5	5

续表

2号配方	各涂层涂料调配比例			
	第一层	第二层	第三层	第四层
6010 环氧树脂	100	100	100	100
邻苯二甲酸二甲脂	10	10	10	15
间苯二胺	15	15	15	15
石墨粉		20	15	10
氧化铝	30	20	15	10
甲苯		5	5	5

（2）配制要点　环氧树脂计量后加热到 30~40℃ 熔化，加入邻苯二甲酸二丁脂搅拌均匀，再加入石墨粉、氧化铝搅拌均匀，然后加入丙酮、甲苯或丁苯搅拌均匀后自然冷却到室温。

将固体的间苯二胺计量后装入容器加热熔化，在室温下自然冷却。

使用前将熔化的间苯二胺加入到环氧树脂混合物内搅拌均匀即可使用。因为固化剂间苯二胺拌入到环氧树脂混合物后，在较短的时间内（2~3h）就会固化，所以必须随用随配，配好后一次用完。

（3）涂敷和干燥　环氧树脂涂层一般涂四层，每层涂料中各种成分的比例有所不同，每层涂敷环氧树脂后，令其自然干燥 24h 后再涂敷下一层。最后一层涂敷后，要自然干燥 20d 以上。

对于螺旋带束，涂敷第二层环氧树脂涂层后，干燥 3~4h 用纱布缠裹，缠裹时搭接勒紧，再经过 24h 干燥，然后涂敷第三层和第四层。

在涂敷环氧树脂涂层操作过程中，涂好第一层至关重要，涂敷时要求用力涂抹均匀，涂层不宜过厚。

（二）涂环氧树脂涂层产生的效果

环氧树脂涂层对设备防腐蚀、防磨损效果良好，但降低了传热面的传热系数。对 Dds 连续渗出器的推进螺旋带采用缠裹涂敷后，使螺旋带的表面变得粗糙，影响菜丝推进速度。因此，对于渗出器传热面和螺旋带防腐采取喷镀金属层效果会更好。

二、喷镀金属层

采用喷镀金属层对渗出器进行防腐，通常是在防腐部位喷镀 0.3~0.4mm 厚的铝保护层，一般可以使用 2~3 个生产期，保持渗出器不受磨蚀。由于喷镀的铝保护层，其表面经常以钝化状态存在，即呈氧化铝的状态存在，所以比较耐腐蚀。通过电化学试验证明，在渗出器的工作条件下，喷镀的铝层比碳钢的耐腐蚀性能好。

对渗出器的防腐部位喷镀铝保护层时，可采用气喷镀和电喷镀两种方法。

（一）气喷镀法

1. 原理

利用可燃气体（乙炔或丙烯等）氧焰燃烧时发出的热量将金属丝熔化，再用压缩空气流将熔融的金属喷向防腐部位，熔融的金属在被喷出后呈雾状而黏附在防腐面上，形成金属薄层。

气喷镀法适用于喷镀熔点较低的金属，如铝、锌、锡等。

2．操作要点

（1）首先采用喷砂法对防腐部位进行预处理。

（2）将棱角处磨成圆弧形。

（3）安全选用可燃气（乙炔等）、氧气和压缩空气的压力以及金属丝的输送速度。

（4）保持喷枪与被镀工件相对速度和距离稳定，喷嘴与工件保持垂直角度。相对速度一般为 8~12m/min，对底层和中层进行喷镀时距离约为 80~100mm，对表层进行喷镀时距离约为 120~150mm。

（5）喷镀层厚度以 0.3~0.4mm 为宜。通常采用分层纵横交错的方法来完成，在喷镀过程中每行喷镀带要有 1/3~1/2 的宽度与上一行重叠。

（6）保持操作环境干燥，温度达到 15℃ 以上。当被镀工件温度低于 0℃ 时应预热后再喷镀。

（7）在喷镀时要防止被镀工件局部过热。

常用金属丝的气喷镀工艺参数如表 3-11 所示。

表 3-11　　　　　　　　气体喷镀金属的工艺参数

金属	熔点/℃	金属丝径/mm	金属丝纯度/%	气体压力/MPa			送丝速度/(m/s)
				乙炔	氧气	空气	
铝	658	1.9~2.0	>98	1.2~1.4	1.3~1.5	5.0~5.5	2.0~2.4
铝	658	3.0	>98	1.0	1.1	6.0	1.2
锌	419	1.9~2.0	>98	1.1~1.3	1.15~1.4	4.5~5.5	2.5~3.0
不锈钢		1.9~2.0		1.3~1.5	1.35~1.6	5.0~6.0	1.0~1.5

3．镀层的后处理

由于金属喷镀层的密度较金属块低，结构不很紧密，孔隙率较高，如图 3-23 所示。为了降低镀层的孔隙率，提高镀层的防腐蚀性能，对喷镀的镀层要进行后处理。对于渗出器的防腐喷镀层，最常用的后处理方法有机械处理法和涂料封闭法。

（1）机械处理法是将金属镀层轧实，如槌击、辊压抛光、钢丝刷抛光等。

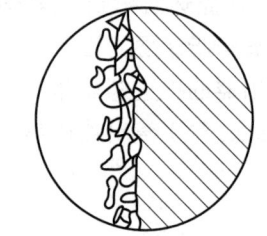

图 3-23　喷镀金属层的结构示意图

（2）涂料封闭法是用适当的环氧树脂涂料充填到镀层的孔隙中，以提高镀层的防腐能力。封闭时在环氧树脂涂料中加入适当的填料，可进一步提高镀层的防腐能力和耐磨性。采用涂层封闭时，涂层不宜太厚，以免影响渗出器加热室的传热效果。

（二）电喷镀法

电喷镀法的原理及工艺过程与气喷镀大体相同，区别在于电喷镀是利用直流电源使两根金属丝间产生电弧，造成高温，从而使不断送入的金属丝熔化，利用压缩空气将熔化的金属丝雾化喷向防腐面。与气喷镀法相比，电喷镀法可以喷镀高熔点的金属或合金。

三、衬不锈钢板

在渗出器内衬不锈钢薄板来防腐也是常用的一种方法。如果施工质量好，即可防腐蚀，影响传热也不明显。衬不锈钢薄板法最容易出现的问题是衬板与渗出器壳体接触不紧密，当衬板与壳体间出现气层时将严重影响加热室的传热效能。

不锈钢衬板的厚度一般为 2~3mm，加衬板的方法有塞焊法、爆炸法、滚压法、条焊法、熔透法等。当采用爆炸法时，衬板厚度可降到 0.5mm。现将最常用的两种方法扼要介绍如下。

1. 塞焊衬里法

塞焊衬里法是将衬板冲孔或钻孔，再用填料熔焊填满，使衬板与基体相连接。孔间距离一般为 150~200mm，孔径不小于 12mm，采取两层三次焊接法完成，如图 3-24 所示。

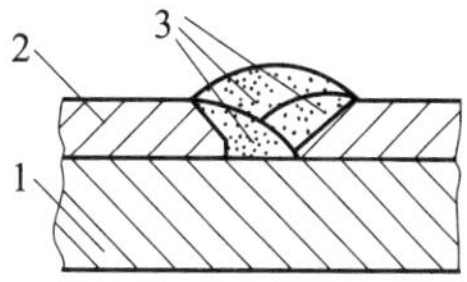

2. 爆炸衬里法

爆炸衬里法是利用定向爆炸时产生的冲击压力，将不锈钢薄板紧密压合在壳体上，形成不锈钢板衬里层。爆炸衬里法要求工件壳体厚度在 9mm 以上，否则会使工件产生变形。

图 3-24 塞焊衬里法
1—设备壳体 2—不锈钢衬板
3—两层三次焊点

爆炸衬里法不产生金属稀疏作用，可以采用较薄的不锈钢板，成型后结合牢固，没有气层。是一种很有前景的衬里技术，但对技术水平要求较高。

第五节 渗出附属设备

渗出附属设备包括菜丝计量，菜丝和废粕输送，渗出汁和压粕水除渣，废粕压榨，压粕输送等设备。菜丝、废粕、压粕输送通常采用带式输送机和螺旋输送机，菜丝计量采用电子皮带秤，这些设备在前面章节已作讲解。所以，本节仅对渗出汁和压粕水除渣及废粕压榨设备作以介绍。

一、渗出汁除渣器

(一) 结构与工作原理

由于渗出汁中含有一定量的碎菜肉，对糖汁清净效果影响较大，所以在渗出汁进入清净之前必须将渗出汁中的碎菜肉尽可能的分离出去，并将分离得到的碎菜肉送回渗出器，回收其中的糖分。

鉴于渗出汁具有氧化着色和易于产生泡沫的特性，所以渗出汁除渣通常是在密闭的除渣器内进行。常见的渗出汁除渣器如图 3-25 所示，主要由壳体、筐板和转动刷组成。壳体是一个带锥形底的圆筒体，在筒体的上部侧面安装有进汁阀和压缩空气进气阀，筒体的下部侧面安装有出汁阀，锥形底底部安装有排渣阀。筐板为圆筒形，安装在圆筒壳体的进汁口以下部位，筐板与壳体保持一定空间，上下两端与壳体密封连接。筐板的开孔率一般在 25% 以上，孔径为 1.0~1.5mm。板刷的刷头与筐板接触，通过回转臂固定安装在转动立轴上，由电动机通过减速器带动转动。

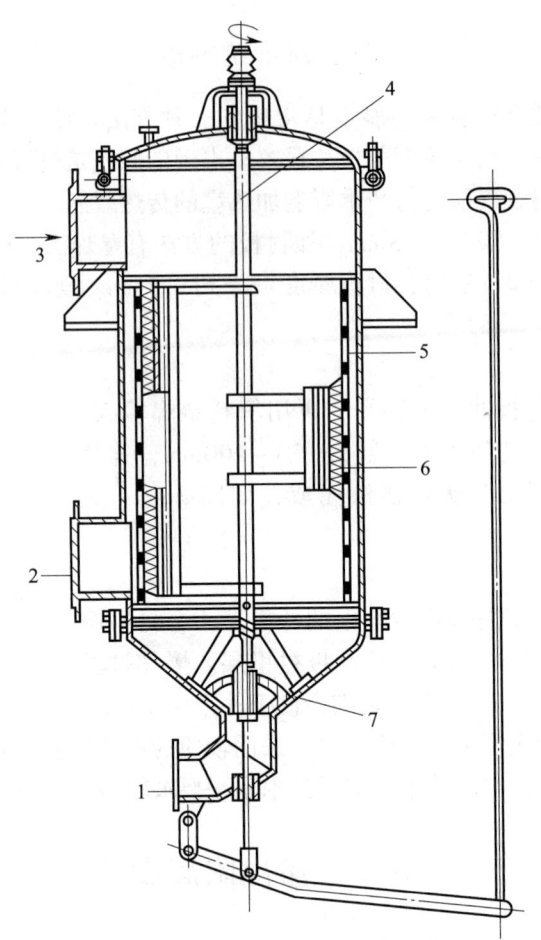

图 3-25 带刷子的立式除渣器
1—排渣口 2—出汁口 3—进汁口 4—轴 5—篦子 6—刷子 7—阀门

渗出汁从上部进入除渣器,通过篦板由出汁口流出,碎菜肉留在除渣器内。转动刷不断清除篦板上的碎菜肉,以利于渗出汁流出,碎菜肉不断向下沉积。达到设定时间时进、出汁阀关闭,进气阀和排渣阀门开启,将碎菜肉及除渣器内的渗出汁排回渗出器。

(二)除渣器篦板面积计算

$$F = \frac{1000aA}{86400\rho vK} \tag{3-28}$$

式中 F——篦板面积,m^2
  a——渗出提汁率,%
  A——额定生产能力,t/d
  ρ——渗出汁密度,取 $1060kg/m^3$
  v——渗出汁通过篦板时的体积流量,取 $0.008\sim0.010m^3/(m^2\cdot s)$
  K——渗出提汁不均衡系数,取 0.9

二、压粕水除渣器

(一)回转式捞粕机

回转式捞粕机与尾根捕集机大体相同,区别在于捞粕机的筛孔较小,由板刷取替了刮板，板刷运转时与筛板紧密接触。压粕水进入后，水经筛孔流出，水中的废粕渣则留在筛板内，被回转的板刷刮起带入溜槽排出。

（二）振动筛

压粕水除渣振动筛的工作原理与流洗水除渣振动筛相同，结构大体相同，不同点在于弹性元件选配。由于压粕水量与流洗水量相比很小，所以压粕水振动筛的规格与质量很小，其弹性元件一般为扁钢弹簧，如图 3-26 所示。振动筛的箅板倾斜安装在筛框内，与水平面保持一定的夹角，筛框悬挂在扁钢弹簧上，偏心轴运转时产生的激振力直接作用于弹簧板，并带动筛框共振。压粕水自筛板较高的一端送入，沿箅板向斜下方流动，水经箅孔流入集水槽经导管排出，碎粕随箅板的振动颠簸前行，从箅板的末端排出。

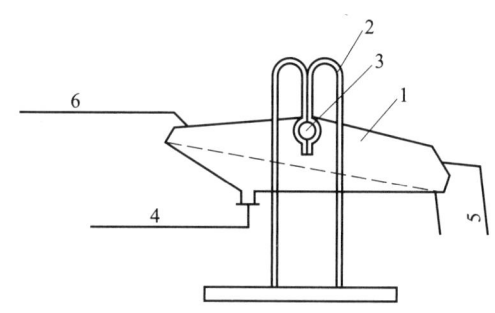

图 3-26 振动筛示意图
1—筛框与筛板　2—扁钢弹簧　3—偏心轴　4—排水管　5—排渣管　6—进水管

三、废粕压榨机

从连续渗出器排出的废粕固形物含量一般在 6% 左右，不仅不便于运输和保存，而且废粕中的糖分也被白白浪费掉。目前甜菜糖厂多将废粕进行压榨、烘干后作为饲料进行销售。废粕压榨得到的压粕水经除渣、灭菌处理后送回到渗出器作为渗出给水，不足部分由清水作为补充。

废粕压榨设备有卧式低压缩比单螺旋压榨机、立式低压缩比单螺旋压榨机和卧式高压缩比双螺旋压榨机三种类型。压榨机的压缩比是指压榨机螺旋入口处有效截面积与出口处有效截面积的比值，它是衡量压榨机对物料压榨性能的重要参数。

（一）卧式单螺旋压榨机

单螺旋压榨机适用于将废粕压榨成固形物含量为 10%~15% 的饲料粕生产。它具有体积小、重量轻、效率高等优点。卧式单螺旋压榨机的结构如图 3-27 所示，主要由壳体、锥形轴、螺旋叶片、筛网和传动系统组成。

壳体为钢板制成的筒体，锥形轴位于壳体中央，轴体两端由前后轴承支撑，电动机通过减速器带动锥形轴运转。为防止锥形轴运行时产生位移，在轴体前端设有止推轴承。锥形轴为空心轴，轴体外围均布三组螺旋叶片，轴的后半段开有出水孔并敷设筛网，轴内装有引水叶轮，其引水管由锥形轴的后端伸出。

筛网呈圆筒形，按一定间隙通过骨板置于壳体内，筒形筛网分为上下两部分，通过法兰连为一体，筛网的周边与壳体密封连接。

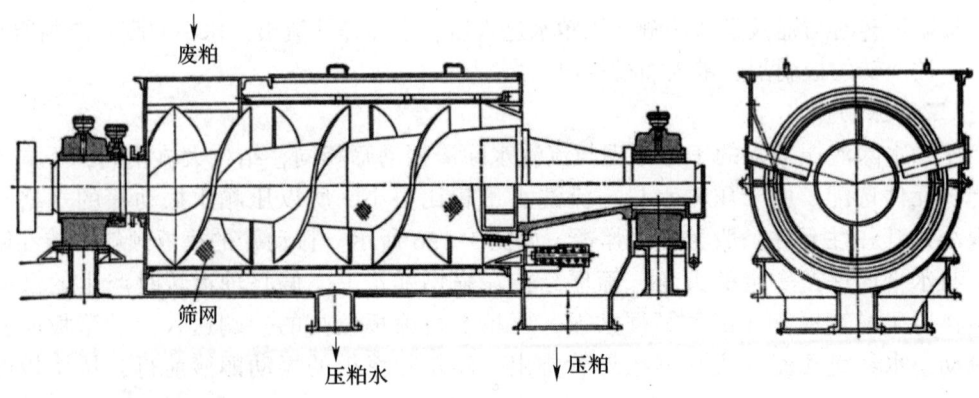

图 3-27 卧式单螺旋压榨机

在壳体的前端上部设有进料口,两侧安装有三组导向桨,导向桨伸到锥形轴上的三组螺旋叶片之间。导桨的作用是防止废粕随锥形轴作圆周运动。压粕水出口设在壳体的底部。在壳体的尾端安装有锥环调节器,通过调节锥环的轴向位置,改变压粕的出口截面积,来调节体积压缩比,从而调节压粕固形物含量和压榨机的生产能力。

压榨机的工作原理:废粕从进料口进入机体,被锥形轴上的螺旋叶片推动,在导桨的作用下废粕沿轴向向前运动,由于机体内的空间逐渐变小,废粕被挤压,最后通过锥环调节器处的出口截面排出压榨机。挤压出的压粕水主要通过筒形篦板的篦孔流出,一小部分通过锥形轴上的篦孔从空心轴内引出。

国产单螺旋压榨机的主要技术参数:

废粕压榨能力:1000~1200t/d

压粕固形物含量:10%~15%

容积比(压缩比):3~5

主轴转速:18r/min

螺旋外径:890mm

篦板孔径:4~3mm 锥孔

电机功率:30kW

设备外形尺寸:4000mm×1320mm×1400mm

设备总重:6404kg

(二)卧式双螺旋压榨机

卧式双螺旋压榨机适用于将废粕压榨成固形物含量为 20%~30% 的压粕生产,对于用废粕生产颗粒粕的工厂来说,是别无它选的废粕压榨设备。

卧式双螺旋压榨机的结构如图 3-28 所示,主要由机壳、筛网、锥形轴和传动系统组成。

机壳由钢板压制或对接制成,共分为上下两部分。上部首端上方设有废粕进口,压粕水出口位于下体底部。

筛网与骨板和筋板组合在一起。骨板位于筛网外围,将筛网包裹,骨板上均匀开有出水孔,筋板按一定距离与骨板垂直连为一体。骨板与筋板的作用是提高筛网的抗挤压强度,减缓筛网损坏。筛网的内侧呈两个相互重叠的双圆筒形状,共分为上下两部分,由机械手或螺杆将其合为一体。

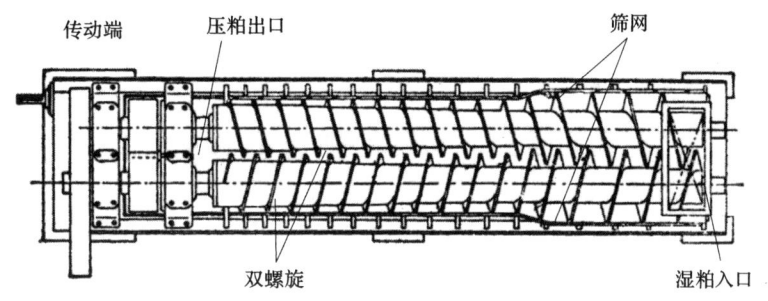

图3-28 卧式双螺旋压榨机

锥形轴为两根，平行安装于筛网内。轴的表面带有螺旋带，两轴螺旋带的螺旋方向相反，相互重叠不接触，相位角相差180°。螺旋带外缘与筛网之间保持一定间隙。轴体两端由滚动轴承和止推轴承支撑，电动机通过减速器带动两轴逆向运转，轴的转动方向与螺旋方向相反。

废粕从首端进入压榨机，被逆向转动的两条螺旋带推向尾端，由于压榨机内的空间从首至尾逐渐缩小，废粕在被推进的过程中逐渐被挤压，水经由筛网的孔隙从骨板的出水孔流出，压粕从压榨机的尾端排出。

国产卧式双螺旋压榨机的主要技术参数：

废粕压榨能力：800~1000t/d

压粕固形物含量：22%~28%

主轴转速：1.73~3.5r/min

容积比（压缩比）：8:1

篦板孔径：进料端4~3mm锥孔，排料端3.5~2.5mm锥孔

变速电机功率：55~18.3kW

电机转速：1050~350r/mim

压榨机壳体外形尺寸：6000mm×1800mm×2000mm

设备总重：17500kg

(三) 压榨机生产能力计算

压榨机的生产能力可以用下式近似计算

$$A = \frac{1440 V \rho n \varphi \lambda}{1000 a} \tag{3-29}$$

式中 A——压榨机生产能力，t（甜菜）/d

V——进口处一螺距内的有效容积，m^3

ρ——废粕密度，kg/m^3

n——螺旋转速，r/min

φ——充填系数，取0.9~0.95

λ——打滑系数，由实验测得为0.85~0.90

a——废粕质量对甜菜质量的比值（废粕产率）

在实际生产中压榨机的实际生产能力同时受废粕的温度、废粕的透水性、压粕干固物含量等因素影响。一般来说，压粕的干固物含量越高压榨机的生产能力越低，废粕温度越低压榨机的生产能力越低，废粕的透水性能越差压榨机的生产能力越低。

第四章 清净剂制备设备

从渗出工序获取的渗出汁要经过提纯、脱色处理,才能进行蒸发浓缩。对渗出汁进行提纯、脱色处理的过程在甜菜制糖工业中被称为清净,所用设备称为清净设备。目前,我国甜菜制糖工业均采用碳酸法对渗出汁进行提纯、采用二氧化硫对清汁进行脱色处理,其所用的清净设备主要由清净剂制备、加灰、饱充、过滤、脱色剂制备及脱色设备组成。

采用碳酸法对渗出汁进行提纯所用清净剂为石灰乳和二氧化碳。将石灰石在石灰窑内进行煅烧可产生窑气和生石灰,对窑气进行净化便可获取浓度约为30%的二氧化碳气体,对生石灰进行加水消和便可制取需要浓度的石灰乳。

第一节 石 灰 窑

一、石灰窑的作用与技术要求

石灰窑的主要作用是将石灰石与一定比例的焦炭或无烟煤混合物置于窑内通风煅烧,使石灰石中的主要成分碳酸钙分解为氧化钙(生石灰)和二氧化碳,为渗出汁提纯提供充足的清净助剂。

对于一台设计合理、制作达标的石灰窑在对石灰石煅烧运行中应达到以下技术要求。

(1) 热效率应达到70%以上。石灰窑的热效率是指石灰石分解耗热量与加入石灰石中的焦炭或无烟煤在燃烧时释放出的热量比值,用百分数表示。

(2) 单位容积产量在700~800kg/dm³。石灰窑的单位容积产量是指24h内从石灰窑内卸出的生石灰量与石灰窑的有效容积的比值,用kg/m³d表示。

(3) 石灰烧成率在95%以上。石灰烧成率是指石灰石中碳酸钙分解百分率,其分解反应式为:$CaCO_3 + 177.9$(kJ)$= CaO + CO_2$

(4) 窑气中各组分体积百分比为:CO_2在30%以上、CO在0.2%以下、O_2在2%~4%、N_2在68%以下。

(5) 煅烧区温度在1000~1100℃。

由于石灰石中的主要成分碳酸钙在900℃以下时几乎不分解,在900℃以上时分解速度随温度上升快速提高,温度达到1000℃以上时随着温度的上升分解速度上升得开始缓慢。当温度超过1300℃时,石灰石中的二氧化硅等杂质与碳酸钙的分解产物氧化钙生成硅酸盐混合物($3CaO \cdot SiO_2$;$3CaO \cdot Al_2O_3 \cdot Na_2O \cdot SiO_2$等),这些混合物熔融包裹在氧化钙颗粒的外围,轻者阻碍石灰消和,严重时会黏结在一起,发生黏窑现象。所以将石灰石的煅烧温度控制在1000~1100℃即考虑到石灰石的分解速度,同时又避免生成硅酸盐混合物。

由于石灰烧成率和石灰窑单位容积产量不仅取决于煅烧温度,同时也取决于石灰石的粒度、石灰石中碳酸钙含量和焦炭(或无烟煤)的粒度。石灰石中碳酸钙含量偏低时,烧成的生石灰消和时不仅灰渣多,而且消和速度慢。石灰石的粒度越大,碳酸钙分解需用时间越长；石灰石粒度越小，碳酸钙分解需用时间越短。燃料粒度小、燃烧时间短、窑内火线短，容易发生过烧；燃料粒度大、燃烧时间长、窑内火线长、石灰石烧成率低。因此要求石灰石中碳酸钙含量不低于95%，二氧化硅含量不超过2.0%，铁、铝氧化物含量不超过1.5%，碳酸镁含量不超过1.5%，硫酸盐（主要是硫酸钙）和碱类物质（钾、钠氧化物）含量均在0.2%以下。石灰石入窑时要求粒度大小均匀，不可大小混在一起，避免发生过烧或生烧，一般要求石灰石的粒度为80~140mm或120~180mm。无烟煤或焦炭的粒度要求在40~60mm，不带粉末。

二、石灰窑的类型、构造及辅助设施

石灰窑按其使用的燃料不同分为竖式混料窑和竖式煤气窑两大类，在我国碳酸法糖厂中，普遍采用的为竖式混料窑。竖式混料窑按其窑膛形状可分为圆柱体、截圆锥体和双截圆锥体三种（图4-1），按其操作方式可分为负压石灰窑和正压石灰窑。

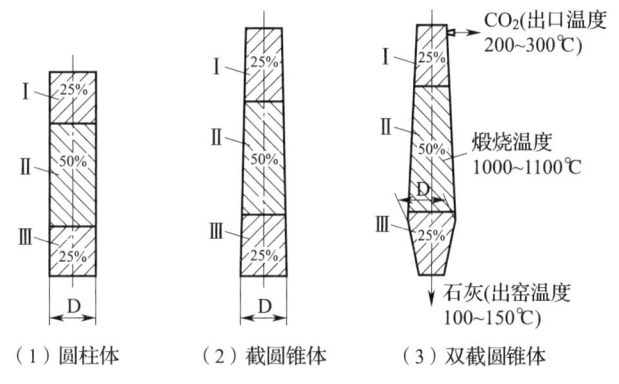

图4-1 窑膛结构型式

竖式混料窑主要由窑体、石灰石与燃料比例混合输送装料和卸灰装置组成。

（一）窑体

如图4-2所示为双截圆锥体石灰窑的剖视图，窑体由两个相对的截顶圆锥形筒体和底座合成。截顶圆锥形筒体的下椎体的容积占总容积的25%，上椎体的容积占总容积的75%，窑体的筒体高度一般为窑体最大内经的6倍。

在窑体的上锥形筒体的中下部位对称装有火眼，每层一般为2个或4个。为便于观察窑内情况，将火眼开成内大外小的锥形孔。在火眼的外侧壁装有活动铸铁盖板，在盖板上可安装云母片，这样不用打开盖板就能透过云母片观察到窑内物料煅烧情况和火线位置。安装火眼除用于观察外，还用于作为烘窑时添加燃料进口、点窑时火种入口；炼窑时作为降温通风口和击碎炼块的操作口。

窑体顶部中央呈漏斗形，石灰石与燃料混合物由此进入。漏斗上沿围有水槽，漏斗上部有一自动开启的窑盖（外窑盖）。上料时窑盖打开或提起，窑盖扣下时其外沿落入水槽内，形成液封将窑顶封闭。在漏斗内有一个可上下移动和旋转的钟形窑盖（称内窑盖），钟形窑盖的外径大于漏斗出口内径，扣在漏斗内将窑顶二次封闭。上料时，物料进入漏斗后关闭外窑盖，然后提起内窑盖，待漏斗内的物料滑入窑内后内窑盖回落。在漏斗的下边一般设有套筒式锥形布料器或导向下料管，锥形布料器使进入的物料均匀分布到窑内，套筒不仅可以避免物料进入时直接撞击窑壁，而且降低窑气排出阻力。在窑体底部设有卸灰装置，常见的卸灰装置有阶梯式和回转式两种。石灰窑装料、石灰石煅烧、卸灰等操作，都是自动控制运行。石灰石进入窑内约停留24h，烧成的生石灰经冷却后从窑底被卸灰机拉出。

物料在窑体内的运行分为三个区域，下部为冷却区，约占总容积的25%；上部为预热区，约占总容积25%；中部为煅烧区，约占总容积的50%。煅烧区的温度在1000~1100℃，窑气自煅烧区上升到窑顶出口过程中，与从顶部进入的混料逆流运行，混料被逐渐预热到900℃以上，窑气到达出口时温度降到200~300℃。烧成的生石灰自煅烧区底部下行至卸灰口过程中，与从底部进入的空气逆流接触，生石灰被冷却到100~150℃，空气被加热。

窑体的构筑如图4-3所示，1为耐火层，用耐火砖砌筑或用耐热混凝土现场浇筑；2是保温层，用普通红砖砌筑；3是外壳，用5~10mm的钢板制做；4是填充层，填充层的空隙一般为50~75mm，用沙、石棉或珍珠岩粉填充。设置填充层的作用是保证耐火层和保温层在受热或冷却时能够自由的膨胀和收缩，当保温层和耐火层出现裂缝时可减少窑气泄漏（窑内为负压时可避免空气渗入），同时起到保温作用。

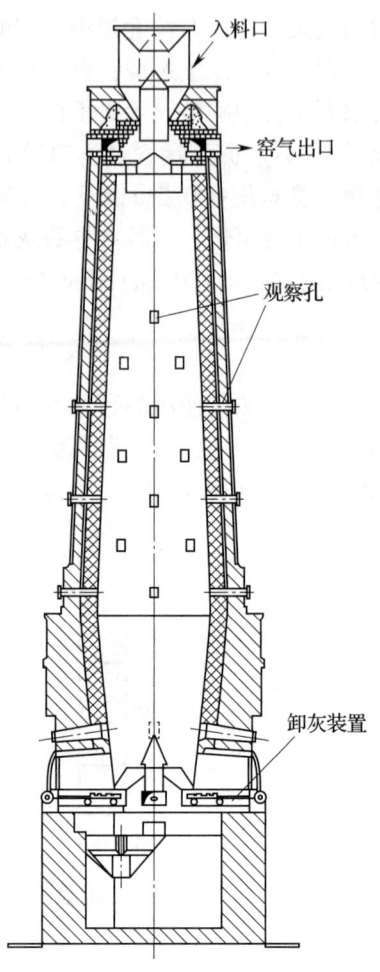

图4-2 双截圆锥体石灰窑

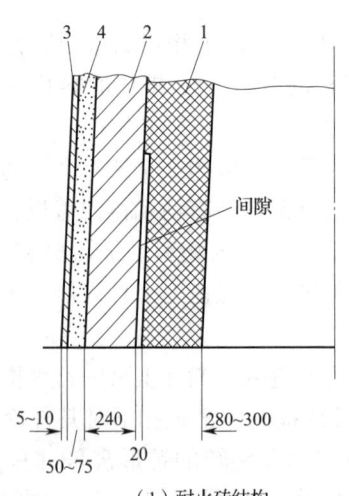

（1）耐火砖结构

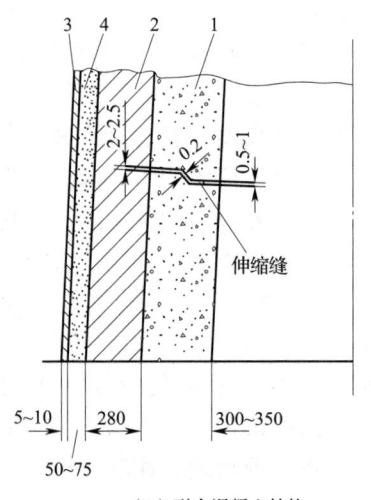

（2）耐火混凝土结构

图4-3 石灰窑的构筑
1—耐火层 2—保温层 3—外壳 4—填充层

用耐火砖砌筑耐火层时使用矾土水泥泥浆填缝,矾土水泥填缝泥浆是用20%的矾土水泥与80%的颗粒状耐火熟料(如耐火碎砖、刚玉、碳化硅等,其中粒度小于0.125mm的为20%、粒度在0.125~2.82mm的为60%)加水搅拌制成。采用耐热混凝土浇筑耐火层时,耐热混凝土由20%的矾土水泥和80%颗粒状耐火熟料(其中粒度大于5mm的为40%、粒度小于0.125mm的为15%、粒度在0.125~2.82mm的为25%)加水搅拌制成。

耐火砖质量与砌筑要求:$Al_2O_3>45\%$,耐火度>1650℃,气孔率<16%,常温耐压强度约为700kg/cm²,耐火砖间灰缝<2mm,煅烧区耐火砖与红砖间隙大约20mm,如图4-3(1)所示。

矾土水泥与泥浆质量要求:矾土水泥成分含量:Al_2O_3为50%~55%、CaO为32%~35%、SiO_2为5%~9%、Fe_2O_3为1%~3%,矾土水泥净浆耐火度约为1450℃,矾土水泥与耐火碎砖混合后的耐火度为1350~1500℃,矾土水泥与刚玉、碳化硅混合后的耐火度在1650℃以上,耐火层采取浇筑时横向和纵向伸缩缝如图4-3(2)所示。

(二)石灰石、燃料的比例混合输送与提升装置

石灰石与燃料的比例混合输送装置由定量计量和输送装置组成,石灰石和燃料从堆放场地经由小型自卸汽车分别卸入各自的暂存槽内,槽底设有自控门和振动筛,控制物料筛选与排放。在物料排放口的下方,设有斗式电子计量秤,石灰石与燃料计量可采用单称计量,也可分称计量。对于单称计量,计量秤的料斗由隔板分成大小两个斗室。计量时,先向大斗中输送石灰石,达到设定量时石灰石进料停止;然后再向小斗中输送燃料,当小斗内燃料质量达到设定量时进料停止,计量斗排料阀开启,将两种物料均匀排放到带式输送机上(燃料位于石灰石上面),由带式输送机将石灰石和燃料经溜槽输入上料斗内。

由于石灰窑的上料是单斗往复运行,所以物料排放也是间歇定量进行。因此,石灰石与燃料排放间隔时间和单次排放量应根据石灰需用量、燃料与石灰石的配比和上料斗的单斗能力设定。

石灰石与燃料的提升设备由单斗提升机和斜溜槽组成。斜溜槽安装在窑顶侧上方,进料时可将物料射入窑顶漏斗内,同时又不与外窑盖发生接触。单斗提升机分为倾斜式和垂直式,由机架、料斗、料斗

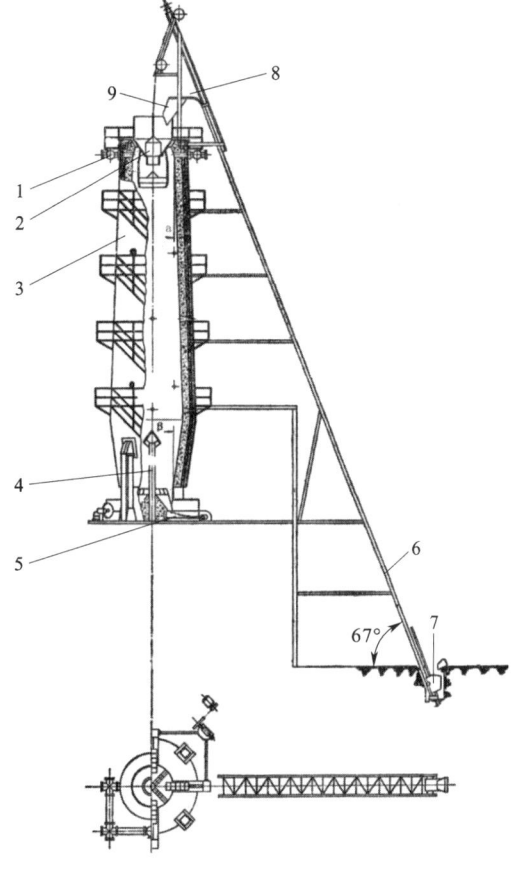

图4-4 倾斜进料石灰窑
1—窑气出口管 2—钟形窑帽 3—窑体
4—进风管 5—卸灰装置 6—提升机
7—上料斗 8—弧形轨道 9—溜槽

限位运行轨道和卷扬机组成,如图4-4所示为倾斜式单斗提升机运行示意图。机架一般由型钢组合,两条铁轨平行安装在机架上,铁轨分为凸型和凹型两种,铁轨延伸到顶部时弧形向水平弯曲。在料斗底侧装有限位滚动轮(或滚动轴)可沿轨道滑行。当轨道为凸型时,料斗的滚动轮分别卡在两条轨道上;当轨道为凹型时,料斗的滚动轴分别探入凹槽内。在料斗两侧对称中线的下部设有料斗牵引短轴,料斗提梁与短轴连接,料斗的上下运行由卷扬机缆绳通过滑轮牵引提梁来带动。上料时卷扬机缆绳牵引料斗提梁使料斗沿轨道上行,当料斗运行到顶部沿弧形轨道前行到一定位置时,料斗发生倾斜,将斗内物料倒入斜溜槽,物料经溜槽从窑顶一侧滑入窑顶漏斗内。

(三) 窑顶装料与密封装置

窑顶装料与密封装置如图4-5所示,上料时,先提起外窑盖,内窑盖不动,由内窑盖对窑顶进行封闭。石灰石与燃料经料斗提升到一定高度后,被倒入窑顶侧上方可伸缩的斜溜槽,经溜槽滑入窑顶漏斗内。石灰石与燃料全部进入漏斗后落下外窑盖,外窑盖回落后,其周边的圆筒恰好探入液封圈内的水中,将窑顶封闭。然后再提起内窑盖,石灰石与燃料经导向下料管落入窑内,待石灰石与燃料全部落入窑内后,内窑盖回落。由于石灰石与燃料是由窑顶单侧滑入漏斗内,在内窑盖上的分布会产生不均衡,内窑盖提起后,物料经导向下料管二次导向后垂直落到窑内中心,然后向周围分布。导向下料管的作用在于使物料垂直落入窑内中心,避免装料时产生偏窑现象;导向下料管的下端高度略高于窑内最大装料高度。

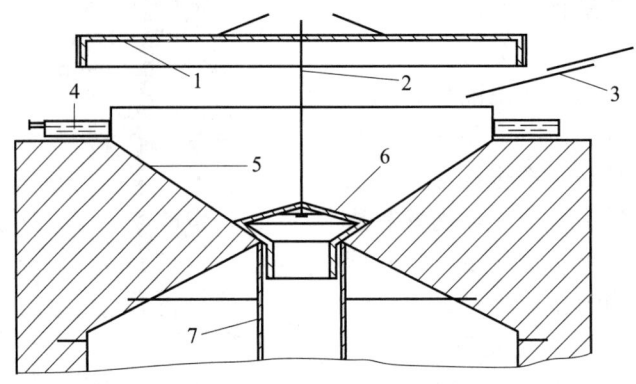

图4-5 带有液封窑盖的石灰窑倾斜进料示意图
1—外窑盖 2—提升拉杆 3—上料伸缩溜槽 4—液封圈 5—漏斗 6—内窑盖 7—导向下料管

(四) 窑底卸灰装置

常用的卸灰装置有阶梯托板往复式和回转圆盘式两种。

1. 阶梯托板往复式卸灰装置

阶梯托板往复式卸灰装置如图4-6所示,在石灰窑的底部出料口对称安装4组阶梯托板往复式卸灰装置,托板的行程可在150~200mm范围调节,托板每分钟的往复次数的变速范围为5~10次/min。各组托板由电动机通过减速器、皮带轮、传动连杆联动运行,每组托板耗用功率一般在0.5~1.0kW。而且每组托板单独设有离合装置,使其中任何一组托板可动可不动,通过控制从周边出灰的多少适当纠正"偏窑"现象。托板的往复运行也可以采用气动活塞推动,通过阀门调节气压或气量来调节托板的行程。当托板往复运动时，最上层托板将石灰从窑内拉出，逐级传递到最下层托板将石灰卸出。这种卸灰装置的缺点是窑内周边石灰卸出较快，中央较慢；当窑内产生生石灰炼块时，出灰量不稳定。

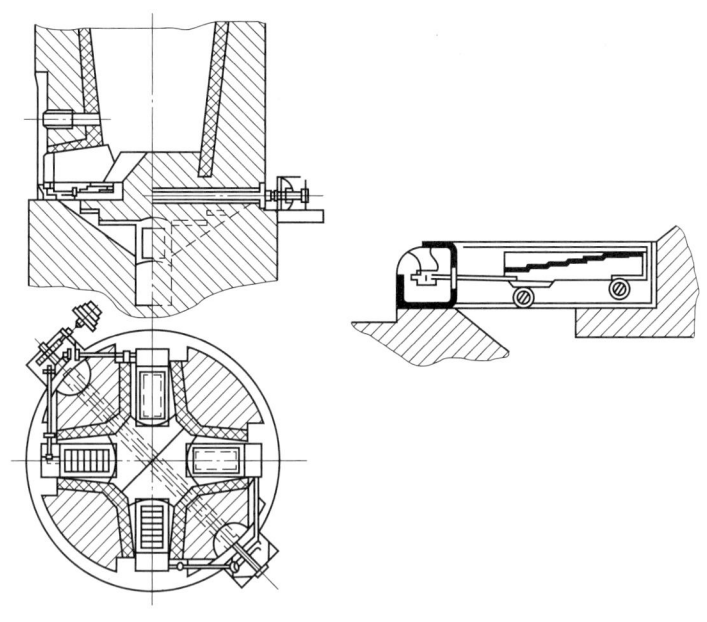

图4-6 阶梯式托架卸灰装置

2. 回转圆盘式卸灰装置

回转圆盘式卸灰装置如图4-7所示，它位于窑体底部中央，整个圆盘承受窑内物料的全部重量。卸灰时由电动机通过减速器带动曲柄来推动转盘转动，固定在主轴上的锥形盖随主轴一同回转，转盘的转速一般在0.1~0.2r/min。由于在圆盘顶部的主轴上固定安装了带有离心式叶片的锥形盖，圆盘转动时锥形盖可将石灰炼块分离开，使窑内石灰经卸灰门均匀落入下灰筒，然后落到板式输送机被输出。卸灰门一般对称设置4个或6个，并装有活动闸板来调节石灰卸出量。回转圆盘式卸灰装置的优点在于卸灰均匀、顺畅、窑内无死角；窑内产生炼块时可将其分解，不影响出灰量。缺点是不能利用局部卸灰来纠正"偏窑"。

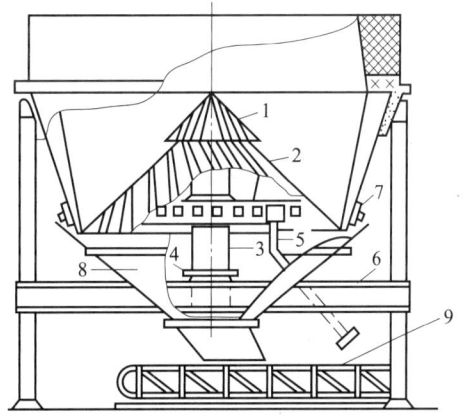

图4-7 回转圆盘式卸灰机
1—带离心叶的锥形盖　2—转盘　3—主轴
4—主轴座　5—传动曲柄　6—钢架
7—出灰门　8—下灰筒　9—石灰输送机

三、石灰窑的正压操作

石灰窑的传统操作方式为窑气从窑顶抽出，空气从窑底自然进入，窑内呈负压。为提高石灰窑生产能力和窑气中二氧化碳浓度，提高石灰窑煅烧操作调节速度，解决使用低值煤煅烧石灰石问题，目前石灰窑操作已将传统的负压燃烧改为正压燃烧，将窑内自然通风改为强力通风。石灰窑采取正压操作与负压操作相比，$CaCO_3$ 分解率高、生产能力可提高 50%，可节约燃料 20% 左右，窑气 CO_2 浓度可提高到 35% 以上。

对于正压操作的石灰窑，一是要做好窑底密封，二是保持窑内压强稳定。窑底密封是否严密不仅影响空气均匀分布，而且直接影响到工作环境的好坏，关系到工作人员的身体健康，常见的密封装置如图 4-8 所示。保持窑内压强稳定是石灰窑均衡生产的重要控制手段，一般以控制石灰窑顶部窑气压强来调节鼓风机的供气量，使窑内过量空气系数保持在 1.15~1.25（窑气中氧气含量在 2%~4%）。若窑顶窑气压强过高，会使窑内煅烧区上移，煅烧温度升高；窑顶窑气压强过低，会使窑内火线下移，煅烧温度下降。过量空气系数过低，一氧化碳浓度上升，二氧化碳浓度下降；过量空气系数过高，煅烧速度过快，会使窑内煅烧温度升高，发生"炼窑"或窑壁熔融现象，由于氧气含量的增加，同样会使二氧化碳浓度降低。

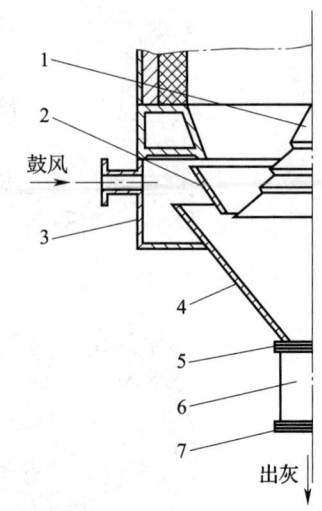

图 4-8 石灰窑密封装置示意图
1—塔形转盘 2—固定围板 3—密封装置
4—下灰筒 5、7—闸板门 6—贮灰筒

我国甜菜糖厂石灰窑正压操作一般控制窑气出口处压强在 0~294.2Pa，窑底风压控制在 2942.0~3922.66Pa，过量空气系数控制在 1.15~1.25（窑气中氧气含量在 2%~4%）。

四、石灰窑的计算

（一）石灰窑有效容积计算

$$V_e = \frac{1000 A a \varphi t}{24 \rho g k} \quad (4-1)$$

式中 V_e——石灰窑有效容积是指石灰窑总容积减去窑气导管以下 750mm 至窑顶的容积，m^3

A——甜菜加工量，t/d

a——最大加灰量，有效氧化钙对甜菜的质量比

φ——石灰石收缩系数，取 0.9

t——石灰石煅烧时间，h。取决于原料品质与粒度，煅烧白垩石时为 32h，石灰石块度在 120~180mm（单块质量在 1.5~4kg）时煅烧时间为 16~28h

ρ——石灰石密度，取 1250kg/m^3

k——石灰烧成率，取 95%

g——根据石灰石组分求得的纯石灰产率

$$g = 100\% - \left(\omega_{H_2O} + \frac{44 \omega_{CaCO_3}}{100} + \frac{44 \omega_{MgCO_3}}{84} + \omega_b \right) \quad (4-2)$$

式中　ω_{H_2O}——石灰石中水分质量分数,%

ω_{CaCO_3}——石灰石中碳酸钙质量分数,%

ω_{MgCO_3}——石灰石中碳酸镁质量分数,%

ω_b——石灰石中其他杂质质量分数,%

(二) 上料斗容积计算

$$V = \frac{taA}{1440\rho\varphi gk}(1+b) \qquad (4-3)$$

式中　V——上料斗容积,m^3

A——甜菜加工量,t/d

a——加灰量,有效氧化钙对甜菜的质量比

t——料斗每次运转需用时间（含上料间隔时间）,min

b——燃料与石灰石质量比

ρ——石灰石与燃料混合物的密度,取 $1200kg/m^3$

φ——装填系数,取 0.75~0.8

k——石灰烧成率,取 95%

g——根据石灰石组分求得的纯石灰产率,%

(三) 卷扬机需用功率计算

$$N = \frac{gmv}{1000\eta} \qquad (4-4)$$

式中　N——卷扬机需用功率,kW

m——料斗载料时总质量,kg

g——重力加速度,取 $9.807m/s^2$

v——料斗垂直提升速度,选取 0.3~0.5m/s

η——机械效率,取 0.2

第二节　石灰消和设备

从石灰窑卸出的生石灰由于粒度大并含有一定量的杂质,所以不能直接作为清净剂加入到糖汁中,而是将其制成浓度为 18°~22°Bé 的石灰乳后加入到糖汁中。生石灰制成石灰乳的过程称为消和,所用设备称为消和设备。消和设备包括生石灰消和器与石灰乳除渣机。

一、石灰消和器的类型与构造

石灰消和器分为单筒转筒式顺流消和、单筒转筒式逆流消和,夹套式折流消和三种类型。

(一) 单筒转筒式顺流消和器

单筒转筒式顺流消和器如图 4-9 所示,主体为卧式安装的转动圆筒,转筒长度一般为直径的 4 倍。在筒的内壁装有螺旋导向板,转筒的后段筒壁设有圆形或条形筛孔,在末端内壁上装有若干扬送斗。在末端中心斜置插入安装一个灰渣溜槽,末端外围底部设

有石灰乳收集槽。在筒的外壁装有两个平滑的轮圈和一个齿圈。轮圈由两对托轮支撑，托轮通过滚动轴承安装在基础支座上，齿圈与减速器的输出齿轮啮合传动。电动机通过减速器的输出齿轮带动齿圈运转使滚筒转动，由于两对托轮的转动支撑不仅使滚筒平稳转动，而且阻力很小。

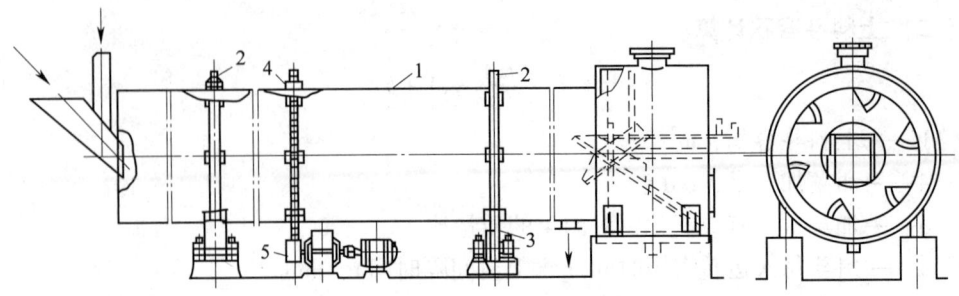

图4-9　单筒转筒式顺流消和器
1—转筒　2—轮圈　3—托轮　4—齿圈　5—齿轮

顺流消和时生石灰与消和用水从首端进入，随着消和器的运转向尾端移动，生石灰块在筒内滚动时被内壁上的螺旋导向板不断抄起向前抛落，与水混合乳化，到达末端时形成石灰乳经筛孔流出。而生烧或过烧的灰块不能被消和，流动到末端时被安装在内壁上的扬送斗排入斜溜槽排出。

（二）单筒转筒式逆流消和器

单筒转筒式逆流消和器如图4-10所示，其主体结构与顺流式相同，不同点在于生石灰与消和用水分别从两端进入，石灰乳从生石灰入口端排出，灰渣从消和水入口端排出。由于石灰乳出口位于生石灰入口处，生石灰与水相遇会释放出大量热能，生石灰块快速裂开，水产生沸腾，将生石灰颗粒带入石灰乳中而影响石灰乳质量。

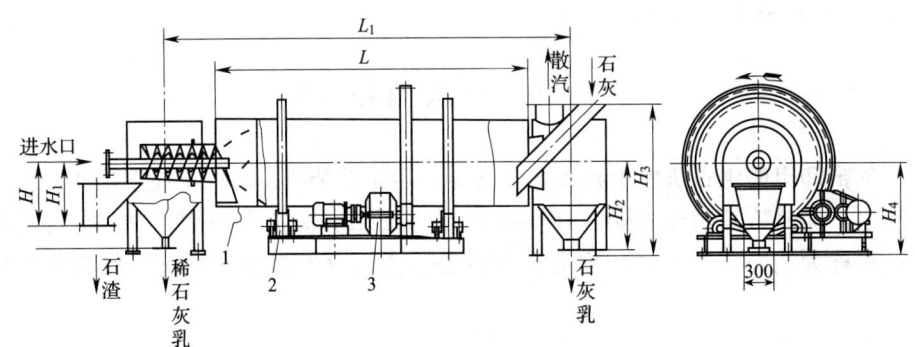

图4-10　单筒转筒式逆流消和器
1—筒体　2—托轮装置　3—传动装置

（三）夹套式折流消和器

夹套式折流消和器是在单筒转筒式消和器的基础上改进而成的，如图4-11所示，即在原转筒内增设了一个直径较小的内圆筒，内圆筒的后段为筛网状，使乳化的石灰乳和较小灰块经筛孔流入外筒。内圆筒的前段内壁设有螺旋导向板，将进入的生石灰块向前搅拌推进，使生石灰不断被破碎乳化。内圆筒的后段内壁设有档杆，用以增加灰块在筒内的停留时间，提高搅拌和破损效果。到达内圆筒末端的生烧或过烧块直接进入外筒末端的小格室经喷淋洗涤后被导入除渣器排出。外筒前段内壁设有螺旋导向板，与内筒螺旋导向方向相同，将石灰乳中的灰渣和未被消和的灰块推向末端；外筒后段内壁设有左、右旋拨动叶片，使未被消和完全的石灰在此处延长消和时间。套筒式消和器的转筒转速一般为 5~10r/min。

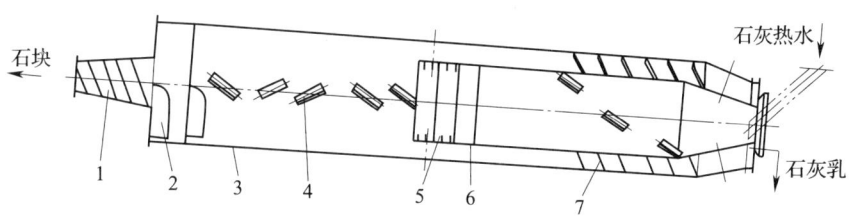

图 4-11　夹套式折流消和器
1—排渣器　2—石灰渣提升机　3—外筒体　4—拨叶　5—挡杆　6—内筒体　7—三线内螺旋导板

二、石灰乳除渣器的类型与构造

石灰乳除渣器主要有立式沉降式除渣器、高频振动除渣器和旋液分离除渣器三种类型。

（一）立式沉降式除渣器

立式沉降式除渣器如图 4-12 所示，主要由壳体、搅拌器和螺旋输送机组成。壳体为带有锥形底的直立圆筒，锥形底与斜置安装的螺旋输送机密封连接，在接近螺旋输送机出渣口的位置设有喷水管，将附在灰渣表面的石灰乳冲洗干净并流回筒内。在锥形底的中下部位设有石灰乳进口，在筒体的上沿侧向设有石灰乳溢流口。搅拌器由搅拌桨和主轴组成，垂直安装在圆筒内，搅拌桨一般为两组，每组由 4 片或 6 片桨叶等角度安装组成。螺旋输送机与搅拌器的主轴一般由低速电动机（转速为 31r/min）通过减速器带动运转，螺旋输送机与搅拌器的主轴转速一般为 7.5~8.5r/min。

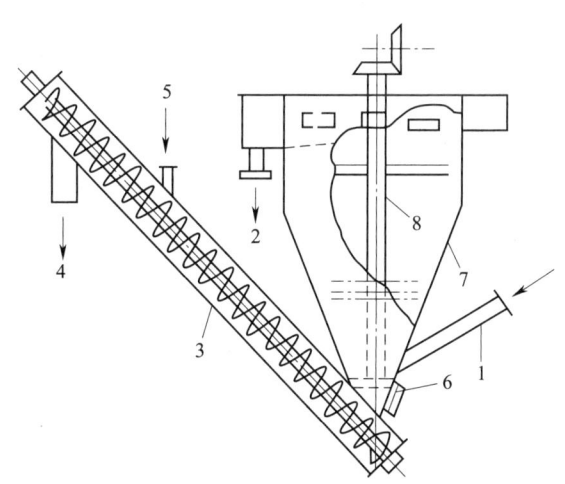

图 4-12　立式沉降式除渣器
1—石灰乳入口　2—净化石灰乳出口　3—螺旋排渣机　4—残渣排出口
5—进水口　6—人孔　7—器体　8—搅拌器

(二) 高频振动除渣器

高频振动除渣器如图 4-13 所示，主要由筛箱、激振器、弹簧臂和机座组成。筛箱由带孔筛板和筛框组成，筛板分为上下两层，上筛板为大孔筛板，可先将粗渣分离出去；下筛板的孔眼较小，用于分离细沙，下筛板的规格为 20 孔/25.4mm。激振器一般由双轴可调校式双扇形偏心块合成，双轴上的偏心块作同步反向回转，双偏心块对称于 x 轴时离心激振合力为零，偏心块对称于 y 轴时离心激振合力为二力之和。弹簧臂由弹性钢板制成，等距离对称安装，与机座成 75°角将筛箱与机座连为一体。由于激振器与筛箱相连接，它产生的一定频率的激振力作用于箱体并传递给弹簧臂，产生相同的频率和相对应的振幅，因弹簧臂与筛箱倾斜，所以筛箱上的物料被不断向前上方抛起，乳液经筛孔流出，灰渣被逐渐前抛直至出口排出。高频振动除渣器的激振器转速一般 940~960r/min，筛箱振幅为 3~6mm。

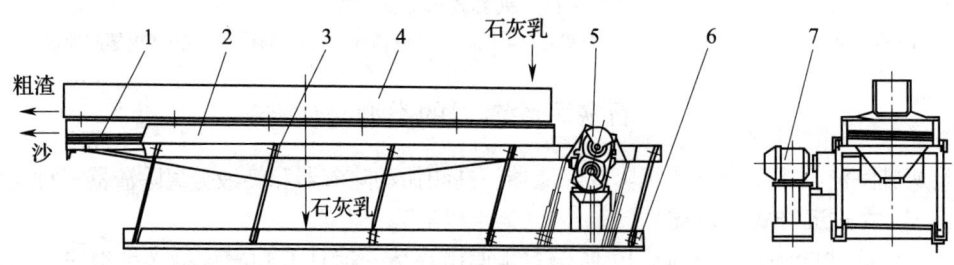

图 4-13 高频振动除渣器
1—筛板 2—筛框 3—弹臂 4—粗渣槽 5—激振器 6—机座 7—电动机

(三) 旋液分离除渣器

旋液分离除渣器如图 4-14 所示，其上部为圆筒形，下部为锥形，含有灰渣的石灰乳从圆筒上部的进料管以切线方向进入后，按螺旋线形路线向器底旋转，到达底部后向上折回，成为内层的上旋流动，然后从顶部中央插入的顶流管排出。在石灰乳旋转下行过程中，灰渣随着石灰乳的旋转被逐渐甩向器壁，并沿器壁下落进入锥形底，作为底流从底流管排出。

三、石灰消和设备的计算

(一) 消和器转筒容积计算

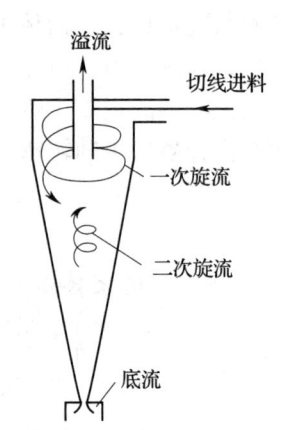

图 4-14 旋液分离器工作原理图

$$V = \frac{1000taA}{1440\varphi k\rho} \tag{4-5}$$

式中 V——消和器转筒容积，m^3

A——甜菜加工量，t/d

a——最大加灰量，有效氧化钙对甜菜的质量比

t——生石灰消和所需时间，取 15min

φ——填充系数，取 0.25

k——生产不均衡系数,取 0.8~0.9

ρ——石灰乳中氧化钙的密度,kg/m³

(二) 消和器需用功率近似计算

$$N = \frac{2nD(m + gm_0)}{60 \times 1000} \quad (4-6)$$

式中　N——消和器需用功率,kW

　　　D——消和器转筒直径,m

　　　n——转筒的转速,r/min

　　　m——设备回转部分的质量,kg

　　　m_0——转筒内物料质量,kg

　　　g——重力加速度,取 9.807m/s²

(三) 立式除渣器有效容积计算

$$V_e = \frac{1000taA}{1440\rho} \quad (4-7)$$

式中　V_e——除渣器有效容积,m³。为总容积的 85%

　　　A——甜菜加工量,t/d

　　　a——加灰量,有效氧化钙对甜菜的质量比

　　　t——石灰乳在除渣器内停留时间,取 20min

　　　ρ——石灰乳中氧化钙的密度,kg/m³

(四) 立式除渣器搅拌器需用功率计算

$$N = 0.736\varphi R^4 n^3 hm\rho \quad (4-8)$$

式中　N——搅拌器需用功率,kW

　　　φ——系数,有反方向桨叶的搅拌器 $\varphi = 44 \times 10^{-5}$

　　　　　无反方向桨叶的搅拌器 $\varphi = 30 \times 10^{-5}$

　　　R——桨叶的圆周半径,m

　　　n——搅拌器的转速,r/min

　　　h——桨叶的垂直高度,m

　　　m——搅拌器的桨叶数量

　　　ρ——石灰乳的密度,kg/m³

第三节　窑气除尘与降温设备

一、窑气除尘与降温设备的类型与构造

从石灰窑出来的窑气中二氧化碳含量为 30%~35%,温度为 200~300℃,在送入饱充罐之前必须进行除尘和降温。从石灰窑排出的窑气首先进入旋风分离器进行粉尘分离,但分离后的窑气不仅温度高,而且还含有一定量的细微颗粒粉尘,所以要进入窑气洗涤器进一步除尘和降温。窑气洗涤器的种类很多,常用的有泡罩式洗涤塔、填料式洗涤塔、泡沫式洗涤塔和文丘里洗涤器。

（一）泡罩式洗涤塔

泡罩式洗涤塔如图4-15所示，主要由塔体、塔板、泡罩组成。塔体是采用铸铁分段铸造而成，一般为6~7段，在每段塔体的侧面可安装观察视镜。在塔体的锥形盖顶部设有气体出口，位于气体出口的塔顶内侧设有折流板或圆形吊罩，使气体带出的水分得到进一步分离。在下段塔体的侧面设有窑气入口管，入口管直达塔中心并向下弯曲，管口开成锯齿形。在塔底中心设有污水排出口，出水管插入污水箱底部，水箱内保持有一定液位使塔底液位高出窑气进气出口，同时保证液位水柱高度略大于塔内真空度相当的水柱高度。塔板位于两段塔体之间，一般为3~4块，板中心带有圆孔，圆孔的边缘向上凸起，形成圆形凸台。在塔板的外围设有略低于凸台的溢流管，当塔板上的液位高出溢流管时水经溢流管流到下一块塔板。泡罩是一个半圆形空心球体，边缘为锯齿形，泡罩的锯齿边缘内径略小于凸台底部外径，罩体盖在凸台之上。

窑气进入塔内后，从塔底水面逸出，形成多条上升气流，同时窑气被初步降温并将部分杂质留在塔底水中。洗涤用水从最上层塔板的侧上方进入，逐层经溢流堰出水口向下流动，直达塔底。上升气流从塔板

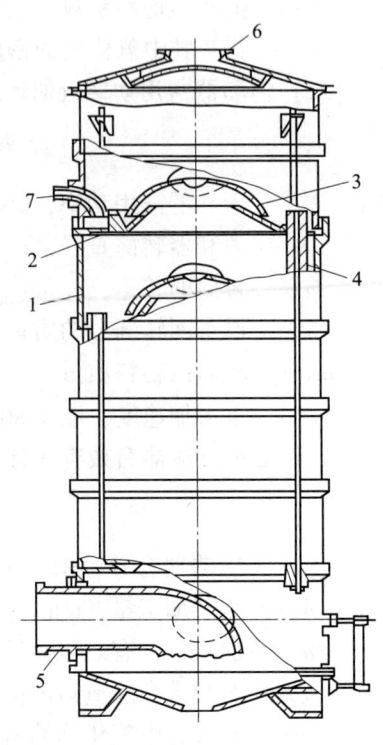

图4-15 泡罩式洗涤塔
1—塔段 2—塔板 3—泡罩 4—溢流管
5—进气管 6—抽气管 7—给水管

的中心孔上升，经凸台与泡罩锯齿的间隙从塔板上的水面逸出，再次形成多条上升气流，逐层升至塔顶，经塔顶折流板或吊罩脱水后从塔顶抽出。窑气在逐层穿过塔板液面时将杂质留在水中，并实现了热量传递，窑气被降温净化。

在泡罩式洗涤塔内气液两相接触良好，洗涤效果好；但塔内真空度最高可达到2.13×10^4Pa，每层阻力损失约为3.92×10^3Pa，所以阻力损失较大。洗涤塔需用容积约为$0.3m^3/(d \cdot t)$石灰。

（二）填料式洗涤塔

填料式洗涤塔如图4-16所示，塔板为格网状金属板，一般为三层，塔板上布满环形填料，洗涤用水由塔顶锥形盖侧方进入中央分水器，由分水器将水均匀分布到最上层填料环上，水经过填料环之间的空隙从塔板格孔的边缘形成雨丝逐层下落。窑气从塔底水面逸出，上升过程中与从塔板下来的雨丝逆流接触，经塔板格孔中心和填料环间的空隙逐层上升。在窑气上升与洗涤用水下降的过程中，窑气与水充分接触，将杂质和热量传递到水中，窑气被降温净化。

填料式洗涤塔每层阻力损失约为1.96×10^3Pa，洗涤塔需用容积约为$0.2m^3/(d \cdot t)$石灰。

（三）泡沫式洗涤塔

泡沫式洗涤塔如图4-17所示，塔板为周边带有溢流管的孔板，孔径为4~6mm，一般为2~3层。洗涤用水经塔顶分水器均匀分布到上层塔板上，给水量略大于板孔出水量，

多余部分经溢流管流到下一层,使塔板上形成一定的液位。窑气从塔底水面逸出上升过程中与从板孔流下的雨丝逆流接触,经板孔上升穿过筛板水面时形成气液泡沫沸腾层,窑气与水充分接触,窑气被降温净化。

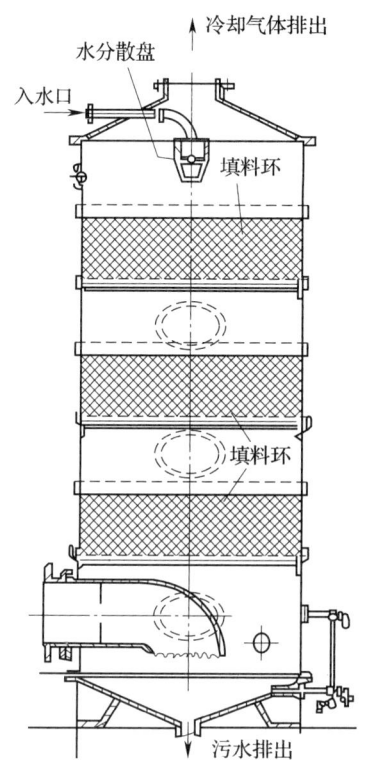

图 4-16 填料式洗涤塔

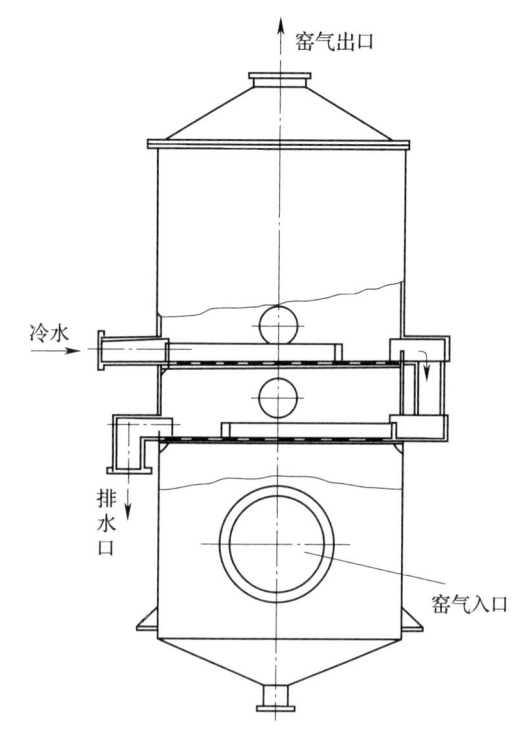

图 4-17 泡沫式洗涤塔

泡沫式洗涤塔每层塔板阻力损失约为 1.47×10^3 Pa,窑气通过板孔的平均流速为 $8 \sim 15$ m/s,溢流管(或溢流挡板)高度为 $70 \sim 80$ mm,上筛板以上和下筛板以下缓冲高度为 $0.8 \sim 1.0$ m,洗涤塔需用容积约为 0.1 m³/(d·t) 石灰。

(四) 文丘里洗涤器

文丘里洗涤器如图 4-18 和图 4-19 所示,主要由文丘里管和旋风分离器组成。文丘里管由收缩管、喉管、扩大管和给水喷嘴组成。收缩管的中心夹角为 $23° \sim 25°$,扩大管的中心夹角为 $7°$。喷嘴均匀分布在喉管进口处或收缩管出口处,喷嘴出水方向与收缩管和喉管的接口线中心夹角为 $25°$。

窑气进入收缩管后被挤压提速,与喷嘴均匀喷出的水流斜向逆流接触,形成雾化气液微粒和液固微粒,呈紊流状态通过喉管。窑气在通过喉管的过程中,窑气中的粉尘进一步吸水形成含水微粒。进入扩大管后,气体压力逐渐减小,速度减慢,气液微粒逐渐分离。窑气在通过文丘里管的过程中,粉尘吸水形成微粒的同时,与水进行了热量传递。窑气、气液微粒、含水粉尘微粒切线进入旋风分离器,气液微粒被彻底分离,含水粉尘微粒与水珠沿器壁旋转下行作为底流排出,被降温净化的窑气作为溢流从旋风分离器顶部被抽出。

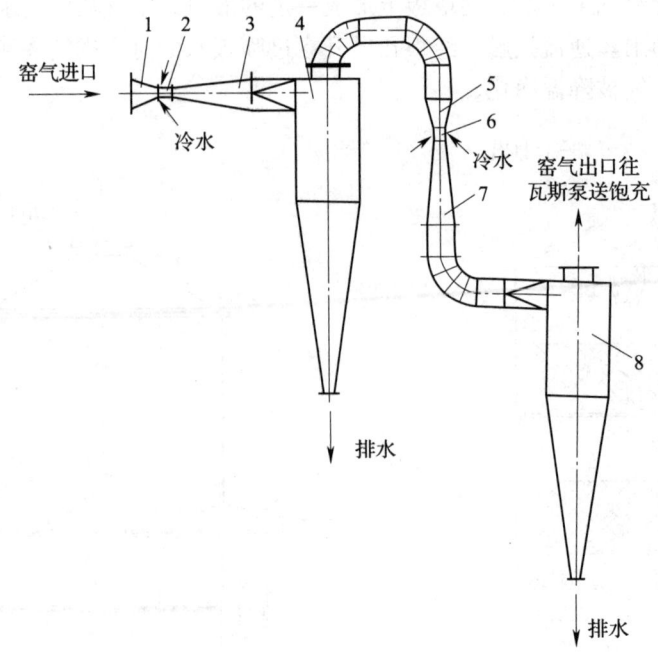

图4-18 文丘里洗涤器流程图
1、5—收缩管 2、6—喉管 3、7—扩大管 4、8—旋风分离器

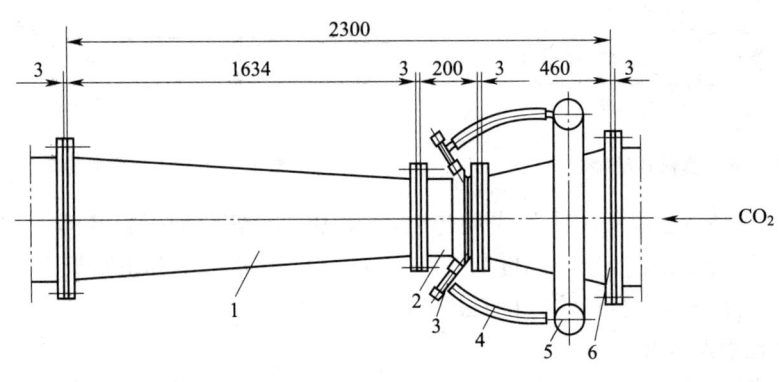

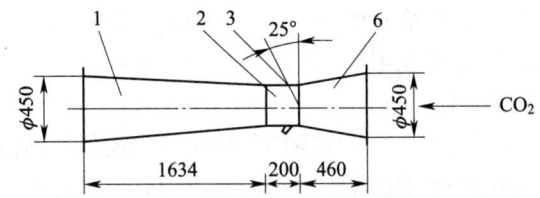

图4-19 文丘里管装置图
1—扩大管 2—喉管 3—喷嘴 4—胶管 5—供水环管 6—收缩管

文丘里洗涤器喉管气流速度为55~65m/s，气流在喉管内的停留时间为0.003~0.004s，给水压力为0.1MPa，喷嘴直径为3~4mm。旋风分离器进气速度为12~15m/s，底流水柱高度应大于分离器内真空度相当水柱高度。

二、窑气除尘与降温设备的计算

洗涤塔总容积可用式 (4-9) 计算

$$V = \frac{aAV_0}{K} \tag{4-9}$$

式中 V——洗涤塔总容积，m^3

A——甜菜加工量，t/d

a——加灰量，有效氧化钙对甜菜的质量比

V_0——煅烧出 1t 有效氧化钙所产生的窑气需用洗涤塔容积，$m^3/(t \cdot d)$。泡罩式 $V_0=0.3$；填料式 $V_0=0.2$；泡沫式 $V_0=0.1$

K——生产不均衡系数，取 $0.8 \sim 0.9$

第五章 加灰饱充设备

第一节 加 灰 设 备

甜菜糖厂所用加灰设备分为预加灰设备和主加灰设备,而预加灰设备随着不断改进与完善,发展为卧式渐进预灰槽和立式渐进预灰罐两种类型。主加灰设备则为立式连续主加灰罐。

一、预加灰设备

(一) 立式渐进预灰罐

常用立式渐进预灰罐分为分段加灰式和纳维奥式两种类型。

1. 立式分段加灰式预灰罐

立式分段加灰式预灰罐如图 5-1 所示,主要由罐体、旋转加灰搅拌器和传动装置组成。

罐体主体为直立圆形筒,罐底为圆锥形,传动装置通过型钢安装在罐的顶部。罐体圆筒部分用三块空心隔板隔成四个区域,中间的两个区域又被安装在旋转加灰器主轴上的圆盘分成两个部分,这样,预灰罐内就被分成六个区域。罐体顶部侧面设有泡沫排出口,在泡沫排出口的下方设有预灰汁溢流箱,箱底开有出汁口;罐体锥形体侧面设有糖汁入口,底部装有排污阀。旋转加灰搅拌器由主轴,安装在主轴底部、位于锥形体部位的梳形搅拌器,安装在主轴中部、用来清除隔板上沉淀的桨叶,安装在主轴上部的环形石灰乳分布盘,与石灰乳分布盘出孔相通、分别穿过固定在主轴中部上的圆盘、通入罐内下五区的五根石灰乳管,以及位于石灰乳分布盘下方、高于溢流箱入口的泡沫收集桨组成。旋转加灰器由电动机通过减速器带动运转,主轴转速为 25~29r/min。

糖汁由罐底进入,呈"之"字形上升流经罐内六个区域,最后从溢流箱排出。石灰乳通过流量调节器(根据进入罐内的预灰汁量调节石灰乳流量)进行流量调节后流入旋转加灰器的分布盘,通过五根加灰管分别进入下五个区域。随着加灰器的转动,石灰乳不断分散于糖汁中,石灰乳与糖汁

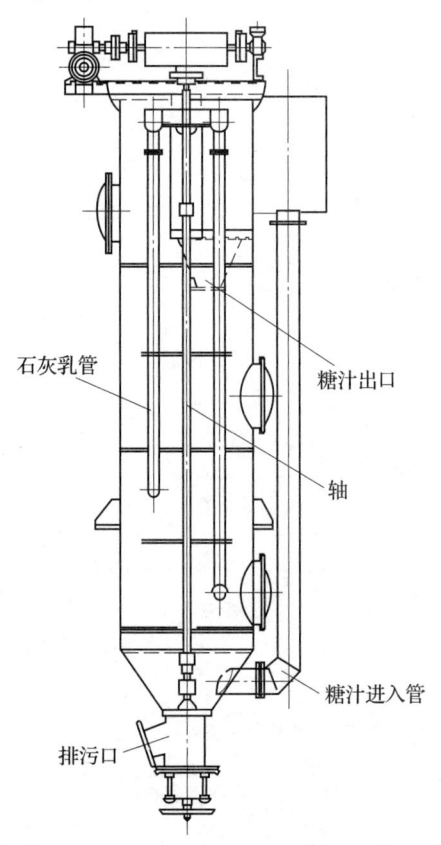

图 5-1 立式预灰罐

充分混合，使糖汁碱度自下而上逐渐提高，实现了渐进预灰全过程，当糖汁上升到溢流箱入口时达到预灰最佳碱度而排出。

2. 纳维奥立式渐进预灰罐

纳维奥立式渐进预灰罐如图5-2所示，主要由罐体、隔板、折页板、浆式搅拌器和传动装置组成。

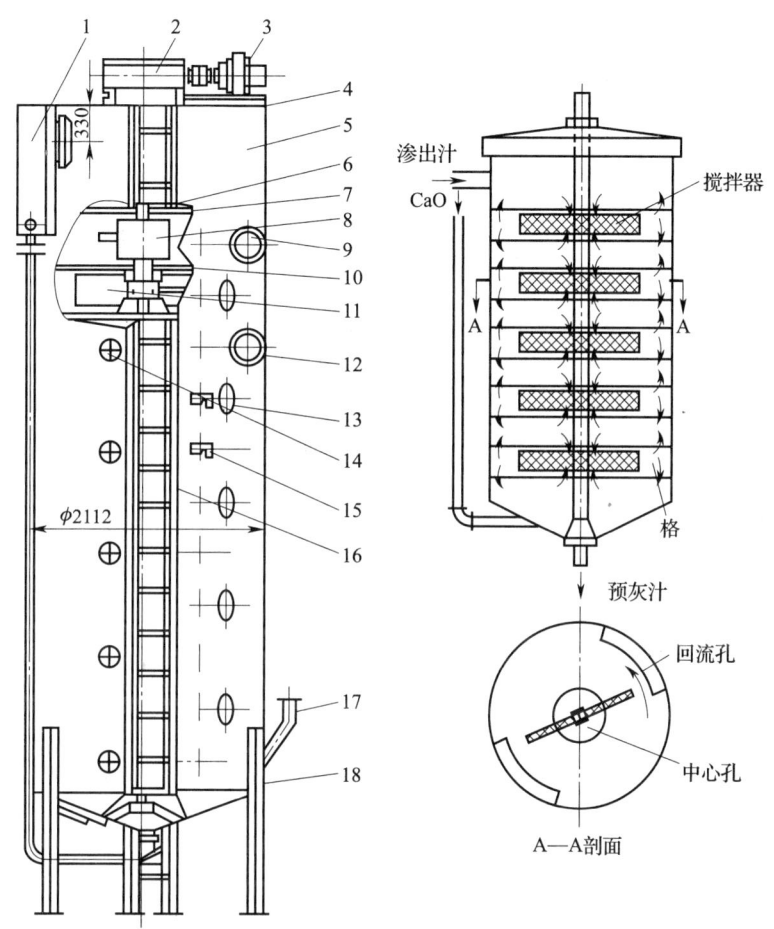

图5-2 纳维奥立式渐进预灰罐及罐内糖汁流动状态

1—溢流箱 2—蜗轮、蜗杆减速器 3—调速电动机 4—上盖 5—罐体 6—搅拌器主轴
7—上隔板 8—固定浆 9—渗出汁入口 10—下隔板 11—搅拌浆叶 12—回流汁入口
13—视镜 14—丝杠旋转手轮 15—取样阀 16—扶梯 17—石灰乳入口 18—支撑

罐体为立式带有锥形底的圆筒，中间有6～10块水平安装在罐壁上的隔板，将筒体分成若干等格。隔板中心设有中心降液孔，边缘有两个对称升液孔。浆式搅拌器由主轴和搅拌浆组成，通过轴承直立安装在罐体中心。搅拌浆间隔位于两块隔板之间；每组搅拌浆有4～6片浆叶，等角度安装在主轴上。在装有搅拌浆的两隔板之间的罐壁上设有人孔门，以便于维修。在没有搅拌浆的隔板之间装有弧形折页板，折页板的开启角度由罐体外的旋转手柄调节。搅拌浆主轴由变频电动机通过减速器带动运转，转速一般为5～25r/min。

糖汁从罐体上部侧面进入罐内，石灰乳从罐体锥形底侧面加入。随着搅拌器的搅动，糖汁受离心力的作用，形成边孔上升、中心孔下降这样一个循环运动状态。通过调节折页板的角度和搅拌器转速使罐内每格中的糖汁流量为升二降三这样一个比例。糖汁在各格室内呈螺旋上升与下降的过程中，与石灰乳充分混合，糖汁碱度自上而下逐渐提高；已凝聚的胶体颗粒由于密度较大自降液孔向下运动，而尚未凝聚或被重溶的胶体，在继续循环过程中，遇到适合的凝聚点发生凝聚，当糖汁到达罐底出汁口时，碱度达到预灰最佳碱度而排出。

（二）卧式渐进预灰槽

卧式渐进预灰槽如图5-3所示，主要由壳体、隔板、合页挡板、搅拌器和传动装置组成。

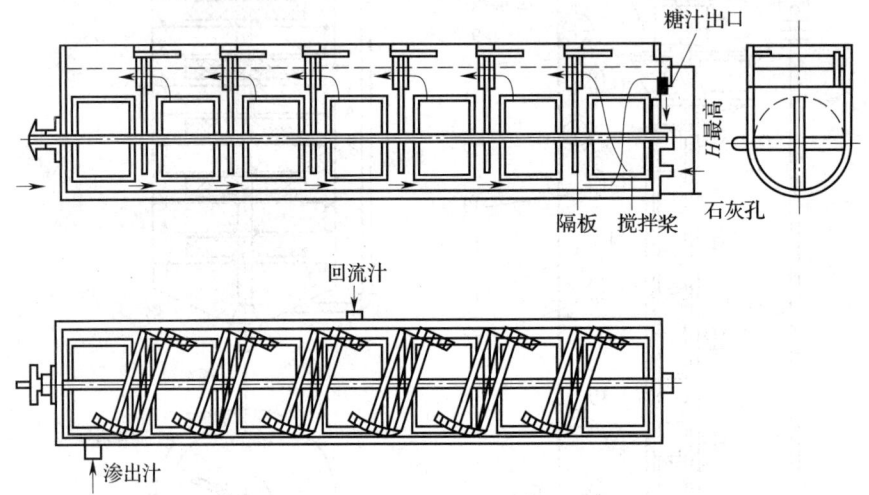

图5-3 卧式渐进预灰槽

壳体为卧式槽形体，槽体底部为半圆形。壳体首端下部设有渗出汁进口，尾端上部设有预灰汁溢流箱和加灰器。溢流箱入口设有活动闸板，入口最低高度与隔板上沿高度相等。加灰器一般是根据渗出汁碱度与流入量设定石灰乳流出量，通过电磁流量计和气动（或电动）阀门控制石灰乳加入量，石灰乳一般由尾端板的轴下方进入槽内。在预灰槽体内装有6块下部带有弧形缺口的隔板，将槽体沿轴向分成7个分室。在每块隔板的两侧装有两扇活动挡板，挡板宽度一般为300~400mm，挡板下沿低于隔板上沿50~70mm，通过挡板扳手可调节挡板与隔板之间的角度。搅拌器由主轴和搅拌桨组成，在每一分室内的主轴上均安装有一组搅拌桨，每组搅拌桨由2对或3对Π形搅拌桨叶等角度安装组成。为提高搅拌效果，每对搅拌桨叶的支撑臂长短不同，一般相差100~150mm；安装时Π形搅拌叶的两根支承臂连线与轴成8°角。搅拌器主轴两端通过轴承与密封件穿过槽体端板，主轴由变频电动机通过减速器带动运转，转速一般为5~25r/min。

糖汁由槽体首端底部进入槽内，石灰乳从尾端加入，随着搅拌桨的搅动，糖汁在槽体内沿隔板底部的弧形缺口流向尾端与石灰乳混合；同时由于搅拌桨与轴线具有一定的角度，桨叶转动时使糖汁从挡板与隔板间的空隙发生回流，在每个分室内均有不同碱度的糖汁回流与前行。通过调节搅拌浆的转速和挡板与隔板之间的角度，使各分室内糖汁碱度达到设定区域，从首至尾逐渐提高，到达溢流口时达到最佳预灰碱度。

二、连续式主加灰罐

连续式主加灰罐如图 5-4 所示，主要由罐体、中心定向筒、搅拌器和传动装置组成。

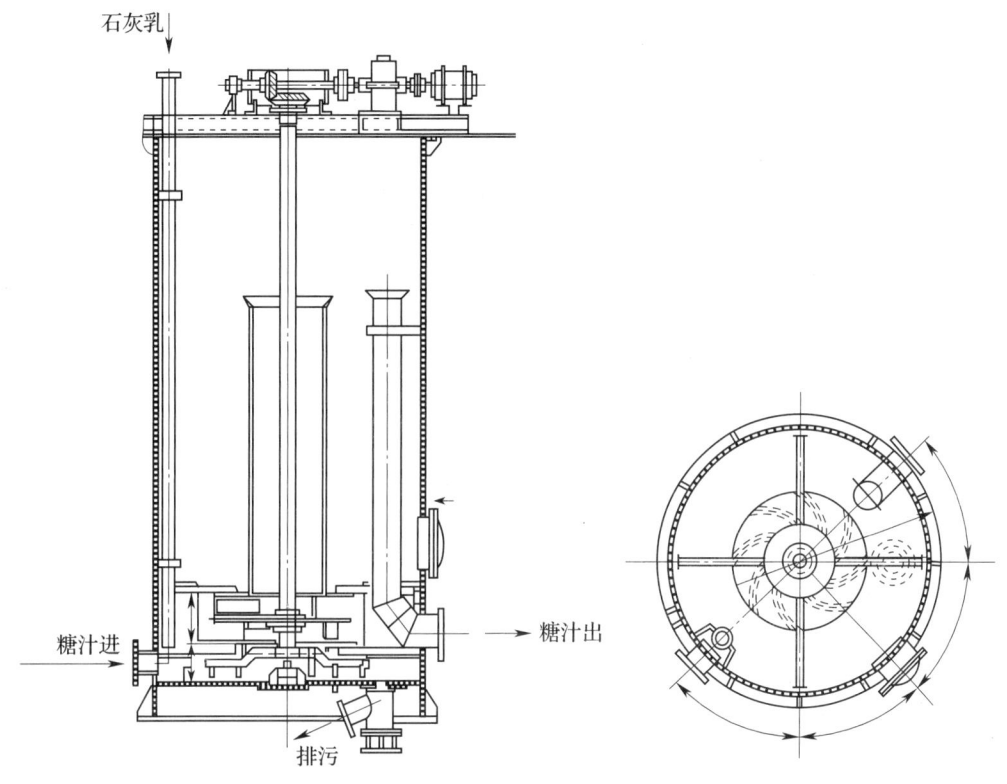

图 5-4　连续式主加灰罐

罐体为立式圆柱形，罐底侧设有糖汁与石灰乳入口，石灰乳入口可直接通入进汁管，罐底设有排污口；糖汁出口位于罐体中上部位，高于中心降液管 50~100mm。搅拌器由搅拌浆和主轴组成。主轴通常由安装在罐顶的电动机通过减速器带动运转，转速一般为 29r/min。搅拌浆的类型有平板式和蜗轮式，蜗轮式搅拌浆搅拌效果优于平板式，但功率消耗较大。搅拌浆一般为两组，均位于罐体下部。为避免沉淀物在罐底沉积，在采用平板式搅拌浆时一般在下组搅拌浆上坠上几条铁链或将下组搅拌浆制成梳形，并使每只浆叶的梳齿相互错开；在采用蜗轮式搅拌浆时，在下组蜗轮叶片上开设上下孔道。中心降液管位于搅拌器之上，由型钢支撑垂直竖立在罐中心。

糖汁与石灰乳从罐底侧进入罐内后，在搅拌器的作用下，相互混合旋转上行，到达顶部后混合均匀的糖汁一部分经溢流管流出，一部分由中心降液管下行，罐内糖汁形成周边旋转上行，中心旋转下行这样一个运动状态，使糖汁与石灰乳均匀混合。

在预加灰和主加灰过程中，为了保持稳定的加灰量，可采用自动比例加灰控制。根据设定的加灰量和检测到的糖汁质量流量，调节石灰乳的加入量。

三、加灰设备的计算

（一）有效容积计算

$$V_e = \frac{1000taA}{1440\rho K} \qquad (5-1)$$

式中　V_e——有效容积，m^3。预灰设备有效容积为总容积的 80% ~ 85%，主灰设备有效容积为总容积的 70% ~ 75%

　　　A——甜菜加工量，t/d

　　　a——预灰汁或主灰汁对甜菜的质量比

　　　t——预灰或主灰需用作用时间，min。尽管在甜菜加工过程中，甜菜品质会发生变化，预灰、主灰的方式也会随之改变。但在设备容积设计计算时，预灰和主灰需用作用时间均按冷预灰和冷主灰需用时间计算，取 20min

　　　ρ——糖汁密度，预灰汁取 1060kg/m^3，主灰汁取 1080kg/m^3

　　　K——生产不均衡系数，取 0.9

（二）搅拌器需用功率计算

$$N = 0.736\varphi R^4 n^3 hm\rho \qquad (5-2)$$

式中　N——搅拌器需用功率，kW

　　　φ——系数，有反方向桨叶的搅拌器 $\varphi = 44 \times 10^{-5}$；无反方向桨叶的搅拌器 $\varphi = 30 \times 10^{-5}$

　　　R——桨叶的圆周半径，m

　　　n——搅拌器的转速，r/min

　　　h——桨叶的垂直高度，m

　　　m——搅拌器的桨叶数量

　　　ρ——糖汁的密度，kg/m^3

第二节　饱充设备

一、饱充设备的类型、结构与工作原理

饱充设备分为立式饱充罐和立式喷射管道反应器两种类型，甜菜糖厂多采用前一种类型。饱充设备的主要作用是使糖汁与窑气在设备内分散接触，使窑气中的二氧化碳与糖汁中的氢氧化钙形成过滤性能良好的碳酸钙沉淀，提高二氧化碳吸收率，使饱充汁碱度控制在最佳碱度范围内。为提高二氧化碳吸收率，饱充罐出现了很多类型，按窑气进入方式分为鼓泡进气式和切线进气式，按罐内的构造分为格板式、内循环套筒式和空置式，按糖汁与窑气流向又分为顺流式和逆流式。

（一）饱充罐的类型与结构

1. 饱充罐的罐体

各种类型饱充罐的罐体相同，区别在于物料进罐方式及罐内设置。如图 5-5 和图 5-6 所示，饱充罐的罐体为立式、上下带有锥形体的圆筒。为便于从液面逸出的汽泡气液分离，可使上部筒体直径大于下部筒体直径，以扩大汽泡气液分离空间。罐体锥形底底

部设有排污（排空）口，锥形顶顶部设有排气孔。在上锥形体内装有捕汁器，捕汁器的类型多为吊罩式和折流板式。饱充汁从下锥形体的中下部位引出经溢流箱排出，溢流箱的作用是使罐内保持一定液位，使糖汁中的氢氧化钙与窑气中的二氧化碳有一定的接触反应时间（饱充时间）。为使罐内产生的泡沫有足够的空间进行气液分离，防止冒罐发生，饱充罐内液位以上容积应为液位以下容积的 1.5~2.0 倍。并且在罐顶排气管出口处设置液相回流箱，回流箱的作用在于发生冒罐时可回收冒出的泡沫所带出的糖汁。

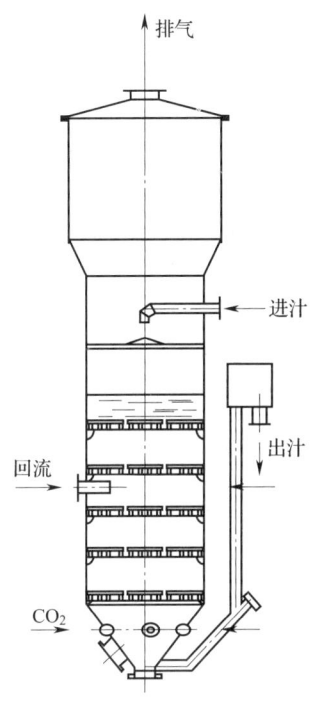

图 5-5 切线隔板逆流式饱充罐

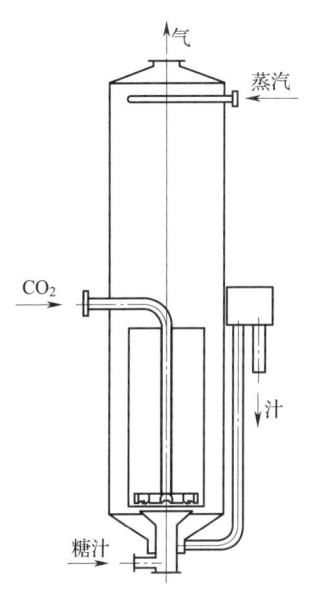

图 5-6 鼓泡内循环套顺流式饱充罐

2. 进气方式

切线进气饱充罐的窑气主管道在饱充罐下锥形体的部位分成四个分管，窑气以切线方向进入罐内，使罐内糖汁产生旋流，如图 5-7 所示。鼓泡进气式饱充罐的窑气管由罐体中部引入到罐中心后弯曲下行，与罐内下方的鼓泡器相接。鼓泡器是由总管分成若干环形或直形支管，支管由开口向下、底边带有锯齿的 U 形板罩在支管外围，支管的底部开成条形豁口。窑气进入支管后，由底部豁口排入液相，由于 U 形板的边缘带有锯齿，使排出的窑气充分分散到液相中。环形支管鼓泡器结构如图 5-8 所示。

3. 罐内设置

格板式饱充罐是在饱充罐内液位以下，均匀

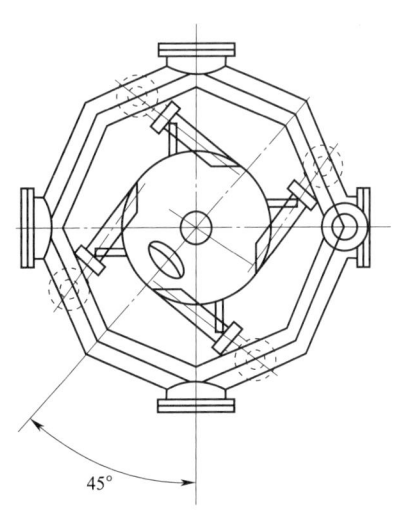

图 5-7 切线进气结构示意图

安装4~5块格形板（图5-5），将罐内液体分成5~6个区域，格板的作用在于加大窑气上升阻力，以提高窑气与糖汁分散接触机率。内循环套筒式饱充罐（图5-6）是在罐内安装一个同心套筒，其直径约为罐径的4/5，内套筒上沿低于溢流箱最低液位。糖汁与窑气沿内筒上升，沿外筒下降，从罐底引入溢流箱后排出。设置内循环套筒的饱充罐，饱充方式为顺流饱充。

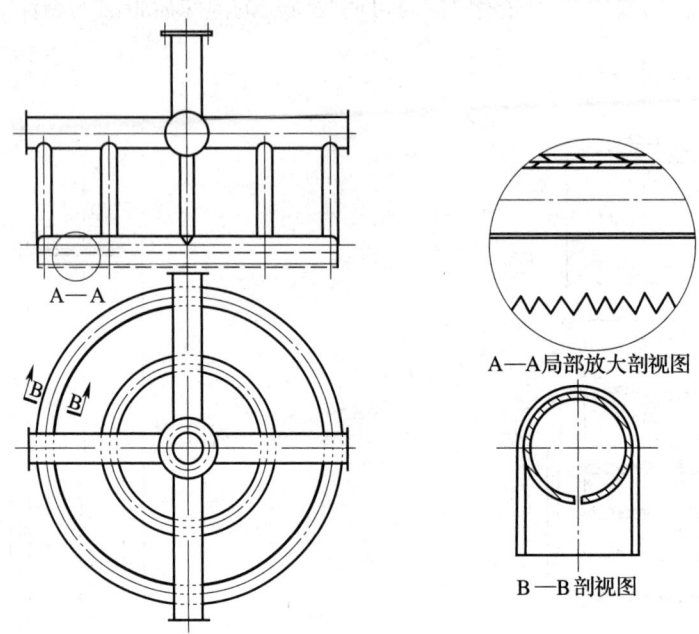

图5-8 鼓泡进气结构示意图

4．逆流与顺流饱充

逆流饱充时，糖汁从罐内液位上方进入罐内，经伞形布料器分散落到液面，糖汁与窑气呈逆流运行，如图5-5所示。顺流饱充时，进汁管由下锥形体引入罐中心后与扩大管布料器相接，布料器出口设有螺旋导向板，糖汁入罐时产生旋流，扩大管出口略低于窑气入口，糖汁与窑气呈顺流运行，如图5-6所示。

由于碳酸饱充时易产生罐垢，格板和套筒在罐内使用一定时间后不及时除垢就会发生堵塞，对此有的糖厂在饱充罐内不设置格板和套筒，而是采用顺、逆流饱充罐组，适当提高窑气进气压力，使罐内液位高度适当提高，从而保证二氧化碳吸收率。此外，为提高二氧化碳吸收率采用循环泵进行强制循环，循环汁量约为进汁量的300%。

综上所述，饱充罐的组合类型可分为：鼓泡内循环套顺流式，鼓泡格板顺流式，鼓泡格板逆流式，鼓泡无格板（无套筒）顺、逆流式，切线格板逆流式，切线内循环套顺流式，切线无格板（无套筒）顺、逆流式等。

（二）饱充罐的工作原理

饱充罐的工作原理就是使窑气均匀分散到糖汁中，与糖汁在罐内产生对流循环，实现气液两相分散接触，保持一定的反应时间和速度，在糖汁中生成过滤性能良好的碳酸钙沉淀。下面就鼓泡内循环顺流式和切线格板逆流式饱充罐分别作以讲解。

1. 鼓泡内循环套顺流式饱充罐

鼓泡内循环套顺流式饱充罐如图 5-6 所示，主要由罐体、窑气鼓泡器、内套筒、蒸汽喷射管、扩大管布料器和溢流箱组成。

糖汁由罐底进入经布料器旋流进入罐内内套筒，与鼓泡器分布出来的窑气气泡直接接触，将窑气进一步分散成细微气团使其与罐内糖汁混合进行沉淀反应。糖汁与窑气沿内套筒旋流上升，到达内筒顶部时含有少量二氧化碳的汽泡部分逸出，逸出的汽泡在上升和经过捕汁器的过程中发生气液分离、泡沫粉碎、糖汁回落、气体经排气管排入户外捕汁箱。没有逸出的汽泡与糖汁一同溢流到外套筒内，沿内外套筒间隙旋流下行至罐底。糖汁与窑气在混合上升与下降过程中，沉淀反应持续进行，到达罐底时达到饱充碱度。达到饱充碱度的糖汁一部分从罐底引出，经溢流箱溢流排出；另一部分作为内循环汁随入罐糖汁一起继续旋流。当罐内泡沫密度过大即将发生冒罐时，打开通向罐内顶部的蒸汽喷射管阀门向罐内喷射蒸汽，来提高泡沫分离速度。

2. 切线格板逆流式饱充罐

切线格板逆流式饱充罐如图 5-5 所示，主要由罐体、窑气切线分配器、格板、伞形布料器和溢流箱组成。

糖汁从罐体的中上部位进入罐内，经伞形布料器分散落向液面，沿格板孔道逐层下行。窑气经切线分配器切线进入罐内与糖汁混合，在罐内产生旋流，使窑气与糖汁分散接触。由于窑气进气压强大于罐内液位压强，所以窑气沿格板孔道逐层上升。在糖汁下降与窑气上升过程中，窑气中的二氧化碳不断与糖汁中的氢氧化钙发生沉淀反应。糖汁到达底部出口时碱度达到最佳碱度，从罐底引出，经溢流箱溢流排出。糖汁从分料器落向液面过程中与从液面逸出的含有少量二氧化碳的窑气进一步发生气液接触，吸收窑气中的二氧化碳，进行沉淀反应。

切线进气式饱充罐与鼓泡进气式饱充罐相比，气液分散度高，二氧化碳吸收率高，产生的细微泡沫多，所以泡沫汽液分散需用空间大。逆流饱充与顺流饱充相比，二氧化碳吸收率高，泡沫汽液分散需用空间大。双碳酸法一碳饱充需用时间为 10min，二碳饱充时间为 5min 时，切线顺流式饱充罐的二氧化碳吸收率为 65%～70%，切线逆流式饱充罐的二氧化碳吸收率为 70%～75%；鼓泡顺流式饱充罐的二氧化碳吸收率为 60%～65%，鼓泡逆流式饱充罐的二氧化碳吸收率为 65%～70%。

（三）喷射抽气式管道反应器

由于在二碳饱充时管壁易于结垢，喷射抽气式管道反应器用于二碳饱充时要设有备用设备，以便轮换清洗。

二、饱充设备的计算

$$V_e = \frac{1000 t a A}{1440 \rho K} \quad (5-3)$$

式中 V_e——饱充罐的有效容积，m^3。一碳饱充罐的有效容积为总容积的 30%，二碳饱充罐的有效容积为总容积的 40%。设计计算时一碳采用双罐饱充，V_e 为双罐的总有效容积

A——甜菜加工量，t/d

a——饱充汁对甜菜的质量比

t——糖汁在饱充罐内的作用时间,min。一碳饱充无循环汁时取 10min（在双罐内总饱充时间），二碳饱充取 5min

ρ——糖汁密度,一碳汁取 1090kg/m³,二碳汁取 1060kg/m³

K——生产不均衡系数,取 0.9

第六章 脱色设备

第一节 硫黄炉

脱色设备包括脱色剂制备设备和脱色反应设备。目前,我国甜菜制糖厂均利用硫黄燃烧生成的二氧化硫气体作为脱色剂,采用管道反应器作为脱色反应设备。

一、硫黄的燃烧

硫黄在空气中加热至119℃时熔化成浅黄色液体,在119~180℃范围内随着温度升高,液体黏度逐渐增加,颜色变成深红色。硫黄液体温度超过180℃时,黏度随温度上升而下降,达到250℃时开始燃烧,当温度上升至444.6℃时开始沸腾升华。鉴于硫黄的上述性质,在生产运行中将硫黄的燃烧温度控制在300~350℃。

硫黄在空气中燃烧是硫的一种氧化放热过程,可用下列化学方程式表示:

$$S + O_2 = SO_2 + 10465 kJ/kg$$

根据理论计算,硫在空气的理论消耗量下燃烧,产生的气体(硫气)中二氧化硫的含量为21%。但实际上由于过量空气的存在,硫气中二氧化硫含量仅为10%~15%。

硫黄燃烧产生的硫气中,过量空气的多少用过量空气系数 a 表示,则

$$a = \frac{21\%}{硫气中二氧化硫浓度} \tag{6-1}$$

标准状态下燃烧1kg硫黄所产生的硫气体积 V_0 为:

$$V_0 = 3.33a \quad (m^3) \tag{6-2}$$

式中3.33为燃烧1kg硫黄时,空气的理论消耗量。

在实际生产情况下,当硫气温度为 t℃,压强为 P_s(MPa)时,燃烧1kg硫黄产生的硫气体积 V_s 为:

$$V_s = 0.10108 V_0 \frac{273+t}{273 P_s} \quad (m^3/kg 硫黄) \tag{6-3}$$

硫在燃烧过程中控制适宜的过量空气系数很重要,生产过程中过量空气系数一般在1.4~2.1。过量空气系数过大不仅使硫气中二氧化硫含量低,还会使硫的燃烧过于激烈,发生局部过热升华现象,当燃烧温度达900℃时,二氧化硫开始分解:

$$SO_2 \rightarrow S + 2(O)$$

初生态的氧与二氧化硫立即生成三氧化硫:

$$SO_2 + (O) \rightarrow SO_3$$

三氧化硫遇水会生成硫酸,不仅腐蚀设备,而且与糖汁混合后产生硫酸钙,增加糖汁钙盐和蒸发罐垢。升华硫气在降温过程中会不断沉积到管壁上,造成管道堵塞。因此,在硫黄燃烧过程中对硫黄炉进行冷却降温,将炉体温度控制在200℃以下,使炉内温度保持在300~350℃。为避免升华硫造成管道堵塞,对硫黄炉排出的硫气要进行冷却降温处理,硫气冷却后温度应达到50℃以下。

二、燃 硫 炉

硫黄通过燃烧制成二氧化硫气体是在燃硫炉内完成，燃硫炉按其燃烧盘的结构分为固定式和回转式两大类型。

（一）固定式燃硫炉

固定式燃烧炉按给料方式分为炉前间歇给料、炉顶间歇给料和自熔半连续给料三种类型。

1. 炉前间歇给料固定式燃硫炉

炉前间歇给料固定式燃硫炉主要由炉体、箅板、燃硫盘、石灰盘、硫气冷却套管、冷却水槽、折流挡板、进风和给料门组成，如图6-1所示。炉体为长方形，箅板将炉内分成上下两层。石灰盘位于底层，盘内装有石灰用于干燥空气，盘内石灰定期更换。空气由下层进气门进入炉内，经干燥后从箅板空隙上升到上一层。燃硫盘置于箅板上，可前后拉动，硫黄经上层填料门由人工填入盘内。进风门设有调节进风口大小的活动拉板，进料门上安有观察视镜。冷却水槽位于炉体顶部，冷水不断由水槽的底侧加入，从盘内顶部溢流，使炉内温度保持在设定燃烧温度。从燃硫盘产生的硫气，经折流挡板折流后进入硫气冷却套管，水自上而下流经套管夹层将硫气冷却到设定温度。经过冷却的硫气进入贮气罐，然后通向反应器。这种燃硫炉结构简单，使用方便，但硫气中二氧化硫含量较低，一般在6%~8%；而且要经常更换石灰，操作频繁。

2. 炉顶间歇给料固定式燃硫炉

炉顶间歇给料固定式燃硫炉如图6-2所示，与炉前间歇给料固定燃硫炉的区别在于炉体为卧式椭圆筒，炉体内没有箅板和石灰盘，可拉动燃硫盘位于炉体底部，上部燃烧空间较大，硫黄燃烧需使用干燥后压缩空气；在炉体顶部设有加料管，打开管盖，将硫黄加入管内后将管盖扣回，然后打开管底阀门将硫黄卸入炉内燃硫盘。这种燃硫炉由于使用的是压缩空气，炉内为正压燃烧，所以要求炉体密封要好，否则会产生硫气外泄造成工作环境污染。

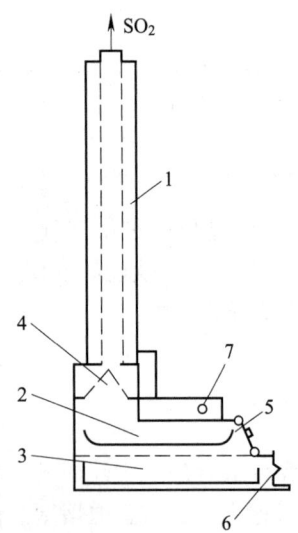

图6-1 炉前间歇给料固定式燃硫炉
1—冷水夹套 2—燃硫盘 3—石灰盘 4—挡板
5—炉门 6—进风口 7—炉面冷却水槽

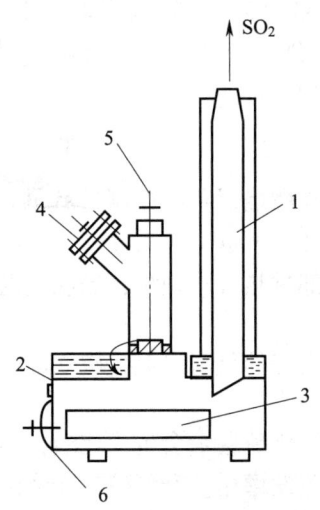

图6-2 炉顶间歇给料固定式燃硫炉
1—冷水夹套 2—炉面冷却水槽 3—燃硫盘
4—硫黄进料盖 5—卸落硫黄阀门 6—炉门

3. 自熔半连续给料固定式燃硫炉

自熔半连续给料固定式燃硫炉如图6-3所示，主要由炉体、燃烧盘、熔硫盘、冷却水槽、辅助燃烧室和硫气冷却器组成。炉体为长方形筒体，燃硫盘位于炉体内底部，具有一定的水平活动范围，炉前设有进气管和除渣门。炉体顶部周边为冷却水槽，顶部中央为熔硫盘。熔硫盘的顶部设有加料门，底部设有针阀。进入熔硫盘的硫黄被炉内硫黄燃烧产生的热量熔化成液体，通过熔硫盘上方手柄控制针阀开启调节液态硫加入燃硫盘的流量。由于硫黄呈液态加入到燃硫盘，硫黄的燃烧和蒸发速度加快，为使硫蒸汽得到充分燃烧，硫气和硫蒸汽从炉体排出后进入辅助燃烧室继续进行燃烧，然后进入水冷套管进行冷却。

硫黄在自熔给料固定式燃硫炉内燃烧时，燃烧比较彻底，基本没有升华硫，硫气浓度稳定，硫气中二氧化硫浓度在10%左右，燃烧强度约为25kg/（$m^2 \cdot h$）。

（二）旋转式燃硫炉

旋转式燃硫炉如图6-4所示，主要由炉体转鼓、筋板、支撑托轮、传动系统、辅助燃烧室和硫气冷却套筒组成。炉体转鼓采用生铁铸成，中部为圆筒形，两端为圆锥形，外侧带有散热翅。转鼓由托轮滚动支撑，电动机通过蜗轮减速器带动转鼓运转，转速约为0.5r/min。转鼓圆筒体的内侧带有五条筋板，筋板的主要作用是破坏炉内浮渣和增加燃烧面积。硫黄和空气从炉前的投料门进入，硫气和升华硫由转鼓尾端排入辅助燃烧室进行进一步燃烧，转鼓尾端与辅助燃烧室之间的空隙由密封填料封闭。经过进一步燃烧后的硫气被挡板导入水冷套筒内进行冷却。在水冷套筒内有两块竖立壁板，硫气沿第一块壁板

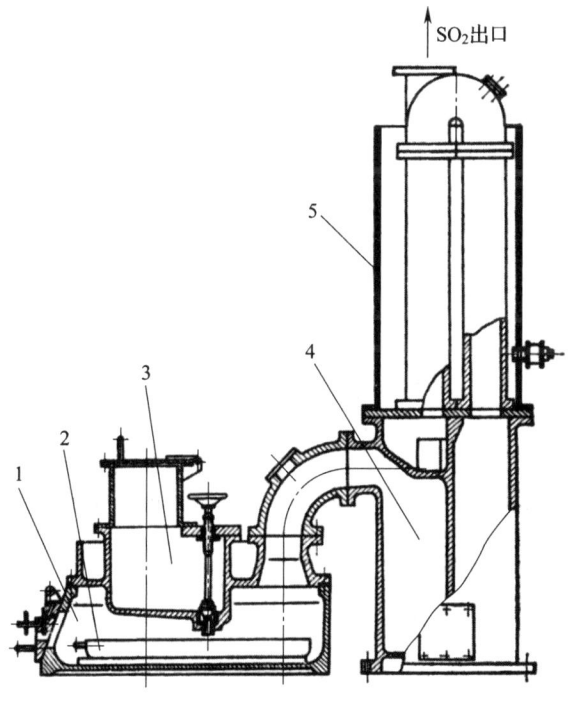

图6-3 自熔半连续给料固定式燃硫炉
1—炉本体 2—燃硫盘 3—熔硫盘
4—辅助燃烧室 5—冷却器

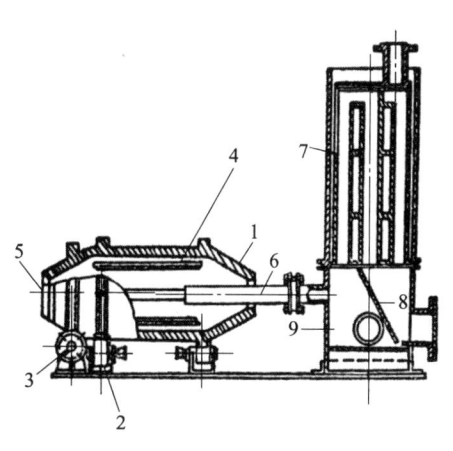

图6-4 旋转式燃硫炉
1—炉鼓 2—支撑托轮 3—传动蜗轮 4—筋板
5—硫黄入料口 6—固定接管 7—冷却套筒
8—挡板 9—辅助燃烧室

与套筒间的空隙上升,经第一块壁板的上端与套筒上盖间的空隙向下折流进入两壁板间的空隙,然后经第二块壁板下沿向上折流进入第二块壁板与套筒间的空隙,上升到套筒顶部排出。硫气在上升与下行过程中,硫气中夹带的升华硫沿壁板流回到辅助燃烧室。在辅助燃烧室的底侧设有手门,用于清除辅助燃烧室内的灰烬。

硫黄在回转式燃硫炉内燃烧时,燃烧速度比较快,硫气中二氧化硫浓度可达10%左右,燃烧强度约为35kg/(m²·h)。但由于炉内温度较高,硫气中升华硫含量较高,需要较大的辅助燃烧室和水冷套筒。

(三) 燃硫炉计算

1. 燃硫炉燃烧面积

$$F = \frac{sA}{24KU_s} \tag{6-4}$$

式中 F——燃硫炉燃烧面积,m²

A——甜菜加工量,t/d

s——吨甜菜耗用硫黄量,kg/t

U_s——燃烧强度,kg/(m²·h)。固定式燃硫炉取20kg/(m²·h);回转式取25kg/(m²·h)

K——生产不均衡系数,取0.8~0.9

2. 吨甜菜耗用硫黄量

$$s = \frac{10V(a_1 - a_2)32}{y E_{SO_2} 56} \tag{6-5}$$

式中 s——吨甜菜耗用硫黄量,kg/t

V——硫漂前糖汁容量,m³/吨甜菜

a_1——硫漂前糖汁碱度,g CaO/100mL 糖汁

a_2——硫漂后糖汁碱度,g CaO/100mL 糖汁

y——硫黄中硫的质量含量,%

E_{SO_2}——二氧化硫吸收率,%

第二节 脱色反应设备

使用二氧化硫作为脱色剂对糖汁进行脱色,脱色反应设备有硫漂罐和喷射抽气式管道反应器两大类型。硫漂罐的结构与窑气洗涤塔大同小异,不再叙述。糖汁在硫漂罐内进行脱色反应时,为保证二氧化硫吸收率,需用设备体积庞大,设备造价高,反应时间长。目前,硫漂罐已逐步被喷射抽气式管道反应器所取代,喷射抽气式管道反应器分为卧式和立式两种类型,而立式在抽气系数、动力消耗和操作控制等方面都优于卧式,应用最为普遍。

一、卧式喷射抽气式管道反应器

(一) 结构

卧式喷射抽气式管道反应器如图6-5所示,主要由抽射器、压缩管、扩散管、反应管和散气罐组成。

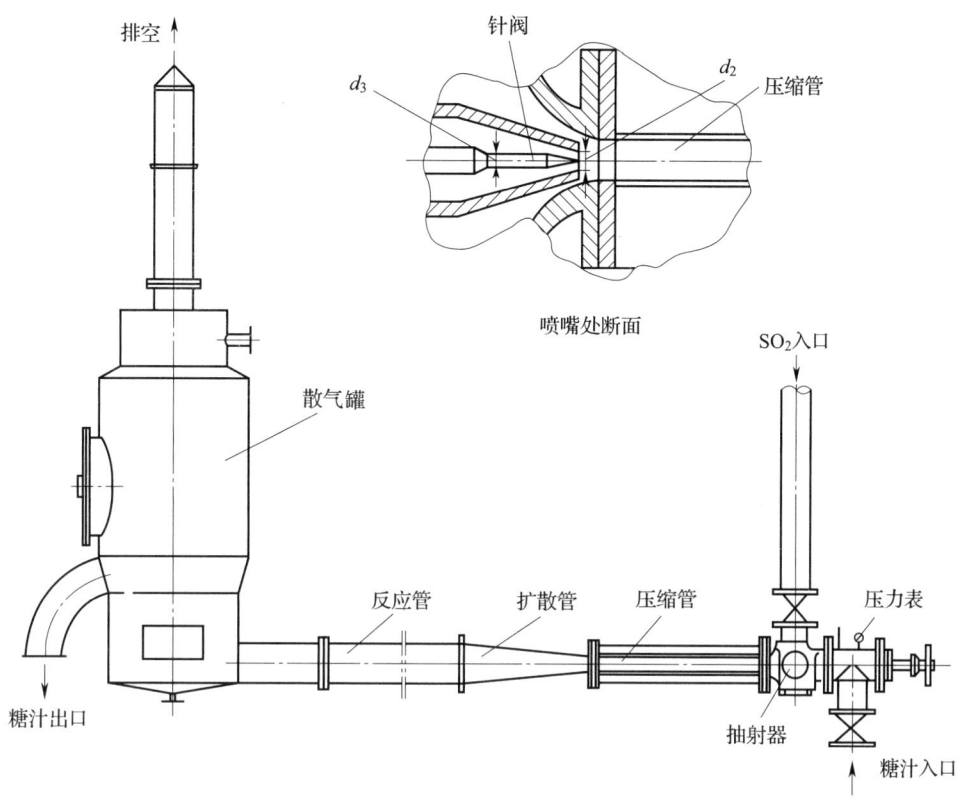

图 6-5 卧式喷射抽气式管道反应器

抽射器由抽气室、喷嘴、针阀组成。抽气室为下部带有锥形体的圆筒铸体，圆筒侧方开有硫气入口。硫气进入可采取单、双向进气或圆周多孔套管。喷嘴与筒体同心，固定安装在筒体内，以 25~30m/s 的速度喷射糖汁。针阀与喷嘴同心，插入喷嘴内；通过旋转针阀手柄，调节针阀在喷嘴内的位置，来调整射流角度、射流长度和喷嘴内压强，从而调节抽气系数。压缩管截面积与喷嘴截面积的比值 K_1 一般为 7~9 倍，压缩管的长度为压缩管直径的 10~12 倍。扩散管的中心夹角一般为 6°~8°。糖汁硫漂时流体通过反应管的流速为 3~5m/s，停留时间约为 2.0s；糖浆硫漂时流体通过反应管的流速为 2~3m/s，在反应管内的停留时间约为 1.5s。散气罐是一个用于进一步进行中和反应和气液分离的圆形筒体，筒内安有阻流挡板。气液混合物从罐底侧方切线进入罐内，糖汁在罐内停留约 15s 后溢流排出，分离出的气体经顶部排气管排出。罐内液封高度（散气罐溢流管与反应管的中心距）在 300~400mm，使反应管的背压保持在 666.61~1999.83Pa。散器罐内糖汁容积不超过总容积的 1/3，使逸出的汽泡有足够的分散空间。

（二）工作原理

糖汁由喷嘴喷出时形成高速射流，与抽气室内的硫气产生直接摩擦和动能量交换，不断使液流周围的硫气归并于液流形成前行气液混合流，使抽气室内产生压力降，硫气不断被吸入抽气室。气液混合流自交汇点到压缩管末端的行程中，传质速度不断提高。气液两相混合体进入扩散管后呈高分散紊流体系通过反应管，切线进入散气罐。由于散气罐内设有阻流挡板，糖汁切线进入后旋流被破坏，形成紊流，促使脱色与中和反应进一步进行。自糖汁与硫气接触到含有少量二氧化硫的气体排出，脱色与中和反应伴随全过程。

二、立式喷射抽气式管道反应器

1. 结构

立式喷射抽气式管道反应器如图6-6所示，主要由抽射器、压缩管、扩散管、尾管和液封散气罐组成。

抽射器由壳体、隔板和喷嘴组成。壳体上部为圆筒，下部为锥形筒，锥形筒高度一般为圆筒直径的1.5~2倍。在圆筒的中部有一隔板将圆形筒体分成液室和抽吸室，糖汁入口位于液室上部，窑气入口位于抽气式上部。喷嘴按圆周线的位置均匀分布，密封安装在隔板上，各喷嘴射流的交汇点位于压缩管的圆心点，喷射液流长度为1.0~1.2m，喷射液流速度为17~22m/s，抽气室直径为500~1000mm时，喷射液流最大夹角为10°~20°。压缩管截面积与喷嘴总截面积的比值一般为8~10倍，扩散管的中心夹角一般为20°~30°，尾管截面积与压缩管截面积比值一般为1.5~2.0。有效尾管高度（压缩管至液封散器罐溢流管中线距离）为2.7~3.5m，散气罐液封高度为0.8~0.9m，背压在666.61~1999.83Pa。尾管的末端为周边带孔的伞形鼓泡器，直通液封散气罐的下部。也可取消伞形管，在散气罐的外部水平安装一个直径较大的，与散气罐相通的旋流管，尾管与旋流管切线连接，如图6-7所示。液封散气罐为密封圆筒体，罐顶设有排气管。

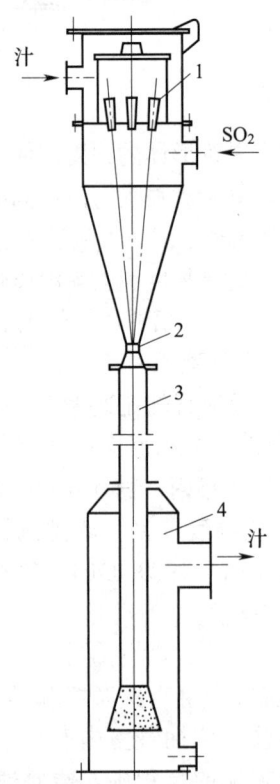

图6-6 立式喷射抽气式管道反应器
1—喷嘴 2—压缩管 3—尾管 4—散气罐

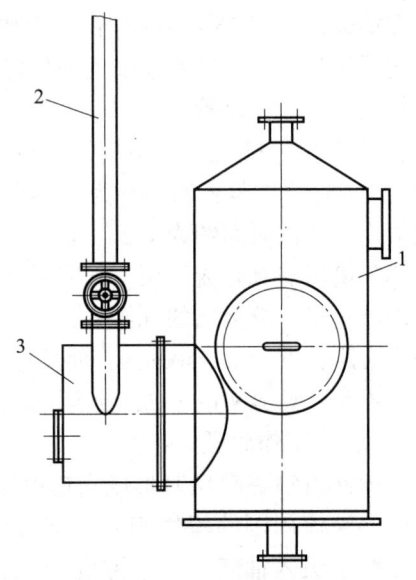

图6-7 散气罐切线进料
1—散气罐 2—尾管 3—旋流管

2. 工作原理

糖汁由泵送入液室经喷嘴喷出时形成多束高速射流，到达交汇点时相互碰撞产生紊流。糖汁从喷嘴射向交汇点的过程中，与抽吸室内的硫气产生直接摩擦和动能量交换，不断使液流周围的硫气归并于液流形成气液混合流，使抽气室内产生压力降，硫气不断被吸入抽吸室。气液混合流自锥形管到射流交汇点的行程中，传质速度不断提高。达到交汇点后各液流相互碰撞形成紊流，呈高分散气液紊流体系通过扩散管和反应管进入散气罐。由于反应器的垂直安装，使气液混合流在下降过程中流速不断加快，紊流加剧，提高了抽气效能和传质速度。尾管上安装的鼓泡器或旋流管，将尾管排出的气液混合物二次分散到液相中，气体需通过液封液位才能逸出，从而使气体中残留的二氧化硫与糖汁中的有色物质进行的脱色反应和与氢氧化钙进行的中和反应更为彻底。

三、抽吸系数

抽吸系数是喷射抽气式管道反应器的主要工作参数，用单位体积的糖汁所抽吸的硫气体积来表示。

$$k = \frac{V_s}{V_j} \tag{6-6}$$

式中　k——抽吸系数

　　　V_s——吸入硫气的体积流量，m^3/s

　　　V_j——喷嘴射出的糖汁体积流量，m^3/s

抽气系数是众多因素参数的函数，以卧式喷射抽气式管道反应器为例进行近似计算如下。

设：糖汁在泵后管道内的参数为：压强P_j（Pa）、质量流量G_j（kg/s）、流速v_j（m/s）、体积流量V_j（m^3/s）、密度ρ_j（kg/m^3）；糖汁进入抽射器时的对应参数为：P_1、G_1、v_1、V_1、ρ_1；硫气进入抽射器时的对应参数为：P_s、G_s、v_s、V_s、ρ_s；硫气与糖汁混合物在扩散管两端时的对应参数分别为：P_2、G_2、v_2、V_2、ρ_2和P_3、G_3、v_3、V_3、ρ_3。在上列参数中$G_j = G_1$；$P_1 = P_s \approx P_2$；$V_j = V_1$；$\rho_j = \rho_1$；$\rho_2 = \rho_3$。根据动量守恒定律列出式（6-7）：

$$G_1 v_1 + G_s v_s = (G_1 + G_s) v_2 \tag{6-7}$$

将 $G = \rho V$、$k = \frac{V_s}{V_j}$、$V_j = V_1$ 带入式（6-7）得

$$\rho_1 v_1 + k \rho_s v_s = (\rho_1 + k \rho_s) v_2 \tag{6-8}$$

由于v_s与v_2相比很小，引入修正系数φ_1进行计算。

令：$\varphi_1 = \frac{v_2 - v_s}{v_2}$，则$v_s = v_2 - \varphi_1 v_2$，带入式（6-8）得

$$k = \left(\frac{v_1}{v_2} - 1\right) \frac{\rho_1}{\varphi_1 \rho_s} \tag{6-9}$$

上式中v_1、v_2可分别由喷嘴前后和扩散管前后的伯努力方程式求得。

v_1的计算：在喷嘴前后列出伯努力方程式（不考虑阻力的情况下）

$$\frac{P_j}{\rho_j} + \frac{v_j^2}{2} = \frac{P_1}{\rho_1} + \frac{v_1^2}{2} \tag{6-10}$$

将$\rho_j = \rho_1$，$P_1 = P_s$代入式（6-10）得

$$P_j - P_s = \frac{\rho_j}{2}(v_1^2 - v_j^2) \tag{6-11}$$

由于 v_j 与 v_1 相比很小，引入修正系数 φ_2' 进行计算。

令：
$$\varphi_2' = 1 - \frac{v_j^2}{v_1^2} < 1.0$$

则：
$$P_j - P_s = \frac{\rho_j}{2} v_1^2 \varphi_2' \tag{6-12}$$

$$v_1 = \sqrt{\frac{2(P_j - P_s)}{\rho_j \varphi_2'}} \tag{6-13}$$

在 v_1 的计算式中没有考虑阻力因素，设阻力因素修正系数为 φ_2''，综合速度修正系数为 φ_2，$\varphi_2 = \frac{\varphi_2''}{\sqrt{\varphi_2'}}$，则 v_1 的计算式为

$$v_1 = \varphi_2 \sqrt{\frac{2(P_j - P_s)}{\rho_j}} \tag{6-14}$$

v_2 的计算：在扩散管前后列出伯努力方程式

$$\frac{P_2}{\rho_2} + \frac{v_2^2}{2} = \frac{P_3}{\rho_3} + \frac{v_3^2}{2} \tag{6-15}$$

由于气体的可压缩性，式中 $P_2 \approx P_s$，$\rho_2 \approx \rho_3$，所以

$$P_3 - P_s = \frac{\rho_3}{2}(v_2^2 - v_3^2) \tag{6-16}$$

由于 v_3 与 v_2 相比很小，引入修正系数 φ_3' 进行计算。

令：
$$\varphi_3' = 1 - \frac{v_3^2}{v_2^2} < 1.0$$

则：
$$P_3 - P_s = \frac{\rho_3}{2} v_2^2 \varphi_3' \tag{6-17}$$

$$v_2 = \sqrt{\frac{2(P_3 - P_s)}{\rho_3 \varphi_3'}} \tag{6-18}$$

与 v_1 计算式同理，引入综合速度修正系数 φ_3，则 v_2 的计算式为

$$v_2 = \varphi_3 \sqrt{\frac{2(P_3 - P_s)}{\rho_3}} \tag{6-19}$$

将 v_1 和 v_2 的计算式代入 k 值计算式（4-21），得

$$k = \left(\frac{\varphi_2}{\varphi_3} \sqrt{\frac{(P_j - P_s)\rho_3}{(P_3 - P_s)\rho_j}} - 1 \right) \frac{\rho_1}{\varphi_1 \rho_s} \tag{6-20}$$

式中 $P_j - P_s$ 为糖汁在抽气室内压强的降落，用 ΔP_j 表示，$P_3 - P_s$ 为糖汁与硫气混合物在扩散管中压强的升高，用 ΔP_3 表示；糖汁的密度不受压强变化影响，硫气密度和糖汁与硫气混合物密度与硫气压强和混合汁压强有一定的比例关系，所以体积抽气系数主要取决于糖汁压强降落和糖汁与硫气混合物压强升高，经实验反复测定，卧式管道硫漂器的体积抽气系数可按式（6-21）近似计算：

$$k = 0.85 \sqrt{\frac{P_j - P_s}{P_3 - P_s}} - 1 = 0.85 \sqrt{\frac{\Delta P_j}{\Delta P_3}} - 1 \tag{6-21}$$

从式（6-21）中可以看出，体积抽射系数 k 值的大小取决于糖汁压强、抽射室压强

和反应管内压强。而抽射室的压强则取决于糖汁压强和反应管内的压强，抽射室压强随糖汁压强增高而下降。而反应管内的压强对抽射室压强的影响，根据实验得知，在一定的糖汁压强P_j下，若保持稳定的抽气系数，背压只能在一定的范围内波动。当背压超过一定数值时，即超过最大P_3值时，抽射室内压强迅速上升，抽射器的抽射效能被破坏。当背压低于最小P_3值时，糖汁与硫气混合物在进入扩散管时产生的紊流被破坏，介质传递速度下降，产生气液分离，使抽气室压强迅速上升，抽射器的工作效能同样被破坏。所以在设计计算时必须正确的选择背压，在生产运行中使背压保持稳定。

抽射器在运行时，抽射室内压强为负压，在一定的背压下，抽射室内的压强随液体压强而变化。但对于喷射抽气式硫漂反应器来说，由于燃硫炉所处的燃烧条件与大气相通这一现象，使抽射室内硫气压强变化很小，所以抽射室内的负压只要保持在能够克服硫气在管道内的总阻力损失即可。抽气室内的绝对压强一般为0.098~0.099MPa，如果负压过大，会导致硫气中二氧化硫浓度下降。

实践证明，在糖汁压强为0.35MPa时，卧式喷射抽气式管道反应器的抽气系数为6~8倍，而立式喷射抽气式管道反应器由于受重力加速度的影响，抽气系数为12~16倍，所以在实现相同抽气系数的情况下，立式喷射抽气式管道反应器的能耗和背压均低于卧式。

四、脱色设备的计算

（一）需用抽气系数

需用抽气系数可根据需用硫漂强度计算，硫漂强度是指糖汁在硫漂过程吸收的二氧化硫气体的量，以10mL硫漂汁用1/64摩尔浓度的碘液滴定终点时耗用碘液的毫升数表示。当硫漂强度为10mL时，每毫升硫漂汁含有1mg二氧化硫，1m³硫漂汁需用1kg二氧化硫。

已知在标准状态下燃烧1kg硫黄产生的硫气体积V_0为

$$V_0 = 3.33a \quad (m^3)$$

式中过量空气系数a为

$$a = \frac{21\%}{硫气中二氧化硫浓度} = 1.4 \sim 2.1$$

若硫气温度为t℃，硫气压强为P_s，则实际生产情况下燃烧1kg硫黄的硫气体积V_s为

$$V_s = 0.10108 V_0 \frac{273+t}{273 P_s} = 0.337a \frac{273+t}{273 P_s} \quad (m^3/kg\ 硫黄)$$

设计计算时取过量空气系数$a = 2.1$，进入抽射器的硫气绝对压强取0.1MPa、温度为50℃，则

$$V_s = \frac{2.1 \times 0.337}{0.1} \times \frac{273+50}{273} = 8.37 \quad (m^3/kg\ 硫黄)$$

已知燃烧1kg硫可以得到2kg二氧化硫，可产生8.44m³硫气，所以在需用硫漂强度为E，二氧化硫吸收率为s（设计算时取98%）时，每立方米糖汁需吸入的硫气体积（需用抽气系数）为

$$k = \frac{8.37E}{20s} = 0.43E \qquad (6-22)$$

(二) 液室工作压强

根据计算公式 (6-14), 液室工作压强:

$$P_j = \frac{v_1^2}{2\varphi_2^2}\rho_j + P_s \tag{6-23}$$

式中　P_j——液室工作压强, Pa

　　　v_1——喷嘴出汁速度, 经查定卧式在 25~30m/s, 立式在 17~22m/s 时可满足工艺要求的抽吸硫气量, 取最低与最高速度值可计算出液室的最低与最高工作压强

　　　φ_2——速度系数, $\varphi_2 = 0.88 \sim 0.92$

　　　ρ——糖汁密度, 取 $\rho = 1060 \text{kg/m}^3$

　　　P_s——为抽吸室压强, 取 $P_s = -2000 \text{Pa}$

(三) 背压的计算与选定

根据抽气系数计算式 (6-21) 和式 (6-22), 反应管背压

$$P_3 = \frac{0.85^2(P_j - P_s)}{(0.43E + 1)^2} + P_s \tag{6-24}$$

式中　P_j——液室工作压强, Pa

　　　P_s——为抽吸室压强, 取 $P_s = -2000 \text{Pa}$

　　　E——硫漂强度

由于在生产过程中硫气浓度和糖汁流量会随时发生变化, 为确保达到需要的硫漂深度, 所以背压选定值通常低于上式计算值, 背压选定值一般为上式计算值的 0.5~0.7 倍。液室工作压强则根据计算结果设定, 通过改变针阀位置或电机频率维持液室压强稳定, 根据检测结果调整硫气抽入量, 而背压的调节一般通过调整散气罐液封高度实现, 调好后不轻易改动。

(四) 抽射器结构尺寸计算

1. 喷嘴内径 d_1 计算

$$d_1 = \sqrt{\frac{4V_j}{n\pi v_1}} \tag{6-25}$$

将 $v_1 = \varphi_2 \sqrt{\dfrac{2(P_j - P_s)}{\rho_j}}$ 带入上式, 则

$$d_1 = \sqrt{\frac{4V_j \sqrt{\rho_j}}{n\pi \varphi_2 \sqrt{2(P_j - P_s)}}} \quad (\text{m}) \tag{6-26}$$

式中　V_j——糖汁体积流量, m^3/s, 取正常流量的 1.25 倍进行计算

　　　ρ_j——糖汁密度, kg/m^3

　　　P_j——糖汁的泵后压强, Pa

　　　P_s——抽吸室压强, Pa

　　　n——喷嘴数量, 对于卧式 $n = 1$

　　　φ_2——为速度系数, $\varphi_2 = 0.88 \sim 0.92$

2. 针阀圆柱部分外径 d_2 计算

针阀外直径设计计算时, 一般按照针废阀全关闭时喷嘴截面积减少 40% 进行计

算,即

$$d_2 = \sqrt{0.6d_1^2} \quad (\text{m}) \quad (6-27)$$

3. 二氧化硫进气管内径 d_3 计算

$$d_3 = \sqrt{\frac{4kV_j}{\pi v_s}} \quad (\text{m}) \quad (6-28)$$

式中　v_s——二氧化硫吸入速度,取 $v_s=5\text{m/s}$
　　　V_j——糖汁体积流量,m^3/s
　　　k——需用抽气系数

4. 抽吸室内径 d_4 计算

$$d_4 \geq 3d_3 \quad (\text{m}) \quad (6-29)$$

5. 压缩管内径 d_5 计算

$$d_5 = d_1\sqrt{nK_1} \quad (\text{m}) \quad (6-30)$$

式中　K_1——压缩管截面积与喷嘴总截面积的比值,卧式 $K_1=7\sim9$,立式 $K_1=8\sim10$
　　　n——喷嘴数量

立式属于多束射流在压缩管交汇,为使其尽快形成紊流状态,所以压缩管应尽量缩短,一般不超过直径的一倍。卧式压缩管长度以射流与压缩管末端相切为宜,设计时可适当增加压缩管截面积与喷嘴出口截面积的比值,或适当缩短压缩管长度,使射流与压缩管末端相切(图6-8),此时抽气系数最大,其压缩管长度约为压缩管直径的10倍。

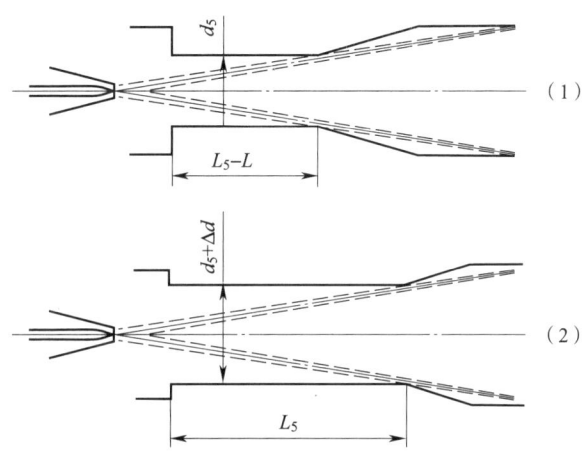

图6-8　喷射流线与压缩管直径 d_5 和长度 L_5 的关系示意图

6. 反应管内径 d_6 计算

$$d_6 = d_5\sqrt{K_2} \quad (\text{m}) \quad (6-31)$$

式中　K_2——反应管截面积与压缩管截面积的比值,卧式 $K_2=5\sim7$,立式 $K_2=1.5\sim2.0$

对于卧式,K_2取值过高时糖汁与硫气混合物在反应管内的流速偏低,在管内不能形成必要的紊流;取值过低摩擦阻力增大,从而导致背压上升,反而降低抽气效能;二氧化硫吸收率随反应管长度加长而提高,但阻力损失加大,抽气系数反而会下降,所以不宜过长,其反应管长度一般为 $8\sim10\text{m}$。对于立式二氧化硫吸收率随尾管长度加长而提高,由于势能增加远远大于阻力损失增加,抽气系数也会随尾管加高而提高,所以,在条件允许的情况下可适当加长尾管高度，尾管总高度一般在 3.5~4.5m。

7. 扩散管长度 L 计算

$$L = \frac{(d_6 - d_5)}{2\tan\frac{a}{2}} \tag{6-32}$$

式中　a——扩散管的中心夹角，取 6°~8°

(五) 散气罐

散气罐的有效容积按糖汁在罐内停留 15s 计算，为总容积的 1/3。硫漂汁为溢流排出，在罐内保持一定液位高度。卧式罐内液封高度（散气罐溢流管与反应管的中心距）在 300~400mm，保持散气罐内液位在反应管以上 150~200mm，使反应管内的压强保持在设计压强范围内，当反应管内压强高于设计压强时，抽气系数低于设计抽气系数，不能满足生产需求。立式反应器的散器罐液封高度一般在 0.8~1.0m，降低液封高度可提高抽气系数，但二氧化硫吸收率会相应下降。

第七章 过滤设备

过滤是指借助介质（用天然或合成纤维纺织的滤布等）和在介质两侧形成一定的压力差，将液体中的沉淀物和悬浮物与液体分离，获取清澈的滤清液这一过程。在甜菜制糖工业中需要进行过滤的物料有碳酸饱充汁、硫漂汁、蒸发糖浆和再溶糖浆。

按照介质两侧压力差的形成过程，过滤设备分为加压过滤设备和真空吸滤设备。加压过滤是指在悬浮液的一侧施以压力，真空吸滤是在滤清液的一侧抽真空。

第一节 加压过滤设备

一、板框式压滤机

板框式压滤机适用于分离含细微颗粒的液相，以及黏度较大的悬浮液。在糖厂板框式压滤机多用于一碳泥汁和糖浆过滤。

板框式压滤机主要由止推板、滤框、滤板、推压板、托梁和压紧装置等组成，如图 7-1 所示。止推板、滤框、滤板、推压板一般由铸铁件经车刨加工而成，托梁采用碳钢制作，液压式压紧装置的油压缸和柱塞分别采用铸钢和碳钢制作。

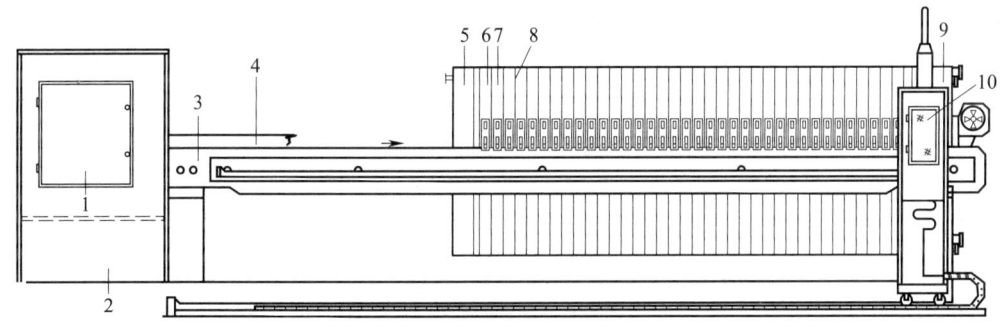

图 7-1 板框式压滤机
1—操作盘 2—油压系统 3—托梁 4—油压缸装置 5—推压板
6—滤框 7—滤板 8—滤布 9—止推板 10—洗布车

压滤机的机架将两根矩形托梁、推压板、止推板和压紧装置连在一起，构成坚固的机架。在止推板与推压板之间的托梁上依次交替排列滤框和滤板，滤框的数量要比滤板多一块。

板框压滤机的进料分为角部进料和中心进料，出汁分为明流和暗流，明流是在每块滤板的底角开设出汁孔，暗流是滤清液经过板与框的角部出汁孔由头板的底角引出。

如图 7-2 所示为角部进料明流出汁的滤板与滤框结构图，滤框为中空矩形框，滤板为实心矩形板，板与框的四周接触面光滑平整。在滤板和滤框的两侧设有扳手，供移动和装卸板框时搬动之用。板和框的上部两侧（或在板框的矩形角部位）开有进汁和洗水入孔，滤板上的进汁孔和洗水孔与板本体不相通，滤框上的糖汁与洗水孔通过小圆孔或凹槽通入框内。在滤板上有若干条纵横凹槽，是滤清液在滤板上的流动通道，通道与出汁口相通。过滤时在每块滤板上铺设两层滤布，当压紧装置将滤框和滤板压紧后，止推板、滤板、滤框上的进料孔合成进料通道，止推板和推压板与间隔排列的滤板和滤框组成多个独立的过滤室，如图7-3所示。

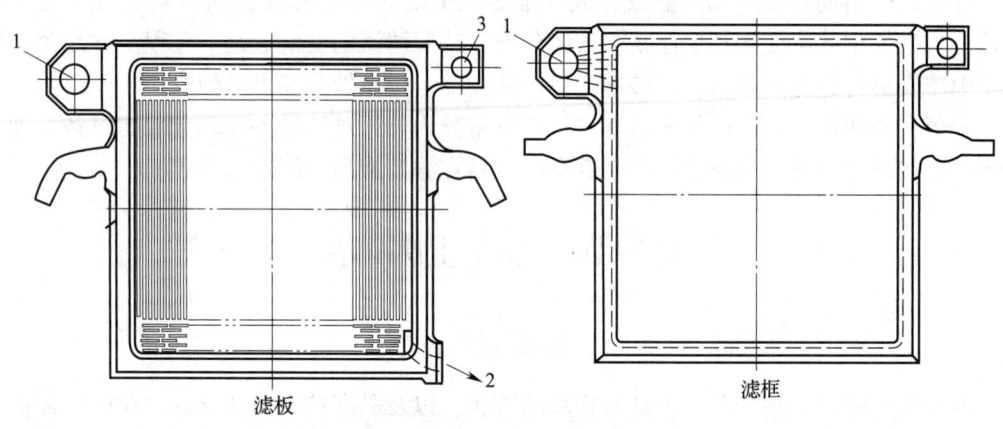

图7-2 压滤机的滤板与滤框
1—进汁孔 2—滤清汁出孔 3—洗水入孔

糖汁以0~0.5MPa的压强经由进汁孔进入各滤框内，滤清汁通过滤布沿滤板的凹槽从滤清汁出口排出。对于明流出汁板框压滤机，在出汁孔外部一般安有阀门，当发现滤清液混浊时可关闭出汁阀，使该块滤板停止工作；在出汁阀的下方设有糖汁收集槽，槽底分别设有滤清汁和甜水排出阀。在板框压滤机的底部设有集汁托盘，当发生渗漏时糖汁落到集汁托盘内，经回流管送入泥汁箱。卸泥时集汁托盘被拉开，滤泥落入底部的螺旋输送机或自卸车被送出。板框式压滤机的操作过程分为铺设滤布、压紧、进汁过滤、水洗、打开卸泥、清洗滤布六个过程。

滤泥中糖分水洗分为正水洗和系统水洗两种方式。正水洗是洗水直接进入滤框，与糖汁过滤走相同通道。系统水洗是洗水和洗液与滤板间隔相通，从单侧通过滤泥层，水洗时要间隔关闭出汁阀，如图7-4所示。系统水洗洗泥效果好，但洗泥时压力较高，所以糖厂多采用正水洗法对滤泥糖分进行分级定量水洗，初洗液随糖汁走，中洗液作为下次初洗水，末级洗液作为中洗洗水和生石灰消和用水。

卸泥时滤板与滤框的拉开分为人工拉动和机械手拉两种形式，滤布清洗再生分为人工持胶管冲洗和机械移动冲洗。

板框压滤机的压紧装置分为手动式、电动式和液压式三种。手动式压紧装置由手柄、棘轮齿轮、传动齿轮、螺杆等组成。由人力驱动手柄，通过棘轮转动小齿轮，再带动与螺杆啮合的大齿轮，使压紧螺杆转动，向前推动推压板，将滤板滤框压紧。电动式压紧装置由电动机经减速器和齿轮组带动压紧螺杆，当压紧螺杆所受压强达到设定值时，电动机的开关便自动断路。液压式压紧装置由液压站、油压缸、活塞柱、压杆和保险锁紧螺母等组成，高压油泵将油压升至10~30MPa，通过油压控制阀，进入油压缸内，推动活塞柱，将压杆推进或退出。

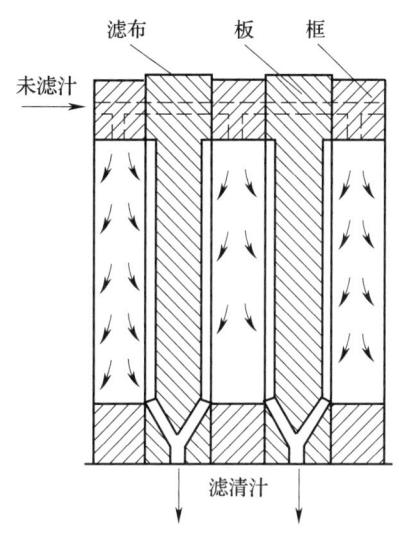

图7-3 压滤机板与框的组合

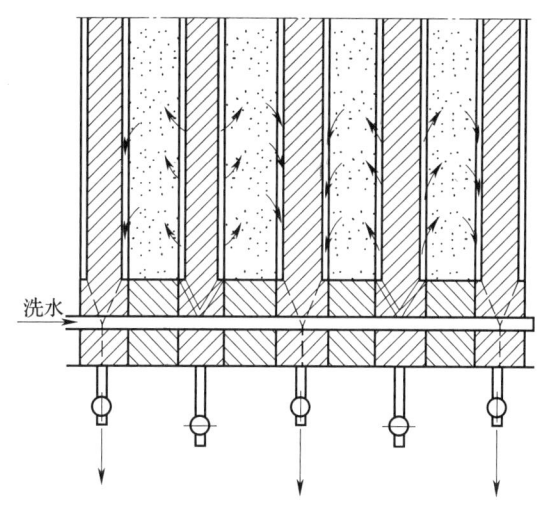

图7-4 系统水洗示意图

二、隔膜式压滤机

隔膜式压滤机是将板框压滤机的滤框改装成隔膜滤板,对进出汁通道、操作程序进行改进的产品。在甜菜糖厂中广泛用于增稠泥汁过滤。其基本工作过程是用泵将泥汁送入压滤机进行过滤,滤清汁进入下一工序,将滤泥留在压滤机的滤腔内形成滤饼,滤饼经过正洗水、中间压榨、角洗水、最终压榨、干燥滤饼等过程,最后以含水率较低的干滤饼形式排出。

(一) F150隔膜式压滤机的主要技术参数

过滤面积:150m^2

滤板尺寸:1300mm×1300mm

滤板材料:聚丙烯

滤板数量:57块,其中隔膜滤板28块,箱式滤板27块,头尾滤板各一块

滤腔数量:56个

滤腔总容积:3.36m^3

滤腔厚度:50mm

滤板总长度:4.7m

最大操作压力:0.8MPa

设备空载总重:20000kg

设备满载总重:25000kg

外形尺寸(含洗布车与机头连管):13000mm×2800mm×4400mm

泥汁波美度:18~21

过滤阻力系数:<3s

过滤温度:80~85℃

过滤压力:≤0.4MPa

洗水温度：80℃
水洗方式：正水洗 + 角水洗
洗水压力：0.4～0.45MPa
压缩空气压榨压力：<0.8MPa
压缩空气干燥吹气压力：0.8MPa
洗布凝结水温度：80℃
洗布周期：25～40 次过滤
酸洗介质：3%～5% 盐酸
酸洗流量：20m³/h
酸洗时间：120min
酸洗周期：1000～1200 次过滤
滤饼含固形物：≤70%
滤饼含糖：≤0.5%
一次卸泥量：3500～4000kg
过滤周期：20～30min

（二）隔膜压滤机组成

全自动隔膜压滤机主要由机座、机头止推板、滤板、推压板、机尾控制箱、机头连接管线等部件组成。

机头止推板由螺栓固定在机座上，横梁与机头止推板中部卡接连接。横梁的另一端和机尾机座相连接。横梁是压滤机的主要受力部件，用于支撑滤板和安装拉板机构。拉板机构通常安装在横梁两侧，主要由供油泵、拉板油压缸与连接片组成，滤板的把手由连接片分组连接在一起，每组 14 块滤板，连接片将拉板作用力通过滤板把手传导到每块板上。为减小滤板与横梁的摩擦阻力，在横梁上设有不锈钢导轨，运行时在导轨上滴上少量润滑油或清水以减小阻力。在机头板外侧连接有进出汁（水、气）管路，与机头板相通，在泥汁与水的进口管路上装有电磁流量计。推压板是用于顶紧和打开滤板的部件，在推压板两侧有支撑滚轴，通过液压油缸推拉使其在横梁上平稳运动。在压滤机底座上设有由油压缸控制开合的接漏翻盖，用于防止在压滤与洗布过程中，下落的液体进入接泥斗内。在翻板的两侧设有收集槽，将落入翻板的液体随时导出。卸泥时翻板自动打开，滤饼下落时被安装在接泥斗内的分割刀分割后排出。在压滤机后部设有液压系统与控制系统。液压系统由油箱、变量液压泵、液压缸、压力控制溢流阀、单向阀等组成。溢流阀可调节压强达到一定值后泄荷，单向阀的作用是在停泵的情况下系统保压，压力变化信息传递采用电接点压力表传感器，变量液压泵将抗磨液压油从油箱抽出，通过单向阀注入液压缸内，输油量随压强上升而减小，使油缸运行速度由快变慢，到达设定压强液压泵停止。

（三）压滤机滤板

隔膜式压滤机的滤板由头滤板、隔膜滤板、箱式滤板和尾滤板组成。头滤板和尾滤板与隔膜滤板相邻，隔膜滤板与箱式滤板间隔安装。过滤时在每块滤板上铺设底布和面布，底布为粗线聚丙烯垫布，透气率在 1100L/100cm²；面布为专为隔膜式压滤机设计加工的聚丙烯滤布，透气率在 80～100L/100cm²。

头滤板框面设有物料进出孔，尾滤板设有出料凹孔和进料孔，进料孔与清淤压缩空气入孔相通。头尾滤板是一对内侧带有凹槽，外侧为一平面，通过锁片和板孔密封胶圈与机头板和推压板相连的单侧过滤滤板。头尾滤板的框厚为63mm，过滤面积为1.34m²，滤腔容积为23.25L。

隔膜滤板由滤框和两片隔膜板合成，两块隔膜板合成袋状套在滤框外围，形成隔膜滤板，如图7-5所示。隔膜滤板与箱式滤板的边框表面光滑平整，边框上设有泥汁、洗水、滤清汁、洗液进出孔。在隔膜滤板底侧的一面设有压缩空气进气孔，与两隔膜间之间的腔室相通，各隔膜板的压缩空气接口用软管与压缩空气总管连通。

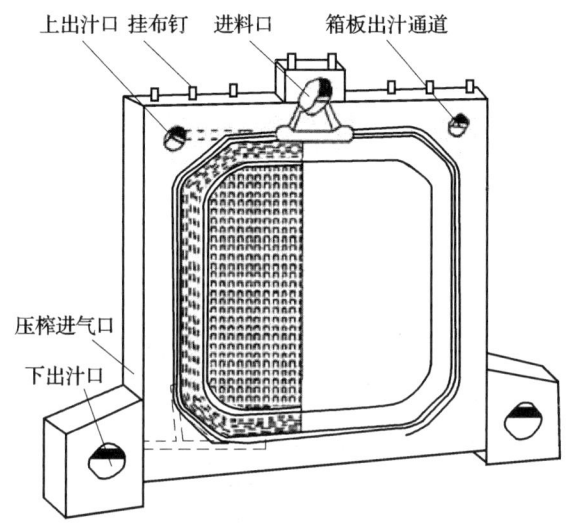

图7-5　隔膜滤板结构图

在箱式滤板的过滤面上和隔膜滤板的隔膜表面上均匀分布纵横凹槽，与出汁孔相通。箱式滤板和隔膜滤板的过滤面间隔为50mm，形成滤腔。隔膜滤板和箱式滤板均为框外进料，泥汁由与入汁孔相通的凹槽进入滤腔，滤清液通过滤布沿过滤板面上的凹槽进入出汁孔，滤泥则留在滤腔内。每块箱式滤板、隔膜滤板的过滤面积为2.69m²，腔室容积为0.06m³，最大过滤压强为0.4MPa。隔膜滤板的最大压榨压强为0.8MPa，框厚为87mm，单块质量为90kg。箱式滤板的框厚为75mm，单块质量为80kg。

（四）操作过程与技术要求

隔膜式压滤机操作过程分为液压顶紧、进料过滤、正水洗、滤饼预压榨、角水洗、滤饼终压榨、滤饼干燥、泥汁通道排空与干燥、泄压、卸泥及滤布清理。

1. 液压顶紧

通过液压系统将滤板合起压紧，液压系统的工作压强为19~23MPa，最大工作压强为35MPa，变量油泵流量为40L/min，抗磨液压油的工作温度在10~50℃。

2. 进料过滤

进料过滤分为低压预铺过滤和正常进料过滤两个阶段。通常采用变频泥汁泵先低压进料过滤，初滤液回流。待滤布表面形成初滤饼后再升至正常过滤压强。进料过滤时泥汁通过压滤机的进料口输入滤腔，滤清汁透过滤布分别由隔膜滤板和箱式滤板的出汁通道流出，滤饼则留在滤腔内。进料过滤时要求泥汁温度在80~85℃，泥汁波美度为18~21，过滤阻力系数不大于3.0s，过滤压强≤0.4MPa，压榨后滤饼厚度为滤腔厚度的60%~80%。

3. 正水洗

待过滤结束后，由泥汁入口通入角洗液，对滤腔内滤饼中的糖分进行水洗，洗液随滤清液走。正洗水量约为总洗水量的30%，压强为0.4~0.45MPa。

4. 滤饼预压榨

经隔膜板的压缩空气入口向隔膜腔内通入压缩空气，使隔膜腔鼓起将滤饼挤向箱式滤板，将滤饼中的糖汁压出，被挤压出的糖汁随滤清汁走。预压榨压缩空气压力为0.2~0.4MPa，挤压时间为20~30s。

5. 角水洗

从隔膜板的出汁管输入洗水，对经过预压榨的滤饼中的糖分进一步进行水洗，洗水透过滤布与滤饼，经箱式滤板的出汁孔流出，作为正水洗和生石灰消和用水。角水洗洗水温度80℃，角洗水量约为洗水总量的70%，洗水压强0.4~0.45MPa，压榨干燥后滤饼含糖≤0.5%。

6. 滤饼终级压榨

在角水洗结束后继续向隔膜腔内通入压缩空气，将滤饼颗粒空间内的液体进一步挤压出去，挤压出的滤液随角洗液走。滤饼终级压榨压缩空气压强为0.7MPa，时间约为1~2min。

7. 滤饼干燥

从隔膜板的出汁管输入压缩空气，将残留在滤饼内的液体进一步吹出，被吹出的气液混合物经旋流器减压分离后进入角洗液贮箱。滤饼干燥压缩空气压强为0.7MPa，时间为1~2min，滤饼固形物含量在68%~70%。

8. 泥汁通道排空与干燥

先将隔膜腔平缓泄压，再从尾板通入压缩空气将进汁通道内的泥浆经旋流器送回泥汁贮槽。关闭进汁排气阀，使压缩空气通入滤布与滤饼间的空隙，将滤饼与滤布分离，使隔膜板复位。排空干燥压缩空气压强0.3~0.7MPa，时间分别为30~40s。

9. 泄压、卸泥及滤布清理

排泥之前关闭进气阀，使压榨机泄压，隔膜腔内的压强达到0.01MPa以下后，翻板自动打开，液压系统拉板油缸带动推压板后退，通过联结片将滤板拉开，滤饼自动脱落。全部滤板分为四次拉开，每次拉开14片滤板，间隔时间约为60s。在间隔时间内，操作人员对滤布表面残渣进行清理和滤布整形。

三、密 压 机

（一）F96密压机主要技术参数

过滤面积：$96m^2$

滤片间隔：120mm

滤片数量：160片

最高过滤压力：0.4MPa

一碳汁过滤周期：3~4h

洗水温度：80℃
洗水压力：0.4~0.5MPa
水洗方式：二级正洗
滤饼含糖：≤0.1%
滤布冲洗水压力：0.4~0.5MPa
串罐、卸泥压缩空气压力：0.05~0.10MPa
主轴转速：0.6r/min
螺旋输送机转速：48r/min
设备质量：10000kg
外形尺寸：5270mm×2300mm×2700mm

（二）结构

密压机在制糖工业中用于一碳饱充汁全汁过滤，如图7-6所示。它是一个卧式圆形的密闭筒体，筒体两端用槽钢加固的封板密封，筒体两侧共设有四个安装门，用以更换滤布及检修。另有两个取样门，作为滤泥取样及观察用。筒体中央有一根空心轴，轴的转速为0.5r/min，轴上焊有20排空心引汁环，间隔为120mm，空心轴内焊有10根引汁管，每根引汁管与相邻两排引汁环相通，各引汁管分别通入机头集汁箱。在机头集汁箱设有视镜，用以观察滤清汁质量与流量。在每排引汁环上分别安装8片金属网状的扇形滤片，过滤时滤片的外围套有滤布。滤片的固定分为插接和直接压紧两种方式。插接是在扇形滤板

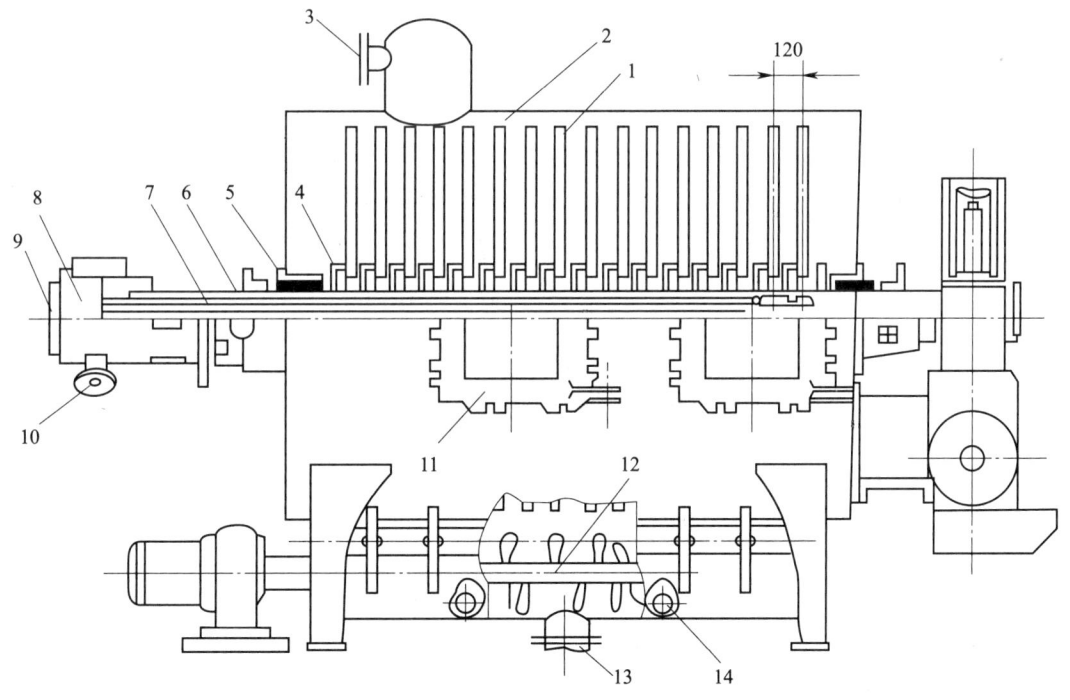

图7-6 密压机

1—扇形滤片 2—筒体 3—排空管 4—引汁环 5—密封函 6—空心轴 7—引汁管 8—机头集汁箱
9—视镜 10—清汁管 11—安装门 12—螺旋输送机 13—滤泥排管 14—进汁管

的出汁管上套上胶圈后插入引汁环的进汁孔，相邻两片扇形滤片通过弧形压板用螺栓连在一起，如图7-7所示。直接压紧是用正反螺栓将滤板直接固定在引汁环上，如图7-8所示。此外各引汁环上还另设有一个孔口，平时封闭，检修时打开孔口清除积液与积垢。筒内左上方有一根带有20个喷嘴的冲洗管，用于清洗滤板上的滤泥。筒体下方与筒体密封安装一台螺旋输送机，用于捣碎和输送滤泥，其转速为49.5r/min。过滤时饱充汁由螺旋输送机的侧方进入，过滤结束时机内糖汁用压缩空气经螺旋输送机底部的排出阀串入另一台密压机。

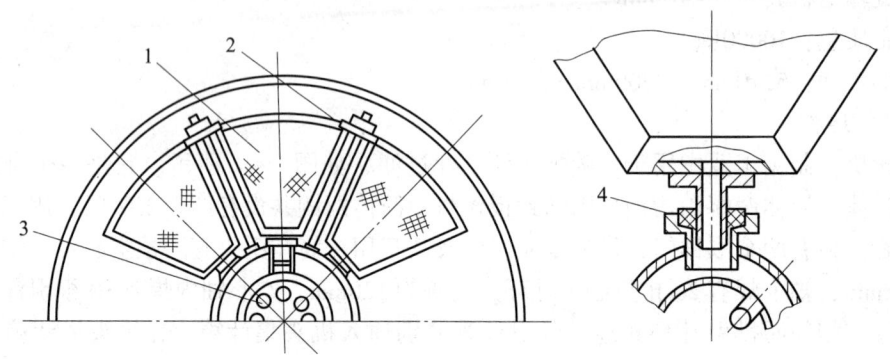

图7-7 滤片插接连接

1—滤片 2—压板 3—出汁管 4—胶圈

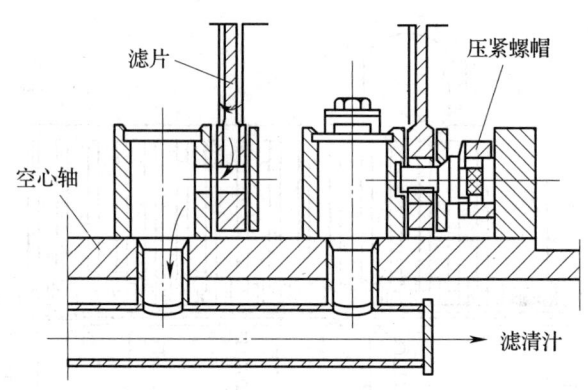

图7-8 滤片用螺栓直接压紧

（三）操作过程与技术要求

密压机的操作过程分为接受串汁、进汁过滤、串出机内糖汁、滤饼水洗、吹卸泥、滤布冲洗。

1. 接受串汁

打开串汁和出汁阀，接受由另一台密压机排出的糖汁。

2. 进汁过滤

关闭串汁阀，打开饱充汁进料阀进行过滤，过滤时间取决于加灰量和滤清汁出汁速度及质量，一般在3~3.5h，过滤时压强不超过0.4MPa，避免相邻两组滤板间的间隙被滤泥封死。

3. 串出机内糖汁

停止进汁过滤后,关闭进出汁阀,打开串汁阀,用 0.05~0.1MPa 的压缩空气将机内糖汁全部压入等待过滤的密压机内。

4. 滤饼水洗

由于滤饼内含有一定量的糖汁,通过对滤饼进行水洗,回收滤饼内的糖汁。密压机中滤饼糖分水洗一般分为两次进行,首先通入约占洗水总量30%的二次洗液作为初洗水对滤饼进行糖分初洗,初洗液随滤清汁走。然后再用大约80℃的热水对滤饼进行二次水洗,用水量为洗水总量70%,二次洗液引入二次洗液箱,作为生石灰消和和初级洗水。经过清洗的滤饼含糖一般在1.0%以下。

5. 吹卸泥与滤布冲洗

关闭进出汁和洗水进出阀,开动螺旋输送机,由集汁箱通入压缩空气,将滤布鼓起,使滤板上的滤泥脱落。关闭压缩空气,打开排泥阀进行排泥。排泥结束后,打开冲洗水阀,利用喷嘴喷射出的水流将滤布表面冲洗干净后,等待下一过滤周期。冲洗水压强为0.3~0.5MPa,压缩空气压强为0.45~0.50MPa。

密压机用于一碳汁过滤时过滤周期为3~4h,辅助时间为30~40min。

四、GP 片式增稠过滤器

GP 片式增稠器主要用于一碳、二碳饱充汁增稠和稀汁过滤,是比利时 Grand Pont 公司设计的产品。

(一) 主要技术参数

过滤面积:$52m^2$

滤片数量:26 个

滤片规格:400mm×2500mm

滤片间隔:110mm

过滤压力:≤0.1MPa

侧排容积:$4.7m^3$

底排容积:$0.9m^3$

筒体直径:1400mm

增稠泥汁波美度:18~21

(二) 结构

F52GP 增稠过滤器如图 7-9 所示,主要由器体、滤片和封头三部分组成。

器体上部直径为1400mm,高度2800mm;下部为60°锥形体。封头是高度为470mm的半椭圆体。滤片的周边为薄钢板,中间为金属网,26片滤片分成12组,每组滤片由一根出汁管将滤片连为一体,出汁管的进汁孔与滤片出汁通道相通。各出汁管两端套上胶圈后分别插入筒体定位孔和出汁孔,然后用槽形压板和螺栓将滤布压紧。出汁孔的出汁管在筒体外部的集汁箱汇集,管径为32mm,分别装有阀门,当发现滤清汁混浊时可将阀门关闭,停止该组过滤。进汁管与分料器相通,分料器经12根进料管与筒体相通,进料管出口位于上部封头内两组滤片之间,管口斜向上方。

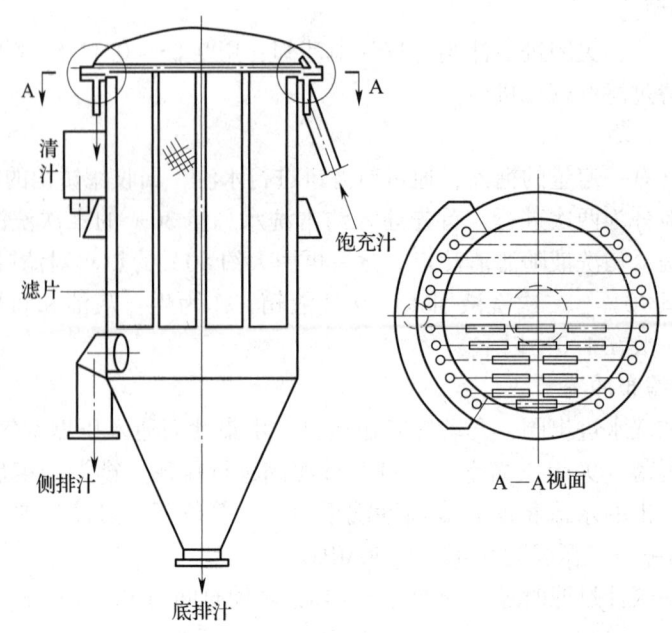

图7-9 片式增稠过滤器

(三) 操作过程与技术要求

GP增稠过滤操作分为进汁过滤、侧排、底排三个步骤，全程采用时间或流量程序控制。进汁、侧排、底排口均装有气动阀门，压缩空气压强为0.4~0.45MPa。

1. 进汁过滤

开启进、出汁阀，首先进入的糖汁经12根进汁管喷出，对滤布进行淋洗，待器内充满糖汁后，以0.3~1.0MPa的压强持续过滤，滤清汁经各出汁管汇入集汁箱排出。进汁过滤时间结束，进汁阀自动关闭。进汁过滤时间设定取决于总加灰量和预灰过程泥汁回流量，一般为13~15min。进汁过滤时间过长，导致滤板间隙被滤饼封死。进汁过滤时间过短，滤饼过薄，侧排时滤饼不易脱落，一般以保持底排泥汁波美度在18~21为宜。

2. 侧排

打开侧排阀，使器内糖汁经侧排管流回待增稠的糖汁贮筒。器内糖汁经侧排口排出时，使器内产生负压，空气自出汁管吸入，将滤布鼓起，使滤饼自动脱落。侧排时间一般为60s，侧排时间结束后，侧排阀自动关闭。

3. 底排

打开底排阀，使器内泥汁排入泥汁槽。底排时间一般为10~12s，底排时间结束后，底排阀自动关闭，进汁阀开启，进入下一过滤周期。

五、蜡烛式增稠过滤器

蜡烛增稠器主要用于一碳饱充汁增稠过滤，因过滤元件外形与蜡烛相仿，而被称为蜡烛增稠器。蜡烛式增稠器在我国、法国、德国均有设计产品，其中德国设计的产品最为完善。下面对德国Putsch公式设计的F84蜡烛式增稠过滤器作以介绍。

(一) 主要技术参数

过滤面积：84m²
滤芯数量：121个
正常过滤压力：0.2MPa
最大过滤压力：≤0.4MPa
过滤温度：80~85℃
单次底排与反洗总容积：3m³，其中反洗侧排量<1.5m³
筒体直径：2300mm
总高度：6020mm
增稠泥汁波美度：18~21

(二) 结构

蜡烛增稠器属于非连续过滤的增稠设备，具有回流反洗功能，主要由器体、滤芯、花板等部件组成，如图7-10所示。

器体上部为圆筒体，下部为锥筒体，进汁（侧排）管从锥筒体斜向进入，垂直竖立于筒体中央。滤芯为圆形栅格筒，内为不锈钢，外为聚丙烯，上部嵌入密封环内。花板是带有112个滤芯安装孔的圆形平盘，套好滤布的滤芯螺栓穿过花板，通过压紧件使滤芯密封组装在花板上，如图7-11所示。封头为半椭圆体，封头法兰与器体法兰通过密封件与花板密封组装，将增稠器分隔成过滤室和滤清汁室。封头出汁法兰与溢流箱进汁管通过弹性元件连接。

(三) 操作过程与技术要求

蜡烛增稠器的操作过程主要分为进汁过滤、泥汁底排、反洗侧排三个过程。

饱充汁以0.1~0.2MPa的过滤压强进入过滤室，滤清汁透过滤布，经滤芯内腔进入滤清汁室，从封头顶部出汁管压入上清汁溢流箱；滤泥则不断被挤压在滤布上，形成滤饼。溢流箱的总有效容积为3.5m³，内设溢流板，溢出的滤清汁进入下一工序。

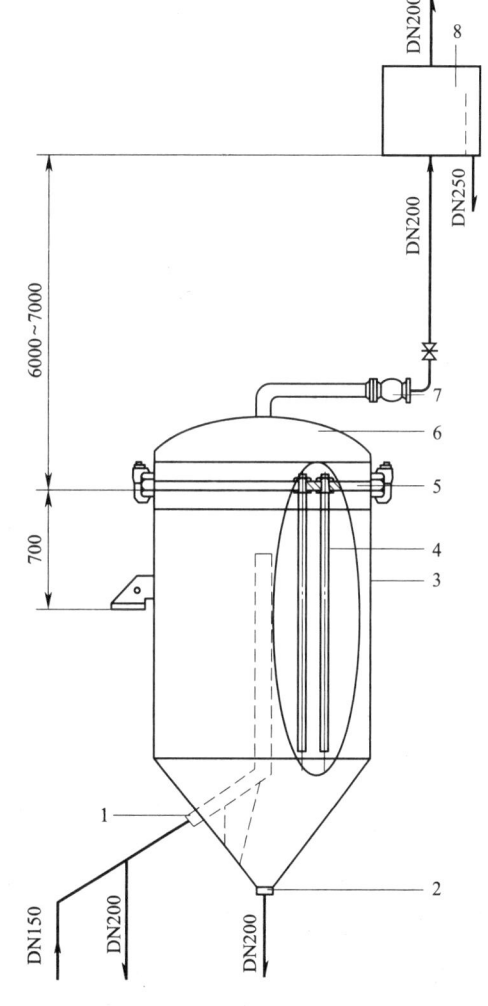

图7-10 蜡烛增稠器
1—进汁、侧排管 2—底排管 3—筒体 4—滤芯、滤布
5—花板 6—封头 7—软连接 8—上清汁箱

进汁过滤时间结束时，进汁阀关闭，底排阀开启，滤清汁借助位压从滤芯内反向冲回，将滤饼卸掉，滤饼与沉降在锥形底的沉淀物一起从底排管流出，一次底排量约为 1.5m³。底排时间结束，底排阀关闭，侧排阀打开，滤清汁继续反洗滤布，反洗滤清汁量为 1.0~1.5m³。反洗结束后，进入下一个过滤周期。进汁过滤与底、侧排量应根据待过滤汁中沉淀物含量和过滤阻力系数及过滤面积设定，保证滤饼脱落顺利、滤芯间不夹泥、底排泥汁浓度在 18°~21°Bé。滤清汁溢流箱与花板间的液位差一般为 6~7m。

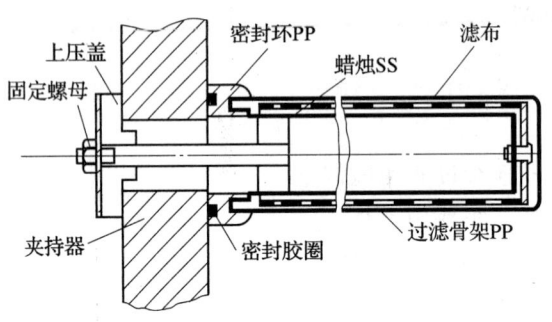

图 7-11　滤芯与花板密封组装图

六、Dds 片式增稠过滤器

F51Dds 增稠过滤器适用于一碳、二碳饱充汁增稠与稀汁过滤，是丹麦 Dds 公司设计的过滤设备。

（一）主要技术参数

过滤面积：51m²

容积：8m³

滤片数量：32 个

滤片中心距：115mm

正常过滤压力：<0.2MPa

过滤温度：80~100℃

（二）结构与操作要求

F51Dds 增稠过滤器的结构如图 7-12 所示，主要由器体、滤板、和封头等部件组成。器体由 4 块弧形钢板焊接而成，底部为四面锥形体。32 块滤板分两排组合安装在器内，每块滤板排出的滤清汁经透明观察管和短管引入集汁箱后排出。其操作过程与蜡烛增稠器相同，进汁过滤量、底排量、反洗侧排量则根据待过滤汁中沉淀物含量和过滤阻力系数及 Dds 增稠器的过滤面积设定。

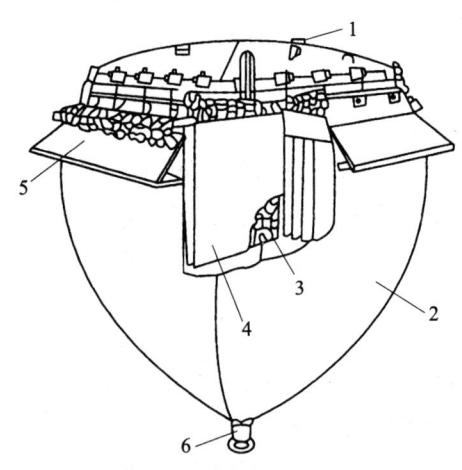

图 7-12　Dds 增稠过滤器
1—进汁管　2—器体　3—滤框　4—滤布
5—滤清汁集汁箱　6—泥汁排出管

七、袋滤器

袋滤器用于硫漂汁和糖浆的检查过滤,由于分离出的滤渣很少,所以一般采用位压筒实行静压过滤。

袋滤器主要由箱体、具有铰链及平衡锤的平板盖、滤板及集汁槽组成,如图7-13所示。箱体为长方形,箱底向排料口倾斜,箱体与平板盖间装有密封垫,采用铰链螺栓紧固。滤板为四方形,板面为波纹板或金属网,过滤面积为$1.0 \sim 2.0 m^2$/块。滤板上部为一根多孔金属管,用来引出滤清汁和支承滤板。滤板套好滤布袋扎紧后,相互平行安装在箱内固定位置,滤板出汁管与滤箱出汁管通过锥形胶管插接连接,滤清汁经滤箱出汁管汇集于集汁箱后排出。过滤结束时,打开平板盖,清除滤板表面的滤渣,洗液由排污口引出。

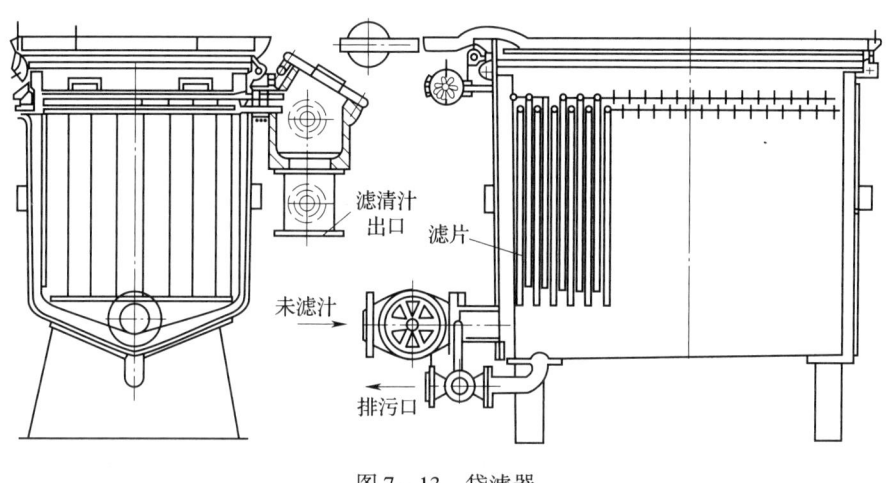

图7-13 袋滤器

第二节 真空吸滤设备

采用真空吸滤机进行泥汁过滤时,需配置抽汁(洗水)罐、平衡罐、冷凝器等附属设施,形成真空吸滤系统。如图7-14所示为采用喷射抽气式冷凝器的真空吸滤系统示意图。真空吸滤机按其结构可分为多隔室式、无隔室式、环带式和无滤布式等多种类型,其中无滤布式是向泥汁中加入蔗糠形成过滤介质,此类吸滤机适用于甘蔗糖厂的泥汁过滤。

一、多隔室式真空吸滤机

(一)结构

多隔室式真空吸滤机的结构如图7-15所示,主要由转筒、分配头、泥汁槽、洗水喷淋、刮泥板等部件组成。

转筒为双层,内层为封闭钢筒,外层为多孔钢筒,两端装有封板,封板中心装有空心轴,空心轴的封闭端装有传动轮,另一端与分配头的转动盘连通,转筒圆周线速度为

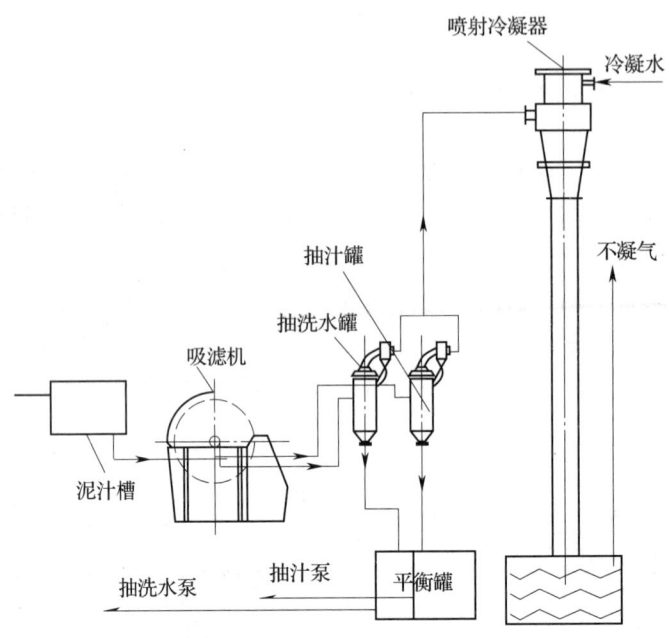

图 7-14 真空吸滤系统

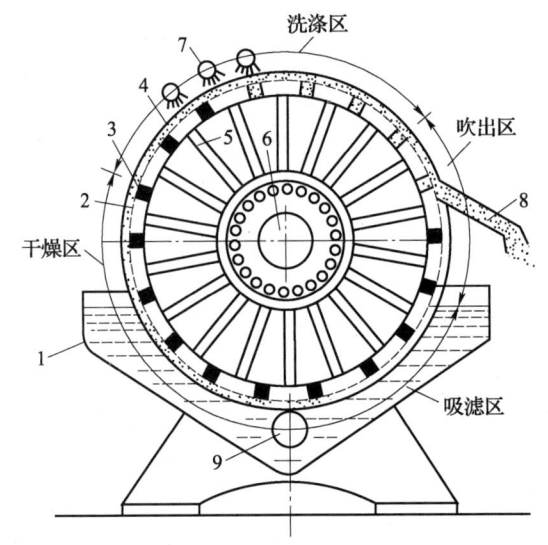

图 7-15 多隔室式真空吸滤机
1—泥汁槽 2—转鼓 3—隔板 4—腔室 5—连接管
6—分配头 7—喷嘴 8—刮泥板 9—搅拌器

2~4m/min。内外筒间由隔板分成若干独立腔室，每个腔室的内筒开有抽汁孔。在外筒表面敷设滤布后，形成过滤表面。分配头分为转动盘和固定盘，由耐磨合金制成，如图7-16所示。转动盘随转筒转动，盘上设有与腔室数量相对应的孔眼，孔眼与各腔室的抽汁孔由铁管胀接连通。固定盘上带有3个弧形孔，分别与真空抽汁、抽洗液和压缩空气管相通。转动盘与固定盘通过压力摩擦接触，使转鼓上的各腔室分成吸滤、水洗与脱水、卸泥及滤布再生四个工作区。泥汁槽为长方形槽体，底部带有搅拌器，槽内泥汁液位保持在使转筒表面的 35%～40% 浸入泥汁中。洗水喷淋为 3 或 4 根带有多喷嘴的水管，喷嘴射流横向覆射滤饼。刮泥板是一块长度略大于滤饼宽度，可调整倾斜角度的钢板。

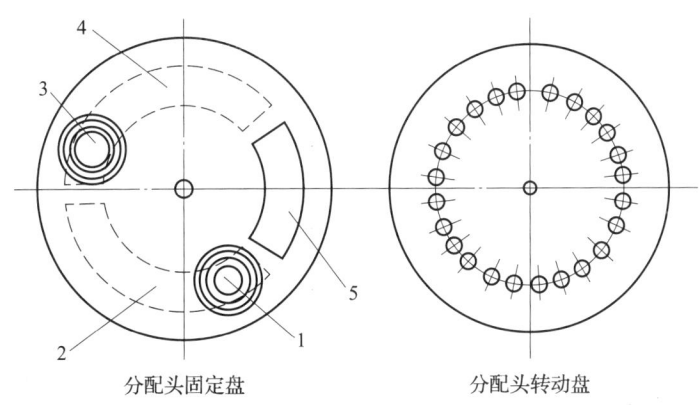

图 7-16　分配头分解图
1—抽汁管　2—吸汁孔　3—抽液管　4—吸液孔　5—吹气孔

（二）工作原理

当转筒转动时，转筒上的每个腔室，通过转动盘上的孔口，依次与固定盘上的弧形孔接通。腔室与抽汁孔相通时，过滤面将泥汁吸起，滤清汁透过滤布进入腔室，经抽汁孔抽出；滤泥留在滤布表面形成滤饼，滤饼离开泥汁槽后，滤饼中的糖汁继续被抽吸，腔室与抽汁孔隔离前，滤饼中固形物含量约达到 50%。腔室与洗液抽出孔相对后，首先进入喷淋区，从喷嘴射出的洗水均匀喷淋到滤饼表面，洗液透过滤布进入腔室，经洗液抽出孔抽出；离开喷淋区后，滤饼中的洗液继续被抽吸，到达卸泥区前，滤饼固形物含量约为 50%。当腔室与压缩空气或蒸汽进气（汽）孔相通时，滤饼被吹落，堵塞在滤布孔道内的滤渣被清除，滤布得到再生。脱落的滤饼和滤渣，被刮泥板刮入滤泥槽排出。多隔室式真空吸滤机的抽汁孔与抽洗液孔的真空度一般在 5.33×10^4～6.67×10^4 Pa，吸滤角在 90°～120°，滤饼含糖量约为 1.0%。

二、无隔室式真空吸滤机

（一）结构

无隔室式真空吸滤机的结构如图 7-17 所示，主要由转鼓、空心轴、洗液收集槽、吹气反洗室、泥汁槽和刮泥板组成。

转鼓的转筒为单层多孔钢桶，两侧装有封板，封板上设有人孔，封板的中心带有轴颈，通过轴承和密封件与空心轴连接，转筒圆周线速度为 2～4m/min，在转筒外部敷设滤布后形成过滤面。空心轴为固定轴，在轴的中段，用一块隔板将轴内分隔成滤清汁和洗液两个腔室，滤清汁吸出管与洗液吸出管分别与两个腔室相通，两个腔室分别与真空抽汁管和真空抽洗液管相通。洗液收集槽固定安装在转筒内的空心轴上，从槽体上部吸落下来的洗液，落入槽内后经吸液管抽出。吹气反洗室由支撑臂定固定在空心轴上，为半封闭室，对着转筒的面敞开，室内设有水气两条纵向狭缝出口，出口与转筒相对。吹气反洗室的周边和两条狭缝间，设有可以径向移动橡胶块，通过液压橡胶囊，推动橡胶块，使其紧压在转筒内壁上，将吹气反洗室与真空区密封分隔。喷淋水洗、泥汁贮槽与刮泥板的构造与有隔室式真空吸滤机基本相同，刮泥板与滤饼的接触点位于滤布再生反洗液出口以下。

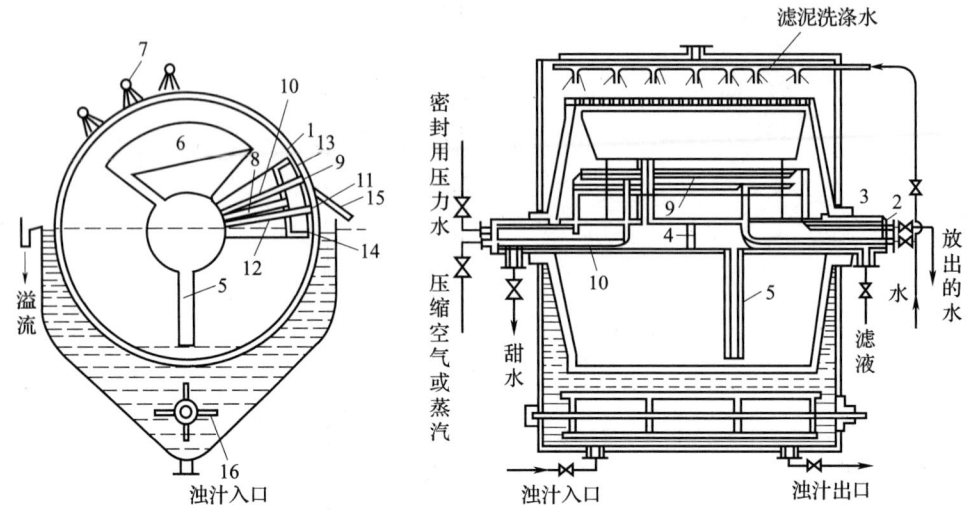

图 7-17 无隔室式真空吸滤机

1—转鼓 2—空心轴 3—轴颈 4—隔板 5—吸汁管 6—洗液收集盘 7—洗水喷嘴 8—橡胶囊压力水管 9—出气狭缝 10—压缩空气管 11—出水狭缝 12—洗水管 13—耐磨橡胶块 14—橡胶水囊 15—刮泥板

（二）工作原理

转筒转动时，进入泥汁的过滤面借助筒内真空将泥汁吸附在滤布表面，滤清汁透过滤布沿筒壁流入筒内最低点后被滤清汁吸出管吸出，滤泥留在滤布表面形成滤饼，当带有滤饼的过滤面离开泥汁槽后，滤饼中的糖汁继续被吸入筒内，到达喷淋水洗前滤饼中的糖汁含量在 50% 左右。喷淋管喷射出的洗水均匀喷洒到滤饼上，初洗液沿筒壁与滤清汁汇合；滤饼到达洗液收集槽上方后，滤饼中的洗液不断被吸入筒内落入洗液收集槽，经洗液抽液管吸出。滤饼移动到卸泥区时，干固物含量约为 50%，从筒内吹气反洗室排出的压缩空气将滤布鼓起，使滤饼脱落；随后从筒内吹气反洗室射出的滤布再生洗水对滤布进行反洗，将滤布表面和堵塞在滤布孔道内的泥渣洗掉，滤饼和洗布泥浆被刮泥板刮入滤泥槽排出。无隔室式真空吸滤机的抽吸室真空度在 $4.67 \times 10^4 \sim 6.0 \times 10^4$ Pa，液压橡胶囊的给水压强为 0.04MPa，吸滤角在 130°~150°，滤饼含糖量约为 1.0%。

三、环带式真空吸滤机

环带式真空吸滤机是在多隔室式真空吸滤机的基础上改进的吸滤设备，如图 7-18 所示。其与多隔室式真空吸滤机的区别在于：

（1）取消外筒，用定型聚丙烯隔板填充腔室，形成外筒。
（2）将外筒上敷设滤布改为环带滤布。
（3）分配头固定盘上的抽汁孔与抽洗液孔连通，取消压缩空气入孔，滤清汁与洗液合流，将泥汁吸滤角加大到150°。

（4）增设托辊、打布辊、扩布辊、滚轴和热水洗布槽，打布辊截面图如图7-19所示。当过滤面脱离真空区后，滤布携带滤饼拉出，经托辊回转时将滤饼卸掉，然后进入热水洗布槽被转动的打布辊拍打，使滤布在热水中来回抖动，将滤布上残留的滤渣洗掉。滚轴分为固定和调校两种，固定滚轴用以导引滤布，调校滚轴的作用是使滤布两侧的松紧一致，防止滤布向松弛一侧偏移。扩布辊位于滤布进入转鼓之前，其表面为凸起的、由中间向两侧扩展、螺距逐渐增大的螺纹线。扩布辊为固定安装，滤布经过时，辊表面凸起的螺纹线对滤布产生的摩擦阻力的横向分力将滤布横向张开。

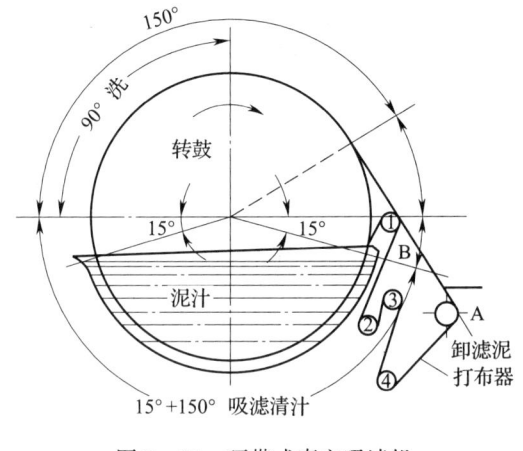

图7-18 环带式真空吸滤机

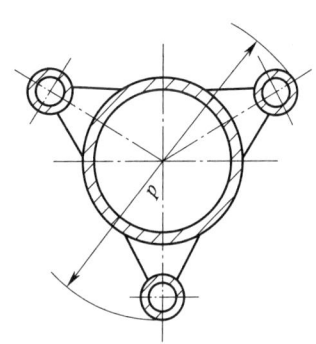

图7-19 打布辊截面图

第三节 过滤计算

一、平均过滤速度

平均过滤速度是指在特定过滤介质、过滤温度及过滤压强下，在一个过滤周期的进汁过滤时间内，滤清汁通过单位过滤面积的平均体积流量，用式（7-1）表示：

$$v = \frac{Q}{FZ} \tag{7-1}$$

式中　v——平均过滤速度，$m^3/(m^2 \cdot min)$

　　　Q——滤清汁量，m^3

　　　F——过滤面积，m^2

　　　Z——过滤时间，min

过滤介质、过滤温度及压强、过滤操作方式、过滤对象不同，获得的过滤速度就不同，具体平均过滤速度由生产查定获得，设计计算时可参考表7-1中的数据进行计算。

表7-1　　　　　　　　各类过滤设备的过滤速度、压强参数表

设备类型	用途	过滤压强/MPa	平均过滤速度/[m³/(m²·min)]
板框压滤机	一碳饱充汁、泥汁过滤	≤0.4	0.004~0.005
	硫漂汁、糖浆过滤	≤0.2	0.002~0.003

续表

设备类型	用途	过滤压强/MPa	平均过滤速度/ [m³/ (m²·min)]
隔膜式压滤机	泥汁过滤	≤0.4	0.004~0.005
密压机	一碳饱充汁过滤	≤0.4	0.004~0.005
	二碳饱充汁过滤	≤0.4	0.008~0.010
GP 增稠器	一碳、二碳饱充汁增稠过滤	≤0.1	0.020~0.025
蜡烛增稠器	一碳、二碳饱充汁增稠过滤	≤0.2	0.020~0.025
Dds 增稠器	一碳、二碳饱充汁增稠过滤	≤0.2	0.020~0.025
袋滤器	硫漂汁过滤	0.05	0.008~0.012
	糖浆过滤	0.05	0.0015~0.0025
真空吸滤机	泥汁过滤	-0.007~-0.005	0.010~0.020

二、全汁过滤与泥汁过滤进汁过滤时间计算

设 p 为待滤汁对甜菜的质量比（%），x 为加入的石灰对甜菜的质量比（%），而湿滤泥的水分经测定约为 50%。

根据饱充过程反应方程式计算湿滤泥对甜菜的质量比（%），则 y 为

$$CaO + O_2 = CaCO_3$$
$$56 \quad\quad\quad 100$$
$$x \quad\quad\quad y(1-50\%)$$

$$y = \frac{100x}{56(1-50\%)} = 3.57x \quad (7-2)$$

由于滤泥中吸附有糖分和其他非糖分，所以湿滤泥对甜菜的质量比近似等于 $4x$，而滤清汁对甜菜的质量比 a 则为：

$$a = p - 4x \quad (7-3)$$

当进汁过滤时间为 t_1 时，滤饼厚度为 b，密度为 ρ_1 时（ρ 约为 1250kg/m³），1m² 湿滤饼的质量则为 $1 \times b\rho_1$，获得的滤清汁量为 $1 \times t_1 v \rho_2 \varphi$；$v$ 为平均过滤速度，φ 为系数，ρ_2 为滤清汁密度，滤饼两侧为过滤面时 $\varphi = 2$，滤饼单侧为过滤面时 $\varphi = 1$。

因为湿滤泥与滤清汁的质量比等于每平方米湿滤饼与积累 1m² 湿滤饼获得的滤清汁质量比。

即：

$$\frac{4x}{p-4x} = \frac{1 \times b\rho_1}{1 \times t_1 v \rho_2 \varphi}$$

所以进汁过滤时间 t_1 为

$$t_1 = \frac{(p-4x)b\rho_1}{4xv\rho_2\varphi} \quad (\text{min}) \quad (7-4)$$

三、增稠过滤有效进汁过滤时间计算

设单台增稠过滤器的过滤面积为 F（m^2），泥汁排放容积为 V（m^3），待滤汁锤度为 Bx_1、滤清汁锤度为 Bx_2、泥汁设定锤度为 Bx_3、泥汁密度为 ρ_3（kg/m^3），每台增稠器在过滤周期内有效进汁过滤时间为 t_1（min）、平均过滤速度为 v [$m^3/$($m^2 \cdot$ min)]、进汁量为 G_1（kg）、滤清汁量为 G_2（kg）、泥汁量为 G_3（kg）。

根据物料衡算 $G_1 Bx_1 = G_2 Bx_2 + G_3 Bx_3$

$G_1 = G_2 + G_3$，得

$$G_2 = \frac{G_3(Bx_3 - Bx_1)}{Bx_1 - Bx_2} \tag{7-5}$$

将 $G_3 = V\rho_3$，$G_2 = vt_1 F$ 代入式（7-5）得

$$t_1 = \frac{V\rho_3(Bx_3 - Bx_2)}{Fv(Bx_1 - Bx_2)} \quad (\text{min}) \tag{7-6}$$

四、时间利用系数

时间利用系数是指在过滤周期时间内，有效进汁过滤时间与过滤周期时间的比值，用式（7-7）表示：

加压过滤设备

$$\eta = \frac{t_1}{t_1 + t_2} \tag{7-7}$$

式中 t_1——有效进汁过滤时间，min

t_2——辅助时间，min。对于板框压滤机、隔膜压滤机、密压机，t_2 为滤饼水洗、干燥、卸泥、滤布机上清洗等辅助操作需用时间；对于增稠过滤设备，t_2 为充容、底排、侧排和反洗时间；对于袋滤器，t_2 为滤渣清洗时间

真空吸滤设备

$$\eta = \frac{\text{吸滤角度}}{360} \tag{7-8}$$

五、需用过滤面积 F 计算

$$F = \frac{1000aA}{1440v\rho\eta kK} \tag{7-9}$$

式中 F——需用过滤面积（不包括换洗备用机台），m^2

a——滤清汁量对加工甜菜量的质量比，由物料衡算求得

A——日加工甜菜量，t/d

v——平均过滤速度，$m^3/$（$m^2 \cdot$ min）

ρ——过滤温度下的滤清汁密度，kg/m^3

η——时间利用系数

K——生产不均衡系数，取 0.8~0.9

k——滤清汁抽出率，$k = \dfrac{v_1 - v_2}{v_1}$。在过滤周期内，$v_1$ 为通过过滤表面的滤清汁量，v_2 为初滤清汁回流量和卸泥反洗耗用滤清汁量

六、过滤设备配备数量计算

在实际生产运行过程中,每种待滤汁的过滤设备都应有一台处于换布清洗状态,所以过滤设备配备数量计算式为

$$n = \frac{F}{f} + 1 \qquad (7-10)$$

式中　n——配备过滤设备数量

　　　F——需用过滤面积,m^2

　　　f——单台过滤设备的过滤面积,m^2

第八章 加热设备

第一节 加热器的类型与构造

一、加热器的发展与分类

加热是甜菜糖厂工艺过程中不可缺少的单元操作之一。无论在甜菜渗出过程、糖汁澄清过程或煮炼工序中，都需要对糖汁、糖蜜或其他物料进行加热操作，以满足工艺的需要。这一操作是用加热装备即加热器来完成的，所谓加热器就是实现热量传递的一种热设备。

加热器有多种型式并随工业的发展而扩大。早期的加热设备由于制造工艺与科学水平的限制，多具有结构简单、加热面积小和体积较大等特征，如夹套式和蛇管式加热器等。后来，由于制造工艺的发展，研制出一种列管式或管壳式加热器。这种加热器的特点是单位体积设备所能提供的加热面积要大得多，传热效果也好，成为长期以来在工业生产中所使用的典型的加热设备。20世纪60年代左右，由于制造工艺得到进一步完善，一些新型的加热器，如螺旋板式、板壳式、板翅式、板式等加热器获得发展，应用也越加广泛。另外，在这个时期，又相继出现了其他一些新型加热器，如聚四氟乙烯加热器和热管等，使加热器的种类更加多样化。在制糖工业中，长期以来占主导地位的加热设备也是列管式加热器，近年来则逐步引入新型高效的加热设备，如国外有的大型现代化糖厂中，相当一部分列管式加热器已被板式加热器所取代。

工业生产中，由于用途、工作条件和载热体的特性等不同，对加热器提出了不同的要求，出现了不同型式和结构的加热器，为了便于对其进行分析研究，就有多种分类方式。如按作用原理或传热方式分类，有混合式、蓄热式和间壁式加热器。混合式是利用两种换热流体的直接接触与混合作用来进行热量交换，如直接将蒸汽喷入冷水中加热；蓄热式是让两种温度不同的冷热流体先后通过同一种圆体填料进行热量传递；间壁式则是利用一种固体壁面将进行热交换的两种流体隔开，使它们通过壁面进行传热，这种形式的换热器使用最为广泛，甜菜糖厂也都用这类加热器加热物料。

间壁式加热器有多种型式，按传热面的形态和结构可分类如下。

1. 通过管壁传热的加热器（即管式）
 (1) 蛇管式加热器；
 (2) 套管式加热器；
 (3) 列管式加热器 这类加热器又可分为固定管板式、U形管式和浮头式等。

2. 通过板面传热的加热器（即板面式）
 (1) 螺旋板加热器；
 (2) 板式加热器；
 (3) 伞板式加热器；
 (4) 板翅式加热器；

（5）板壳式加热器。

综上所述，在制糖工业和其他工业中使用的加热器种类和形式是很多的，但完善的加热设备应尽量满足下列几种要求：

（1）保证达到工艺所规定的加热条件；
（2）强度足够，结构可靠；
（3）便于制造、安装和维修；
（4）经济上要合理；
（5）传热效率高，流体阻力小。

下面主要介绍甜菜糖厂常用的加热器。

二、蛇管式加热器

蛇管式加热器是一种较简单的加热设备。广泛用于化工、轻工、制药及其他工业中。糖厂的煮炼工序中，有时用于结晶罐进罐前的物料如糖蜜、洗蜜的加热。这种加热器按其结构形状又可分为沉浸式和喷淋式加热器两类，糖厂常用前者。

沉浸式蛇管加热器的结构如图 8-1 所示。蛇管式加热器的传热面是由弯曲成蛇形的管子组成。蛇管的材料有钢管、铜管或其他有色金属管、陶瓷管、石墨管等。蛇管浸没在盛有载热体的容器内。当蛇管内的热源是液体时，为使整个管中经常充满液体，液体应从蛇管的下端送入，至上端流出；当蛇管内的热源是蒸汽时，为了避免因管内积存冷凝水而产生水击与阻塞，蒸汽应从上部进入，冷凝液则从下端排出。中间加内套筒是为了减少管外流体截面积，提高流速和传热效率。

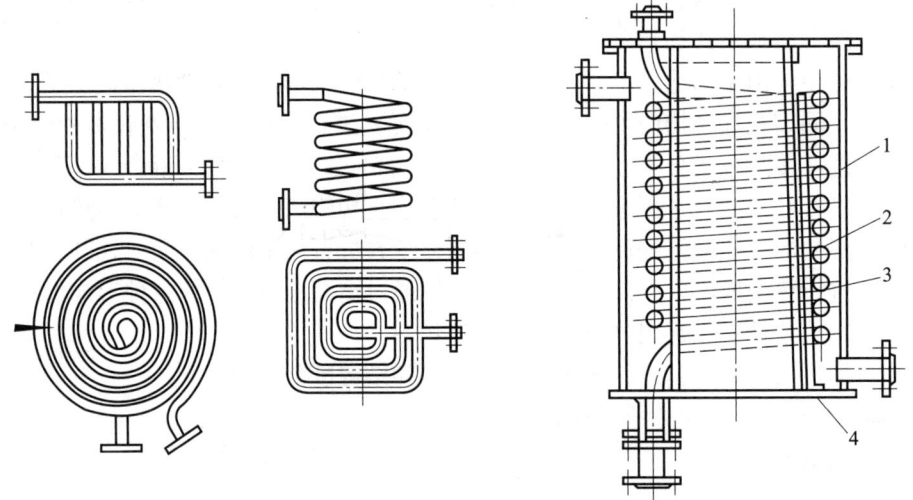

图 8-1　沉浸式蛇管加热器
1—壳体　2—蛇管　3—支架　4—内套筒

蛇管加热器的优点是：
（1）结构简单，造价低廉；
（2）蛇管能承受高压；
（3）操作管理比较方便。

其缺点为：

（1）传热效率低；

（2）设备笨重，不适合制造传热面积较大的大型加热设备。

此外，糖厂有时也采用鼓泡式加热器。这种加热器是借助于带有小孔的管子来加热。蒸汽通入管子，经小孔直接排入并与物料混合。显然这种加热方法稀释了物料，所以只能应用于加热水或浓度过高的糖蜜等。

三、多程列管式加热器

（一）多程列管式加热器的结构

多程列管式加热器又称管壳式加热器，常用的为固定管板式加热器，如图 8-2 所示，是糖厂使用最为广泛的一种加热装备。

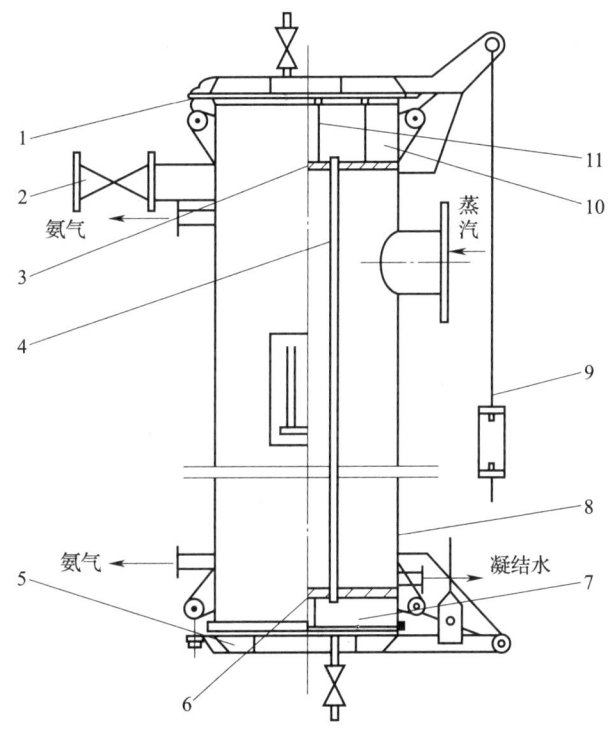

图 8-2 多程列管式加热器

1—上盖 2—双路阀 3—上管板 4—加热管 5—下盖 6—下管板
7—下糖汁分配室 8—壳体 9—拉杆 10—上糖汁分配室 11—分层隔板

这种加热器体是一个钢制圆筒，两端用上盖和下盖密闭。加热面是由许多直管表面所组成，加热管的两端胀接或焊接在上、下管板上。糖汁在管内流动，蒸汽自蒸汽入口进入在管外加热。在两端上下公共室（或称分配室）中有特别排列的纵向隔板，把加热器分成多次管程，每通过加热管一次称为一程。在隔板分成的分室中，糖汁进入的第一分室和排出的最后分室为一个管程，其余均具有两个管程，糖汁在一个管程中上升，而在另一个管程中下降。如图 8-3 所示为上下公共室中所分隔的分室的一种形式以及糖汁的流动方向。由于总管程总是偶数，因此根据管程数，有 6 程、10 程、12 程等加热器，图 8-3 中为 16 程，糖汁从上端进入上公共室的第一分室，由于隔板的阻隔，糖汁在一束管子中自上而下流入下公共室的第一分室，再通过另一束管子自下而上流至上公共室第二分室，再经另一束管子下降，如此上下循环，最终由上公共室最后的分室流出器外。在进汁和排汁口安装双路阀或双开关阀控制启用或停用。如图8-4所示为双路阀，图中双阀盘关闭加热器的进出口，处于停用状态，糖汁自左端进入，沿弯道自右端排出。如启用加热器，则转动手柄，阀盘自加热器进出口移动至弯道进出口，将弯道关闭。则左端流入的糖汁进入加热器进口，从加热出口排出的糖汁自右端排走。显然双路阀只能截止或开通，不能调节。

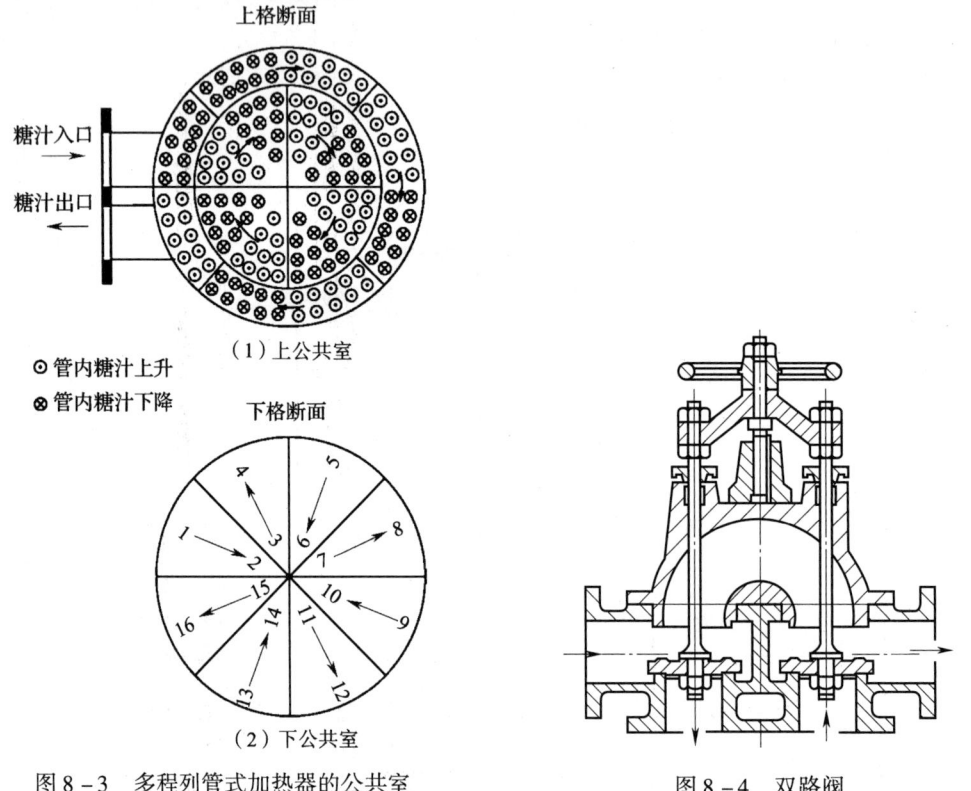

图8-3　多程列管式加热器的公共室　　　　图8-4　双路阀

在多程列管式加热器中，当管子数目及被加热的糖汁量与单程列管式加热器相同时，糖汁通过的速度比单程加热器为快，并随程数的增加而增大。例如12程加热器糖汁在管子中的流速约为管数相同的单程加热器的12倍。提高糖汁流速可使糖汁的湍流程度增加，使传热系数增高，减慢积垢的生成速度。但流速太大时，流体阻力增加，增加泵的功率消耗。通常采用的糖汁流速为1.2~1.5m/s。

加热器的上盖和下盖分别用铰链与器体上的两个支架连接，以便向一边启开。两盖再用铰链连接在拉杆上。两个盖的重量差不大，只需要克服铰链的摩擦阻力，就能方便地开启。上下盖与器体是用大直径的铰链螺栓连接密闭的。为使器内各程密封，在分配室的各分程隔板与盖子的结合处开设燕尾槽，敷设耐热橡胶垫片。

加热蒸汽经蒸汽阀自器体中部进入，汽凝水从加热室的底部接管排出。而氨气及其他不凝气则从顶部与底部的排气管排至大气或其他真空管路中。在上盖上装有排气阀，在下盖安装有排汁阀。

在这种加热器中,管束与壳体是刚性连接的,若管外蒸汽的温度高于管内流体的温度,则壳体的壁温高于管束壁温,壳体的伸长大于管束的伸长,在壳体截面和管束截面上便产生了热应力。若此热应力很大,应在壳体上设置膨胀补偿器。

U型管式列管加热器是把加热管束弯成U形,管子的两端固定在同一管板上,因此每根管子可以自由伸缩。这种加热器适用于高温和高压的场合。

浮头式列管加热器的两端管板之一不与外壳固定连接,该端称为浮头。当管子受热时,管束连同浮头可以自由伸缩,这样不但可以补偿热膨胀,而且由于固定端的管板是以法兰与壳体相连,因此管束可以从壳体中伸出,便于清洗和检修,但该器结构较复杂,造价较高。

在糖厂使用的加热器中,两种换热介质的温差不大,热应力较小,同时,为了不使设备结构较复杂,U型管和浮头式列管加热器糖厂很少使用。

(二) 列管式加热器主要结构的设计

1. 加热管在管板上的排列

加热管在管板上的排列主要采用三种方法,即等边三角形排列法、正方形排列法和组合排列法。

等边三角形排列法如图8-5(1)所示。其优点是在一定的管板面积上可以放置较多的加热管,提供较多的传热面。

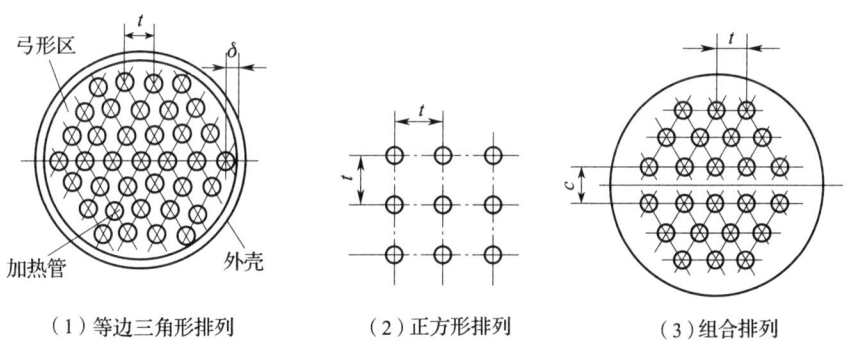

(1)等边三角形排列　　(2)正方形排列　　(3)组合排列

图8-5 加热管在管板上的排列

正方形排列法如图8-5(2)所示。在一定的管板面积上排管数比三角形排列法少10%~14%。其优点在于加热管外表面可用机械方法清理,管间可处理较脏流体。在浮头式和填料函式加热器中多采用这种排列法。

在多程列管式加热器中,常常在各程间采用等边三角形排列法,而在程与程之间采用正方形排列法,称为组合排列法,如图8-5(3)所示,图中尺寸标注c为管程隔板两侧第一排管子中心之间的距离。

图8-5中所标注的t,表示相邻加热管中心的距离,称为管间距。在加热器的传热面积及加热管长一定的情况下,管间距t越小,则加热器壳体直径就越小,从而使加热器的紧凑性提高。同时又可提高壳程流体的流速,有利于传热。但当管间距过小,管板强度下降,并影响管子和管板的连接质量,还会给清洗带来麻烦。

综上所述，在采用等边三角形排列时，应使管间距 $t \geqslant 1.25d_w$（d_w 为加热管的外径）；采用正三角形排列时，应使 $t_{最小} \geqslant d_w + 6$（mm）。最外层列管中心至壳体内表面的距离 $e \geqslant \frac{1}{2}d_w + 10$（mm）。对于多程列管式加热器管程隔板槽两侧第一排管子中心之间的距离 c，可根据表 8-1 查取。

表 8-1　　　　　　　　　多程列管式加热器的 c 值　　　　　　　　　单位：mm

d_w	19	25	38
c	38	44	57

2．加热管与管板的连接

加热管与管板的连接是设计、制造中的重要环节，直接影响生产和操作。连接的方式有三种：胀接、焊接和焊接加胀接。

（1）胀接　胀接就是利用胀管器伸入管板孔内的换热管端部滚辗而扩张，产生塑性变形。同时，因加热管径的增大又迫使管板产生弹性变形。当胀管器撤除后，管板的弹性变形欲恢复原状，而加热管的塑性变形部分则不能恢复，结果使管板与加热管紧密地贴接，从而达到密封和牢固连接的目的。如图 8-6 为胀管前后管径增大和受力情况的示意图。

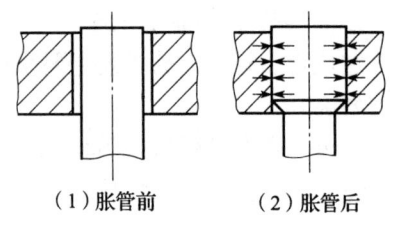

图 8-6　胀管前后管端变化示意图

为了保证胀接的高质量，应注意下列几点：

① 管板材料的硬度高于加热管材的硬度。除在选材时注意这一点之外，胀管前应把加热管端退火。

② 管板孔与加热管之间的间隙。在保证顺利穿管的前提下应尽量减少，以防止胀管时管端塑性变形太大而影响加热管的强度。

③ 关于管孔板的形式。对于设计压力不大于 0.6MPa 及胀口所受拉脱力较小时，可采用光孔，否则采用带环形槽的管板孔。

管板孔和管端的表面粗糙度，对于加热器所处理的介质不易渗漏时，一般可取 Ra 10~20μm；当介质易渗漏时可取 Ra 5~10μm。但都不得有纵向划痕。

④ 胀管前的清理。管板孔及管端必须清理干净，不得有油渍、污物、铁屑和锈蚀等。应将管端清锈至呈现金属光泽，清锈长度不小于管板厚度的 2 倍。

⑤ 胀接温度。胀接工作不应在低于 -10℃ 温度下进行。

⑥ 胀度要适当。胀接过轻，不能保证密封性和牢固性；胀接过重，则因管壁减薄太大，导致管子断裂或管板变形。

胀接法一般多用于压强小于 4MPa、温度低于 300℃ 的条件下。高温时胀接处管板和加热管之间的挤压应力降低，引起接头松动而泄漏。加热器、蒸发罐加热面积较大，管径较小，因而常用胀接，结晶罐用胀接也可用焊接。

（2）焊接　焊接连接具有气密性良好、承压能力高、对管板孔的加工要求低、允许采用较小的管板厚度、焊接制造比较简单等优点。所以焊接连接应用越来越广泛。特别是温度超过300℃，压力超过4MPa或要求接头绝对不漏时，以及管材料为不锈钢等不易胀紧的场合下，采用焊接比较可靠。如图8-7为两种管子与管板的焊接形式。图中（1）为常用的焊接形式，适用材料为碳钢、不锈钢。为了在停车后，避免管板上有流体停滞，并补偿管子入口处压力损失的特殊情况，减少管口处阻力，可参照图中（2）所示的形式，但这种结构焊接技术要求较高。

在加热管和管板的焊接连接中，当管壁和管板厚度相差很大时，常因焊接过程中两者的冷却速度不同而产生热应力，使焊缝开裂。因为焊接后，管板孔和加热管之间仍然存在着环形间隙，如图8-7所示，从而造成"缝隙腐蚀"。因此国内外广泛采用焊接和胀接同时并用的方法。

（3）焊接加胀接　焊接以后再加胀接，减少了加热管与管板孔之间的间隙，可以减少焊接裂纹，提高接头的抗疲劳性能，消除了应力腐蚀与缝隙腐蚀，使用寿命比单用焊接时长。所以在高温高压加热器制造中，目前几乎都采用这种方法。焊胀结合的结构，可采用胀后密封焊、焊后贴胀（轻度胀接、清除间隙）等方法。通常在温度不太高而压力很高，或介质极易渗漏，或要求绝对不漏的情况下，采用胀接加密封焊，这种结构以胀接承受连接强度，后密封则为加强密封性。在有缝隙腐蚀的物料接触时，为了消除管子与管板孔之间的间隙，防止缝隙腐蚀，采用焊后贴胀的方法。

为了更进一步提高大型、高温、高压加热器的质量和生产率，国外还发展了爆炸胀接和脉冲胀接的新工艺。

3. 管板与壳体的连接

管板与壳体的连接形式分为两类：一是不可拆式；二是可拆式。

对不可拆式的加热器，其壳体与管板采用焊接形式连接。常用于刚性结构的固定管板式加热器。如图8-8是在设计中常用的一种结构形式。这种形式的管板背后开槽，壳体嵌入槽内后再进行焊接，壳体容易对中，施焊方便，焊接质量好，管板兼作法兰。也常用管板直接焊接在壳体上。

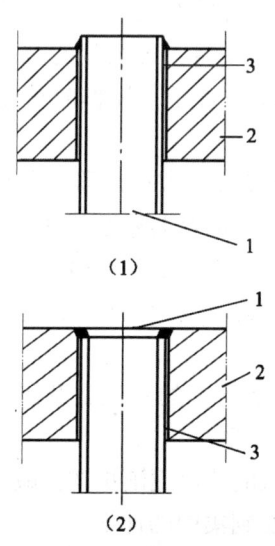

图8-7　管子与管板的焊接形式
1—加热管　2—管板　3—间隙

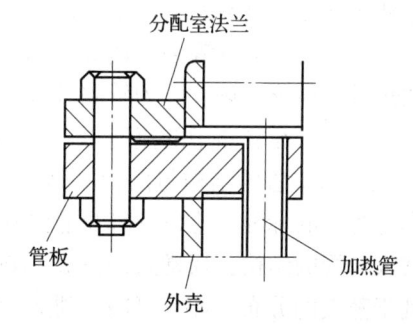

图8-8　管板与壳体的不可拆连接

可拆式管板因管束经常需抽出清洗、维修，所以管板与壳体不采用焊接连接，而制成可拆形式，固定在壳体法兰与管箱法兰之间，图8-9为两种夹持形式。可拆式连接一般用于浮头式、U形、填料函式等加热器，结构复杂，糖厂较少采用。

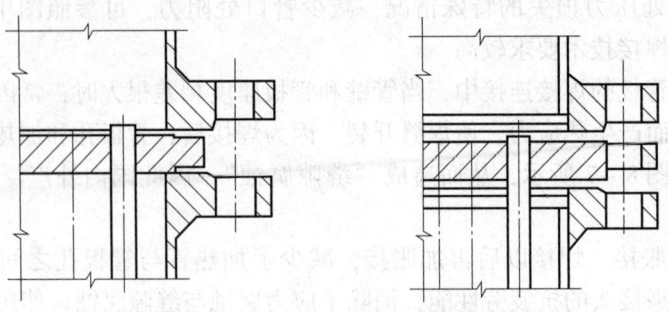

图8-9　管板与壳体的可拆连接

4. 不凝气、汽凝水及加热蒸汽管的连接

(1) 不凝气管的连接　为了能很好地排出不凝气，应该很好地考虑不凝气排出管的连接。由于加热器直径不大，一般只于蒸汽入口的对面安装排气管。

在用汽轮机或蒸汽机的乏汽或者用减压蒸汽加热时，汽鼓压力大于大气压力，此时不凝气管可直接通至大气。操作时，适当打开排气阀门，不凝气即可排至大气，但阀门不宜开得过大，以有少量蒸汽随不凝气排出即可。

在用蒸发罐汁汽加热时，若加热器靠近蒸发罐，排气管可接至下一效的汁汽室上部。例如，当抽用第一效汁汽时，排气管应接至第二效的汁汽室。若加热器远离蒸发罐，则排气管应越级连接，即当抽一效汁汽时，排气管应接至第三效的汁汽室，这样可保证有足够的压力差，使排气顺利。

应该同时从加热室的顶部及底部抽出相对密度不同的不凝气，但底部排气管距底管板的距离应不少于100mm，以免排气口被汽凝水浸没及把汽凝水抽出。排气管要有足够大的管径，根据糖厂的经验，对于加热面积为$75m^2$的加热器，排气管的截面积应有$6.5cm^2$。管径过小会影响排气效果。一般用$D_g 15\sim50mm$的管子，操作时可用阀门来控制。

(2) 汽凝水管的连接　加热后汽鼓中的汽凝水应该通过汽凝水排出器不断排出，或者把它送到蒸发罐的自蒸发器，以利用自蒸发产生的蒸汽。若加热器靠近蒸发罐，则汽凝水可接到下一效的自蒸发罐去。例如，当抽一效汁汽加热时，汽凝水接至第二效的自蒸发器；如加热器远离蒸发罐，因为管路较长，管路阻力较大，此时应把汽凝水送至第三效的自蒸发器。汽凝水在管路中的流速以1m/s左右为宜。

(3) 蒸汽入口管的结构与位置　蒸汽入口管的直径，随所用的蒸汽量及压力的不同而异，作为统一的标准，应以计算出管的最大直径为准。

蒸汽入口管的结构，通常采用图8-10的型式，使进入的蒸汽逐渐扩散，减慢其流速，不但有利于蒸汽的分布，而且可减少进入汽口处的加热管受到集中的冲击。

蒸汽入口管的安装位置也应适当考虑，对于立式加热器来说，加热蒸汽的入口管应安装在加热室的上方，与加热器上管板的距离为加热器高度的1/4。这样，可避免由于蒸汽的冲击作用使管子产生过度的震动而损坏,同时有利于汽凝水沿着管子向下流动。因为加热器的直径不大,一般只需安装一个进汽口即可。

蒸汽在管中的流速为 30~35m/s,视汽压的大小而定。

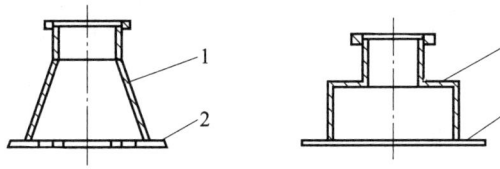

图 8-10　蒸汽入口管结构简图
1—蒸汽入口接管　2—加热器壳体

(三) 列管式加热器的特点

糖厂常用的为刚性结构的固定管板式列管加热器,其优点为:
(1) 结构简单、紧凑;
(2) 处理能力大,适应性强,能承受高温高压;
(3) 易于制造,生产成本低;
(4) 管内清洗比较方便。

其缺点为:
(1) 管间不能清洗,所以只能通以清洁流体;
(2) 如管壳体温度相差较大或线膨系数相差较大时,会产生较大的温差应力,造成事故。所以应用范围受到一定限制。

四、套管式加热器

(一) 结构与工作原理

套管式加热器主要由上汽室、下汽室及中间加热汽室组成,加热管由内管及外套管组成。如图 8-11 所示。内套管 1 较小较长,同心地套在较大较短的外套管 2 中,内外管之间就形成了环状空隙,外套管 2 用胀接法固定在管板 3 上。管板 4 与壳体用法兰连接,内管 1 与管板 4 为活接。以便于拆卸清洗。器底与加热室壳体用旁通管 5 相接。

糖汁自中间加热汽室下部进入,经由内外管间的通道上升,而自上部排出。加热蒸汽则由上汽室进入,经内管向下,蒸汽中部分已凝结的凝结水从下汽室排出,尚未凝结的蒸汽继续从下汽室经连接的旁通管路进入中间加热汽室,蒸汽在外套管外壁冷凝,凝结水自中间加热汽室底排出,不凝结气则自顶部排出。这种加热器已应用于欧洲的甜菜糖厂。

(二) 套管式加热器的特点

(1) 糖汁在内管和外套管间形成的较薄的环形夹层中加热,且流速较快,因而传热效率高,使糖汁加热到只低于加热用汽温度 1~2℃。传热系数约为一般加热器的 3 倍,可充分利用低温汁汽加热和汽凝水加热。

(2) 由于该器是一种长管单程加热器,同多程加热器相比,糖汁流动阻力较小,停留时间也较短。

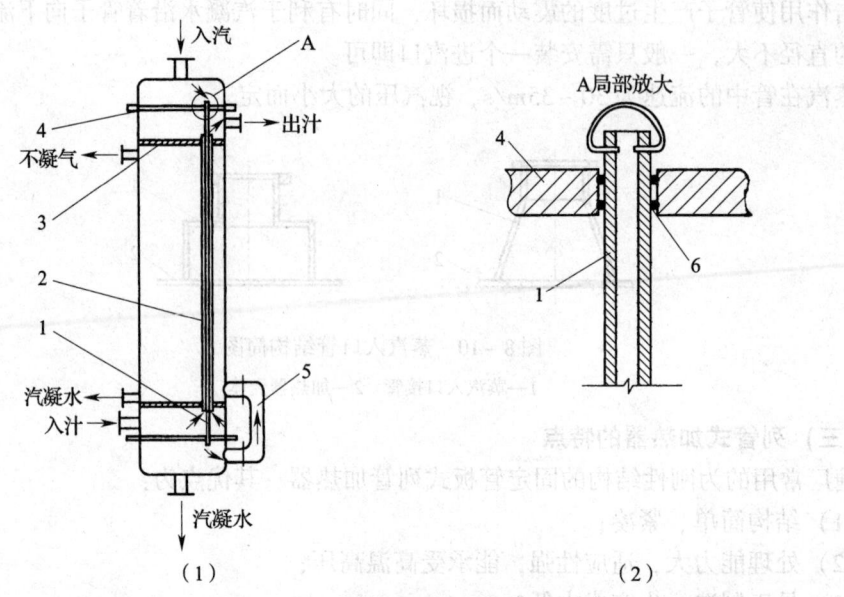

图 8-11 套管单程列管式加热器
1—加热内套管 2—加热外套管 3、4—管板 5—旁通管 6—密封胶圈

（3）设备单位容积的加热面积大，结构紧凑，占地面积小。

（4）设备的结构复杂，清除结垢麻烦。

五、板式加热器

板式加热器又称片式加热器，国内外糖厂正在推广使用。

（一）结构及工作原理

板式加热器主要由一定数量的板片、垫片、固定框架和压紧装置（压紧螺杆和活动压板）等组成。板片系由冲压或滚压成各种形状的薄金属板组成，如图 8-12（1）所示是一块典型板片。板片角上开有流体通道孔，四周及角孔周围压有密封垫圈槽。装配时首先用黏结剂将垫片贴牢在板片密封槽中，角孔周围部分槽中根据流动需要放置垫片，一方面防止流体的泄漏，另一方面使板片之间形成一定的间隙。将若干块板片按加热要求适当依次迭合，由压板借压紧螺杆压紧，相邻板间就形成通道，借助板片角孔与垫圈的恰当布置，使相邻两通道中分别通过冷、热流体。

如图 8-12（2）所示为板式加热器的结构组成示意图，热流体（图中虚线）从板片下部的孔进入，经过奇数（1、3、5、7……）空隙至板片上部汇集流出；冷流体（图中粗实线）从板片上部的孔进入，经偶数（2、4、6、8……）空隙，至下部汇集排出。这样，每块板片的两侧，一边为热流体，另一边为冷流体。两者通过金属板片进行热量传递。

板片是这种加热器的主要构件，通常在其面上制出各种形式的波纹，目的是为了增加流动的湍动程度，提高加热器的传热效率。板片表面结构有人字形、水平平直波纹形、皱折波纹形、瘤形凹凸板、锯齿形波纹板等。材料主要是不锈钢，其次是铝及其合金，近年来也有采用钛制板片。

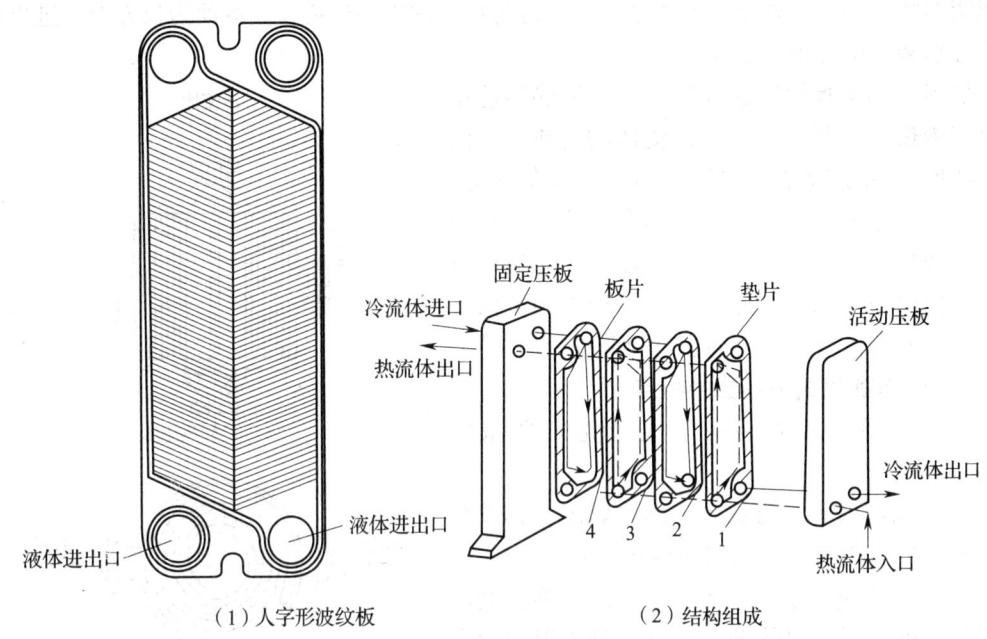

图 8-12 板式加热器

板式加热器一般在压力为 1.6MPa 和温度为 150℃ 内操作，性能可靠。目前国内制造的板式加热器采用丁腈橡胶垫圈时，允许使用温度为 150℃ 以下，使用压力为 0.6MPa，对人字形板式加热器允许使用压力为 1MPa。近年来，国外由于采用压缩石棉垫片，最高操作温度 360℃，最高操作压力 2.8MPa。英国 APV 公司生产的 R235 大型板式加热器，总传热面积达 1540m^2，流量达 2500m^3/h，单板传热面积 2.2m^2，最高操作压力 0.7MPa，最高操作温度 150℃。

(二) 板式加热器的特点

(1) 传热效率高，一般比管壳式加热器高 2~4 倍。
(2) 结构紧凑，体积小，质量轻。
(3) 加热物料在加热器中停留时间短，适用于热敏性物料的加热，例如牛乳、味精溶液等。
(4) 节省材料，每平方米加热面积约消耗金属 16kg。
(5) 操作灵活性大，应用范围广。可通过装设中间隔板，同时进行几种流体相互加热。也可通过增减板片的方法，调整所需加热面积。
(6) 板片易于打开，观察及清洗都较方便。
(7) 板片较薄，承压能力低。
(8) 处理量较小，不宜处理悬浮状物料。

六、螺旋板式加热器

(一) 结构和工作原理

螺旋板式加热器由外壳、螺旋体、密封及进出口等四部分组成。如图 8-13 所示为此类加热器的一种。螺旋体是用两块平行的钢板在专用卷床上卷制而成。每块钢板被同时绕成螺旋形状,并形成两个同心通道,各通道为环状的单一通道,其截面为长方形,进出口接管分别装于两通道的边缘端。

如图8-13所示的这种螺旋板式加热器适用于对流传热,主要用于液-液流体的传热。如法国一些糖厂用于凝结水加热压粕水或主灰汁等。它的主要特点是螺旋通道的两端全部填入密封条后焊接密封,两流体都是呈螺旋流动,冷流体从外周流向中心流出,热流体由中心沿螺旋流向外周排出。两流体呈逆向流动通过间壁进行热交换。

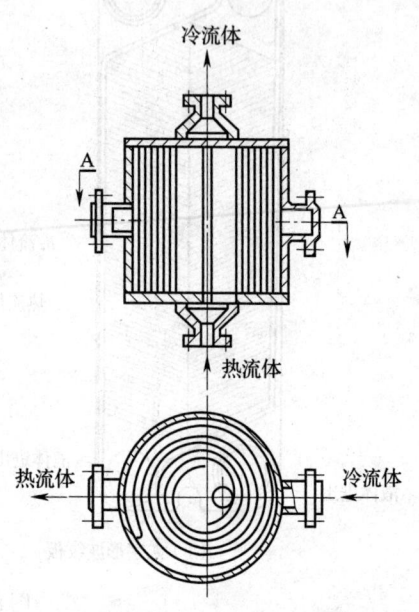

图8-13 螺旋板式加热器

(二) 螺旋板式加热器的特点

(1) 传热效率高,一般比管壳式高40%左右。

(2) 制造简单,材料省,结构紧凑,其单位体积的传热面积约为管壳式加热器的3倍。

(3) 温差应力小,不易污塞,能精确控制出口温度,可利用低温热源,允许的最小温差为最低,在两流体温差为3℃情况下仍可进行热交换,且热损失小。

(4) 承压能力受限制。这是因为螺旋板的直径较大,厚度较小,刚度差。目前世界各国生产的螺旋板式加热器的最高工作压力为4MPa。

(5) 修理困难。由于结构上的限制,一旦产生泄漏时不易修理,往往只能整台报废。

(6) 机械通洗困难。故主要采用热水冲洗、酸洗和蒸汽吹洗三种方法。

第二节 加热器的计算

一、加热面积的计算

加热器的加热面积用下式计算:

$$A = \frac{Q}{K\Delta t_m} \tag{8-1}$$

式中　A——加热器的加热面积,m^2

　　　Q——通过加热面传递的热量,kJ/s

　　　K——总传热系数,kW/($m^2 \cdot$℃)

　　　Δt_m——对数平均温度差,℃

(一) 通过加热面的传热量

通过加热面的传热量可认为等于被加热流体吸收的热量,即:

$$Q = q_m(C_1 t_1 - C_2 t_2) \quad (kJ/s) \tag{8-2}$$

式中　q_m——被加热的糖汁量,kg/s

C_1——进加热器的糖汁比热容,kJ/(kg·℃)

t_1——进加热器的糖汁温度,℃

C_2——出加热器的糖汁比热容,kJ/(kg·℃)

t_2——出加热器的糖汁温度,℃

糖汁的比热容与糖汁锤度、纯度及温度有关。B.B. 雅诺夫斯基建议用下式来确定糖汁的比热容：

$$C = 4.19 - \left[2.51 - 0.00754t + 0.00461(100 - P) \times \frac{B}{100}\right] \quad [kJ/(kg \cdot ℃)] \quad (8-3)$$

式中　t——糖汁温度,℃

　　　P——糖汁纯度,%

　　　B——糖汁锤度,%

当 t_1 及 t_2 相差不大时，在此温度范围内的糖汁比热容可用下式求出：

$$C = (1 - 0.006B) \times 4.187 = 4.187 - 0.0251B \quad [kJ/(kg \cdot ℃)] \quad (8-4)$$

此式可用来计算不同纯度的糖汁、糖浆及糖蜜的比热容，误差不大。

对于 16~17°Bx 的混合汁或澄清汁，其比热容约等于 0.9。

(二) 传热系数

加热器的总传热系数可用下式算出：

$$K = \cfrac{1}{\cfrac{1}{\alpha_1} + \cfrac{\delta_1}{\lambda_1} + \cfrac{\delta}{\lambda} + \cfrac{\delta_2}{\lambda_2} + \cfrac{1}{\alpha_2}} \quad [kW/(m^2 \cdot ℃)] \quad (8-5)$$

式中　α_1——加热蒸汽至管壁的冷凝给热系数,kW/(m²·℃)

　　　α_2——管壁至沸腾糖汁的给热系数,kW/(m²·℃)

　　　δ_1、δ、δ_2——分别为管外积垢层、管壁和管内积垢层的厚度,m

　　　λ_1、λ、λ_2——分别为管外积垢层、管壁和管内积垢层的导热系数,kW/(m·℃)

从上式可以看出，加热器的总传热系数的大小，取决于积垢层的厚度、加热管子材料的性质、两流体间的温度差、糖汁的浓度及流速等，而其中最主要的影响因素是积垢层，如果对某一加热器进行查定时，会因查定的条件不同，所得的结果也不同。

糖汁在管中的流速越大，靠管壁的液膜厚度越薄，加热器的传热系数也越高。甜菜糖厂加热器的设计，其传热系数可自下列表 8-2、表 8-3 中选用。

表 8-2　　　　　　　　　　糖汁加热器的传热系数　　　　　单位：kJ/(m²·℃·h)

温度差 /℃	糖汁流速/(m/s)							
	渗出汁				一碳汁、二碳汁、稀汁			
	1.0	1.5	2.0	2.5	1.0	1.5	2.0	2.5
10	2600	3400	4200	4700	7300	8100	8800	9300
15	2400	3100	3900	4400	7000	7800	8200	8600
0	2300	3100	3700	4200	6600	7300	7900	8200

表8-3　　　　　　　　　　糖浆加热器的传热系数　　　　　单位：kJ/（m²·℃·h）

锤度 \ 流速/(m/s)	0.3	0.5	0.7	0.9
60	1500	2200	2700	3350
65	1100	1700	2000	2200

（三）平均温度差 Δt_m

平均温度差一般用下式求出对数平均温度差：$\Delta t_m = \dfrac{\Delta t_1 - \Delta t_2}{\ln \dfrac{\Delta t_1}{\Delta t_2}}$ （8-6）

式中　Δt_1——加热蒸汽和加热前糖汁间温度差，℃

　　　Δt_2——加热蒸汽和加热后糖汁间温度差，℃

当 $\dfrac{\Delta t_1}{\Delta t_2} \leq 2$ 时，可以用算术平均差 $\dfrac{\Delta t_1 + \Delta t_2}{2}$ 来代替对数平均温度差。

平均温度差是加热器所需加热面的影响因素之一。在传热量与传热系数不变的情况下，平均温度差越小，所需的加热面积就大；反之，温度差大，所需的加热面积就小。从节省设备费用来说，温度差应该大些。然而，从节约能源方面来说，温度差则应取得小些，以便能够采用低值热源，如蒸发系统的后几效的汁汽与凝结水的余热等。因此甜菜糖厂大量采用多级加热系统时，稀汁采用五级加热，其热源依次为蒸发系统的四、三、二、一效汁汽和透平乏汽，以把稀汁温度从90℃提高到130℃。国外甜菜糖厂还有采用六级加热。

由于设备的投资费是一次投入，而热能的消耗则是经常性的，因此目前的趋势是倾向于采用较小的温度差，即使用较大加热面积的加热器，以提高热能的经济利用，这是合理的。

然而，温度差太小，致使加热器的加热面积过于庞大，也是不合算的。因此，应有一个较适当的温度差。如果以加热蒸汽与出口糖汁温度之间的温度差作为量度，对于一般的列管加热器，其值不宜小于表8-4的数值。

表8-4　　　　　　　　　　糖汁加热器的适当的出口温度

加热蒸汽	出口温度差/℃
乏汽	5.5~8.5
一效汁汽	10~12
其他各效汁汽	15~20

套管式单程列管加热器可低于上表数值。

【例】试计算3000t/d甜菜糖厂一碳汁从80℃加热至90℃所需要的加热面积。设一碳汁量150%对菜，锤度18°Bx，用温度为98.2℃的四效蒸发罐的汁汽加热，加热器的热损失3%。

解：根据题意

$$q_m = \frac{3000 \times 1000 \times 150\%}{24 \times 3600} = 52.08 \, (\text{kg/s})$$

设 $C_1 = C_2$，已知 $B = 18$，代入式（8-4）得：

$$C_1 = C_2 = 4.187 - 0.0251 \times 18 = 3.735 \quad (\text{kJ/kg} \cdot \text{℃})$$

已知 $t_1 = 80℃$，$t_2 = 90℃$，代入式（8-2）得：

$$Q = q_m C(t_2 - t_1) = 52.08 \times 3.735(90 - 80) = 1945.29 \quad (\text{kJ/s})$$

又 $\Delta t_1 = 98.2 - 80 = 18.2$，$\Delta t_2 = 98.2 - 90 = 8.2$，代入式（8-6）得：

$$\Delta t_m = \frac{\Delta t_1 - \Delta t_2}{\ln \frac{\Delta t_1}{\Delta t_2}} = \frac{18.2 - 8.2}{\ln \frac{18.2}{8.2}} = 12.5$$

取糖汁流速 $v = 2\text{m/s}$，算得温度差 $\Delta t_m = 12.5℃$，查表 8-2，并用插入法算得：

$$K = \frac{7950}{3600} \quad [\text{kW}/(\text{m}^2 \cdot ℃)]$$

已知热损失 3%，将上述数据代入式（8-1），得：

$$A = \frac{Q}{\Delta t_m \cdot K} = \frac{1945.29 \times 3600 \times (1 + 3\%)}{12.5 \times 7950} = 72.6 \quad (\text{m}^2)$$

算得了所需要加热面积，一般可查加热器技术规格，选取系列化的加热器。

二、加热器的结构计算

本节主要介绍列管式加热器的计算。

（一）加热管的选择

加热器（或蒸发罐）的管子构成加热器的加热面，管子的材料、大小、尺寸和形状对传热有很大影响。

1. 管子的材料

加热管子所用的材料的选择，应根据操作压力、温度、介质的腐蚀性能以及对材料的制造工艺性能的要求来选取，当然还要考虑材料的经济合理性。

加热管除要求具有足够的强度外，当采用胀管法固定时，还要求管子有良好的塑性，避免因胀接参数裂纹；焊接固定时，要求可焊性好。一般采用优质碳钢，以保证管子质量。对无腐蚀性或腐蚀性不大的流体，可采用 10 号钢和 20 号钢无缝钢管，对于有腐蚀的流体可采用不锈钢、铜、铝的无缝管，强腐蚀性流体可采用石墨管、聚四氟乙烯管等。糖厂加热器一般采用无缝钢管，也有采用铜管或不锈钢管，使用时后者寿命较长。由于渗出汁呈酸性，所以渗出汁加热器的管板和加热管应用不锈钢制造。常用管子材料的导热性能列于表 8-5。

表 8-5　　　　　　　　　**常用管子材料的性能表**

材料	线膨胀系数 α		导热系数 λ	
	℃	10^{-6}℃	℃	W/(m·℃)
A3 钢	—	12.0	100	57.63
	—	—	200	52.85
20g 钢	20~100	11.16	100	50.53
	100~200	12.12	200	48.45

续表

材料	线膨胀系数 α		导热系数 λ	
	℃	10^{-6} ℃	℃	W/(m·℃)
紫铜	20~100	17.2	100	382.8
	100~200	17.5	—	—
黄铜 H62	25~300	20.6	—	108.58
H63	25~300	19.9	—	123.89
不锈钢	—	—	—	23.2

从表中的数据可以看出，紫铜的导热系数最高，不锈钢的最低。紫铜的导热系数虽然最大，但因价格昂贵且刚性差，加热器、蒸发罐都不用紫铜管（结晶罐管短、积垢少，可以采用）而用黄铜管。其次，在生产情况下，管子表面生成积垢，这时传热过程的总传热系数或传热阻力，主要取决于导热系数最低的积垢层的厚度。尽管管子的导热系数相差很大，但总传热系数的差别较小。比较各种管子的传热性能，从积垢生成的难易程度或总传热系数的大小来比较较为合理。从生产实际中测得铜管加热器的总传热系数比钢管大 20% 左右。

钢管的主要缺点是管子外壁容易锈蚀，生成的铁锈不易消除，会成块地剥落，积聚在下管板上面，减少了汽鼓的有效加热面积。而且妨碍汽凝水的排出，因而严重地降低传热效能。铜管与不锈钢管则无此缺点。

从使用的寿命来说，根据经验，钢管的使用年限约为 6 年，而铜管则可用 30 年左右，为钢管寿命的 6 倍。不锈钢的寿命也较钢管长得多。不锈钢管的导热系数虽低，但有较高的抗蚀能力和较高的坚固性，表面比较光滑，耐磨蚀，积垢的形成较缓慢。

材料的价格可从使用年限的增加而得到补偿。因此，按上述情况来考虑，糖厂加热管的管子，以铜管较好，其次为钢管及不锈钢管。

2. 管子的直径、厚度和长度

我国生产的管子已经标准化，对于水、煤气输送管来说，其最主要参数为公称直径（D_g）。管子的公称直径既不是它的外径，也不是它的内径，而是与管子内径相近的一个数值。对于无缝钢管，它的主要参数为管子外径与厚度。管子的内径随壁厚不同而不同。冷轧无缝钢管的规格如表 8-6 所示。

表 8-6　　　　　　　　　　冷轧无缝钢管的规格

外径/mm	壁厚/mm								
	1.0	1.2	1.4	1.6	1.8	2.0	2.2	2.5	3.0
	理论重量/(kg/m)								
30	0.715	0.851	0.986	1.12	1.25	1.38	1.51	1.70	2.00
32	0.755	0.910	1.05	1.20	1.34	1.48	1.62	1.76	2.15
36	0.863	1.03	1.19	1.36	1.52	1.68	1.83	2.07	2.29
38	0.912	1.09	1.26	1.44	1.61	1.78	1.94	2.19	2.59
40	0.962	1.15	1.33	1.52	1.69	1.87	2.05	2.31	2.74
42	1.01	1.21	1.41	1.60	1.79	1.97	2.16	2.44	2.89
45	1.09	1.30	1.51	1.71	1.91	2.12	2.32	2.62	3.11

加热管直径的选择，以尽可能选用较小的直径为宜。这样，不仅使在同一容积的汽鼓内可以安装较多的管子，使加热器的结构较为紧凑，而且管径较小时，管内的给热系数 α_2 较大，从而有较高的总传热系数。但管径也不能过小，否则胀管有困难，积垢的清除不易，而且流动阻力增大。因此，加热管的内径一般以 30~50mm 为宜。

加热管的壁厚，需根据操作压力、管壁腐蚀情况、清洗时的磨损以及安装时的压薄等条件来决定。在糖厂的具体条件下，加热管的厚度选用 2~2.5mm。

例如，北方甜菜糖厂的加热器均采用外径 33mm、内径 30mm，即 $\Phi33/30$ 的无缝钢管。

至于加热管的长度，当传热面积一定时，管子的长度越长，壳体的直径可以越小。但管子过长时，制造及清洗积垢比较困难。因此，管长一般不超过 6m。其次，在确定管子长度时，还应考虑管子材料的合理使用，尽量采用我国现有管子长度的规格，或者采用某一长度的等分，避免材料浪费。例如，无缝钢管的规格为 6m 时，管子的长度应分级取 1.5m、2m、3m 或 6m。在糖厂的加热器中，由于积垢比较严重，常用机械方法清除。为了减少通洗的困难，一般采用 3m 的管长。

（二）管程数目的确定

加热器之所以要分为多程，在于要得到较大的糖汁流速，以获得较高的传热系数，因此加热器的程数就可以由要达到的适当流速的管子截面，也就是每程管子的内截面积来确定。

每程管子的内截面积 f 为：

$$f = \frac{q_m}{3600\rho v} \tag{8-7}$$

式中 q_m——每小时通过加热器的糖汁量，kg/h

ρ——糖汁的密度，kg/m³

v——糖汁通过每程加热管的流速，m/s，v 值可在 1.5~2.0m/s 的范围内选择

当 q_m 及 v 之值已确定时，只要根据糖汁的浓度及温度查出其密度 ρ 之值，即可由式 (8-7) 计算出每程管子的内截面积 f。

加热器的程数则由下式计算：

$$Z = \frac{\pi d_i^2 n}{4f} \tag{8-8}$$

式中 Z——管程数目

d_i——加热管子的内径，m

f——每程管子的内截面积，m²

n——加热管子总数

$$n = \frac{A}{\pi d_m l} \tag{8-9}$$

式中 A——加热器的加热面积，m²

d_m——加热管平均内径，m

i——每条管子的有效长度，m

$$i = L - 2(S + 5)$$

L 为管子全长，S 为管壁厚度，m

每程管子的数目：

$$n' = \frac{4f}{\pi d_i^2} \tag{8-10}$$

式中 d_i——管子的内径，m

为了便于操作管理，加热器的入汁管与出汁管均安装在同一端。因此，必须把加热器的程数做成偶数。如果计算结果不是整数和偶数，必须圆整为偶数。

以式（8-9）之 n 值代入式（8-8），得管子程数的公式如下：

$$Z = \frac{d_i^2 A}{4 f d_m l} \tag{8-11}$$

由上式可知，要改变程数 Z 的数值，可以改变管子直径 d_i 及 d_m、加热面积 A、每程管子的截面积 f 或管子的有效长度 l 来实现。但是，最好是增加或减少加热面积 A 来获得偶数程，而其他各项维持不变。例如，当计算出 $Z = 10.5$ 时，可取 $Z = 10$ 或 $Z = 12$，而以 $Z = 12$ 较为适当，这样既可保持适当的流速及适当的管子尺寸，又可使加热面积较为充裕。

（三）加热器的直径计算

加热器直径的大小主要决定于加热管子的数目、管子直径与管子的排列方式，也与分配室分程隔板的厚度及其布置有关。

管子在管板上的排列，原则上以按三角形排列为好，因为这种排列可使管子的布置较为紧凑。但是，由于每程的管数不多，每程间的截面形状也不完全相同，因此排列时可适当变化。在保持管间距离以及管子与分程隔板间的适当距离以便于胀管的情况下，应尽可能使管子布置得更紧凑一些。

在多程列管式加热器中，由于分程隔板厚度约为 22mm 占去部分面积，装管面积约占管板面积的 60%~80%。作等边三角形排管时，一根管子相当的管板面积为 $0.866a^2$（a 为管间距）。设管板直径为 D，面积为 A_a，则可得比值 φ 为：

$$\frac{0.866 a^2 n}{A_a} = 0.6 - 0.8 = \varphi$$

以 $\frac{\pi}{4}D^2$ 代替 A_a 由上式可得：

$$D = 1.05 a \sqrt{\frac{n}{\varphi}} \tag{8-12}$$

管间距应有一个适当范围，以保证胀管时管板不发生变形。两管外壁间应留有足够的蒸汽流通面积，使距蒸汽入口最远的加热管也能获得所需的热量。按经验，胀管法的最小管间距 $a_{最小} \geq 1.25 d_0$，但最小不能小于（$d_0 + 6$）mm。外层管子中心至壳体内表面的距离不应小于（$d_0/2 + 10$）mm。

当分程隔板的型式确定后，可先估计一个 φ 值，由式（8-12）计算出管板的直径，然后排管。当排管达到满意的程度时，再根据最外层管子与壳体内表面的距离，最后确定加热器的内径。

（四）公共室分程隔板的高度计算

公共室分程隔板的高度，影响到糖汁回程的流速，一般用式（8-13）计算：

$$h = \frac{q_v}{Bv} \tag{8-13}$$

式中 h——公共室分隔板高度，m

q_v——被加热的糖汁量，m^3/s

B——公共室中程与程间最小的通道的宽度，m

v——程与程间通道的糖汁流速，m/s，一般取其低于管子中糖汁的流速，以减少阻力损失。可取 $v = 0.65 m/s$

（五）加热器长度的计算

$$L_{器} = L + 2h + 2S \quad (8-14)$$

式中 $L_{器}$——加热器长度，m

S——加热器盖板厚度，m

L——加热管全长，m

h——分程隔板高度，m

三、温差应力的计算

在计算固定管式加热器的温差应力时，通常假定：

（1）管子与管板均没有挠曲变形，因而作用在每根管子上的应力是相同的。

（2）采用管壁和壳壁的平均温度为各个管壁的计算温度。

设固定管板式加热器操作时的管壁温度为 t_t，壳体温度为 t_s。由于管子和壳体都会因升温而膨胀，如两者都能自由膨胀，则管子的自由伸长量为：

$$l_t = a_t(t_t - t_0)L \quad (8-15)$$

而壳体的自由伸长量为：

$$l_s = a_s(t_s - t_0)L \quad (8-16)$$

上两式中 a_t、a_s——分别为管子和壳壁材料的温度膨胀系数，1/℃

L——管子和壳体的长度，mm

t_0——安装时的壁温，℃

如图 8-14 表示壳体和管子因热膨胀而产生长度变化的情况。图中（1）是操作前温度处于 t_0 的情况，这时壳体与管子的长度都是 L。在操作温度下，如果壁温 t_s 大于管子温度 t_t，则 $l_s > l_t$，如图 8-14 中（2）所示。但在固定管板结构的加热器中，管壁与壳体是刚性地连在一起的，管子与壳体都不能独立地伸长，而只能共同地伸长到一个长度 l，如图中（3）所示。这时壳体受到了压缩，压缩的长度为 $l_s - l$；而管子受到了拉伸，被拉伸的长度为 $l - l_t$。根据虎克定律，可以分别求出由此产生在壳体中的压缩力和在管子中的拉伸力。显然这两个力应该相等。

壳体被压缩的长度为 $l_s - l$ 时，按虎克定律：

$$l_s - l = \frac{FL}{E_s A_s} \quad (8-17)$$

同时管子被拉伸的长度为 $l - l_t$，所以：

$$l - l_t = \frac{FL}{E_t A_t} \quad (8-18)$$

式中 F——壳体的压缩力，即等于管子的拉伸力，N

E_s、E_t——壳体和管子材料的弹性模数，N/cm^2

A_s、A_t——壳体和管子材料的断面积，cm^2

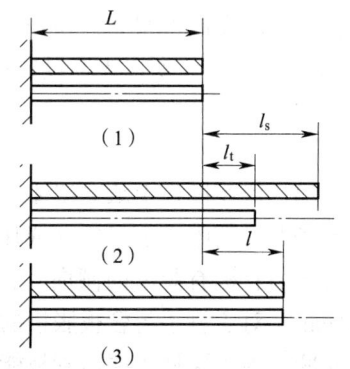

图 8-14 壳体与管子的压缩与膨胀

由上两式消去 l，得：

$$l_s - \frac{FL}{E_s A_s} = l_t + \frac{FL}{E_t A_t} \qquad (8-19)$$

以式（8-15）及式（8-16）代入式（8-19），可得

$$a_s(t_s - t_0)L - \frac{FL}{E_s A_s} = a_t(t_t - t_0)L + \frac{FL}{E_t A_t}$$

移项整理后，可得

$$F = \frac{a_s(t_s - t_0) - a_t(t_t - t_0)}{\frac{1}{E_s A_s} + \frac{1}{E_t A_t}} \quad (\text{N}) \qquad (8-20)$$

上式就是因壳壁和管壁温度不同而产生的压缩力与拉伸力。

如果壳体与管子为同一材料，即 $a_s = a_t = a$，$E_s = E_t = E$，则上式成为：

$$F = \frac{aE(t_s - t_t)}{\frac{1}{A_s} + \frac{1}{A_t}} \quad (\text{N}) \qquad (8-21)$$

由此壳壁所受的压应力为：

$$\sigma_s = \frac{F}{A_s} \quad (\text{N/cm}^2) \qquad (8-22)$$

同时管子所受的拉应力为：

$$\sigma_t = \frac{F}{A_t} \quad (\text{N/cm}^2) \qquad (8-23)$$

从上两式算出的 σ_s 和 σ_t，就是分别在壳壁和管壁中产生的温差应力。这个应力有时是很大的，可从下面的例子看出：

设 $a_s = a_t = a = 11.5 \times 10^{-6}$（1/℃）

$$E_s = E_t = E = 2.1 \times 10^6 (\text{kg/cm}^2)$$

$$A_s = A_t$$

并取 $t_s - t_t = \Delta t = 1℃$

$$\sigma_s = \sigma_t = \frac{aE\Delta t}{2} = \frac{11.5 \times 10^{-6} \times 9.81 \times 2.1 \times 10^6}{2} = 118.50 \times 10^{-4}(\text{Pa})$$

如 $\Delta t = 50℃$，则

$$\sigma_s = \sigma_t = 5920.00(\text{Pa})$$

虽然在实际上，由于管板的挠曲变形与管子的纵向弯曲，使实际应力比计算的结果小些，但不能降低得很多。所以一般当 $\Delta t > 50℃$ 时，应该设置温差补偿器（糖厂加热中，Δt 最大为 40℃，所以无需设置补偿器）。

四、管子拉脱力的计算

加热器在操作中承受流体压力和管壳壁温差应力的联合作用。这两个力在壳体壁截面和管子壁截面中产生了拉（或压）应力，同时在管子与管板的连接处产生了一个拉脱力，使管子与管板有脱离的倾向。拉脱力与管子每平方厘米胀接周边上所受到的力，单位为 kg/cm^2。对于管手与管板胀接的接头，有可能由于拉脱力而引起接头处密封的破坏或使管子松脱。为了保证管端与管板能牢固地连接及密封良好，应进行拉脱力的校核。

在操作压力下，每平方厘米胀接周边所受到的力 p_p 为：

$$p_p = \frac{PA}{\pi d_0 l'} \quad (\text{Pa}) \tag{8-24}$$

式中　P——设计压力，取管程压力 P_t 与壳程压力 P_s 二者中的较大值，Pa

　　　A——每四根管子之间的面积，cm^2

　　　d_0——管子外径，cm

　　　l'——管子胀接长度，cm

A 与管子排列方式有关，如图 8-15 所示。

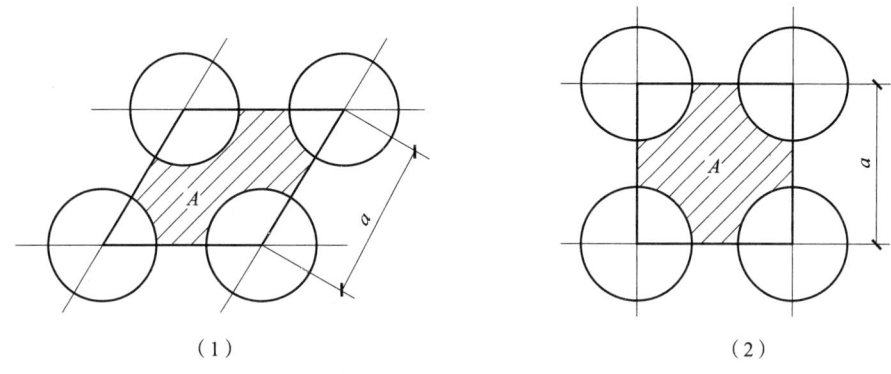

图 8-15　管子之间的面积

对于三角形排列的管子：

$$A = 0.866a^2 - \frac{\pi}{4}d_0^2 \tag{8-25}$$

管子为正方形排列时：

$$A = a^2 - \frac{\pi}{4}d_0^2 \tag{8-26}$$

a 为管间距。

在温差应力作用下，管子每平方厘米胀接周边所产生的力 p_t

$$p_t = \frac{\sigma_t A_t}{\pi d_0 l} \tag{8-27}$$

式中　σ_t——管子中温差应力，Pa

　　　A_t——每根管子管壁的截面积，cm^2

$$A_t = \frac{\pi}{4}(d_0^2 - d_i^2) \tag{8-28}$$

　　　d_i——管子内径，cm

由温差所产生的管子周边力与压差产生的管子周边力，它们可能是作用于同一方向的，或者是作用在不同的方向。当温差产生的管子周边力同压力产生的管子周边力同方向时，管子的拉脱力为 $p_p + p_t$；反之，管子的拉脱力为 $p_t - p_p$。

加热器管子的拉脱力必须小于许用拉脱力 $[p]$。对于管端不卷边，管壁不开槽的胀接，$[p] = 0.0196\text{Pa}$。

五、加热器的阻力计算

加热器的阻力是糖汁通过加热器的压力降，它决定了糖汁泵所需的压头。加热器的阻力可根据流体力学原理计算，计算如式（8–29）：

$$\Delta P = \frac{\rho v^2}{2}\left(\lambda \frac{l}{d} + \sum \xi\right) \quad (8-29)$$

式中　v——糖汁在管中的流速，m/s

　　　l——流体流动长度，m

　　　d——管子内径，m

　　　ρ——糖汁的密度，kg/m³

　　　λ——摩擦系数，其值随管子情况而定，对于清洁管子，$\lambda = 0.016 \sim 0.020$；对于生成积垢的管子，$\lambda = 0.025 \sim 0.10$。计算时，可取 $\lambda = 0.055$

　　　$\sum \xi$——扩大、缩小及转向的局部阻力系数之和。它的大小与局部障碍的几何形状、尺寸大小、流动形态和壁面粗糙度有关。其具体数值须根据局部障碍的具体情况由实验求得，从有关的文献手册中可以查到。

加热器可以串联或并联使用，但要注意保持糖汁在管中的适宜流速。串联使用时，取的压头要加大。

六、糖厂加热器系列

糖厂 TLG 系列加热器的主要技术参数如表 8–7 所示。

根据工厂的生产能力与工艺条件并按传热基本方程式计算出每一加热器所需的加热面积后，可自表 8–7 中的加热器系列中选择适当的型号。选用时，应注意使选用的加热器的加热面积有适当的富裕量。

表 8–7　　　　　　　　　　TLG 系列加热器的主要技术参数

项目 型号	加热面积 /m²	器体直径 /mm	设备总高 /mm	加热管规范 $\Phi \times S \times L$	加热管总条数	每程条数	程数	糖汁入口工作压力 /Pa	蒸汽工作压力 /Pa	糖汁流速 /(m/s)
TLG–20–42	20	550	3840	$\Phi 42 \times 2.5 \times 3000$	60	5	12	5.884×10^5	$0 \sim 3.923 \times 10^5$	1~2
TLG–30–42	30	650	3840	$\Phi 42 \times 2.5 \times 3000$	84	7	12	5.884×10^5	$0 \sim 3.923 \times 10^5$	1~2
TLG–60–42	60	900	3850	$\Phi 42 \times 2.5 \times 3000$	176	11	16	5.884×10^5	$0 \sim 3.923 \times 10^5$	1~2
TLG–93–42	90	1000	3850	$\Phi 42 \times 2.5 \times 3000$	256	16	16	5.884×10^5	$0 \sim 3.923 \times 10^5$	1~2
TLG–120–42	120	1100	3900	$\Phi 42 \times 2.5 \times 3000$	336	21	16	5.884×10^5	$0 \sim 3.923 \times 10^5$	1~2

说明：Φ 为管子外径，S 管壁厚度，L 为管子全长。

第三节　汽凝水排出设备

在加热器操作中，蒸汽与物料热交换形成汽凝水，汽凝水需要不断排出，以免影响传热效果。这是用汽凝水排出设备来完成的。这类设备称为疏水器，又称疏水阀。其作用是自动排泄蒸汽管道和设备中不断产生的凝结水、空气及其他不凝结气体，又同时阻止蒸汽的逸出。它是保证各种加热设备所需要温度和热量并能正常工作的节能装置。

疏水器有多种型式，按工作原理分类，有机械型疏水器、热动力型疏水器和热静力型疏水器。重点介绍机械型疏水器和热动力型疏水器。

一、机械型疏水器

这种疏水器是依靠浮子（球状或桶装）随凝结水液位升降的动作实现阻汽排水作用。糖厂常用的有以下两种。

1. 浮球式疏水器

当加热设备的加热室的蒸汽压强大于大气压时，可采用浮球式疏水器。

浮球式疏水器的构造如图 8-16 所示。主要由外壳、浮球、连杆机构、阀门、摇杆和排汽阀组成。

浮球疏水器的操作原理：当汽凝水自排水器下方的接管进入器内，把顶部的排汽阀开启，将器内的空气排走，水位随即上升，由于浮力的作用，浮球被浮起。当水量不断增加，浮球升至一定高度时，通过连杆机构把阀门打开，汽凝水便由本身的压力和器内的汽压自动排出器外。水量减少，浮球下降，把阀门关小或关闭，以阻止蒸汽漏失。实际操作时，浮球升至一定位置，使汽凝水连续排出。由于器中有汽凝水，起水封作用，故蒸汽不会排出器外。

浮球疏水器结构简单，工作可靠，灵敏度高，能连续排水，漏气量少，已有定型产品。

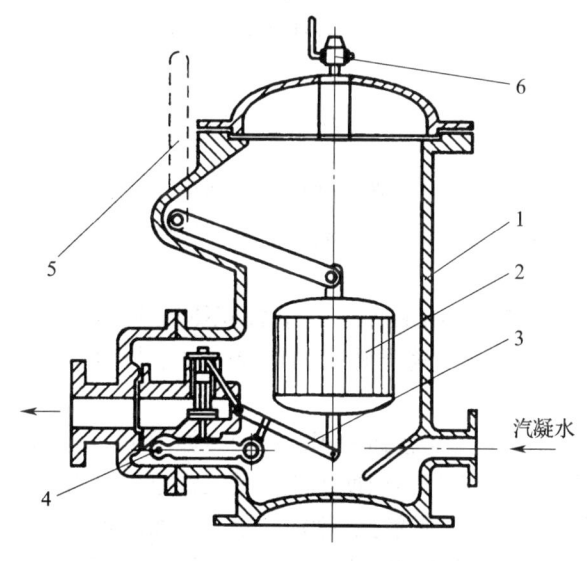

图 8-16 浮球式排水器

1—外壳 2—浮球 3—连杆装置 4—阀门 5—摇杆 6—排汽阀

2. 排射器

排射器也称抽压式排水器。当加热室的蒸汽压强小于大气压时，可采用排射器。

排射器构造简图如图 8-17 所示。它是一个圆筒形容器，在外壳内有一个浮球可沿套管随水位升降。套管的顶部与横置的杠杆相连，用来控制蒸汽阀及真空阀的开启及关闭，使器内形成压力或真空。排水器下部的进出口接管上，安装有两个单向阀。这两个阀是这样安装，使其中一个打开时，另一个关闭。此外，还有水位玻璃及排气孔等。

排水器操作原理：开始时器内无水，浮球沿套管下降，通过杠杆的作用，把真空阀打开，使蒸汽阀关闭，而器内产生真空。当器内真空度高于加热室真空度时，入水的单向阀打开，出水的单向阀关闭。因此汽凝水即从进水阀被抽入器内（此时排出阀关闭）。随着器内水位的升高，浮球也随之上升，当水位升至一定高度时，杠杆左端被顶起，这时真空阀关闭，蒸汽阀打开。高压蒸汽压入器内，将冷凝水从排出阀压出（这时入水阀关闭）。当水排出时，水位下降，浮球也随之下降，降至某一高度时，将杠杆的左边往下拉，使蒸汽阀关闭而真空阀开启，又开始另一周期的操作。整个操作可以自动进行。

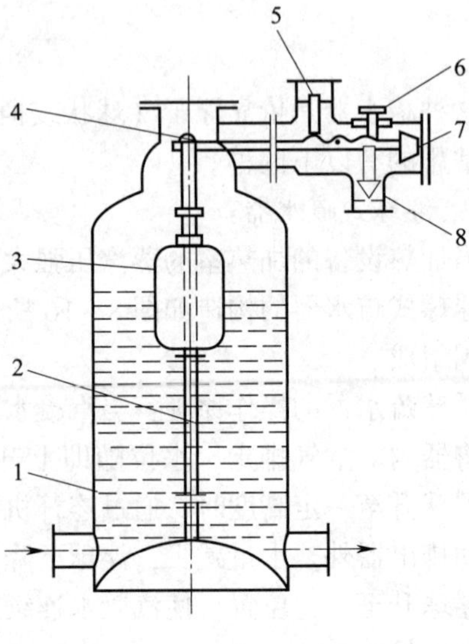

图 8-17 抽压式排水器
1—外壳 2—套管 3—浮球 4—杠杆 5—蒸汽阀
6—定位螺钉 7—平衡物 8—真空阀

排射器的特点是间歇自动排水，无需人看管。同时可将汽凝水压送至一定的高度，供需用热水的部门之用。然而由于有活动的元件，机械故障较多，而且耗用的蒸汽也比较多，是其缺点。

二、热动力型疏水器

上述浮子式排水器虽然在使用上能得到满意的结果，但仍有损失蒸汽及易出故障的缺点。因此，20世纪60年代开始，出现了按热动力原理排水的新型排水器，称为热动力型疏水器。

这类疏水器是利用蒸汽、凝结水通过启闭时的不同流速引起被启闭件隔开的压力室和进口处的压力差来启闭疏水阀。这类疏水器有圆盘式、脉冲式和迷宫式或微孔式疏水器等。

这类疏水器体积很小，与一个普通的阀门相似。如图 8-18 所示为圆盘式疏水器。它主要由壳体、顶盖、阀座及圆盘形活门所组成。其工作原理图如图 8-19 所示。从加热设备流出的汽凝水，通过孔口而达到通道，把活门顶起，而流入环形凹坑中，再通过孔口而从排水口排出。汽凝水汽化而产生的蒸汽充满于活门上面的空间（变压室）中。如果汽凝水排完之后有蒸汽进入疏水器，因蒸汽密度小，故在活门之下的流速增加，静压降低。而活门上的汽凝水汽化蒸汽压力仍能保持不变，而大于活门下的压力。因此，活门被压紧在内外两层环形凸面上，阻碍蒸汽排出。而当汽凝水再进入时，排出器又开始新的工作循环。

如果变压室中的蒸汽因热量传至外界而冷凝，或者由于活门压在外层环形凸面不够紧密时，即会走漏蒸汽。因此，活门及环形凸面的加工精度要求较高，且顶盖需较好的保温。

圆盘式疏水器特点为结构简单、造价低，但间歇排水有噪音，允许最小过冷温度为 6~8℃，有一定的漏气量，排空气性能不佳，耐水击，在冷冻及过热蒸汽场合中适用范围较广。

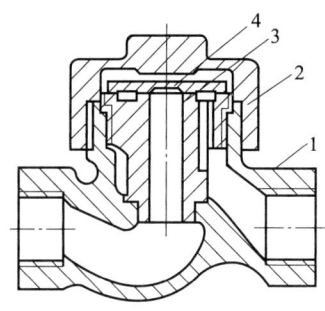

图8-18 圆盘式疏水器
1—壳体 2—顶盖 3—阀座
4—圆盘形活门

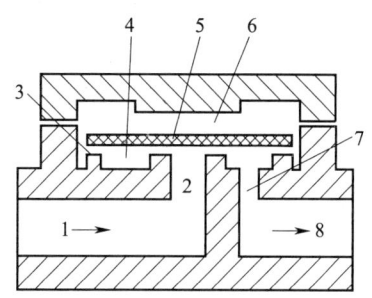

图8-19 圆盘式疏水器的工作原理
1—孔口 2—通道 3—环形凸面 4—环形凹坑
5—活门 6—变压室 7—孔门 8—排出通道

必须指出,使用这种排出器时,它的工作可靠性随背压的增大而降低,也随加热蒸汽压力的降低而降低。因此,排水器之后的排水管应有较小的阻力(较大的直径、无局部阻力及液封等)。而当加热蒸汽的压力小于1大气压时,就不宜安装这种疏水器。

第四节 热损失及保温

加热装备的热损失主要是由于运行时的辐射作用及和外界空气的接触作用所引起。此外,不凝气与汽凝水的排出以及漏汽现象也引起一部分热损失。为了减少加热装备的热损失,应将设备及管路加以保温,减少因不凝气及漏汽引起的热损失。

一、辐射、对流热损失与保温

1. 辐射与对流的热损失

辐射及对流的损失是加热器本身及管路的辐射表面散失至大气的热量。辐射及对流的热损失一般称为辐射损失。但实际上辐射损失的比例不大,而主要的热损失是由对流作用所引起。

在糖厂的条件下,加热设备的热损失为设备有效利用的热量的3%~10%,更准确的热损失可按式(8-30)求出:

$$q_\text{n} = \beta \times F \times (t_\text{B} - t_\text{K}) \quad (\text{kJ}) \tag{8-30}$$

式中 F——传热面积,m^2

t_B——器壁表面的温度,℃

t_K——周围空气的温度,℃

β——总传热系数(包括对流与辐射的给热),对未包绝热物的金属表面,$\beta = 8 \sim 10 \text{kJ/}(m^2 \cdot h \cdot ℃)$。而对于包有绝热物的金属壁,$\beta$值与绝热物的种类及厚度有关,可自表8-8中选取

表 8-8　　各种绝热物在不同厚度时的总传热系数

绝热物	绝热层厚度/mm	
	10	20
木材	5.32	3.86
砖	7.07	6.01
灰泥	7.51	6.74
石棉	6.01	4.62
纸	2.73	1.62
软木	3.16	1.94
石膏	6.39	5.09
毛毡	2.52	1.45
稻草	2.80	1.72

2. 保温

为了减少加热装备的辐射热损失，必须采取保温措施，木材、软木、蛭石、石棉及其制品、稻草及矿渣棉等导热性差的材料都是常用的保温材料，我国东北出产的膨胀球珠岩是很好的保温材料，已制成预制件成批生产。从表 8-8 所列数据可以看出，保温层较厚时，热损失较小，但也不是越厚越好，应从经济观点出发来确定保温层的厚度。这要通过经济核算，计算过程为：首先选定保温材料，算出不同厚度时的热损失，再折算为年度经济损失，这种损失随保温层厚度的增加而降低，如图 8-20 中曲线 1 所示。另一方面，保温设备的年度费用（取决于初投资与年折旧率）则随保温层厚度的增加而加大，如图中曲线 2 所示。两项费用的总和如曲线 3。从曲线 3 最低点可找出最经济的保温层厚度。

要进行这样的计算比较麻烦，在工厂管路保温材料的施工中一般按经验确定保温层的厚度，或者按指定的保温层表面的温度来计算。对于单层保温材料，用这种方法确定其厚度比较简单。在这种场合下，管子的热阻可以忽略，并把保温层内表面的温度 t_1 视其等于管内的蒸汽的温度 T（如图 8-21 所示），而不致引起多大误差。

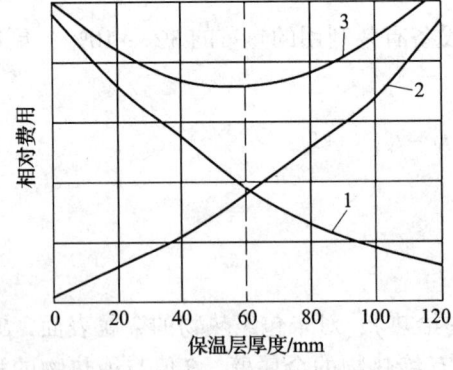

图 8-20　保温设备的经济分析

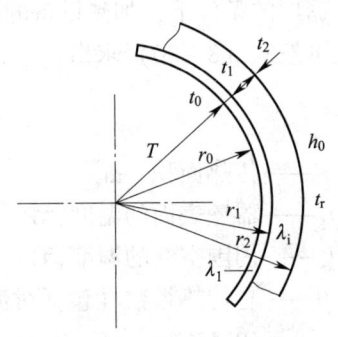

图 8-21　保温层的厚度

每米管长每小时的热损失为：

$$Q = h_0 \pi D_0 (t_2 - t_r) = \frac{T - t_2}{\frac{1}{2\pi\lambda_i}\ln\frac{D_2}{D_1}} \qquad (8-31)$$

式中 h_0——保温层表面的气膜的传热系数，kJ/（m²·h·℃）

　　D_2——保温层外径，m

　　D_1——管子外径，m

　　t_2——保温层外表面温度，℃

　　t_r——周围空气的温度，℃

　　T——加热蒸汽温度，℃

　　λ_i——保温层的导热系数，kJ/（m²·h·℃）

上式可写成：

$$D_2 \ln \frac{D_2}{D_1} = \frac{2\lambda_i}{h_0} \times \frac{T - t_2}{t_2 - t_r}$$

设保温材料的厚度为 x（cm），则有

$$(D_1 + 2x)\ln\frac{D_1 + 2x}{D_1} = \frac{2\lambda_i}{h_0} \times \frac{T - t_2}{t_2 - t_r} \qquad (8-32)$$

【例】 设蒸汽管内的温度 $T = 350℃$，室温 $t_r = 20℃$，管子外径 $D_i = 30\text{cm}$。用石棉作保温材料，其导热系数 $\lambda_i = 0.13\text{kcal}/(\text{m}^2·\text{h}·℃)$，又设 $h_0 = 30\text{kcal}/(\text{m}^2·\text{h}·℃)$，若要求保温层外表面的温度 $t_2 = 40℃$，试计算所需的保温层的厚度 x 为多少？

解： 由式（8-31）得

$$\frac{30 + 2x}{100}\log\frac{30 + 2x}{30} = \frac{2 \times 0.13}{2.3 \times 30} \times \frac{300 - 40}{40 - 20} = 0.049$$

$$或 (30 + 2x)\log\frac{30 + 2x}{30} = 4.9$$

采用尝试误差法，以 $x = 2$、4、6cm 代入上式，计算结果如表 8-9。

表 8-9

x	$30 + 2x$	$\frac{30+2x}{30}$	$\log\frac{30+2x}{30}$	$(30+2x)\log\frac{30+2x}{30}$
2	34	1.133	0.054	1.838
4	38	1.27	0.104	3.95
6	42	1.40	0.146	6.12

以 x 值为横坐标，$(30 + 2x)\log\frac{30+2x}{30}$ 为纵坐标作图，如图 8-22 所示。在纵坐标 4.9 处作水平线交斜线于 a 点，由 a 点可以知道保温层的厚度应为 4.9cm，可取为 5cm。

二、不凝缩气体引起的热损失

不凝缩气体引起的热损失有两种情况。第一种情况是由于不凝气排出不良，降低了加热器的总传热系数。这时，为了要完成所规定的加热任务，必须提高有效温度差，即提高加热蒸汽的温度，致使加热器的辐射热损失增加。

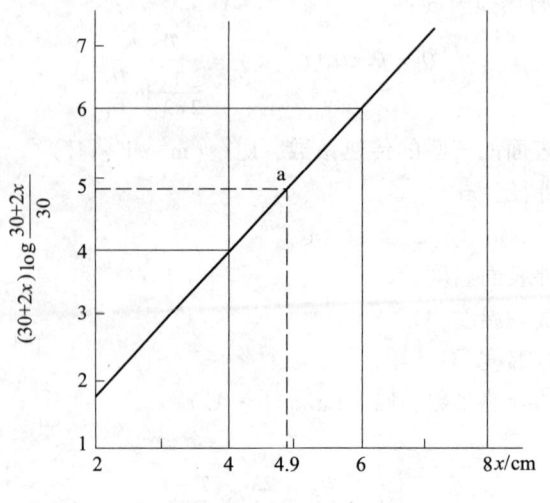

图 8-22 确定保温层的厚度图

第二种情况是由于排气量过多，致使大量蒸汽或汁汽被不凝气带走，这也会引起加热器热损失的增加。

因此，应当适当控制排气阀，使既能把不凝气充分排出，而又不致带走大量的蒸汽。

三、漏汽与漏气

加热器本身与附属设备、管路等的接口与接头甚多，如装接不严，就会发生漏汽现象。当加热室或管路中的压力大于大气压时，蒸汽就会直接漏失于大气中，造成直接的损失。如果加热器是在真空下操作，则会有大气空气漏进设备中，就会造成上项所述的那种损失。

因此，在检修加热器后，特别是在新装加热器后，应特别严格检查密封情况，保证密封不漏。

四、汽凝水的热损失

及时地从加热器的加热室中把汽凝水排出是加热器有效工作的必要条件。然而，这些汽凝水含有大量热量，应该设法加以充分利用，以减少其带走的热损失。把这些汽凝水引到相应的自蒸发器中去，使产生蒸汽而加以利用。以清汁加热器为例，设压力为 $0.491 \times 10^4 \mathrm{Pa}$，$i'_1 = 464.76 \mathrm{kJ/kg}$，如降至大气压，$i'_2 = 418.42 \mathrm{kJ/kg}$，则可利用的热量为 $464.76 - 418.42 = 46.34 \mathrm{kJ/kg}$，相当于进入加热器的蒸汽热量（$i'' = 2642.60 \mathrm{kJ/kg}$）的 $\frac{10.9}{632.2} \times 100 = 1.7\%$

这是一个相当可观的数字，其他各级加热器的汽凝水也应这样利用。

第九章 蒸 发 设 备

第一节 概 述

糖汁经过提净之后，称为清汁，浓度约为 $15°Bx$。为了节省蒸汽，必须先把清汁进行蒸发浓缩，使其浓度达到 $60~70°Bx$，以适应煮糖结晶的需要。

在蒸发过程中，要从清汁中除去 75%~80% 的水分。蒸发这样大量的水分，要耗费巨大的热能。糖厂的蒸发一般都是采用多效真空蒸发或压力蒸发进行的，工艺条件控制不当会影响糖浆质量。因此，从工艺角度来说，要求蒸发过程中的糖分损失尽可能少；糖汁的色值不增加，或者增加很少；从热能利用来说，要求合理使用生蒸汽、乏汽及汁汽，以降低全厂的耗汽量和燃料的消耗量；向锅炉提供足够的洁净的入炉水；向全厂提供工艺过程用的热水。

糖汁的蒸发浓缩是在蒸发装备中完成的，所用设备应尽可能满足上述要求。配置的蒸发设备如何才能满足热力合理利用，是属于蒸发热力方案所要考虑和解决的问题。本章仅讨论蒸发设备的结构应如何满足工艺需要的问题。为了满足工艺要求，蒸发设备必须具备以下要素：

（1）简单、安全、紧凑，结构可靠，造价便宜，设备加工、安装及检修方便；
（2）具有最大的热交换强度，设备的单位加热面积的生产能力大；
（3）设备的单位加热面积的金属消耗量最小；
（4）在最适直径的设备中，可以安排最大的加热面积；
（5）加热蒸汽均匀分布于汽鼓管子之间的空间；
（6）在蒸发过程中，生成的色素和糖分的损失应最小；
（7）在不可避免的抽汁汽波动的情况下，蒸发操作稳定；
（8）连续而可靠地从汽鼓中排掉汽凝水、氨气及不凝结气体；
（9）积垢生成少，蒸发运行时间长；
（10）清洗罐垢方便；
（11）汁汽分离可靠；
（12）没有死角，糖浆在罐内循环良好。

为了达到上述要求，就有各种各样的蒸发罐出现。糖厂最初使用的蒸发装备是直火加热的开口锅，这样装备不但多耗用燃料，而且温度高，不好控制，糖浆质量差。18 世纪中叶，蒸汽加热的夹套式蒸发罐问世，但由于夹套面积有限，不久就被蛇管式蒸发罐所取代。蛇管式蒸发罐结构较复杂，积垢清洗困难。19 世纪中叶出现了立式列管蒸发罐，在同一容积内加热面得到进一步的增大，而且传热效率有所提高，清洗方便。后来在这种罐的中央安装了一根大直径的循环管，使罐内糖汁得到了较好的循环，传热效率进一步提高。这是蒸发罐结构上的一个重大改进，从而这种罐就成为现代标准蒸发罐的雏形。

随着制糖工业的发展与科学技术的进步,在对这种型式蒸发罐进行改革的同时,又出现了各种新型结构的蒸发罐,如外循环式蒸发罐、外加热体式蒸发罐、压力蒸发罐与膜式蒸发罐等。因为世界上没有尽善尽美的事物,它总是不断向前发展的。因此,今后还会有各种更新型的蒸发罐问世。

不同型式的蒸发罐可以分类如下:

(1) 根据料液的流程分类 循环式和单程式。

(2) 根据加热器结构型式分类 盘管式浓缩器、中央循环式浓缩器、升膜式浓缩器、降膜式浓缩器、板式浓缩器、刮板式浓缩器。

蒸发罐的型式很多,我们不可能也没有必要对所有型式都一一叙述。因为型式虽多,基本结构是类似的。只要通过对典型设备的分析研究,进行科学的概括,从而就能触类旁通,运用它去理解其他设备,而且还可能创造出新的结构和典型来。因此,本章只叙述几种较通用及有代表性的设备,并简单介绍有关蒸发装备的工艺计算与材强计算。

为了满足工艺要求及热力利用的需要,除了要有结构完善的蒸发罐外,还必须配用各种高效率的附属设备,诸如捕汁器、自蒸发器、冷凝器、汽水分离器及热能压缩器等,在这里也作适当的介绍。

第二节 蒸发罐的类型和构造

糖厂使用的蒸发罐型式虽多,但都是由加热室(热交换部分)、汁汽室(糖汁沸腾并分出汁汽的空间)、捕汁器(分离汁汽中糖汁雾沫装置)和糖汁的给、排装置及附件所组成。

一、通用式蒸发罐

通用式蒸发罐(即 Robert 蒸发罐)是目前糖厂最广泛使用的蒸发罐。这种蒸发罐的构造如图 9-1 所示,在我国制造机械标准中称为 TBZ 型。它主要由罐底、入汁装置、加热室(或称汽鼓)、汁汽室(或称蒸发室)、捕汁器及罐顶等构成。

加热室是蒸发罐结构中的最重要的部件,它由上下管板、加热管子、中央降液管及外壳组成。它构成了蒸发罐的加热面,起传递热量以蒸发糖汁之用。在汽鼓的外壳,有两个蒸汽入口及四个汽凝水排出口。此外,汽鼓中还有不凝气排出口。在中央降液管的下端,接一段短的截锥圆筒,此圆筒的外面,又有另一短截锥圆筒与罐底连接,构成了出汁装置。

汁汽室在汽鼓上方,是一个直立圆筒,其内部是空的。汁汽室的主要作用是把从加热管子中喷出的糖汁与汁汽分离。在蒸发罐操作面的不同高度上,安装有几个视镜,以便于操作时观察罐内糖汁液面及沸腾情况。在汁汽室的适当位置上,安装有温度计与压力计,以检测糖汁与汁汽的温度与压力。

在汁汽室的上方,安装一个捕汁器(波纹板式),其作用是进一步把被高速汽流夹带出来的液滴(或雾沫)捕集起来,然后沿回流管流回汁汽室内。

汁汽室的上端,接一椭圆形顶盖(封头),汁汽管安装在顶盖的中央。

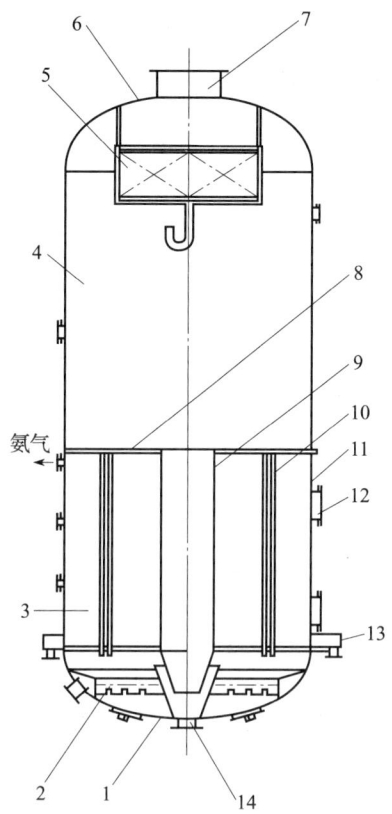

图 9-1 TBZ 型通用式蒸发罐
1—罐底 2—入汁装置 3—加热室 4—汁汽室 5—捕汁器 6—罐顶盖
7—汁汽入口 8—管板 9—中央降液管 10—加热管 11—加热室外壳
12—蒸汽入口 13—汽凝水出口 14—出汁管

入汁管安装在罐的底盖上，它是一环形多孔装置，使入罐糖汁均匀地分配入各加热管中。出汁管安装在底盖的中央。底盖上设有人孔。

通用式蒸发罐结构简单，制造容易，操作可靠，积垢的清除也较方便。入汁装置与出汁装置比较合理，自加热管上升的糖汁，释放出汁汽后，流向中央降液管。其中大部分糖汁即从出汁管排出，少量糖汁则从截锥圆筒之间的环形空隙上升，与入汁混合后作对流循环。因此，入汁不会与出汁相混，出汁浓度可不高于罐中糖汁的平均浓度。通用式蒸发罐的传热系数也不低。

通用式蒸发罐的主要缺点是汽鼓中央安装一支大直径的降液管，使汽鼓的结构不够紧凑。

TBZ 型蒸发罐系列的主要技术参数如表 9-1 所示。

二、外循环式蒸发罐

外循环式蒸发罐是针对通用式的缺点而改进的，它把降液管移至加热室外。这样，加热室可以布置管子，结构较为紧凑。

表 9-1　TBZ 系列通用式蒸发罐的主要技术参数

型号	直径/mm	降液管径/mm	加热室 管板厚度/mm	管径($\Phi_{外}/\Phi_{内}$)/mm	管子数目/根	管子总长/mm	有效管长/mm	管中心距/mm	蒸汽入口/mm	汽凝水 数目	汽凝水 管径/mm	直径/mm	有效高度/mm	汁汽室 汁汽管径/mm	入汁管径/mm	捕汁器
TBZ-50	1000	300	20	34/30	265	2000	1950	45	$\Phi150\times5$	1	$\Phi45\times3.5$	1000	3000	$\Phi159\times4.5$	$\Phi57\times3.5$	
TBZ-75	1200	300	20	34/30	535	2000	1950	45	$\Phi159\times4.5$	1	$\Phi45\times3.5$	—	3000	$\Phi159\times4.5$	$\Phi57\times3.5$	
TBZ-100	1400	300	20	34/30	535	2000	1950	45	$\Phi219\times6$	1	$\Phi108\times4$	2000	3000	$\Phi273\times8$	$\Phi108\times4$	
TBZ-150	1600	400	20	34/30	781	2000	1950	45	$\Phi219\times5$	1	$\Phi108\times4$	2000	3000	$\Phi273\times5$	$\Phi108\times4$	
TBZ-200	1800	400	20	34/30	1050	2000	1950	45	$\Phi219\times6$	1	$\Phi108\times4$	2000	3000	$\Phi273\times8$	$\Phi108\times4$	
TBZ-250	2000	500	20	34/30	1200	2000	1950	45	$\Phi219\times6$	1	$\Phi5''\times4.5$	2000	3000	D_g350	$\Phi4''\times4$	波纹板型
TBZ-350	2000	500	22	34/30	1200	3000	2946	45	$\Phi219\times5$ / $\Phi273\times5$	1	$\Phi5''\times4.5$	3000	4200	$\Phi426\times6$	$\Phi4''\times4$	
TBZ-450	2200	500	22	34/30	1546	3000	2946	45	$\Phi219\times5$ / $\Phi273\times5$	1	$\Phi5''\times4.5$	3000	4200	$\Phi426\times6$	$\Phi4''\times4$	
TBZ-550	2400	650	22	34/30	1887	3000	2946	45	$2\Phi325\times6$ / $2\Phi273\times5$	1	$\Phi5''\times4.5$	3000	4200	$\Phi426\times6$	$\Phi4''\times4$	
TBZ-700	2600	650	26	34/30	2408	3000	2938	45	$2\Phi325\times6$ / $2\Phi273\times5$	2	$\Phi4''\times4$	3000	4200	$\Phi530\times6$	$\Phi5''\times4.5$	
TBZ-850	2800	652	26	34/30	2874	3000	2938	45	$2\Phi325\times6$ / $2\Phi273\times5$	2	$\Phi4''\times4$	3000	4200	$\Phi530\times6$	$\Phi5''\times4.5$	
TBZ-1000	3000	650	26	34/30	3420	3000	2938	45	$2\Phi325\times6$ / $2\Phi273\times5$	2	$\Phi4''\times4$	3000	4200	$\Phi530\times6$	$\Phi5''\times4.5$	

如图9-2所示为我国TWX型外循环蒸发罐，汽鼓的结构与通用式的差别较大。它采用周围汽隙进汽的方式，在汽鼓上部外圆周上安装一汽环，汽环与汽鼓有长方形的汽隙相通。这样进入汽鼓的蒸汽分布较为均匀。

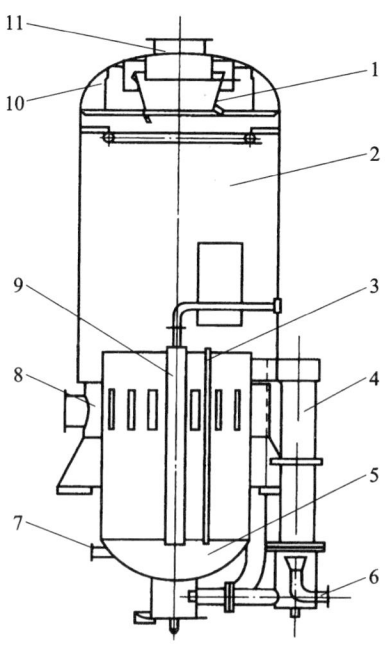

图9-2　TWX型外循环蒸发罐
1—捕汁器　2—汁汽室　3—加热室　4—外循环管　5—罐底盖　6—出汁管
7—入汁管　8—汽环　9—不凝气管　10—罐顶盖　11—汁管汽

不凝气排出管安装在汽鼓中央，因为采用周围进汽，不凝气容易集中于汽鼓中央，这样不凝气的排出比较完全。汽凝水从四个出口排出，排水口紧靠下管板。糖汁于罐底的接管进入，经安装于管板下方的多孔管而后均匀分散入加热管。循环管共两根，其下端接至底盖下方的集汁槽，循环汁由此经多孔板分散后与入汁相混而进入加热管。其中一根外循环管的出汁高度较低，其下端装有漏斗形出汁管。这种结构既能满足排汁，又能使部分汁回流循环。汁汽室的直径大于加热室的直径，这样，在加热室上部与汁汽室外壳之间便形成一个环形集汁槽，循环管即从此槽接至罐底。惯性型捕汁器安装于罐顶。外循环式蒸发罐的循环管安装于罐外，不受蒸汽加热，循环较良好，汽鼓结构较紧凑，对于相同的加热面积，汽鼓直径比通用式为小，罐底容积也较小，这就相对缩短了糖汁在罐内的停留时间，出入汁装置较为合理，入汁不会与出汁相混。传热系数较高。

当通用式蒸发罐要扩大加热面积时，改为外循环式是值得推荐的，这样在结构上不必做大的改动就能增加罐的加热面积。

TWX型外循环蒸发罐系列的主要技术参数如表9-2所示。

前面所述的两种蒸发罐，都是属于循环式蒸发罐，即有部分糖汁从降液管下降后，又返回加热管中对流循环。

表 9-2　TWX 系列外循环蒸发罐的主要技术参数

型号	加热室 直径/mm	降液管 管径/mm	管板 厚度/mm	管子 管径/($\Phi_外/\Phi_内$)/mm	管子 数目/根	管子 总长/mm	管中 心距/mm	蒸汽 入口/mm	汽凝水 管数	汽凝水 管径/mm	直径/mm	有效 高度/mm	汁汽室（蒸发室） 汁汽 管径/mm	捕汁器	循环管 管数	循环管 管径/mm	入汁 管径/mm
TWX-75	1200	—	22	42/36	324	2000	54	200	4	40	1600	≈3500	300	惯性型	2	150	50
TWX-100	1400	—	22	42/36	444	2000	54	250	4	40	1800	3500	350	惯性型	2	170	80
TWX-125	1600	—	22	42/36	534	2000	54	300	4	50	2000	3500	400	惯性型	2	200	80
TWX-150	1600	—	22	42/36	636	2000	54	300	4	50	2000	3500	450	惯性型	2	200	80
TWX-200	1800	—	22	42/36	840	2000	54	350	4	50	2200	3500	500	惯性型	2	225	80
TWX-250	2000	—	22	42/36	1050	2000	54	400	4	70	2400	3500	600	惯性型	2	250	80
TWX-350	2000	—	24	42/36	978	3000	54	450	4	70	2600	≈5200	700	惯性型	2	250	100
TWX-450	2200	—	24	42/36	1254	3000	54	500	4	80	2800	5200	700	惯性型	2	300	100
TWX-550	2400	—	24	42/36	1254	3000	54	600	4	100	3000	5200	800	惯性型	2	300	125
TWX-700	2800	570	24	42/36	1938	3000	54	700	4	100	3400	5200	900	惯性型	2	300	150
TWX-850	3200	600	24	42/36	2352	3000	54	700	4	125	3800	5200	1000	惯性型 150	2	350	150
TWX-1000	3400	600	24	42/36	2778	3000	54	800	4	125	4000	5200	1200	惯性型	2	400	200

注：① 加热面积 700m² 以上的蒸发罐有内外降液管。
② 管子有效长度：管子总长 2000mm 的为 1950mm，管子总长 3000mm 的为 2950mm。

循环式蒸发罐的优缺点：糖汁在罐内循环是有一定好处的，一方面是加大了糖汁在管子中的流速，对传热系数有良好的影响。另一方面是对糖汁的循环有缓冲作用，即使瞬时来汁不够或无汁入罐，也不致产生严重的后果。因此，循环或蒸发罐在现在还得到广泛的应用。

然而，糖汁的循环也有美中不足之处，一方面已浓缩的糖汁又返回加热管中与新入罐的稀汁混合再蒸发，这样，就增加了罐中糖汁的平均浓度，这对传热系数有不良影响，而且糖汁的沸点升高较大，减少了有效温度差。另一方面，由于糖汁的循环，延长了糖汁在罐内的停留时间，而且会有部分糖汁较长期地停留在罐内。现设有一个蒸发罐的总操作容积为1m³，若入汁速度为0.2m³/min，而出汁速度为0.1m³/min。当罐内糖汁混合均匀时，以出汁速度计算的平均停留时间为1/0.1=10min。然而，部分糖汁在罐中的停留时间却大大超过这个平均值。糖汁从罐中排出的百分数与时间的关系，可用泰勒（Taylor）级数扩展式表示：

$$排出糖汁百分数 = (1 - e^{-\frac{t}{R}}) \times 100\% \tag{9-1}$$

式中　t——时间，min

　　　R——操作容积与每分钟排出容积的比率

此式的计算结果，如图9-3所示。从图中可以看出，在10min终了时，罐内原来的1m³/min糖汁，只有62%左右排出罐外，20min后排出87%，46min后才有99%被排出。这样，仍有极少量的糖汁还将停留更长的时间，会引起蔗糖的分解或还原糖的破坏，而糖浆色值增加，影响糖浆质量。

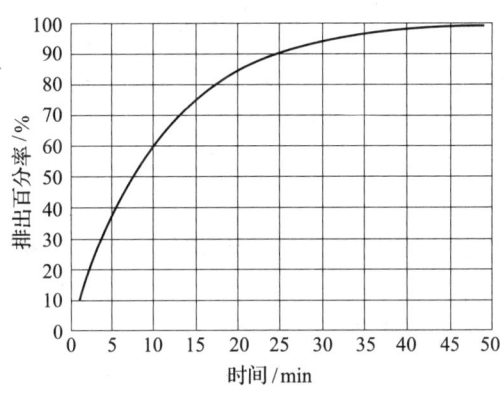

图9-3　蒸发罐排汁率与时间关系

根据上面的分析，糖汁在罐内的循环是各有利弊的，而且是利少于弊的，这就使各式循环蒸发罐的使用受到了限制。因而有各种各样直通式蒸发罐的出现。在直通式蒸发罐中，糖汁一次通过加热管子即排出，不再循环，这就基本上克服了循环蒸发罐的缺点。

下面介绍几种直通式蒸发罐。

三、压力蒸发罐

压力蒸发罐（即Buckan-Wolf式蒸发罐）的构造如图9-4所示。这种罐在我国糖厂使用的初期，只作为零效及第一效使用，是在压力下操作，所以称为压力蒸发罐。

这种蒸发罐的结构基本上与通用式蒸发罐相同，其主要区别在于在下管板的下方安装一个入汁室，在上管板的中央安装一个钟形罩，把加热室的管子分为内外两部分。糖汁自入汁管进入入汁室，从内层管子上升，部分水分被蒸发，这些汁－汽混合物以较快的速度经钟形罩折向中央降液管而下降，然后进入罐底外层管子而上升。糖汁的沸腾蒸发，主要是在外层管子中进行。自外层管子排出的汁－汽混合物，在汁汽室中分离，浓汁经出口管排出。

在这种直通式压力蒸发罐中，糖汁通过加热管的途程较长，流动速度较快，因此传热系数较高。但是使用这种蒸发罐时，糖汁应在沸点或稍高于沸点的温度入罐，才能迅速蒸发，加速糖汁流动速度。若入汁温度低，蒸发罐的部分加热面作为加热器用，就将降低蒸发罐的效能。

我国曾有几间糖厂使用过这种蒸发罐，由于通洗加热管的积垢时，要拆除钟形罩及入汁室的底盖，比较麻烦；而且根据查定，传热系数比一般循环式蒸发罐相差不大。因此，有些厂已把这种罐的钟形罩及入汁室拆除，改为一般的循环式蒸发罐。

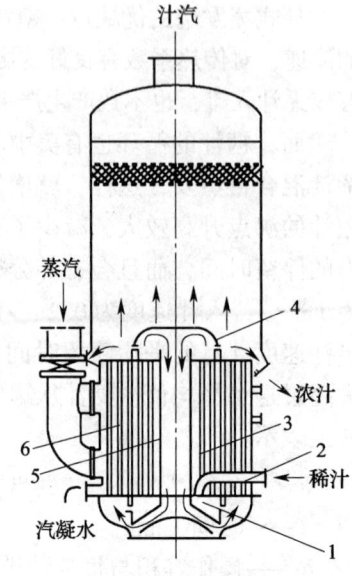

图9－4　压力蒸发罐
1—入汁室　2—入汁管　3—内层管子
4—钟形罩　5—中央降液管
6—外层管子

四、膜式蒸发罐

膜式蒸发罐是使糖汁在管壁上分散成液膜的形式移动，从而使蒸发面积大大增加，提高蒸发浓缩效率。膜式蒸发罐按照液膜形成的方式可以分为自然循环液膜式蒸发罐和强制循环液膜式蒸发罐。按照液膜在管中的运动方向又可分为升膜式、降膜式和升降膜式蒸发罐。

（一）升膜式蒸发罐

升膜式蒸发罐（即 Kesfner 蒸发罐）是 20 世纪初出现的蒸发设备。

1. 升膜式蒸发罐的结构

升膜式蒸发罐属外加热式自然循环的液膜式浓缩设备，其构造如图9－5所示，主要由加热器、分离器、雾沫捕汽器等部分构成。加热器为一垂直竖立的长管换热器。对于加热管子的直径和长度的选择要适当，管径不宜过大，一般在35~50mm，管长与管径之比恰当，一般为100~150，管长6~8m，这样才能使加热面供应足够成膜的气速。事实上，由于蒸发流量和流速是沿加热管上升而增加，所以爬模工作状况也是逐步形成的。

2. 工作原理

升膜蒸发器工作时，糖汁由加热室下部采用沸点进料方式（该方式可使糖汁在进入管内即沸腾，这样才能产生液膜）进入加热管内，加热蒸汽由加热管外部通入，将热量传给管内的糖汁，糖汁被加热沸腾，便迅速汽化，所产生的二次蒸汽及浓缩糖汁在管内高速上升（常压下，管的出口处二次蒸汽速度为20~50m/s，在减压真空状态下，可达100~160m/s），浓液被高速上升的二次蒸汽所带动，沿管内壁成膜状上升不断被加热蒸发。这样糖汁从加热器底部至管子顶部出口处，逐渐被浓缩。

浓缩糖汁以较高的速度以切线方向进入蒸汽分离室，浓缩糖液从分离器底部排出，二次蒸汽从顶部排出，也有的将浓缩糖液的一部分通过循环泵，再进入加热器底部，继续浓缩。

操作时要注意控制进料量、温差和温度。如果进液量过多，加热蒸汽不足，则管子的下部积液过多，会形成液柱上升而不能形成液膜，失去液膜蒸发的特点。如果进液量过少，会发生原壁——断膜干壁结焦现象。如果温差小，糖汁被加热沸腾，汽化速度慢，管内物料上升速度慢（低于10m/s），不能形成液膜，传热速率低。温差过大，蒸发量过大，就会产生结焦，从而降低传热效果。只有糖汁在进入管内即行沸腾时，才能产生液膜，沸点进料能增加液膜在管内的比例，从而提高沸腾和传热系数。为了充分发挥膜式蒸发罐的特点，应该采用控制进料量、温度差大、沸点进料的措施。

二次蒸汽在管内高速螺旋式上升，其流速大于10m/s时，可将物料贴管内壁拉成薄膜状。薄膜料液的上升必须克服其重力与管壁的摩擦阻力，所以不适应黏度较大的溶液。一般多用于第一效蒸发，这是因为第一效温度较高，糖汁黏度较低，液膜攀升易于实现，因而蒸发效能较好。由于糖汁成膜状并以较快的速度通过加热管，同时浓度逐渐增大，罐中糖汁的平均浓度较低，因此其传热系数较一般蒸发罐约高30%，而且糖汁在罐内停留时间短，减少了糖汁色值的增加。

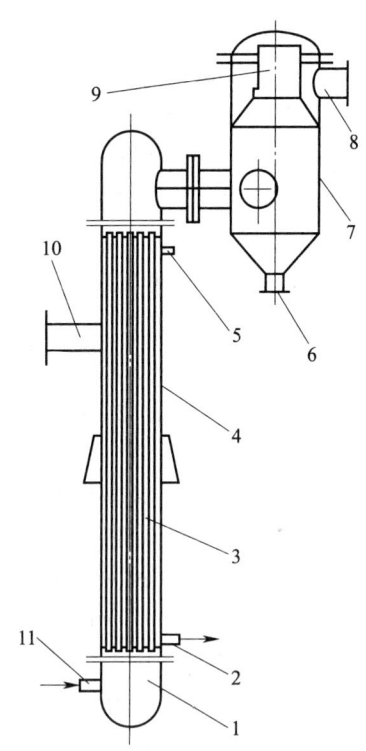

图9-5 升膜蒸发器结构示意图
1—入汁室 2—汽凝水出口
3—加热管 4—加热室 5—不凝气出口
6—出汁管 7—汁汽室 8—汁汽管
9—雾沫分离器 10—进气管 11—入汁管

3. 升膜式蒸发器的特点
（1）料液在管内上升速度快，液膜薄，传热系数高［达2000~3000W/（m²·℃）］。
（2）静压影响小，温差损失小。
（3）物料在管内停留时间短，减少了糖汁色值的增加。
（4）料液在管内速度较高，能防止结垢的形成及黏性料液的沉淀。
（5）管子过长，用机械方法清洗积垢很困难。
（6）蒸汽出口速度快，雾沫夹带严重。
（7）要求有较大的温差和沸点进料，以产生大量蒸汽推动的膜攀升。
（8）操作管理较难。不易控制糖汁在管内的停留时间和浓度。对罐内液位变动很敏感，入料、真空、操作等必须很稳定，否则会结焦。

因此，升膜式蒸发罐虽然具有一定的优点，但仍没有像通用式蒸发罐及外循环式蒸发罐那样在糖厂获得广泛的应用。

（二）降膜式蒸发罐

降膜式蒸发罐是在升膜蒸发罐的基础上发展起来的，顾名思义，在降膜蒸发罐中，糖汁经过蒸发罐顶部的成膜装置后，呈膜状从加热管内壁自上而下降落。

1. 降膜式蒸发罐的结构及原理

降膜式蒸发罐构造如图9-6所示。它主要由加热器、分离器及成膜装置等部分构成。

入罐糖汁能否均匀分布于每根管子中使形成薄膜是降膜式蒸发罐的关键因素，因此成膜装置是降膜蒸发罐的最主要的部件。在每根管子的入口处均需安装一个成膜装置，其作用原理可分为三类：一是利用导流管（板）使料液均布；二是利用筛板或喷嘴使料液均布；三是利用旋液喷头。工业上常用的成膜装置用如图9-7所示的几种形式。

（1）筛孔板式　又称淋洒分配板，是利用液体的自流作用进行分配，它在管板上方一定距离水平安装一块筛孔板，筛板为两层或三层的多孔板，孔的位置正好交错于加热管口。多孔筛板的孔为截锥形，上大下小。当筛板上保持一定液层时，液体从筛孔淋洒到管板上，液体离各加热管口距离相等，就沿管板均匀流散到各管边沿，成薄膜状沿管壁下流。这种分配设备简单，但只宜用作稀薄溶液的分配。对黏稠物料难以分配均匀。

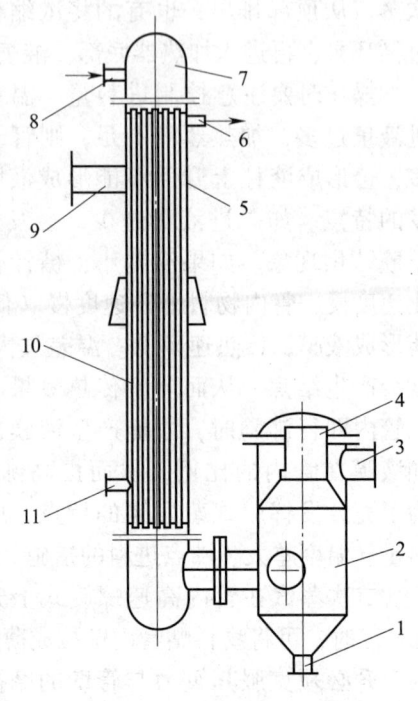

图9-6　降膜式蒸发罐示意图
1—出汁管　2—汁汽室　3—汁汽管
4—雾沫分离器　5—加热室　6—不凝气出口
7—入汁室　8—入汁管　9—进气管
10—加热管　11—汽凝水出口

（2）喷雾型分布器　料液经泵加压后经喷嘴喷成均匀液滴。

（3）锯齿形缘口的导流管　导流管下部扩大段的沿口直径与加热管内径相等，四周有3~4个径向支脚，安在每根加热管口上，沿口加工成锯齿形，料液通过齿缝使液体沿加热管内壁成水膜状流下，均匀分布于管内壁。

（4）螺纹导流管　如图所示，在加热管口插入刻有2~3条螺旋形沟槽的圆柱体导流管，四周有一个环形支架，该支架面将管口遮蔽，当料液沿螺旋沟槽下流时，则使液体形成一个旋转的运动方向使其均匀布于管内壁。沟槽的大小要根据液料的性质而定，但若沟槽太小，则会增加液料阻力，容易造成堵塞。

（5）圆锥体导流式　在每根加热管的上端管口内插入一根呈八字形的导流管，如图9-7（5）所示。棒底的宽边与管壁成一定的均匀间距，液体在均匀环形间距中流入加热管内周边，形成薄膜。此锥体底部内凹，以免沿锥体面流下的液体再向中央聚集。这样液体流过的通道不变，液体的流量只受管板上液面高度变化所影响，此时分布比较均匀，但遇有物料带颗粒时，则会造成堵塞的影响。

（6）筛孔板与导流板结合　在管板上方一定距离水平安装一块筛孔板，孔的位置正对着加热管口。加热管的入口处悬挂一个半球形导流板。筛孔板的作用是使入汁分配比较均匀，半球形导流板是使液体成膜均匀布于管内壁。当筛板上保持一定液层时，液体从筛孔淋洒到半球形导流板上，沿导流板均匀流散到各管内壁，成薄膜状沿管壁下流。

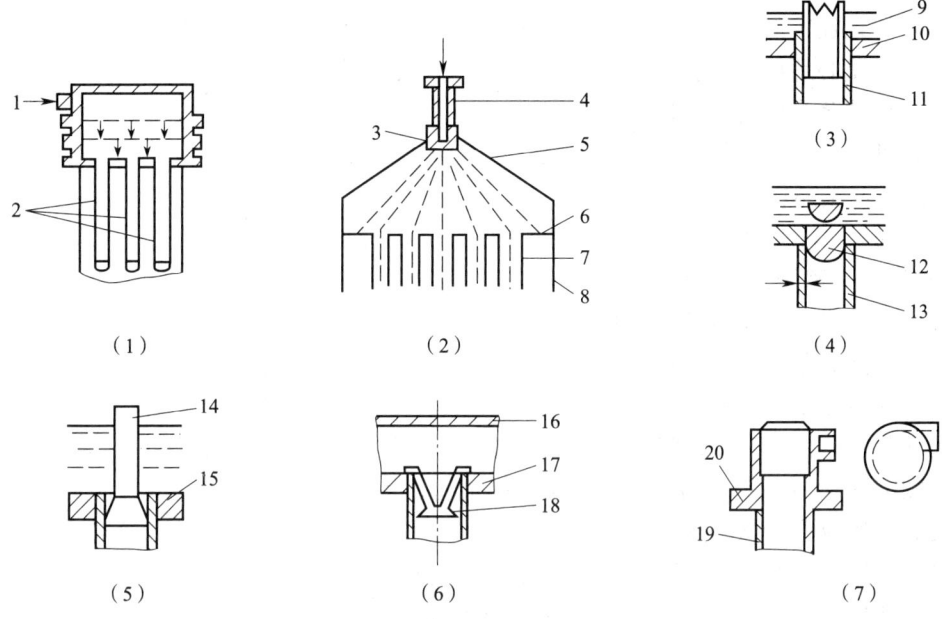

图9-7 液体分布器结构

1—进液口 2、7、11、13、19—加热管 3—喷嘴 4—液体入口 5—分散段 6、10、15、17、20—管板 8—器壁 9—支角 12、14—导流管 16—筛孔分布板 18—球面导流板

（7）切线进料旋流器 料液经泵加压后进入旋流式分布器，利用离心力将料液均布于管的四周。如图9-7（7）所示，旋流器插放在各加热管口上方，液体以切线方向进入，产生离心力，形成靠壁旋流。在重力作用下，液体就成薄膜状沿管壁旋流而下，增加了液体湍流，提高了传热系数，但是设计时要注意各切线进口的均匀分布，否则会互相影响而造成进料不均匀。

上述（4）和（7）两种成膜器使液体沿管壁周边旋转向下，这样可以降低管内各向物料的不均匀性，同时又可以增加液体流动速度，减薄加热表面的边界层，降低热阻，提高传热系数，使液体旋转进入加热管。

物料经过降膜式蒸发器顶部的成膜装置均匀地分布在每根加热管中，成膜状向下流动，液膜受到加热蒸汽加热蒸发，产生的汁汽迅速脱离加热面（液膜），沿管子向下流动。由于汁汽与液膜流动同一方向，液膜由重力和汁汽的推动沿器壁迅速流下，生成的气泡迅速脱离加热面，这样糖汁在加热管中停留的时间短，仅几十秒钟，且有较大的传热系数，同时积垢生成较慢。

降膜式蒸发罐一般为单程式，故管子要有足够的长度，才能保证传热效果，其长径比一般为100~250。

2. 降膜蒸发器特点

（1）物料在加热表面形成膜状，管壁生成气泡易脱离加热面，流速快，时间短，所以传热系数高，同时积垢生成慢。

（2）糖汁成膜状流下，静压温差损失可以消除。

（3）液膜在下降过程中受热而蒸发，产生的汁汽只通过很薄的液膜，没有像一般蒸发器那样的剧烈沸腾现象，雾沫夹带很少，因此无需很大的汁汽室。

(4) 可以在较低的温度下操作，可以利用二次蒸汽作为热源，热能利用合理。

(5) 液量必须控制足够大且均匀，否则易蒸干，降低传热效果。

(6) 加热蒸汽压力稳定性要求高。

(7) 适宜热敏性物料的浓缩，能蒸发黏度较大的物料，但不适合于高浓度或黏稠性物料及蒸发易结晶、易结垢的溶液。

总的来说，降膜蒸发罐较之其他型式具有一定的优越性，有发展前途。

(三) 升-降膜式蒸发罐

升膜与降膜式蒸发器各有优缺点，而升-降膜蒸发器是二者优缺点的互补。升-降膜蒸发器是在加热器内安装两组加热管，一组作升膜式，另一组作降膜式，此种蒸发器相当于一升膜蒸发器和一降膜蒸发器串联，如图9-8所示。溶液先进入升膜加热管，沸腾蒸发后，汽液混合物上升至顶部，然后转入另一半加热管，再进行降膜蒸发。浓缩液从下部进入气液分离器，分离后，二次蒸汽从分离室上部排入冷凝器，浓缩液从下部排出。升-降膜蒸发器能获得较高的蒸发速率，加热管高径比小，以减少压降。

升-降膜蒸发器的特点：① 符合物料的要求，初进入蒸发器时，物料浓度低，蒸发速度快，容易达到升膜的要求。物料经初步浓缩后，在降膜式蒸发中受重力作用能沿管壁均布形成薄膜；② 经升膜蒸发后的汽液混合物降膜蒸发，有利于液体均布，同时也加速物料的湍动和搅动，以进一步提高传热效果；③ 用升膜来控制降膜的进料分配，有利于操作控制；④ 将两种浓缩过程串联，可以提高产品的浓缩比，减低设备高度。

这种蒸发罐多用于蒸发过程中溶液浓度变化很大、溶液中水分蒸发量不大和厂房高度有一定限制的场合。

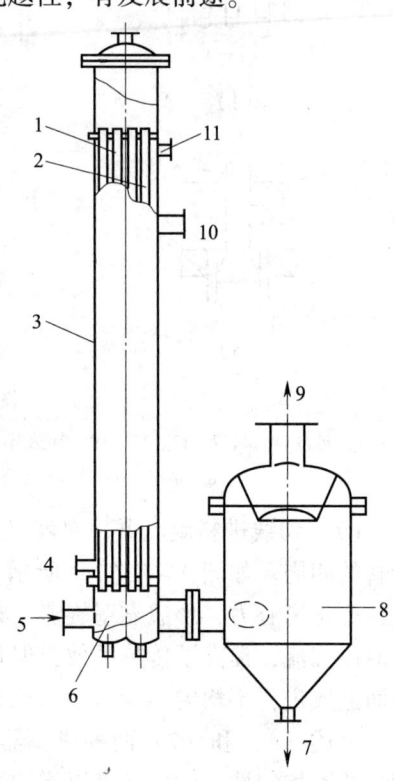

图9-8 升-降膜式蒸发罐
1—升膜管 2—降膜管 3—加热室
4—汽凝水排出口 5—入汁管 6—入汁室
7—出汁管 8—汁汽室 9—汁汽管
10—蒸汽管 11—不凝气出口

第三节 蒸发罐主要部件

加热室是蒸发罐结构中的最重要的部件，它由上下管板、加热管、中央降液管及外壳组成。它构成了蒸发罐的加热面，起传递热量以蒸发糖汁之用。在汽鼓的外壳，有两个蒸汽入口及四个汽凝水排出口。此外，汽鼓中还有不凝气排出口。在中央降液管的下端，接一段短的截锥圆筒，此圆筒的外面，又有另一短截锥圆筒与罐底连接，构成了出汁装置。

一、加 热 室

蒸发罐的加热室是传递热量以供糖汁进行沸腾蒸发的部件。加热室的结构应能使蒸发罐具有较高的总传热系数。

蒸发罐的总传热系数的确定,见第八章式(8-5)。

从该式可以看出,总传热系数的计算是比较复杂的,而且不易得到准确的数值。在实际应用中可以简化为式(9-2):

$$K = \frac{\alpha_1 \alpha_2}{\alpha_1 + \alpha_2} \varphi \tag{9-2}$$

式中 φ——是考虑到加热面生成积垢时的系数,称为加热面利用系数。它与加热面负荷及所采用的蒸发方案有关

甜菜糖厂蒸发罐加热面利用系数的数值已制成图表,可从有关书籍中找到。

显然,为了提高蒸发罐的总传热系数,必须设法增大给热系数 α_1,特别是 α_2 的数值,并尽可能地延缓积垢的生成或及时将生成的积垢清除,以提高 φ 值。这可从汽鼓中加热管与降液管的合理布置;管子材料及规格的合理选择及充分地将不凝气与汽凝水从汽鼓中排出来实现。

(一) 加热管的规格与排列

1. 管子的规格与选择

选择加热管的规格,应从能增加管壁至糖汁的给热系数 α_2 及易于通洗积垢两方面来考虑。

在垂直的加热管中,管壁至糖汁的给热系数,在很大程度上决定于糖汁在罐内的循环速度。而糖汁的循环速度主要决定于汽液的混合物在管中的流速,当其速度大时,管内壁的汁膜的厚度较薄,给热系数 α_2 大;速度低时则相反。

汁汽从加热管上端排出的速度,可用式(9-3)计算:

$$v = \frac{q_m}{\frac{\pi}{4} d_i^2 n \gamma} \quad (\text{m/s}) \tag{9-3}$$

式中 q_m——单位时间内所蒸发的水量,即汁汽量,kg/s

d_i——加热管的内径,m

n——管子数目

γ——汁汽的重度,kg/m³

而蒸发的汁汽量 G 则按下式算出:

$$q_m = \frac{\pi d n L K \Delta t}{3600 r} \quad (\text{kg/s}) \tag{9-4}$$

式中 L——管子有效长度,m

K——总传热系数,kcal/(m²·h·℃)

Δt——有效温差,℃

r——蒸发潜热,kJ/kg

由上述两式,因 $d \approx d_i$ 可得汁汽的速度为:

$$v = \frac{\pi d n L K \Delta t}{3600 r \times \frac{\pi}{4} d_i^2 nr} = 0.0011 \frac{LK\Delta t}{r d_i \gamma} \quad (\text{m/s}) \tag{9-5}$$

从上式可知，汁汽从加热管排出的速度与管子的长度成正比而与管子的直径成反比，管径大时，加热生成的汁汽及糖汁上升速度慢，α_2 值低，管径小时，汽泡几乎在整个管子截面形成汽液混合物，密度小，上升速度快，有利于 α_2 的提高。因此采用较长及较小或细管子，可以加速糖汁的循环速度，提高给热系数 α_2 同时可使设备体积小，重量轻。因此，立式短管（1.5~2m）蒸发罐已逐渐为中等管（2~4m）蒸发罐所代替。但管子长度过长，清除积垢较困难。

管子的直径，虽以小些为宜，但也不能过小，否则不但对积垢的清除不方便，而且检修也有困难。通常，管子内径为（25~50mm）较为适当。

管子长度与管径之间有一定的内在联系。管子直径较小时，糖汁至管壁的平均距离较短；同时糖汁薄膜容易沿管壁攀升，因为液膜攀升效应取决于管子受热面积及其内截面积之间的关系。因此，对于一般的蒸发罐，不同直径的管子应有一个相适应的长度，如表9-3所示。

表9-3　　　　　　　不同直径的蒸发罐管子的最大长度

直径/mm	最大长度/mm
50/46	2250
40/36	3000
35/32	3500
30/27	4500

在一组蒸发罐中，是否各效罐的管子长度与直径都要求一致呢？关于这个问题要做具体的分析。

从理想的工艺角度来说，正如各效罐的面积可以不同一样，各效罐的管子规格也可以不一样。在一些糖厂的蒸发罐中，最后两效蒸发罐的管子直径比前面几效的大些，例如，前面各效的管径为42/36mm时，后面两效的管径可取50/44mm。因为后两效罐积垢较多，管径大些对除垢方便。但是，这样安排会使设备的规格复杂化。从制造的角度来看，则以管子规格相同较为方便。

确定蒸发罐管子的规格时，主要是从这两个角度去作适当的考虑，此外，还必须考虑管材的规格，使材料得到充分的利用。

考虑到无缝钢管产品规格，管长一般为6m，我国甜菜糖厂蒸发罐管子规格为：

无缝钢管 $\phi 34/\phi 30$mm，长 2m 或 3m

2. 管子的排列

管子排列的方式：管子在管板上排列的方式有三种，即三角形、正方形及同心圆形。在管间距离相同时，三角形排列较正方形排列可多装约13%的管子。在罐径较小时，同心圆排列比三角形排列能多排一些管子，但排数超过6圈时，排列管数就比三角形少。因此，蒸发罐中管子的排列方式都是采用等边三角形排列（参考第八章图8-5）。

管板孔径与中心距：设管子的外径为 d_0，相邻两管中心距为 a。令 A_0 为一根管子的外截面（等于管板板孔截面），A_P 为相当于一根管子的管板面积。则有：

$$\frac{A_0}{A_P} = \frac{\frac{\pi d_0^2}{4}}{\frac{\sqrt{3}}{2}a^2} = \frac{\pi}{2\sqrt{3}} \times \frac{d_0^2}{a^2} \tag{9-6}$$

若以结构系数 C_0 表示全部管孔的面积与装管部分管板总面积的比率，当管孔数为 n 时，则有：

$$C_0 = \frac{nA_0}{nA_P} = \frac{A_0}{A_P} \tag{9-7}$$

由上两式，得：

$$\frac{a^2}{d_0^2} = \frac{\pi}{2C_0\sqrt{3}} = \frac{0.907}{C_0} \tag{9-8}$$

C_0 值随管径的增大而稍为增大，它表示管子排列的紧凑程度。同时，考虑到胀管时管板的稳定性与蒸汽的流通面积，在现代蒸发罐中，$C_0 = 0.50 \sim 0.55$。为了使加热室结构紧凑，常采用较大值。当取 $C_0 = 0.55$ 时，则有：

$$a = 1.285 d_0 \tag{9-9}$$

即管子的中心距 a 约为管子外径 d_0 的 1.30 倍。也就是说，管板上相邻两孔间的距离大约等于管子外径的 0.3 倍。

（二）不凝气的排出与排气管的装置

蒸发罐所用的加热蒸汽，无论是第一效所用的乏汽或其他各效所用的汁汽，都或多或少地夹带有一些不凝缩的气体。这些不凝气的来源有几方面：(1) 溶解于入炉水中的空气，但数量不多；(2) 溶解于糖汁中的气体及有机物分解而释放出来的气体混入汁汽中。在甜菜糖厂中，这部分气体主要是氨气，在甘蔗糖厂中主要是空气；(3) 从罐体的各接口、阀门及视镜处漏入的空气，这是不凝气的最主要来源。蒸发罐的真空度越大，漏入的气体也越多。也就是说，从第一效至最后一效，汁汽中的不凝气的含量是逐效递增的。

如果不把进入汽鼓中的不凝气有效地排出，将会积聚在汽鼓内部，在很短时间内，就会使蒸发罐的蒸发能力大大下降。这是由于加热蒸汽中含有不凝性气体时，管壁上形成一层气膜，其传热系数大大降低之故。不凝气对传热系数的影响如图 9-9 所示。图中横坐标 x 表示蒸汽中含有的不凝气体的质量百分数，纵坐标 η 为含不凝气的蒸汽给热系数与洁净蒸汽的给热系数的比值。由图中可以看出，当蒸汽中的不凝气含量为 1% 时，其给热系数仅为洁净蒸汽给热系数的 45%，给热系数的降低不仅是由于不凝气的导热系数较小，而且由于不凝气的存在，降低了蒸汽的分压，从而降低了加热蒸汽的温度所致。

因此，在加热室的设计中，应考虑到把不凝气充分排出。

(1) 不凝气排气管的设置　对于用汁汽加热的其他各效的加热室，一般必须在几个地方安装几根排气管，这种排气点应选择在不凝气集中积聚的地方。具体位置可根据蒸汽进入汽鼓的位置、蒸汽挡板和蒸汽通道的布置情况来决定。这不仅

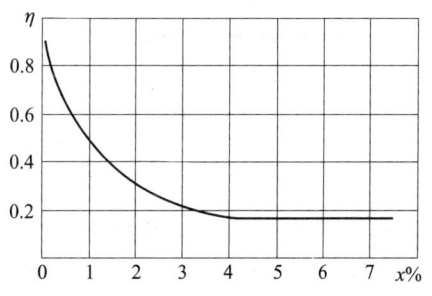

图 9-9　不凝气对传热系数的影响

对不凝气体的排出较好,且加快蒸汽的流速。把糖汁液面降低至刚刚盖过管板,从视镜观察,不凝气积聚的地方,沸腾较差。由此也可以确定不凝气排出点的位置。

国外某糖厂进行了从加热室中排出不凝气的试验。原来只有 6 根不凝气排出管,与一根 40mm 直径的总管相连。后来根据观察的情况逐渐增加排气管,蒸发能力有所改善。最后增加到 37 根,排出总管直径加大至 100mm。这样蒸发强度较前增加了 60%。但这样将导致少量蒸汽的漏失。在汽源充足而蒸发罐的蒸发能力不足时,可以根据汽鼓中管子排列的情况,考虑适当增加排气管,以提高蒸发强度。

空气比蒸汽重,一般积聚于加热室的下部,而氨气比蒸汽稍轻,积聚于加热室的上部。为了能把重量不同的不凝气排出,排气管应伸入加热室的下方,其下端距下管板不小于 100mm,以免吸入汽凝水。管子下端是开口的,中部及上部也开孔。如图 9-10 所示为短管式蒸发罐中不凝气排气管的安装与小孔布置情况,可作参考。

(2) 不凝气体的排出方式 为要排出不凝性气体,必须要有一个压力差。不凝气体有两种排出方式。一种是按效数顺序串联排出,就是将排气管从每效的汽鼓接至各自的汽室中,各效罐都按此排出氨气,最后,所有的不凝性气体都集中到末效罐,然后排到冷凝器中去。这种方式可避免排气过多浪费蒸汽,但不凝性气体在后效中会积累得越来越多,对传热是不利的。不凝性气体较少的压力蒸发系统可采用这种排气方式。在这种方式下,若将第二效汽鼓中的不凝性气体适当单独排至大气中,则可减少后面几效不凝性气体的大量积累。

排气管可接至同一效的汁汽室,管子须穿出汁汽室外,以便安装控制阀门,然后再通至汁汽室的上部,如图 9-11 所示。

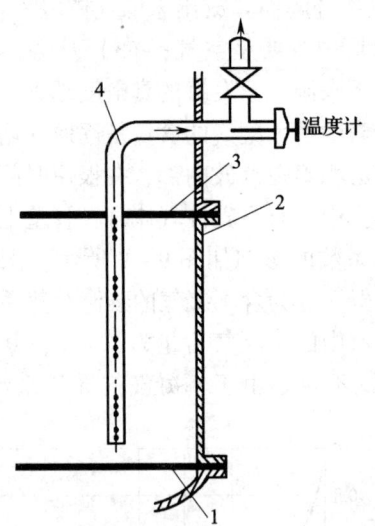
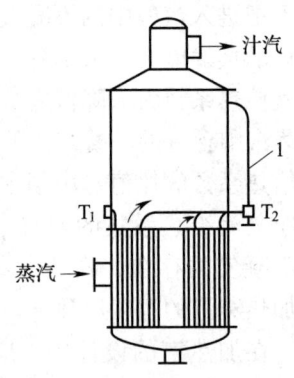

图 9-10 不凝气排气管的安装与小孔布置　　图 9-11 真空蒸发罐的不凝气排气管的连接
1—管板　2—汽鼓壳体　3—管板　4—不凝气排气管　　T_1、T_2—温度计　1—不凝气排气管

另一种方式是将各效罐的不凝性气体排往冷凝器,这种排气系统有较大的压力差,不凝性气体排出速度快,可减少不凝性气体的积聚,对提高传热效能有力,但易于造成蒸汽随不凝气进入冷凝器的损失,因此要很好的控制。真空蒸发罐多采用这种排气方式,以适

应在减压条件下操作时，由于设备和管路等泄露，增加不凝性气体的数量的特殊情况。这种系统中，后效不会大量积累不凝性气体，只要适当进行操作，便可减少蒸汽的浪费。

对于压力蒸发，也有直接将不凝性气体排至大气，以减少不凝气的积聚和冷凝器的负荷。例如第一效蒸发罐，加热蒸汽的压力比大气压力高，不凝气的含量又较少，可在远离蒸汽进口的地方安装一根排气管（图9-12）把不凝气排至大气。

(3) 排气管尺寸 对于每效加热面积为 $1000m^2$ 的四效蒸发罐，第一效排至大气，其余三效排入各自的汁汽室，排气管的尺寸也应逐效增大。排气管的直径可取表9-4中数值。

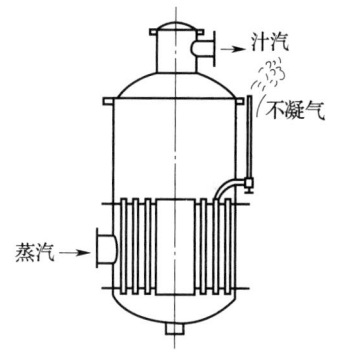

图9-12 第一效加热室的不凝气排气管

表9-4　　　　　　　　各效排气管直径

效数	排气管直径/mm
第一效	12.5（至大气）
第二效	12.5~19
第三效	19~25
第四效	30

(4) 安装调节阀门　排气管上都应安有阀门，以便于调节。为了要把不凝气完全排出，不让其积聚于加热室中，宁可将排气阀开得稍大些，以便有少量蒸汽与不凝气一同排出。但阀门开得过大，漏失的蒸汽量过多，也是不容许的。比较好的办法是在加热室及排气阀前的管路上备安装支温度计，如图9-11 的 T_1 及 T_2，必要时，T_1 也可用前一效的汁汽室温度计代替。正如前面所述，蒸汽温度与其分压成比例，在排气管中的不凝气含量比在加热室中的多，所以 T_2 小于 T_1。T_1 与 T_2 的温度差保持在3℃左右，是比较适当的。如阀门开得过大，让大量蒸汽流过时，则两个温度计的数值接近相同。

有些糖厂从汽鼓抽出汁汽，这样可以提高蒸汽在汽鼓中的流速，同时不凝气的排出也较完全，对提高传热系数有一定的帮助。但是，当在蒸发罐中的不凝气排出较为充分的情况下，再采取这种措施就没有什么明显的效果了。尽管这样，在蒸汽入口管足够大的情况下，从汽鼓抽汁汽是有好处而没有坏处的。如蒸汽入口管不够大，从汽鼓抽汁汽将增大管中蒸汽的流速，从而增大流动的阻力。因此，在采用这种措施时，要核算蒸汽在管中的流速，使其保持在合理的数值范围内。

(三) 改善蒸汽分布的装置

加热蒸汽在汽鼓中的分布均匀与否，对于蒸发罐的效能也有重要的影响。例如，对于直径大于3m的蒸发罐，如果只有一个蒸汽进口，则蒸汽在汽鼓内不易分布均匀，往往形成蒸汽流动的呆滞区域。如图9-13表示一个汽鼓中的蒸汽分布不均的情况。图中的剖面线部分为汽体停滞区，这意味着在这里将积聚不凝气，从而降低了总的蒸发效能。因此，在蒸发罐加热室的蒸汽入口部位不宜安装加热管，对直径较大的蒸发罐，应从两边进汽，此外还可以安装蒸汽挡板或设置蒸汽通道，以均匀分布蒸汽，避免不凝气的积聚。

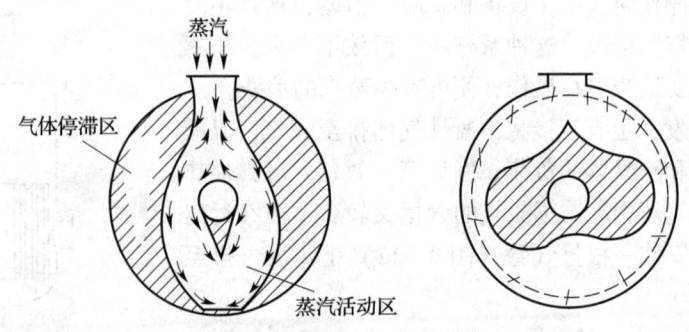

图9-13 蒸汽分布不均的情况

1. 蒸汽通道

在汽鼓中留出一定的空位不安装加热管便形成了汁汽通道，具有均匀分散蒸汽的作用。

某糖厂原有的蒸汽通道太小，后来在汽道附近抽出一些加热管，扩大了蒸汽通道，传热效能有一定的提高；有些蒸发罐原来没有蒸汽通道，后来取出部分管子，改成蒸汽通道，虽然管子数目减少了一些，但蒸发效能却比以前提高了。由此可见，蒸汽通道在蒸发罐中是必不可少的，对大面积的蒸发罐显得更加重要。但是，采用这种办法时，不凝气不易于集中，应在排不凝气管的安装方面予以考虑，以充分排出不凝气。

蒸汽通道的选型，应根据蒸发罐的型式、直径及进汽管位置等具体情况决定。

标准式蒸发罐的蒸汽通道，因加热面积、罐体直径及进汽位置的不同而有所不同。两侧进汽的蒸发罐的蒸汽通道，如图9-14所示；一侧进汽的蒸发罐的蒸汽通道，如图9-15所示。在外降液管蒸发罐中，蒸汽通过汽环的周边入罐，蒸汽通道的布置与标准式蒸发罐的不同，采用了环形进汽的蒸汽通道，如图9-16所示。

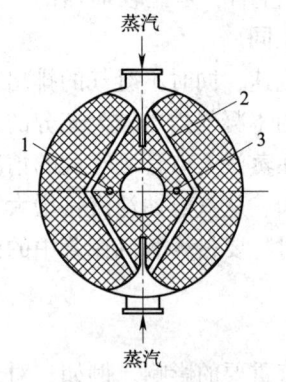

图9-14 两侧进汽的蒸汽通道
1，2—氨管 3—蒸汽通道

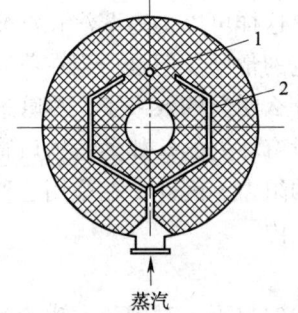

图9-15 一侧进汽的蒸汽通道
1，2—氨管

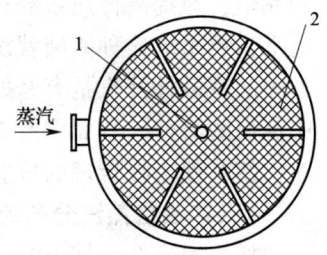

图9-16 环形进汽的蒸汽通道
1，2—氨管

2. 蒸汽挡板

为了改善蒸汽在汽鼓中的分布，对于直径超过3m的蒸发罐，应该有2个甚至4个进汽口，并于进汽口处安装缓冲挡板，如图9-17所示。这样，一方面可避免蒸汽过剧地直接冲击加热管使其易于损坏，同时，可使蒸汽较为分散，减少呆滞区域。

当加热管较长，即汽鼓较高的情况下，每个进汽管可分为上下两个进汽口，进汽口位于管子高度的 1/4 及 3/4 处。

在汽鼓内装设安装挡板，可迫使蒸汽沿一定的较小的通道流动分布较为均匀，而且不凝气也沿一定方向流动，最后集中于一个地方而排出，对提高蒸发效能甚为显著。国外某些糖厂在旧式汽鼓中安装挡板，蒸发强度有明显的提高，如图 9-18 所示。图中曲线 1 为未安装挡板时整列蒸发罐的总蒸发强度，曲线 2 为蒸发罐部分安装挡板后的总蒸发强度，曲线 3 为蒸发罐全部都安装了挡板后的总蒸发强度。由图中可看出，安装挡板之后，蒸发量有很大的提高，这是不难理解的，因为它不但可使蒸汽分布均匀，而且不凝缩气体也易于集中而得到充分的排出。因此，在设计蒸发罐时，对于直径较大（3m 以上）的蒸发罐，结合具体条件考虑安装适当的挡板，也是值得考虑的。

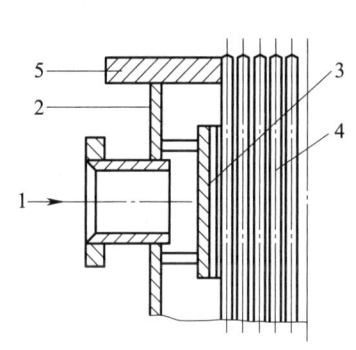

图 9-17 蒸汽入口的缓冲挡板
1—蒸汽入口 2—汽鼓外壳 3—缓冲挡板
4—加热管 5—管板

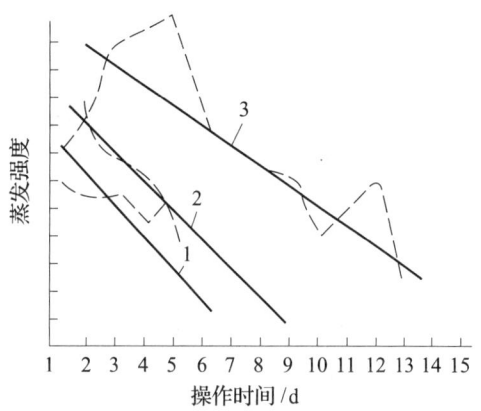

图 9-18 汽鼓安装挡板对蒸发强度的影响
曲线 1—未安装挡板
曲线 2—部分安装挡板
曲线 3—全部安装挡板

蒸汽挡板有下列几种型式（图 9-19）：

(1) 六角形挡板 如图 9-19（1）所示是于汽鼓内安装两层六角形挡板。蒸汽从一个入口进入汽鼓，由于挡板的作用，可使蒸汽沿一定的通道前进，如图中箭头所示。最后不凝气于安装在蒸汽呆滞区（剖面线部分）的排气管部分排出。这种型式的挡板，由于汽流的曲折过多，压力降较大。其次，在汽流急剧转向的地方，也会造成局部的汽体停滞。

为了克服这些缺点可以采用蒸汽通道与挡板相结合的型式，如图 9-19（2）所示。

(2) 螺旋桨型蒸汽挡板 对于有两个进汽口的汽鼓，可用两块挡板把汽鼓分为两个部分，如图 9-19（3）所示。这种型式的挡板比较简单，进入的蒸汽循一定的途径分布于整个加热面，不凝气从远离进汽口的一端排出。如罐径过大，在靠近中央降液管的区域也会造成一部分汽体的停滞，这时要适当地增加排气管。

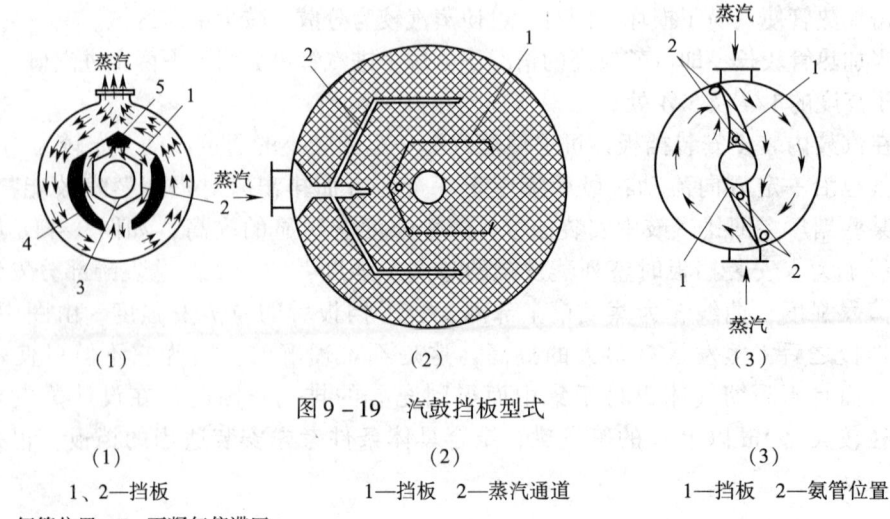

图 9-19 汽鼓挡板型式

（1） 1、2—挡板 3、5—氨管位置 4—不凝气停滞区
（2） 1—挡板 2—蒸汽通道
（3） 1—挡板 2—氨管位置

虽然蒸汽挡板有一定的作用，但在生产实践中，由于它容易腐蚀，更换困难，同时又占去了一定的加热面，因此除了大型糖厂两边进汽的蒸发罐仍安装挡板外，中小型糖厂的蒸发罐一般没有必要设置挡板。

应该指出，在汽鼓内安装挡板，有利于使汽体均匀分布及不凝气的排出，有利于提高蒸发罐的效能。但是，挡板不易更换，当其被腐蚀而损坏时，便失去作用，将使蒸发效能降低，而蒸汽通道则没有这个缺点。两者比较，还是以采用蒸汽通道比较稳妥可靠。在新设计的蒸发罐中应预留蒸汽通道。对于旧式蒸发罐，也可抽去部分管子形成蒸汽通道。

（四）中央降液管

为了加强糖汁的对流循环，在通用式蒸发罐汽鼓的中心装设一个直径较大的管子，即为中央降液管。由于糖汁在加热管内受热蒸发后产生的糖汁与蒸汽混合物的密度，比降液管中的糖汁密度小，而形成一定的密度差，这样，糖汁从加热管上升并沿降液管下降时形成自然循环。在自然蒸发罐中，中央降液管的面积一般为加热管面积的30%～35%。

中央降液管有下列三种型式，如图9-20所示。

（1）敞开式降液管　糖汁在罐内全部再循环。
（2）半封闭式降液管　糖汁有部分再循环。
（3）全封闭式降液管　糖汁不循环。

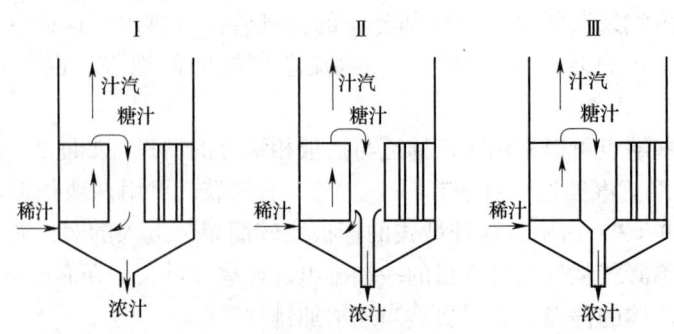

图 9-20 中央降液管的三种结构型式

目前糖厂普遍采用半封闭式降液管，生产实践表明，这种型式的降液管对稳定糖液浓度和液面有很大的作用，又消除了出入汁相混对传热的不良影响。

如图9－21所示是两种半封闭式降液管。一种是在降液管中间安装漏斗过汁装置，见图9－21（1）。出汁管伸入至降液管的上部。在出汁管的上端，有一漏斗，漏斗的最大端直径较降液管的直径小。这种装置能避免入汁与出汁相混，而且出汁管中的液柱较高，糖汁过罐较易，余下部分糖汁可从漏斗与降液管间的环隙流下，与入汁混合再循环蒸发。这种型式结构也很简单，维修及清洗方便。

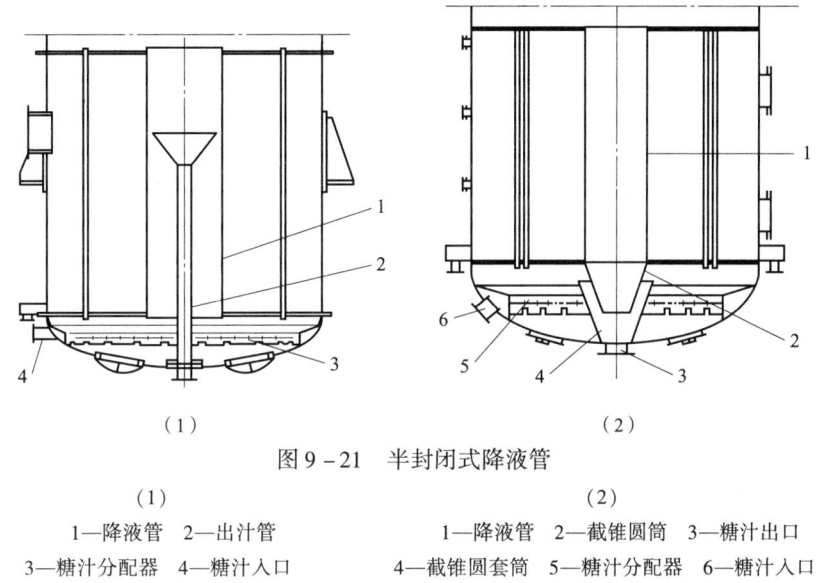

图9－21 半封闭式降液管

（1） （2）
1—降液管 2—出汁管 1—降液管 2—截锥圆筒 3—糖汁出口
3—糖汁分配器 4—糖汁入口 4—截锥圆套筒 5—糖汁分配器 6—糖汁入口

这种漏斗必须安装在适宜的位置才能发挥作用，如安装得太高，即高于管内糖汁的正常液面，便会由于液封不足，使蒸汽漏入下一效蒸发罐而影响温度差。

另一种装置是在降液管之下连接一个截锥圆筒，此圆筒的外面，又有另一个短截锥圆套筒与罐底连接，出汁管安装在罐底的中央，构成了出汁装置，如图9－21（2）所示。这种装置可克服上一种的缺点，并且不受液面高低的限制，所以它的适应性比较好。

全封闭式降液管的构造如图9－22所示，其特点是用一锥形漏斗把降液管的下端完全封闭起来，只留一小孔与出汁管相连接。

在这种装置中，出汁完全没有回流，更保证入汁不与出汁相混。如果入汁装置合理，使入汁能均匀分配到所有的加热管中，则糖汁只一次通过加热管子就进入降液管而排出，相当于一个直通式蒸发罐，传热效果良好。

但采用封闭中央降液管时，要求入汁及出汁维持稳定，否则会影响传热效能，甚至会使糖分焦化。

（五）入汁分配装置

蒸发罐的蒸发效能，除受糖汁循环速度、汽鼓中

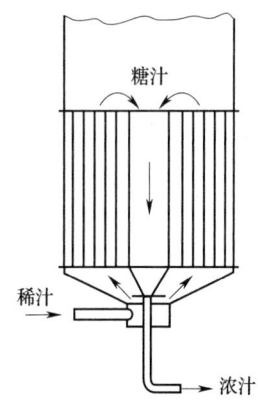

图9－22 封闭降液管式的给送装置

蒸汽分布情况、不凝气及汽凝水的排出情况等的影响之外，在一定程度上也受到糖汁给送装置的影响。

在蒸发过程中，糖汁连续地送入第一效，然后顺序地串入其余各效，最后从末效排出。进入任何一效蒸发罐的糖汁，都要求能均匀地分配入所有的加热管中，浓缩后的糖汁能顺利地排出。这样可使罐中糖汁的浓度均匀，而且其平均浓度可小于排出的糖汁浓度，以提高传热系数。如果糖汁给送装置的设计不合理，入罐的稀汁会未经加热管蒸发即走短路进入出汁管，罐中糖汁的平均浓度则高于出汁浓度而降低了蒸发效能。因此，理想的糖汁给送装置是使入汁能均匀分布入各加热管中，同时还避免入汁与出汁相混合。

糖厂蒸发罐普遍采用的给料方式是把糖汁送入罐底。为了把入罐的糖汁均匀分布于加热面中，必须装入糖汁分配装置。

（1）多孔环形管 多孔环形管是一种装在罐底汽鼓下面的入汁分管，如图9-23所示。环形管的下边有许多小孔，这些小孔的总截面积等于入料管截面的3~4倍。糖汁送入多孔环形管后，便由小孔分散而进入加热管。这种多孔环形管可加速糖汁的循环速度，但由于糖汁的自蒸发而产生一定的雾沫，增加了跑糖的机会，同时小孔易为积垢所堵塞，清理比较困难，而且不能完全避免入汁与出汁相互混合。

图9-23 多孔环形管

（2）分配槽 为克服多孔环形管易为堵塞的缺点，可采用环形分配槽代替环形管。这是装在罐底周边的一种环形多孔装置，使入罐糖汁均匀地分配入各加热管中，如图9-21所示。分配槽既有分散糖汁的作用，又便于清除积垢和杂质，但维修仍较困难。

（六）汽凝水的排出

蒸汽在汽鼓中冷凝，释出汽化潜热，使糖汁加热蒸发。已凝结的汽凝水必须及时地、完全地排出，否则会有部分汽凝水积存在汽鼓内，减少了有效的加热面积，这不但影响蒸发效能，而且对管子起腐蚀作用。

汽凝水的排出，应尽可能靠近下管板的地方，能低于下管板面更好。这样可把汽鼓中的汽凝水全部排出，避免于汽鼓内积水。排出口通常安装在汽鼓下方周围（图9-24），也可安装在中央降液管的周围，如图9-25中的a，最后由总管T排出。

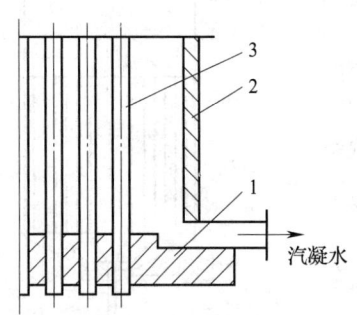

图9-24 从汽鼓周边排出汽凝水的装置
1—管板 2—汽鼓壁 3—加热管

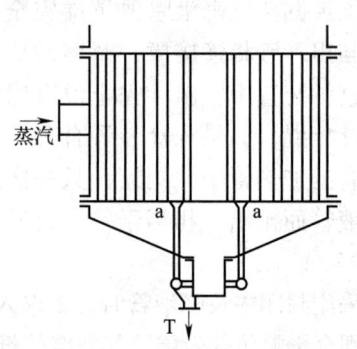

图9-25 从降液管周边排出汽凝水的装置
a—汽凝水排出管 T—排出总管

汽凝水排出口的数目，视蒸发罐的直径而定，直径小的2根，直径大的用4根。汽凝水从排出口流出的速度不应大于0.6m/s，可按此确定排水口的截面。排出总管（如图9-25中的T）的流速可大些，但也不宜大于0.8m/s。

二、捕 汁 器

在糖汁的沸腾蒸发过程中，一些微小的雾粒（或液滴）及蒸汽泡沫喷射到汁汽室空间。这些雾粒及泡沫很轻，极易被高速汽流夹带至下一效的汽鼓，或者夹带到冷凝器中去，从而造成糖分的损失，这种现象称为"雾沫夹带"，严重的雾沫夹带俗称"跑糖"。糖汁蒸发速度过快、液面控制不良、真空度突然变动等，都能引起蒸发罐的跑糖。这不仅造成大量的蔗糖的损失，而且还影响到设备的生产能力，甚至使设备发生故障。因为这种含有大量糖沫的汁汽，进入下一效的加热室时，将降低加热面的传热效率。如果这种含有大量糖分的汽凝水因不慎而送入锅炉时，将使产生的蒸汽含有大量泡沫状水点，从而引起蒸汽机或汽轮机发生故障，锅炉及管路也被腐蚀。

因此，如何防止蒸发罐跑糖，不仅是生产管理上应注意的问题，在设计蒸发罐时也必须充分考虑。通常是在蒸发罐内或罐外安装捕汁器，可把被汁汽夹带的雾沫收回来。

捕汁器的型式较多，但是不论哪种型式的捕汁器都应达到下列要求：分离效果；液体阻力小；不易堵塞；分离出的液体能连续排出；结构简单，造价低廉；易于管理和清洗。

捕汁器按操作原理可分为惯性型、离心型和表面型三种；也可按安装的位置分为装在罐内汁汽室的，装于罐顶的和装于罐外汁汽管路之间三种。一般则根据其结构形式而称为钟罩式、离心式、迷宫式、网式或填料式等捕汁器。下面按结构形式的不同介绍几种常用的装于罐顶的捕汁器的形式和结构。

1. 钟罩式捕汁器

钟罩式捕汁器的构造如图9-26所示，是由内圆筒、钟形罩及外壳所构成，内圆筒与外壳的底端焊接在蒸发罐的顶盖上。汁汽排出管安装在捕汁器的顶端。在圆筒上部与钟形罩之间的环形空间里，安装有折流叶片，它是焊接在内圆筒的外围上。在钟形罩的下端，安装有环形集汁环。

这种捕汁器的捕汁原理是利用质量较大的雾粒的惯性作用，与器壁碰撞、摩擦，从而汁汽中分离出来。因此这种捕汁器也称为惯性式捕汁器。从器壁流下的液滴，先流入集汁环内，再从排汁管排出，这样可以避免或减少液滴的重新雾化作用。

钟罩式捕汁器构造简单，汽流速度不大时，捕汁效果尚好。

如图9-26所示的排液管是通到蒸发罐外面的，如果安装上一个收集器，可以测量回收的糖汁量，也可取样进行分析。若排液管也接入罐内时，其末端应浸在中央管的液面之下，既起水封作用，又不易阻塞。

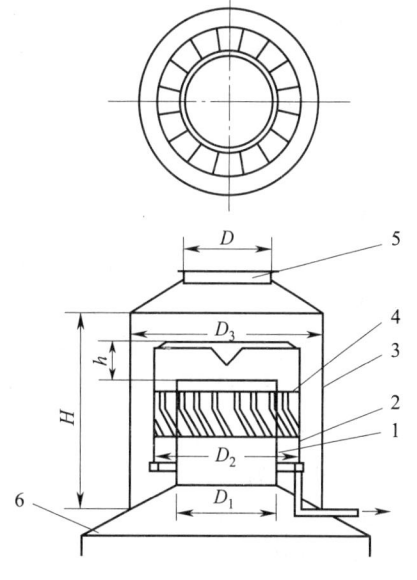

图9-26 钟罩式捕汁器
1—内圆筒 2—钟形罩 3—外壳
4—折流叶片 5—汁汽出口 6—蒸发罐顶盖

2. 离心式捕汁器

离心式捕汁器有各种不同的型式，如图9-27所示是安装在罐顶的一种。它由嵌在环形底板及顶盖之间的许多渐伸线形叶片所组成。叶片间形成许多螺旋形通道。当汽流通过此螺旋形通道时，汁汽作旋转运动所产生的离心力，把质量较大的雾粒甩到器壁而分离，然后沿器壁流下。

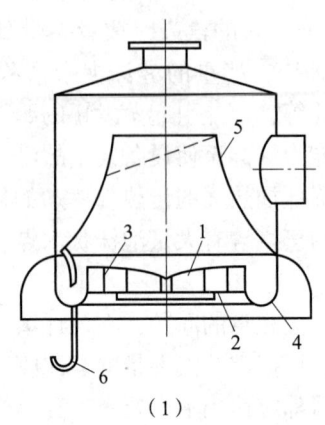
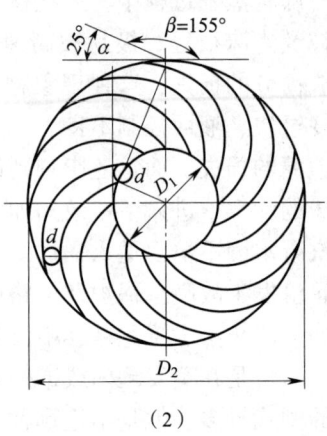

（1） （2）

图9-27 离心式捕汁器

1—捕汁器顶盖 2—环形底板 3—渐伸线形叶片 4—倾斜挡板 5—导流罩 6—排液管

叶片通道的大小必须适当，使蒸汽通过时的速度保持在适当范围内。叶片的数目视汁汽量及其比容而定。叶片数目多，汽流与叶片的接触表面积大；但叶片过多时，汽流阻力增大。当捕汁器的内外直径确定后，选用的叶片数目，以能迫使通过的汽流产生旋转运动即可。

旋转的雾粒碰到器壁后，由于旋转汽流的影响而产生旋转运动，部分液滴又有可能被汽流重新带走的危险。为此，在器壁处安装一些倾斜挡板，以阻止其旋转运动。

离心式捕汁器较适用于汁汽出口在顶部的蒸发罐，因在这种装置中，汽流可均匀地通过捕汁器的整个截面。对于汁汽出口在侧面（这种情况较多）的蒸发罐，应在捕汁器上安装一导流罩，以免汁汽走短路。有些设计将锥形挡板的出口做成倾斜的（如图9-27中虚线所示），更有助于汁汽的均匀向上流动。

图中左边的排液管，其末端弯成U形，以起水封作用。这种U形排液管易于阻塞，最好在排液管上安一条小的蒸发管，以便定期清洗排液管。

离心式捕汁器的构造较复杂，清洗较为困难。

3. 迷宫式捕汁器

这种捕汁器的构造如图9-28所示，它安装在蒸发罐的顶部，由多重垂直放置的弯形挡板组成。汁汽从一边进入捕汁器，经多次折向流动并与挡板多次接触，汁

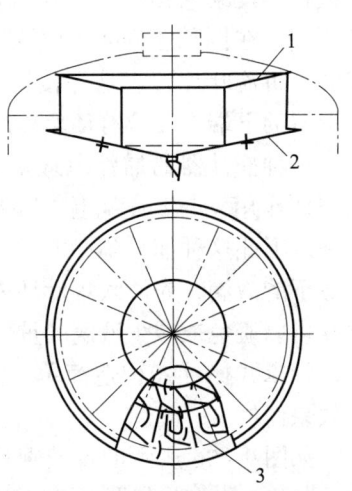

图9-28 迷宫式捕汁器

1—挡板 2—底板 3—弓形挡板

汽中所含的雾沫与液滴，即被分离出来，分离效果良好。

4. 磁圈式捕汁器

磁圈式捕汁器是利用气流通过表面积较大的填料层，由于表面接触、摩擦和黏附作用而把气流中糖沫分离出来的。如图9-29所示，用磁圈做填料，厚为200~400mm，它可在流速较低的情况下操作，阻力不大，有一定分离效果。汽凝水含糖135~170mg/kg。

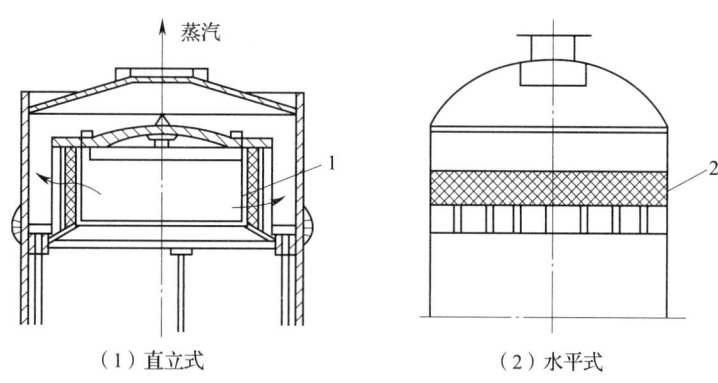

图9-29 磁圈捕汁器
1—填料层 2—磁圈层

磁圈式捕汁器有直立和水平两种形式。直立磁圈式捕汁器有两个多孔的同心圆筒，中间放入填料，上升气流经过磁圈填料和两次折流，使液滴分离。但使用一段时间之后，由于振动等作用填料相互压紧，上部产生空位，气流从空位逸走而影响捕汁效果。

水平式磁圈捕汁器可克服上述缺点，因此糖厂多采用水平式。

5. 网式捕汁器

网式捕汁器（图9-30）也是近年来糖厂普遍采用的型式。它是属于利用表面黏附作用而分离糖液的表面型捕汁器。

对细小液滴（如液滴小于10μm）用一般分离器效果不高，采用这种丝网式高效分离器就较为理想。其分离效率达85%，气流压力降较小（59~88Pa）。用金属丝、塑料丝或树脂丝编成的网带，做成几层圆网，呈立式，气流通过时接触面积较大，所以捕汁效果较好，但是容易堵塞，清洗比较困难。

6. 波纹板式捕汁器

波纹板式捕汁器如图9-31所示。它由侧围板、端围板、底板、支撑板、波纹板组及回流管等组成。波纹板有4个小孔，以便组装，两波纹板相跨为8.5mm，每100mm有5个波纹，每个纹板弯曲半径不要求十分精确。组装后的分离器安装于蒸发罐的顶部，汁汽从分离器的两侧进入，经波纹板组时，多次转弯改向，雾粒黏附于板面，并自由流下，经回流管回流至罐内。除雾沫后的汁汽经分离器中部出口由罐顶排出。

这种捕汁器的优点是：液滴黏附在波纹板上，飞溅现象少，重新雾化的可能性极小，分离效率较高；汁汽通过弯曲通道的速度不变，压降较小；结构简单，板组可拆下来清洗。

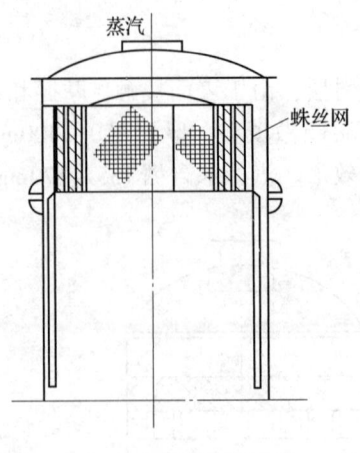

图 9-30 网式捕汁器

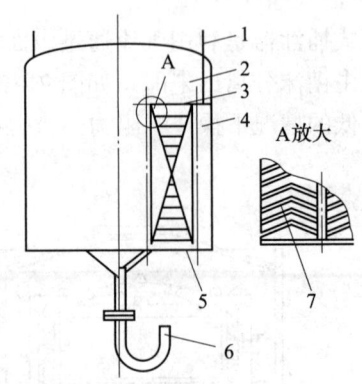

图 9-31 波纹板式捕汁器
1—侧围板 2—围板 3—上支撑板
4—波纹板面 5—底板 6—回流管 7—波纹板

三、顶盖与底盖

容器的顶盖与底盖形状由它们的用途、受力情况、制造方法及工艺要求而定。对于蒸发罐的底盖尤需考虑进汁分配均匀、维修方便和尽量缩小容积。常用的有碟形盖和椭圆形盖两种。

碟形盖如图 9-32 所示，它由三部分组成：即以 R_i 为半径的球面，以 r 为半径的过渡圆弧（即折边）和高度为 h_0 的直边。球面半径越大，折边半径越小，封头深度将越浅。但考虑到球面部分与过渡边联接处的局部应力高，因而碟形封头的球面半径 R_i 一般不大于筒体内直径，折边的内半径 r 在任何情况下均不得小于筒体内径的 10%，且应大于三倍的封头壁厚。至于 h_0 不得小于 50mm。

标准碟形盖的几何参数规定如下：

球面的内半径 R_i = 筒体的内直径 D_i

折边圆弧半径 $r = 0.15 D_i$

椭圆形盖如图 9-33 所示，是由半椭球和具有高度为 h_0 的短圆筒（通常称为直边）两部分构成。直边的作用是避免盖子与汁汽室的壳体之间的环向焊缝受边缘应力，盖上开孔，孔口与盖边的投影距离不应小于 $0.1 D_0$，两孔口间的距离不应小于孔口的直径，在过渡区不许开孔。

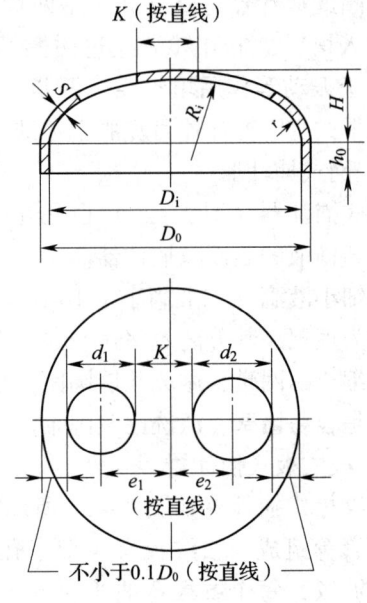

图 9-32 碟形盖

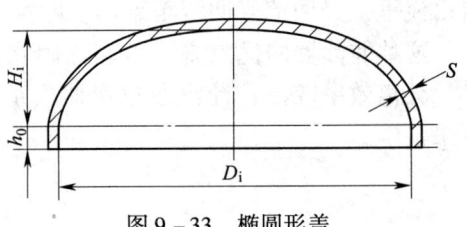

图 9-33 椭圆形盖

椭圆形盖的受力情况比碟形盖好,因盖的各点的曲率变化是连续的,按照 QB/T 2553—2002（2009）《制糖机械、蒸发罐》,蒸发罐的顶盖与底盖均采用椭圆形盖。

标准椭圆形封头的直边 h_0 由表 9-5 确定。

表 9-5 　　　　　　　　　　标准椭圆形封头的直边高度 h_0 　　　　　　　　单位：mm

封头材料	碳素钢	普低钢	复合钢板		不锈钢	
封头厚度	4~8	10~18	≥20	3~9	10~18	≥20
直边高度	25	40	50	25	40	50

第四节　蒸发罐的计算

一、蒸发罐的结构计算

蒸发罐的结构计算包括加热面积、汽鼓直径与高度、汁汽室直径及高度、罐底与罐顶的尺寸、捕汁器的尺寸以及各种接管与孔口的尺寸等。

（一）蒸发罐的加热面积

蒸发罐各效加热面积的大小,可按传热基本方程式（9-10）计算：

$$A = \frac{Q}{K\Delta t} \text{ (m}^2\text{)} \tag{9-10}$$

式中　Q——传热量,kJ/h

　　　K——总传热系数,kJ/（m²·h·℃）

　　　Δt——有效温度差,℃

传热量 Q 应该是进入汽鼓的热量（若装有自蒸发器时,应包括前一效汽凝水自蒸发蒸汽的热量）减去热损失的数值,并可从热力计算中计算出来。

总传热系数的大小是随着蒸发罐型式、糖汁和糖浆浓度以及生成积垢厚度的不同而变化的,并且变化甚大。作为甜菜糖厂蒸发罐的设计计算,可参考采用表 9-5 的数值。

对于甜菜糖厂蒸发罐的传热系数,可参考采用表 9-6 的平均值。在蒸发系统的总有效温度差确定之后,各效温度差的分配有不同的原则,甜菜制糖工艺学课程中已做了较详细的叙述,这里不再重复。

表 9-6 　　　　　　　甜菜糖厂蒸发罐的各效传热系数　　　　　　单位：kJ/（m²·h·℃）

	1 效	2 效	3 效	4 效	5 效
三效蒸发罐	9196	5852	2508		
四效蒸发罐	8778	6270	3344	1672	
五效蒸发罐	9614	6270	3762	2508	1254

注：清除积垢后,实际 K 值约可达 50%。

（二）汽鼓尺寸

在计算汽鼓尺寸之前,必须先确定是何种型式的蒸发罐,其次确定管子的内径、厚度、长度及其在管板上的排列形式,再确定中央降液管的直径,然后进行计算。

1. 管子规格及管子数目

关于管子的规格及其选择问题已于第三节中介绍过。设管子的有效长度为 l_0,管子的对数平均直径为 d_m,则管子的数目为:

$$n = \frac{FA}{\pi d_m l_0} \text{(根)} \qquad (9-11)$$

式中　A——蒸发罐的总加热面积,m^2

2. 降液管的直径

虽然制糖专业文献上有过关于确定降液管最适截面的报导,但到目前为止,大都是按经验来确定的,一般用降液管的内截面积与加热管总内截面积的比值表示,即:

$$\frac{A_{i降}}{nA_i} = C \qquad (9-12)$$

式中　$A_{i降}$——降液管的内截面积,m^2
　　　n——加热管的数目
　　　A_i——每根加热管的内截面积,m^2
　　　C——经验系数。对于标准(中央降液管)蒸发罐取 $C = 0.20 \sim 0.30$;对于外降液管蒸发罐取 $C = 0.10 \sim 0.15$

作为设计的依据,可取其平均值,即对于标准蒸发罐,可取 $C_{平均} = 0.25$;对于外降液管蒸发罐,可取 $C_{平均} = 0.125$。

当根据加热面积与管子规格,计算出管数 n 之后,即可按式(9-12)计算出降液管的截面积 $A_{i降}$ 的值,并由此计算出其直径。

3. 管板的面积与直径

管板的面积,视蒸发罐的大小与型式而异。对于通用式蒸发罐,管板面积等于中央降液管的外截面积、安装加热管、不凝气管及蒸汽通道部分的面积之和。

由式(9-7)得安装加热管的管板面积为:

$$nA_p = \frac{nA_0}{C_0} \qquad (9-13)$$

取 $C_0 = 0.55$

则

$$nA_p = 1.82nA_0 \qquad (9-14)$$

这样,降液管外截面积($A_{0降}$)与安装管子的管板面积($nA_{板}$)之和等于:

$$A_{0降} + nA_p = A_{0降} + 1.82nA_0 \qquad (9-15)$$

设不凝气管与蒸发通道所占的管板面积与不排管的空位等为上述两项面积的10%,则管板的总面积 $A_{总p}$ 为:

$$A_{总p} = 1.10(A_{0降} + 1.82nA_0)\text{（}m^2\text{）} \qquad (9-16)$$

由式(9-16)即可计算出管板的直径。但计算的结果是近似的,最后的数值应于排列管子之后确定。

对于无中央降液管的外循环式蒸发罐或者有中央降液管的内外循环蒸发罐的管板直径,都可根据上述方法来确定。

4. 汽鼓的高度

汽鼓的高度等于上下管板的距离,当管子长度确定后,汽鼓的高度就确定了。

(三) 汁汽室的高度与直径

在汽鼓上方的汁汽室是汁－汽分离及液沫从汁汽中分离的空间。汁汽室的高度和体积,对蒸发罐跑糖的影响甚大。它的高度和体积与加热管的长度、液面高度、糖汁浓度、压力或真空度及汽泡的大小等因素有关。从理论上来说,汁汽室的高度不应小于从沸腾糖汁表面被蒸汽带出的液沫所运行的抛物线轨迹的高度。但是,到目前为止,还没有关于糖汁蒸发的这方面的资料。因此,汁汽室的高度,目前还是按经验确定的。

1. 汁汽室的高度

对于短管或中等管立式蒸发罐,考虑到通洗管子的需要,汁汽室高度取为加热管长度的 1.5~2 倍,是比较适当的。因为安装了捕汁器,汁汽室的高度过高是没有必要的。汁汽室只用来分离较大的液滴,较细的液沫及雾沫则在捕汁器中除去。

在长管式蒸发罐中,由于有了高效率的捕汁器,汁汽室的高度不需很高。在降膜式蒸发罐中,由于雾沫夹带现象很少,更无须过高的汁汽室。

2. 汁汽室的直径

蒸发罐的汁汽室的直径,与蒸发罐的型式有关。

在通用式蒸发罐中,由于加热室的直径较外循环式大,为了使设备的结构简化,一般取与汽鼓的直径相同。

外循环式蒸发罐的汁汽室直径一般比加热室的直径大。因为循环管设在罐外,加热室的直径就相应减小,如不增大汁汽室外径,汁汽速度过高,而且糖汁碰到罐壁后,有部分降落在管板上,降低了这部分加热管的糖汁上升速度,从而影响蒸发效能。根据经验,在外循环式蒸发罐中,汁汽室的直径比加热室的直径大 400~600mm 是适宜的。

(四) 捕汁器的尺寸

1. 设计捕汁器应注意的问题

捕汁器应配备足够的接触面积或产生足够的离心力,或适当改变其流向及流速,使捕汁器能分离及捕捉汁汽中的液沫与雾粒。汁汽在捕汁器中碰撞在垂直或倾斜表面上,细小的液沫黏附于表面,而后聚成具有足够大小的液滴而从表面流下,否则极小的液沫将漂浮在汽流中,无法分离出来。

必须很好地把捕集的液体除去。液滴从固体表面流下的地方,必须是汽流流速较小的地方,若有强大汽流通过,液体势必又重新雾化而又被汽流带走。

必须使汁汽通过时阻力较小,否则会造成过多的压力损失。因为捕汁器中的压力较蒸发罐中的压力稍低一些,所以糖汁回流管必须是水封式。水封管应有足够的大小,应有两支或更多的管子,并及时清洗以防阻塞。

2. 捕汁器尺寸的确定

(1) 钟罩式捕汁器 如图 9-26 所示,主要尺寸一般为:

$$D \approx D_1$$
$$D_1 : D_2 : D_3 \approx 1 : 1.5 : 2$$
$$H \approx D_3$$
$$h \approx (0.4 \sim 0.5) D_1$$

式中　D——汁汽管的直径，m

　　　D_1——捕汁器内管的直径，m

　　　D_2——捕汁器外罩管的直径，m

　　　D_3——捕汁器外壳的直径，m

　　　H——捕汁器的总高度，m

　　　h——捕汁器内管与器顶的距离，m

这样的尺寸能使汁汽通过捕汁器的速度变化不大。

（2）离心式捕汁器　主要是确定桨叶的形状与尺寸。其桨叶的设计与离心泵的桨叶相似。桨叶的通道做成渐伸线形，进口的宽度 a 等于出口的宽度 b，汁汽射出角 $\beta \approx 155°$。

令 D_1 为汁汽进口管的直径，D_2 为桨叶外径，渐伸线的起点及终点分别在 D_1 及 D_2 圆上。若 $\alpha = 25°$，则：

$$D_2 = \frac{D_1}{\sin 25°}$$

或

$$D_2 = 2.36 D_1 \tag{9-17}$$

而

$$D_1 = \sqrt{\frac{q_m \times v}{0.785 \times 3600 \times u}} \tag{9-18}$$

式中　q_m——进入捕汁器的汁汽室，kg/h

　　　v——汁汽的比容，m³/kg

　　　u——汁汽的速度，m/s

桨叶之间的距离，可用下式求出：

$$b = \frac{\pi D_1}{n} - S = \frac{\pi D_1 - nS}{n} \tag{9-19}$$

式中　b——桨叶之间的距离，m

　　　n——桨叶数目

　　　S——桨叶的厚度，m

桨叶的高度为：

$$h = \frac{q_m \cdot v}{3600 \times b \times u \times n} \tag{9-20}$$

通过桨叶的汁汽速度 u 若太小不起离心力作用，太大则阻力大，通常以不超过 36m/s 为宜。

（3）网式捕汁器　网式捕汁器的铜网一般采用 3 层或 4 层，网的自由空间约为 50% 以利于蒸汽通过。这样网的高度为：

$$h = \frac{q_m \cdot V}{3600 D_1 \times 0.5 \times \pi \times v} \tag{9-21}$$

式中　q_m——进入捕汁器的汁汽量，kg/h

　　　v——汁汽比容，m³/kg

　　　D_1——蒸汽入口直径，m

　　　u——汁汽流速，m/s

填料式捕汁器的计算与网式捕汁器基本相同。只是自由空间应另定。

(五) 汁汽及糖汁管路

1. 蒸汽的流速

蒸汽通过管路时，因摩擦而会引起压力与温度损失，压力降的大小与速度的平方和蒸汽的密度成正比。真空度高时，蒸汽的密度很小，摩擦损失小，因此，蒸汽的速度可以提高。如果速度选得过低，则管径过大，也不适宜，因此，应有一个适宜的速度。通常各种蒸汽通过管路的速度可从表9–7中取用。

表9–7　　　　　　　　　蒸汽在管路中的适宜流速

蒸汽种类	速度/(m/s)
饱和蒸汽压	25~30
乏汽	25~30
一效、二效汁汽	25
三效汁汽	30
四效汁汽	40
五效汁汽	50

计算出各种蒸汽量，并确定蒸汽的速度之后，即可计算出管路的直径。计算公式与式(9–18) 相同。

2. 糖汁的流速

蒸发罐各进出管的糖汁流速，与其浓度有关，建议采用表9–8所列的数值。

表9–8　　　　　　　　　糖汁在管中的流速

糖汁位置		流速/(m/s)
加热器至蒸发罐		1.2
蒸发罐	一效至二效	0.9
	二效至三效	0.8
	三效至四效	0.75
	四效至五效	0.75

由糖汁量及糖汁流速即可确定管径。

二、材料强度的计算

蒸发设备材料强度计算的目的是保证设备在操作压力及长期运行下具备足够的强度和稳定度所必须的最小厚度。

(一) 加热室与蒸发室壁厚计算

蒸发站中的各个蒸发罐，随效数的不同，其受压情况各异，有的受内压，有的则受外压。然而在同一列蒸发罐中，为了使制造蒸发罐的材料统一以及考虑其互换性，各效的加热室及蒸发室的外壳都采用同样的厚度。为了确定它们的壁厚，应同时计算出受内压圆筒及受外压圆筒所需的壁厚，取其中厚度最大者作为计算的壁厚。

受内压圆筒的壁厚可用式（9-22）计算：

$$S = \frac{PD_i}{2.3[\sigma]\varphi - P} + C \tag{9-22}$$

式中　S——加热室或蒸发室壁厚，cm

　　　P——操作压力，Pa

　　　D_i——圆筒内径，cm

　　　$[\sigma]$——许用应力，Pa

　　　φ——焊缝强度系数，单边焊缝 φ 取 0.7，双面焊缝 φ 取 0.8

　　　C——腐蚀裕度，cm，通常取 $C = 0.3 \sim 0.8 \text{cm}$

受外压的圆筒分为长圆筒与短圆筒两种，以临界长度区分。临界长度可用式（9-23）计算：

$$L_c = 1.17 D_0 \sqrt{D_0/S} \tag{9-23}$$

式中　D_0——圆筒的外径，cm

　　　S——壁厚，cm

计算临界长度时，可先假定一个 S 值，然后进行计算。

如果加热室和蒸发室高度 $H > L_c$，则应作长圆筒计算；当 $H < L_c$ 时，则按短圆筒计算。

（1）按长圆筒计算的壁厚

$$S = D_0 \left(\frac{Pm}{2.2E}\right)^{\frac{1}{3}} + C \tag{9-24}$$

式中　P——操作压，Pa，设计时一律取 $P = 1\text{Pa}$

　　　m——稳定系数，由碳钢制成的壳体，$m = 4$

　　　E——弹性模数，Pa

　　　C——腐蚀裕度，cm

（2）按短圆筒计算的壁厚

$$S = D_0 \left(\frac{PmH}{2.6ED_0}\right)^{0.4} + C \tag{9-25}$$

式中　H——加热室或蒸发室高度（即圆筒长度），cm

其他符号同前。

（二）管板厚度计算

管板厚度决定于下列条件：在胀管时能良好地固定管子；承受预定压力时，不渗漏和不影响相邻管板的管形而引起已胀的管渗漏；胀管后能维持管板形状而不变形；当承受蒸汽压力所产生的附加载荷作用时，其强度有保证；能耐受糖汁的腐蚀作用。

从胀管的可靠性来看，管板厚度可用最小截面积计算。如图 9-34 所示。

为了保证胀管后达到不渗漏的要求，根据经验，管间的管板截面积 f 不能小于最小值 $f_{最小}$，此最小值由图中求出。

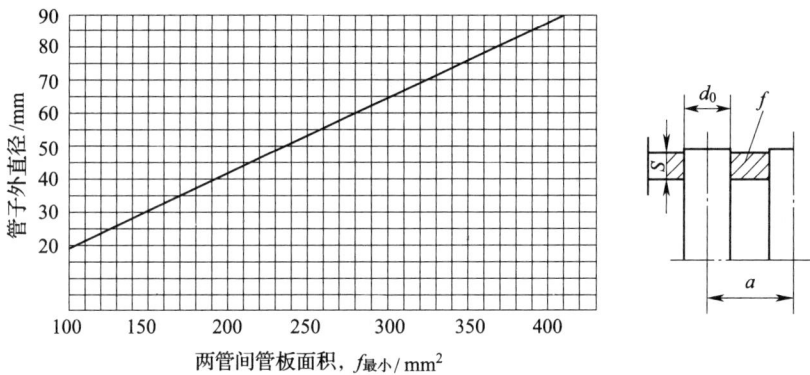

图 9-34 计算两管间管板最小截面积的图表

管板截面积 f 的计算式为：

$$f = (a - d_0) S$$

式中　a——相邻两管间的中心距，mm

　　　d_0——管子外径（等于孔径），mm

　　　S——管板厚度，mm

管板厚度用下式计算：

$$S = \frac{f}{a - d_0} + C \tag{9-26}$$

式中　C——腐蚀裕度，一般取 $C = 4$mm，其他符号意义同前

【例】设蒸发罐加热管子外径 $d_0 = 42$mm，管间距离 $a = 1.30 d_0 = 1.30 \times 42 = 54.6$（mm）。由图中可查出：$f_{最小} = 200$（mm²）

所以管板的最小厚度：

$$S_{最小} = \frac{f_{最小}}{a - d_0} + C = \frac{200}{54.6 - 42} + 4 = 19.9 \text{（mm）}$$

现在我国的 TWX 型蒸发罐加热面为 75~250m² 时，管板厚度是 22mm，加热面是 350~1000m² 时，管板厚度为 24mm。板厚比计算值为大，主要考虑到受热时的内应力和面积的大小而采用的。

（三）顶盖与底盖的计算

1. 内压碟形盖的计算

开口的碟形盖（图 9-32）厚度的计算公式为：

$$S = \frac{P D_0 y}{2 [\sigma] \varphi - P} + C \tag{9-27}$$

式中　P——压力，Pa

　　　D_0——盖子的外径，cm

　　　$[\sigma]$——容许应力，Pa

　　　φ——焊缝强度系数 $\varphi = 0.8$

　　　y——形状系数，与盖子的形状及盖上开孔的大小有关

根据比值 $\frac{r}{R_i}$ 或 $\frac{H}{D_0}$ 和 $\frac{e+d}{D_0}$ （图 9-32），从表 9-9 中取形状系数 y 值。

表 9-9　　　　　　　　　　　碟形盖的形状系数 y

比值		无孔盖子	有孔盖子 $\frac{e+d}{D_0}$						
$\frac{r}{R_i}$	$\frac{H}{D_0}$		0.1	0.2	0.3	0.4	0.5	0.6	0.7
0.06	0.20	2.00	2.05	2.20	2.40	2.60	2.75	2.95	3.10
0.10	0.22	1.65	1.80	2.00	2.15	2.30	2.50	2.70	2.85
0.15	0.24	1.40	1.60	1.75	1.95	2.10	2.30	2.50	2.65
0.20	0.25	1.30	1.50	1.65	1.85	2.05	2.20	2.40	2.60
0.22	0.20	1.25	1.40	1.60	1.75	1.95	2.15	2.30	2.50
0.24	0.28	1.10	1.30	1.45	1.60	1.80	2.00	2.20	2.40
0.25	0.30	1.00	1.15	1.35	1.50	1.70	1.90	2.05	2.25

2. 内压椭圆形盖的计算

椭圆形盖（图 9-33）的壁厚可用式（9-28）计算

$$S = \frac{PD_i}{4[\sigma]\varphi - P}\left(\frac{D_i}{2H_i}\right) + C \tag{9-28}$$

式中　D_i——盖的内径，cm

　　　H_i——以内壁计算的盖高，cm

其他符号同前。

在 $D_i/2H_i = 2$，上式可简化成：

$$S = \frac{PD_i}{2[\sigma]\varphi - (P/2)} + C \tag{9-29}$$

因盖上必须开孔，因此壁厚必须以开孔系数来校正，用下式计算：

$$S = \frac{PD_i}{4Z[\sigma]\varphi}\left(\frac{D_i}{2H_i}\right) + C \tag{9-30}$$

或

$$S = \frac{PD_i}{2Z[\sigma]\varphi} + C \tag{9-31}$$

式中

$$Z = 1 - \frac{d}{D_i}$$

d 为开孔直径，若同时开有几个孔，则 d 应为最大的孔径，但要求 $d \leq 0.7D_i$。如工艺要求开孔必须大于 $0.7D_i$，则在结构上要求在开孔的周围加强。

对于受外压的碟形盖与椭圆形盖，为了简化计算，可先用内压公式计算厚度，计算后的值可取其 1.7 倍，即为受外压的碟形盖与椭圆形盖厚度。

（四）平钣盖的强度计算

在蒸发罐罐身所开的人孔或手孔，常用平钣盖来封盖。

对于平钣盖的厚度用式（9-32）计算：

$$S = d\sqrt{\frac{KP}{[\sigma]}} + C \tag{9-32}$$

式中　d——圆形平钣盖的直径，cm

K——考虑圆钣边缘的性质和固定程度的系数,并与固定的结构有关

P——操作压力,Pa

$[\sigma]$——许用应力,Pa

C——腐蚀裕度,cm

对于用螺栓固定的平钣盖,如图9-35所示,其垫圈的宽度等于法兰的宽度,不产生附加的弯曲力矩,取 $K=0.18$。

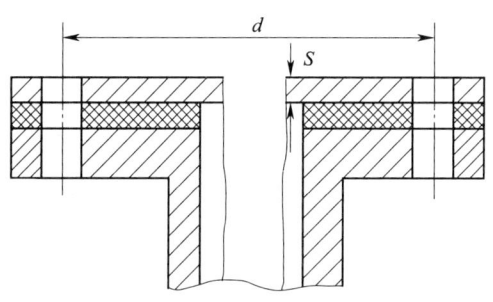

图9-35 有平整垫圈的平钣盖

对于图9-36所示的平钣盖,由螺栓的拉力而引起的弯曲力,其系数 K 用式(9-33)计算:

$$K = 0.3 + \frac{1.4FL}{F_{介}d} \tag{9-33}$$

式中 F——螺栓的总拉力,N

L——垫圈中心线与螺栓中心线的距离,m(图9-36)

$F_{介}$——由介质压力所产生的力,N

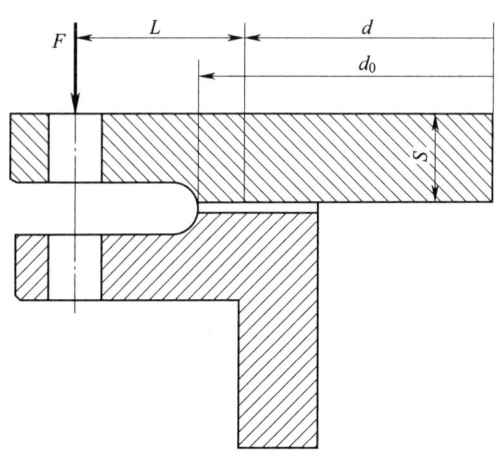

图9-36 安装螺栓的平钣盖

$$F_{介} = P\frac{\pi d_0^2}{4} \tag{9-34}$$

式中 d_0——垫圈的外径,m

d——垫圈中心线的直径,m

第五节 蒸发站的附属设备

一、冷凝器

真空蒸发系统的最后一效蒸发罐、真空结晶罐等,都是在一定的真空度下操作的。形成真空的主要设备是冷凝器。将负压设备中的低压汁汽导入冷凝器,用冷水使蒸汽凝缩,从而产生真空。其中少量的不凝缩气体可由真空泵抽出,或者从喷射冷凝器中直接由水流带走。因此,冷凝器就成为糖厂真空装置不能缺少的附属设备。

冷凝器的种类甚多,但可分为以下两大类型。

1. 混合式冷凝器

在这种冷凝器中,被凝缩的蒸汽与注入的冷水接触,蒸汽的热量传给冷水而凝缩。这种冷凝器又可分为顺流及逆流两种。在顺流式冷凝器中,蒸汽流与水流方向相同,而在逆流式中,蒸汽流与水流方向相反。

2. 表面式冷凝器

表面式冷凝器的结构与单程加热器相似。在这种冷凝器中,蒸汽与冷水不直接接触,而是用金属面隔开。这种冷凝器的传热效果较低,设备费用高。在不需要将冷凝水回收作为糖汁预热的情况下,一般不用这种设备。

在甜菜糖厂中,从真空设备排出的蒸汽,其汽凝水是被回收的,一般用来流送甜菜。

(一) 逆流冷凝过程机制

糖厂通常采用逆流接触式冷凝器。因为进入冷凝器内的蒸汽及水都带有一些空气及其他不凝性气体,为了防止这些不凝气积聚在冷凝器内,避免影响真空度,必须用真空泵不断把它们抽出,汽凝水与冷水混合而沿气压管流到水池中去。因此,这种冷凝器也称为大气压式冷凝器。

为了了解不凝气的合理排出以及冷凝器的合理结构,必须进一步了解冷凝器中的冷凝过程,如图9-37所示,L为冷水进口,V为蒸汽进口,W为汽凝水出口,A为不凝气出口。

冷凝器中的总压力等于水蒸气分压力与不凝气分压力之和,如式(9-35)所示。当此二分压力都降低时,冷凝器内的总压力也降低,也即真空度增大。

$$P_C = P_A + P_V \qquad (9-35)$$

式中 P_C——冷凝器的压力,Pa

P_A——不凝器的分压力,Pa

P_V——蒸汽的分压力,Pa

在蒸汽入口处,不凝气的体积百分数较低,其分压力甚小,可以忽略不计,所以有:

$$P_{C1} = P_{A1} + P_{V1} \approx P_{V1} \qquad (9-36)$$

当蒸汽与水接触后,蒸汽逐渐凝结,越到上部,蒸汽越少,不凝气则越多。但在冷凝器顶部的蒸汽分压,不能低过相应于冷水温度的饱和蒸汽压。设此时的蒸汽分压为 P_{V2},即在冷凝过程中,蒸汽压力从入口的 P_{V1} 降到出口的 P_{V2},如图9-37中的曲线1所示。设此时的不凝气分压为 P_{A2},则有:

$$P_{C2} = P_{A2} + P_{V2} \qquad (9-37)$$

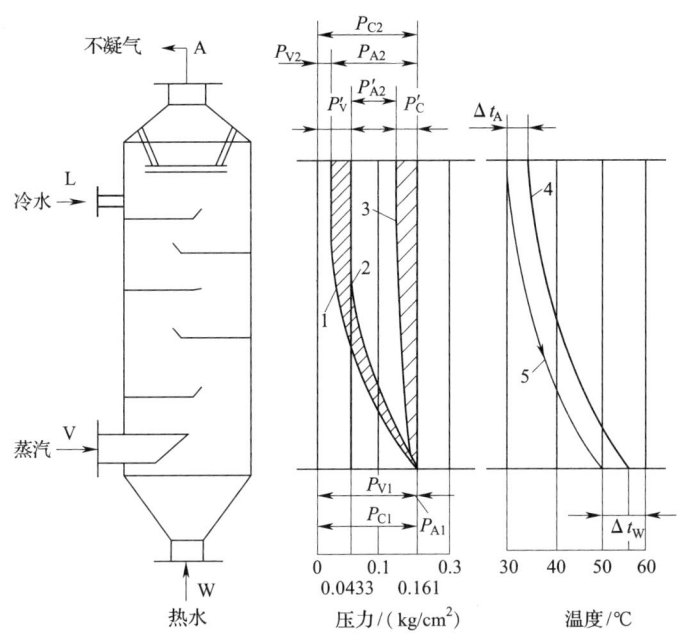

图 9-37 冷凝过程中蒸汽压力与水温的变化
1—理论冷凝过程蒸汽压力变化曲线 2—实际冷凝过程蒸汽压力变化曲线
3—实际冷凝过程总压力变化曲线 4—冷凝器蒸汽温度变化曲线 5—冷凝器冷却水温度变化曲线

假定冷凝器没有压力损失，即 $P_{C1} = P_{C2}$，则有：
$$P_{V1} = P_{V2} + P_{A2} \tag{9-38}$$

P_{V2} 随冷水的温度而定，水温较高时，P_{V2} 较高，P_{A2} 则降低，即不凝气的体积增加。水温较低时则相反。

例如，当蒸汽入口温度为 55℃ 时，$P_{C1} = P_{C2} = 1.579 \times 10^4$ Pa。若冷水进口温度为 30℃，$P_{V2} = 0.425 \times 10^4$ Pa，则 $P_{A2} = P_{C2} - P_{V2} = 1.579 \times 10^4 - 0.425 \times 10^4 = 1.154 \times 10^4$ Pa。若以大气压为 1.013×10^5 Pa 作基准来比较时，不凝气的体积为大气压下的 $1.013 \times 10^5 / 1.154 \times 10^4 = 8.8$ 倍。

若蒸汽入口温度不变，水温为 40℃ 时，则 $P_{V2} = 0.737 \times 10^4$ Pa，此时，$P_{A2} = 1.579 \times 10^4 - 0.737 \times 10^4 = 0.842 \times 10^4$ Pa，其体积为大气压下的 $1.013 \times 10^5 / 0.842 \times 10^4 = 812$ 倍。

因此，为了减少不凝气体的体积，以减少真空泵的功率消耗，应该采用温度较低的水作为冷却用水。

实际上，由于冷凝器尺寸的限制，蒸汽冷却得不充分。因此，在冷凝器出口处的蒸汽温度就高于冷却水温，设此温度差为 Δt_A，如图 9-37 所示。蒸汽压力的变化则如曲线 2 所示。增加的蒸汽分压为 P'_V，此值越大，不凝气的分压就越小。

增加冷凝器高度及隔板数，可以使蒸汽与冷却水得到较充分的接触，以减少 P'_V 的数值。但这又牵涉到冷凝器本身的阻力问题。设冷凝器中的阻力损失为 P'_C，则冷凝器中的总压力变化就如曲线 3 所示。冷凝器越高，隔板数越多 P'_C 就越大。此时 P'_V 虽有所减少，但有可能补偿不了 P'_C 的增加，即得不偿失。这时，冷凝器出口处的不凝气分压为：
$$P'_{A2} = P_{C2} - P_{V2} - (P'_V + P'_C) \tag{9-39}$$

在冷凝器的结构上，应能使蒸汽与水充分接触，而阻力损失又不大，即 $P'_V + P'_C$ 之和为最小。

同样道理,由于冷凝器不能过高,在冷凝器底部的水温也稍高于蒸汽的温度。其温度差为 Δt_W,通常 $\Delta t_W = 3 \sim 5℃$,并以此计算冷却水用量。

(二) 混合式冷凝器的类型与构造

实践证明,在混合式冷凝器中,要把蒸汽的热量迅速传给冷却水,必须具备三个条件:① 冷却水与蒸汽接触面积大;② 冷却水与蒸汽的接触面应迅速改变;③ 冷却水与蒸汽应有适当的接触时间。

为了达到上述目的,在冷凝器中可使冷却水经溢流隔板成膜状流下,或通过筛板孔成柱状流下,或喷成液滴落下。同时在冷凝器中加上几块隔板,就能使冷却水与蒸汽的接触表面不断改变,并能适当延长接触时间。从接触面积来说,水滴与水柱的面积比水膜的大,但筛板孔及喷嘴孔易于阻塞,在糖厂的冷凝器中,一般都采用溢流隔板。

隔板的形式有截圆形、圆形与环形等多种。冷凝器结构的不同主要在于采用的隔板的形式不同而已,通常有下列两种型式。

1. 隔板式冷凝器

如图 9-38 所示是隔板式冷凝器,主要由一个圆筒形的外壳、顶盖、锥形底、截圆形隔板、缓冲器、尾管及分水器等构成。隔板共 6 块,按不同的高度安装。在隔板的边缘上有可调节其高度的溢流堰,溢流堰要安装成水平,以保证水帘厚薄均匀。

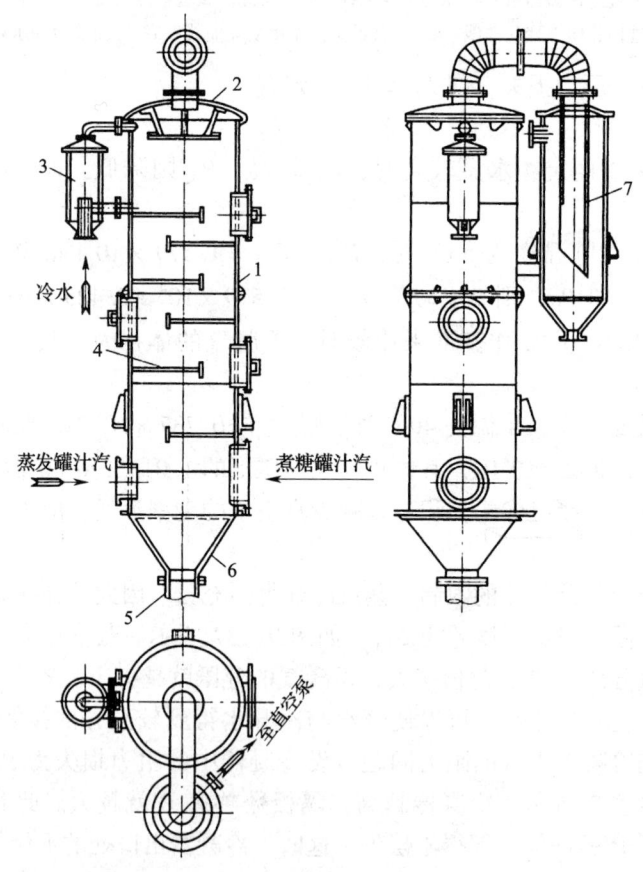

图 9-38 隔板式冷凝器

1—外壳 2—顶盖 3—缓冲器 4—截圆形隔板 5—尾管 6—锥形底 7—分水器

冷水经缓冲器进入最高一层隔板，经溢流堰成水帘（或水膜）流至第二层，然后逐层流下，直至流到底层，蒸汽则于最低一层隔板之下的接管送入，自下而上与冷水逆流流动，遇到冷水而被冷凝成液态水。热水自下部的气压管自动排出；不凝气则经分水器后由真空泵抽出。

冷凝器底部的斜度对冷凝器的稳定操作有很大的影响。当斜度较小时，例如小于30°（从水平线计算），即锥底较平，进入气压管的水流会在入口处形成"架桥"现象（如图9-39中1所示），把气压管中液面上方的蒸汽阻住，使它不能向上流动，而形成"汽袋"。当"汽袋"上方的积水不断增加时，水压也不断增加，当水压增加到一定程度时，"汽袋"被压破（此时可听到水锤声）随着积聚在上面的水迅速流入气压管中，引起真空度突然升高，这种现象不断出现时，真空度就发生波动。如锥底斜度较大，则无此现象发生。国外的一些资料说明，具有70°锥形底（如图9-39中虚线所示）的冷凝器较之具有30°锥形底的冷凝器，所处理的水量可增加一倍而无"架桥"现象发生，真空度稳定。

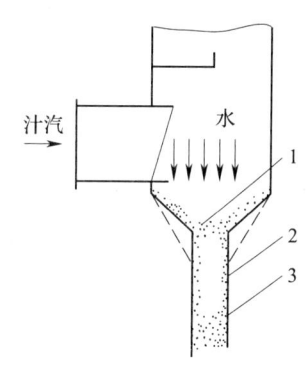

图9-39 冷凝器气压管入口的"架桥"现象

1—架桥现象 2—汽袋 3—水位

气压管宜垂直装置，最好不要做90°角的转弯，以免增加排水的阻力。如因某种原因要转弯时，角度应小于45°，且转弯处应在液面下，否则在转弯处有上述"架桥"现象发生。分水器的排水管可接到气压管的水封段中去，也可直接接到排水池中去。

2. 盘式冷凝器

盘式冷凝器的构造如图9-40所示，其作用原理与隔板式冷凝器相似。所不同的是冷却水溢流隔板的形状，它是由中间有一个短圆筒的截锥体与浅锥形的圆板相间而成。这样

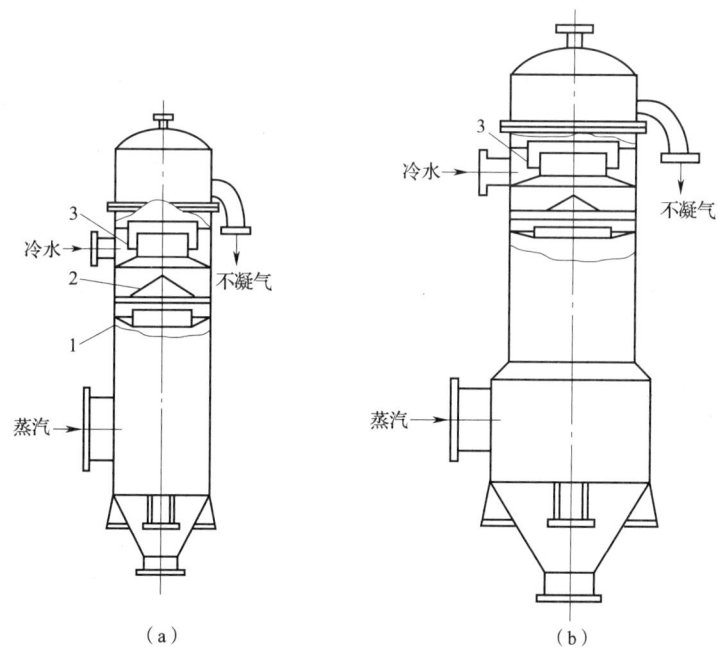

图9-40 盘式冷凝器

1—截锥体 2—锥形圆板 3—环形挡板

水帘的形状就不是平片状的，而是圆筒状的。对于同一直径的冷凝器来说，盘式冷凝器的水帘宽度较大，因此，水和蒸汽的接触比较充分一些。其次是缓冲器及分水器都安装在器内，缓冲器是一块环状挡板，而分水器与蒸发罐的惯性捕汁器相似。因此整个冷凝器的结构比较紧凑，但构造及修理比较复杂。

图 9-40 中（a）型冷凝器的直径是上下一致的，而（b）型的直径是上小下大的。后者的底部有较大的冷凝空间，冷凝较完善，操作也较稳定。

冷凝器可以单一使用，也可以串联使用，如图 9-41 所示。前者称为单一式冷凝器，后者称为二重式冷凝器。

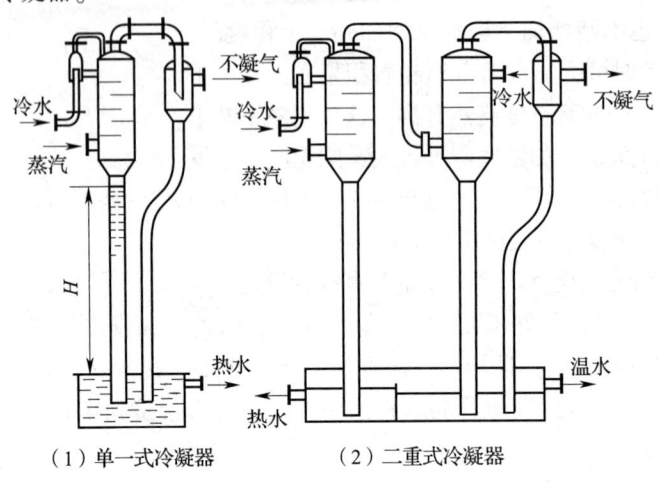

（1）单一式冷凝器　　　　（2）二重式冷凝器

图 9-41　冷凝器装置

在单一式冷凝器中，冷凝作用一次完成。在二重式冷凝器中，第一个冷凝器只冷凝部分蒸汽，其余部分在第二个冷凝器中完全冷凝。这样，从第一个冷凝器中排出的水温较高，而从第二个冷凝器中排出的水温较低，气压管下面的水槽分成二隔，把热水与温水分开。热水的温度可借冷却水量的增减来调节。

甜菜糖厂中采用二重式冷凝器时，较高温的热水可用作渗出器的渗出用水，这样可以节省渗出加热器的蒸汽消耗量。

3. 喷射式冷凝器

喷射式冷凝器的构造如图 9-42 所示。主要由水室、喷嘴、喷嘴座板、蒸汽室（或吸入室）、喉管及尾管等构成。除喷嘴、喷嘴座板及喉管等部件用铸铁制造外，其余部分是用钢管和钢板卷制焊合而成。

喷射冷凝器的工作原理与前述两种冷凝器有所不同。在喷射冷凝器中，具有一定压力的水从水室经喷嘴以很高的速度（一般在 15m/s 以上）射出，射流集中于一个焦点。水流直接与蒸汽接触，一方面将蒸汽冷凝，同时由于喷射水流与气体摩擦，部分气体逐渐渗入水流中，形成水-气乳浊液，其余气体随着水流速度的影响，经过喉管的喉部而进入扩散段。通过扩散段后，水流速度越落越快，但气体压力升高，遂由尾管排出。这样，喷射冷凝器就起了冷凝与排气的作用，无需再用真空泵排气。因此，喷射冷凝器又称喷射真空泵。

喷射式冷凝器的优点：不用真空泵，减少了设备费和投资；结构简单，制造容易；无运动部件，不会产生机械故障；真空度受到水温的限制，水温为 40℃ 时，真空度可达 86.67kPa（650mm 汞柱），45℃时，不超过 84kPa（630mm 汞柱），但此真空度基本上已满足蒸发、煮糖的要求。因此，在大、中、小型糖厂中得到了广泛的使用。

4. 喷射雾化式冷凝器

喷射雾化式冷凝器是在传统水喷射冷凝器的基础上进行改进，如图 9-43 所示。主要由水室、喷雾喷嘴、喷射喷嘴、过滤器、排渣扳手、尾管等构成。水室四周布满喷雾喷嘴，底部是喷射喷嘴。水先经过滤器过滤后再进入喷嘴，有效防止水中的杂质进入喷嘴造成堵塞。而过滤器内的杂质只需打开排渣装置的扳手即可自动清除。

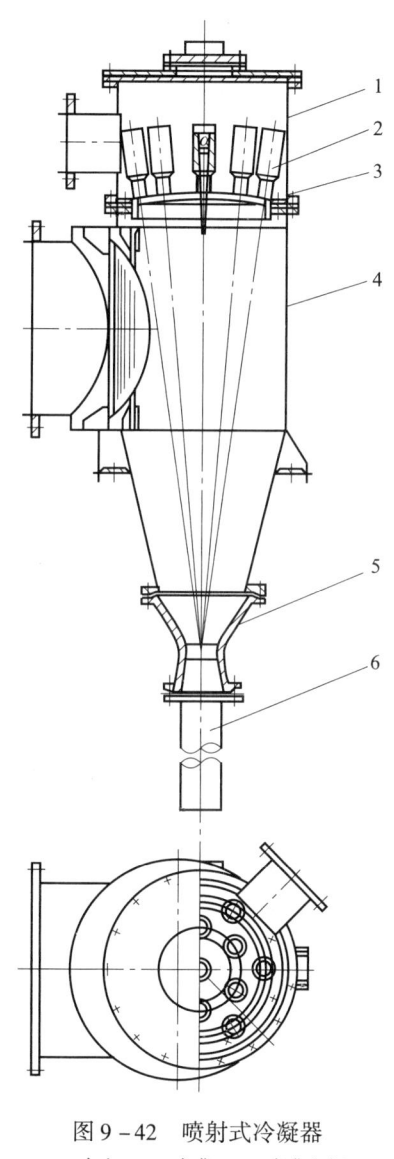

图 9-42 喷射式冷凝器
1—水室 2—喷嘴 3—喷嘴座板
4—蒸汽室 5—喉管 6—尾管

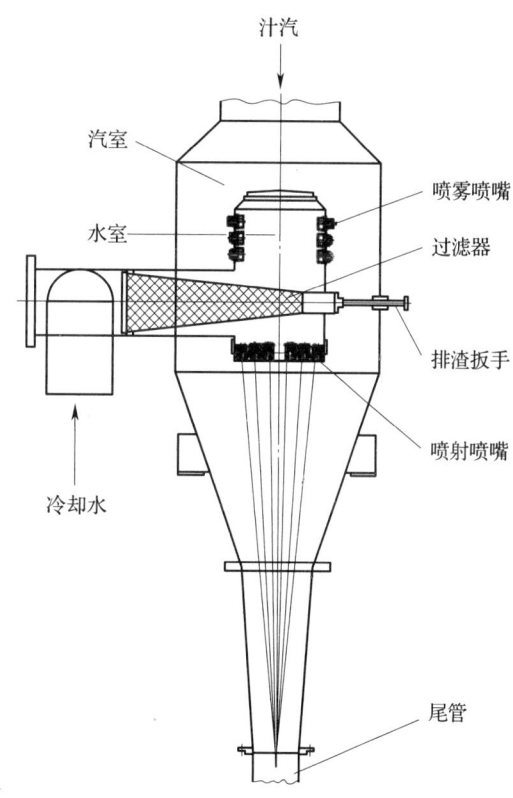

图 9-43 喷射雾化式冷凝器

冷却水首先进入水室中，从四周的喷雾喷嘴呈雾状喷出，与顶部进入的汁汽立即混合，使得冷却水与汁汽的接触面积增大、交换条件好，汁汽迅速凝结成水而形成真空。更多的水从水室底部呈射流喷出，对汁汽中不能凝结的"不凝气"形成抽吸作用，与凝结的热水通过尾管一起排出。

由于残留的不凝缩气体较少，需要对其所做的压缩功较小；且由于水喷雾装置使汁汽能够快速均匀地凝缩，故总的用水量比传统只有喷射喷嘴的冷凝器节省 25% 以上。

高效冷凝喷射器在传统水喷射冷凝器的基础上进行了改进，吸取了板式冷凝器的优点，具备了以下特点：① 设备安装容易，可在传统水喷射冷凝器基础上安装；② 喷嘴不易堵塞，耐用，且更换方便；③ 节水，在用于相同煮糖罐的情况下比传统水喷射冷凝器节水 25% 以上；④ 进水压力只需 0.05 ~ 0.1 MPa 即可达到 86.5 kPa 的真空度，真空稳定；⑤ 设备简单，操作方便，投资和维护费用低。

高效冷凝喷射器具备以上特点，目前已在广西德保糖厂成功使用，相信它在制糖行业将得到越来越广泛的应用。

(三) 冷凝器的计算

1. 热量衡算

在冷凝器中，如不考虑不凝气的热量及热损失，则冷凝器的热量衡算式为

$$Wi + Gt_1C_1 = (G + W) t_2C_1 \quad 或$$

$$G = W \frac{i - t_2 C_1}{(t_2 - t_1) C_1} \tag{9-40}$$

式中　W——进入冷凝器的蒸汽量，kg/h

　　　i——蒸汽的热焓，kJ/kg

　　　C_1——冷凝水的比热容，kJ/(kg·℃)

　　　G——冷却水用量，kg/h

　　　t_1——冷却水温度，℃

　　　t_2——尾管排出的水温，℃

　　　　（蒸汽温度低 3 ~ 15℃）

此式适用于单式混合冷凝器及喷射冷凝器的计算。

在二重式冷凝器中，也可利用上述方法计算，只要确定第一冷凝器排出的热水量 G_B，便可列出热平衡式。设 G_1 为进入第一冷凝器的冷水量，W_1 为在第一冷凝器中冷凝的蒸汽量，则，

$$G_B = W_1 + G_1$$

或

$$W_1 = G_B - G_1$$

热平衡：$(G_B - G_1) i + G_1 t_1 C_1 = G_B t_1' C_1$

解之得：

$$G_1 = G_B \frac{i - t_1' C_1}{i - t_1 C_1} \tag{9-41}$$

式中　W_1——进入第一冷凝器的蒸汽量，kg/h

　　　i——蒸汽的热焓，kJ/kg

　　　C_1——冷凝水的比热容，kJ/(kg·℃)

　　　G_1——第一冷凝器的冷水用量，kg/h

　　　G_B——第一冷凝器排出的热水量，kg/h

t_1——冷却水温度,℃

t'_1——第一冷凝器尾管排出的水温,℃

在第二冷凝器中,进入的蒸汽量 $W_2 = W - W_1$,设加入的冷水量为 G_2,则有:

$$W_2 i + G_2 t_1 C_1 = (W_2 + G_2) t_2 C_1$$

因而

$$G_2 = W_2 \frac{i - t_2 C_1}{(t_2 - t_1) C_1} \tag{9-42}$$

式中 W_2——进入第二冷凝器的蒸汽量,kg/h

i——蒸汽的热焓,kJ/kg

C_1——冷凝水的比热容,kJ/(kg·℃)

G_2——第二冷凝器的冷却水用量,kg/h

t_1——冷却水温度,℃

t_2——第二冷凝器尾管排出的水温,℃

2. 设计计算

(1) 混合式冷凝的计算

① 冷凝器的直径:混合式冷凝器的直径,按蒸汽在筒体入口断面的流速确定,并用式 (9-43) 计算。

$$d = \sqrt{\frac{4 \times W}{\pi \times 3600 \times \rho \times u}} \tag{9-43}$$

式中 d——冷凝筒体直径,m

W——冷凝的蒸汽量,kg/h

ρ——蒸汽密度,kg/m³

u——蒸汽流速,m/s

在冷凝器中冷凝蒸汽的传热系数不受蒸汽速度的影响,相反,如蒸汽速度过高,会冲破水帘。事实上,在典型冷凝器中,最大的蒸汽速度不应妨碍直径大于 0.8mm 的液滴的落下。在真空条件下,蒸汽的截面速度一般取 $u = 15 \sim 20$m/s。

此外,也可参照冷却水用量来选择冷凝器的内径(表 9-10)。

表 9-10　　　　　　　　　按冷却水量确定冷凝器的直径

最大冷却水量/ (m³/h)	外壳内径/ mm	最大冷却水量/ (m³/h)	外壳内径/ mm
14	305	570	1530
23	380	686	1680
39	470	820	1830
57	534	960	1980
80	610	1120	2140
137	762	1280	2300
206	915	1460	2440
274	1070	1670	2600
365	1220	1870	2740
457	1370	2300	3000

隔板的宽度,主要应保证冷却水从一块隔板溢流到另一块隔板上,而且使蒸汽通过的截面相等。因此,隔板的宽度 B 一般取为冷凝器的半径加 50mm,即 $B = d/2 + 50$(mm)。

② 冷凝器的高度:冷凝器的高度根据隔板数和隔板距离来确定。而隔板的数目是依冷却水的出口温度而定,一般为 6~7 块。隔板间的距离不等,越到上部距离越小,如图 9-44 及表 9-11 所示。

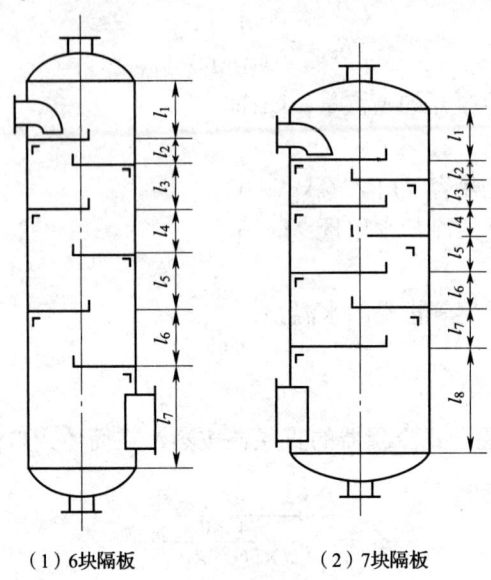

(1) 6 块隔板　　　(2) 7 块隔板

图 9-44　冷凝器隔板

表 9-11　　　　　　　　　冷凝器隔板间的距离

	6 块隔板冷凝器直径/mm			7 块隔板冷凝器直径/mm	
	500~600	800	1000~1200	1600	2000
l_1	400	450	500	600	800
l_2	250	300	350	300	300
l_3	300	350	400	300	300
l_4	350	400	450	400	400
l_5	400	450	500	400	400
l_6	450	500	550	500	500
l_7	650	750	850	500	500
l_8	—	—	—	1000	1300

混合式冷凝器的高度与直径的比例,一般如表 9-12 所示。

表 9-12　　　　　　　　混合式冷凝器高度与直径的比例

冷凝器直径/mm	高度/直径	冷凝器直径/mm	高度/直径
300~400	3~6	1000~1500	2.4~3.0
400~700	3~5	1500~2000	2.0~2.8
700~1000	3~4	2000 以上	2.0~2.5

蒸汽管径可根据蒸汽在管中的速度为40～50m/s来计算。

空气管路可按空气速度15m/s来计算。

冷水管路按速度1m/s来计算。

③ 气压管（尾管）的高度与直径：气压管的作用是起水封作用，避免操作时外界的大气漏入冷凝器中；并能使冷凝器中的热水自动排出器外。为此，气压管应有足够的高度，它主要取决于冷凝器中的真空度。

设当地的大气压力为Pmm汞柱，相应的水柱高度为$H_0 = P \times 13.6$mm。当冷凝器中的真空度为Bmm汞柱，则尾管中的静水压头为：

$$H = P \times 13.6 \times \frac{B}{P} = 13.6B \text{（mm）}$$

或

$$H = 0.0136 \times B \text{（m）} \tag{9-44}$$

当$P = 760$mm汞柱时：

$$H = 10.33 \times \frac{B}{760} \text{（m）} \tag{9-45}$$

式（9-44）及式（9-45）都可以用于任何地区的计算，只需确定冷凝器的真空度B，即可算出所需的高度H。

为了使水从气压管中以一定的速度V不断排出，还必须有一个克服水流阻力的水头h（图9-45），h用式（9-46）计算：

$$h = \frac{v^2}{2g}\left(\lambda \frac{H+h}{d} + \xi\right) \text{（m）} \tag{9-46}$$

式中　λ——摩擦系数，$\lambda = 0.01989 + \dfrac{0.0009078}{d}$

　　　d——管径，m

　　　ξ——扩大阻力系数，$\xi = 1.0$

在正常情况下，水在气压管中充满的高度为$H+h$，但当真空度波动时，水在管中的高度也会发生波动。为了保证冷水不致上升到冷凝器内，气压管上部应保留一定的空间S。S的长度一般取0.5m。此外，为了防止冷却水突然中断而导致冷凝器反水，气压管没入水池的深度约1m，因此气压管的总长度$l = H + h + 1.5$（m），如图9-45所示。

气压管的直径按水流流速$u = 0.3$m/s计算。

排水池应有足够的容积，使气压管末端至溢流面间的容积不小于气压管容积的1.5倍，同时，气压管末端至池底的距离至少应等于管子的直径，但不应小于300mm，并按此确定水池的容积。

（2）喷射冷凝器的计算

① 喷嘴的直径与数目：在用水量相同的条件下，喷嘴直径小些，射流的数目多些，则汽-水接触面积较大，效果较

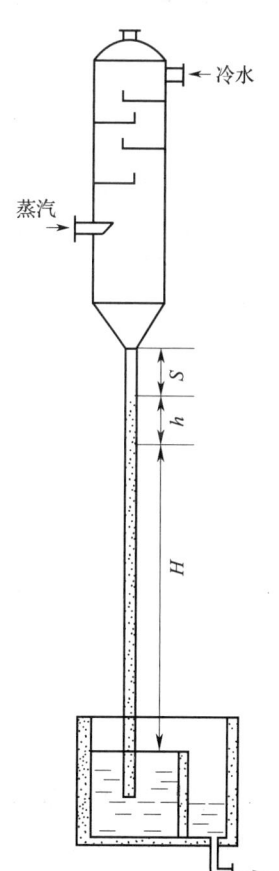

图9-45　冷凝器的尾管高度

好。但是考虑到冷却水中混有杂物，喷嘴直径过小时，极易阻塞。一般取喷嘴的直径为 16~22mm 是比较合适的。如用水洁净，直径可小些。

喷嘴的数目是根据冷却水用量及通过每个喷嘴的水量来确定的，从热量衡算中已经计算出所需的冷却水量 G 的数值，于是通过每个喷嘴的水量 Q 可按式（9－47）计算：

$$Q = A\mu \sqrt{2gH} \times 3600 \times 1000 \quad (kg/h) \tag{9－47}$$

式中　A——喷嘴出口的截面积，m^2
　　　μ——流量系数
　　　g——重力加速度 $= 9.80 m/s^2$
　　　H——水室与汽室的压差，m（水柱）

流量系数 μ 视喷嘴的圆锥角度和喷嘴出口的直径大小而定。当圆锥角度取 12°~14°，喷嘴出口直径 $d = 12~22mm$ 时，可取 $\mu = 0.93~0.96$。

这样，喷嘴的数目 n 可按下式求出：

$$n = \frac{G}{Q} \quad (个) \tag{9－48}$$

式中　G——用水量，kg/h

喷嘴的数目，以取 12~20 个效果较好。

喷嘴的排列，一般可用 1~3 圈，要求对称和尽可能使每个喷嘴间的距离相等，否则会降低其效率。

② 射流长度与汽室高度：汽室的高度，取决于射流长度（指喷嘴出口至聚合焦点的长度）。射流过长，会出现水珠飞溅，甚至射流散开，虽然冷凝作用良好，但严重影响排气效能及真空度。根据经验，射流长度与喷嘴直径的关系可采用表 9－13 中的数据。

表 9－13　　　　喷嘴尺寸与射流长度的关系

喷嘴直径/mm	射流长度/mm
16~20	1500~2000
12~15	1200~1500
5~8	200~500

射流长度确定之后，汽室高度即可确定。

③ 喉部的尺寸：喉部尺寸可按喉部截面积与喷嘴出口总截面积的比值来确定，设喉部直径为 D_3，喷嘴直径为 d，个数为 n，则：

$$k_1 = \frac{D_3^2}{nd^2}$$

所以喉部直径：

$$D_3 = d\sqrt{nk_1} \quad (m) \tag{9－49}$$

k_1 的值在 4~5 的范围内选用。

喉部长度 l 可取其等于喉部直径的 0.25~0.5 倍，即：

$$l = (0.25~0.5) D_3 \quad (m) \tag{9－50}$$

④ 尾管直径与高度：尾管直径的大小也直接影响排容效率。尾管直径 D_2 为：

$$D_2 = D_3 \sqrt{k_2} \qquad (9-51)$$

式中 D_3——喉部直径，m

k_2——系数。尾管高度大于10m 时，取 $k_2 = 1.3 \sim 1.6$；尾管高度小于10m 时，取 $k_2 = 1.2 \sim 1.35$

在相同条件下，尾管越高，则排容效率越高，若尾管高度大于10m 时，基本上无反冲现象，能保证连续性安全生产，所以在条件可能时，应放较高的尾管。

二、自 蒸 发 器

从蒸发罐汽鼓排出的汽凝水，其温度较下一效罐汽鼓的蒸汽温度高。如在一个容器中将其减压，产生自蒸发作用，此自蒸发罐蒸汽可为下一效蒸发罐或相应的加热器的加热所用。这种设备称为自蒸发器。糖厂采用的自蒸发器有柱式与卧式两种。

（一）柱式自蒸发器

1. 柱式自蒸发器的构造

柱式自蒸发器的构造很简单，如图 9-46 所示。主要由底筒、中间管、套管、扩散管、器体等构成。中间管与套管同心地安装，中间管下端有孔口，使管内外相通。底筒有进水口，顶部器体有排水口及排汽口。

这种自蒸发器在多效蒸发装置中是这样连接的：用管子把前一效汽鼓的汽凝水排出口与自蒸发的底筒连接起来；顶部排汽口用管子与进入下一效汽鼓的蒸发管连接。这样，前一效的汽凝水就能从自蒸发器的底部进入，自蒸发产生的蒸汽就能导至下一效的汽鼓作加热用，余下的汽凝水又能连续地排至下一效自蒸发器。器体空间的压力大致等于下一效汽鼓的压力。

2. 作用原理

由于自蒸发器中的水柱平衡了前后两效汽鼓中的压差，可使前一效汽鼓中较高压的蒸汽就不会直接流入下一效汽鼓中去。

当前一效汽鼓中形成的汽凝水进入自蒸发器的底筒，并从中间管上升。在上升过程中，压力逐渐降低而产生自蒸发作用，在中间管上部形成汽-水混合物。这样一来，中间管中的汽-液混合物的重度 γ_m 就比管外空间的水的重度 γ_H 小，即 $\gamma_m < \gamma_H$。因此，环形空间内的水就能通过中间管下端的孔口而进入中间管。因为环形空间的水温较低，进入中间管后使中间管中的汽凝水温度下降，从而使自蒸发产生的位置往上移；而且可以缩短自蒸发器的高度。假设这截面是在图 9-46 中的 E—E 截面处，则 E—E 下面是纯粹的水柱，起主要的水封作用，E—E 上面是汽-液混合物。若楼层高时，则可以不需要套管。

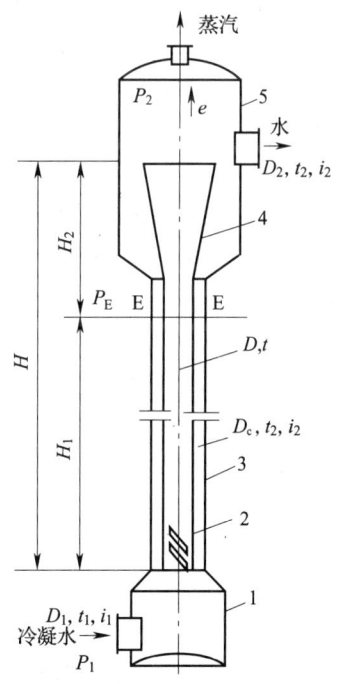

图 9-46 柱式自蒸发器
1—底筒 2—中间管
3—套管 4—扩散管 5—器体

由于汽凝水在自蒸发器中产生的循环作用，使自蒸发能在较高的部位进行，同时由于中间管的顶部为扩散管，自蒸发产生的蒸汽能平稳地排出，飞溅作用小。回流量一般为进入中间管的热的汽凝水量的 5～9 倍。蒸发罐楼面高度较低时，回流量应取较大的数值。

柱式自蒸发器的结构很简单，无运转部件，不会产生机械故障；操作安全可靠，无须人工管理，并兼有汽凝水排出器的作用。因此，这种自蒸发器已成为标准热力流程中的通用设备。

3. 自蒸发器的设计计算

在自蒸发器的设计计算中，主要是确定总的水封高度及内外管的直径，其次是确定底筒与器体的尺寸以及各种孔口的尺寸。

（1）水封管高度的计算　如图 9-46 所示，自蒸发器的水封高度为：

$$H = H_1 + H_2 \tag{9-52}$$

式中　H_1——自蒸发开始前的纯液柱水封高度，m

H_2——自蒸发开始后的汽-液混合物的水封高度，m

为要计算出 H_1 及 H_2 的值，必须知道及假设一些数据。在图 9-46 中，设：

D_1——进入自蒸发器的汽凝水量，kg/h

i_1——汽凝水的热焓，kJ/kg

t_1——汽凝水温度，℃

P_1——前一效汽鼓压力，Pa

e——自蒸发产生的蒸汽量，kg/h

P_2——器体压力，可令等于下一效汽鼓压力，Pa

i_2——P_2 压力下的汽凝水热焓，kJ/kg

t_2——P_2 压力下的汽凝水温度，℃

P_E——在自蒸发区段中的水封压力，Pa

D_c——从环隙中下降的循环水量，kg/h

$D = D_1 + D_c$——从中间管上升的汽凝水量，kg/h

t——D_1 与 D_c 混合后的温度，℃

取 $t = t_2 + (0.5 + 1.0)$ ℃

① 循环水量，可用下式计算

$$D_c (t - t_2) = D_1 (t_1 - t)$$

所以

$$D_c = D_1 \frac{t_1 - t}{t - t_2} \quad (kg/h) \tag{9-53}$$

$(t - t_2)$ 以约等于 1℃为宜。

② 从中间管上升的水量

$$D = D_1 + D_c \quad (kg/h)$$

③ 自蒸发产生的蒸汽量

$$e = \frac{D_1 (i_1 - i_2)}{r} \quad (kg/h) \tag{9-54}$$

式中 r——在温度为 t℃时的蒸发潜热，kJ/kg

④ 自蒸发区域的汽水混合物容积

$$V = (D - e) V_s' + eV_s'' \quad (\text{m}^3/\text{h}) \tag{9-55}$$

式中 V_s'——在自蒸发开始的截面内的汽凝水比容，m^3/kg

V_s''——当 $t_{\text{平均}} = \dfrac{t + t_2}{2}$ 时，自蒸发蒸汽的比容，m^3/kg

⑤ 在自蒸发区域的汽–水混合物重度

$$\gamma_2 = \frac{D}{V} \quad (\text{kg/m}^3) \tag{9-56}$$

⑥ 自蒸发区段的水封高度

$$H_2 = \frac{(P_E - P_2)}{r_2} \times 10^4 \quad (\text{m}) \tag{9-57}$$

⑦ 自蒸发区段以下的水封高度

$$H_1 = \frac{(P_1 - P_E)}{r_1} \times 10^4 \quad (\text{m}) \tag{9-58}$$

式中 γ_1——自蒸发发生前的区段的汽凝水重度，kg/m^3

⑧ 总的水封高度

$$H = H_1 + H_2 = \left(\frac{(P_1 - P_E)}{r_1} + \frac{P_E - P_2}{r_2} \right) \times 10^4 \quad (\text{m}) \tag{9-59}$$

⑨ 在中间管的汽–液混合物的平均重度

$$\gamma_p = \frac{H_1 \gamma_1 + H_2 \gamma_2}{H} \quad (\text{kg/m}^3) \tag{9-60}$$

或

$$H = \frac{(P_1 - P_2)}{\gamma_p} \times 10^4 \quad (\text{m}) \tag{9-61}$$

在正常情况下，取 $\gamma_p = 920 \sim 930 \text{kg/m}^3$ 是比较接近的。因为流体流动时产生阻力，不考虑阻力时计算出来的水封高度是可靠的，保证不会走汽。

(2) 管径与孔口的计算

① 中间管下端孔口的截面积

中间管下端孔口处的压头表为：

$$\Delta H = H (S_c - S_p) \quad (\text{m，水柱}) \tag{9-62}$$

式中 S_c——下降通道中的密度，kg/m^3

S_p——上升管中汽–液混合物的平均密度，kg/m^3

② 回流汽凝水通过孔口的速度

$$\omega_0 = \varphi \sqrt{2g\Delta H} \quad (\text{m/s}) \tag{9-63}$$

式中 φ——速度系数。当 $K_c \geq 10^5$ 时，$\varphi = 0.9$

③ 孔口的截面积

设孔口的截面积为 f，孔数为 n，则：

$$f = \frac{D_c \times V_c \times 10^4}{n \times 3600 \times u} \quad (\text{cm}) \tag{9-64}$$

式中 V_c——回流至内管的冷凝水比容（m^3/kg）其他符号同前

④ 中间管的直径

$$d_i = \sqrt{\frac{(D/V_p) \times 10^4}{0.785 \times u \times 3600}} \quad (cm) \quad (9-65)$$

汽凝水在中间管的流动速度 u 可令其等于通过底部孔口的速度，或小一些。一般取 $u = 0.8 \sim 1.0 \text{m/s}$，有些设计按进入的汽凝水量及其速度为 $0.2 \sim 0.3 \text{m/s}$ 计算中间管径。

⑤ 套管的直径：当中间管的直径确定之后，就可按回流水量及其流速计算套管的直径。设中间管的外径为 d_0，套管内径为 d_2，并设回流水在环隙中的流速等于 u_c，则有：

$$\frac{\pi}{4}(d_2^2 - d_0^2) \times u_c \times 3600 \times 100 = D_c \times V_c \times 10^6$$

所以

$$d_2 = \sqrt{\frac{D_c \times V_c \times 10^4}{0.785 \times 3600 \times u_c} + d_0^2} \quad (cm) \quad (9-66)$$

我国 TLZ 系列自蒸发器的主要尺寸如表 9-14 所示。

表 9-14   TLZ 系列自蒸发器的主要尺寸

项目 型号	气体直径与高度/mm	内管直径/mm	外管直径/mm	底筒直径/mm	底筒高度/mm	附注 （适用工厂规模）/（t/d）
TLZ500	$\phi 500 \times 700$	114	200	400	394	200~350
TLZ700	700×1000	159	300	500	440	500
TLZ1000	1000×1700	250	400	800	770	1000~2000

（二）卧式自蒸发器

柱式自蒸发器适用于蒸发装置安装在较高的楼层的情况，对于低楼层的蒸发罐，不便于安装柱式自蒸发器。此时，可采用卧式自蒸发器。卧式自蒸发器的结构更为简单，它是一个卧式的密闭圆筒，安装在蒸发罐的下面，如图 9-47 所示。

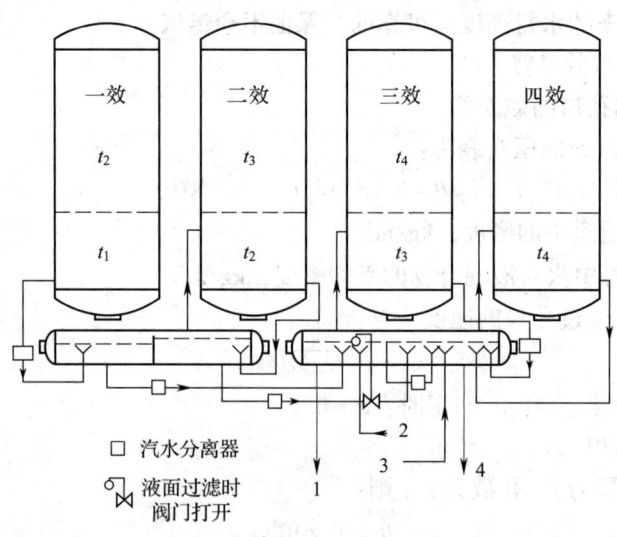

图 9-47 卧式自蒸发器
1—去锅炉   2—煮糖罐汽凝水   3—加热器汽凝水   4—去热水箱

每一个卧式自蒸发器的管路连接方法为:
(1) 连接至前一效的汽鼓,以便引入汽凝水;
(2) 连接下一效的汽鼓,以把自蒸发产生的蒸汽引入汽鼓作加热用;
(3) 与下一个自蒸发器连接,以便经自蒸发后的汽凝水送到下一个自蒸发器。

由于这种自蒸发器液位较低,没有足够的液柱水封,因此,在设备引入及引出汽凝水的管路上,必须安装汽凝水排出器,以使能排出汽凝水,但阻止蒸汽的排出。

通常装水至一半的高度,这样就有较大的空间供汽液分离之用。

各根汽凝水管尽可能靠近自蒸发器,并自器底引入。转弯处最好用一个T形管件,T形管件的一端安装一个阀门,以作排水放空之用。

器中可以安装挡板,分成隔室,如图9-47中所示。在正常情况下,前一效自蒸发器的汽凝水排至下一效的自蒸发器,进行连续自蒸发,但是如下一效的自蒸发器的水过满时,可通过由液位控制的阀门由旁通管送至再下一个自蒸发器。

三、平 衡 罐

抽压式排水器过去用于每一效罐中,以排出汽凝水,但在普遍采用自蒸发设备后,仅用于从真空蒸发的最后一效排出汽凝水。由于其耗用蒸汽较多,而且易发生故障,近来已逐渐被平衡罐所取代。

平衡罐(图9-48)是一个中空的圆筒形容器,由封头、罐体及液面计所构成。蒸发罐的汽凝水管从平衡罐的中部进入,平衡罐的顶部有平衡气压管与汽鼓的上部相接,使容器上部的压力与汽鼓的压力平衡,汽凝水即以自身的重力流入平衡罐中,然后以泵泵出。它的管路连接如图9-49所示。

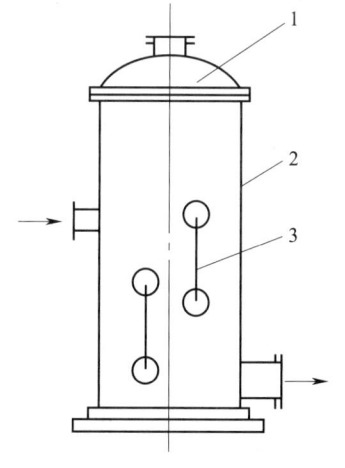

图9-48 平衡罐
1—封头 2—罐体 3—视镜玻璃

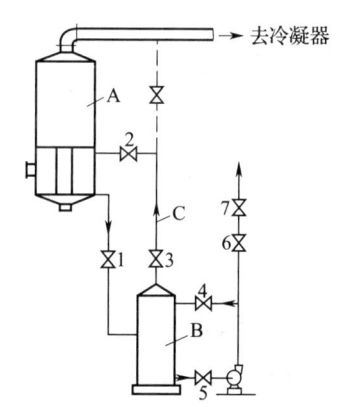

图9-49 平衡罐的管路连接
A—末效蒸发罐 B—平衡罐 C—平衡管
1~6—阀门 7—单向阀

在汽凝水的排出管路上(阀6前)与平衡罐顶之间,安装有回流管及回流阀4,以把泵内的空气排至平衡罐内。正常操作时,回流阀4应适当开启,让有少量水回流至罐中,当罐内的水被抽空时,难免有空气进入泵内,但一旦罐内有水时,泵内的空气就会沿回流管排走，因而可以自动连续地排水，不致发生"气蚀"现象，否则就要用人工排气。回流管应注意不要装成 U 形，以免发生水封作用而妨碍水泵的排气。

在排出管路上（阀 6 后）安装一单向阀 7。当泵抽空时，单向阀自动关闭，防止外面空气漏入平衡罐。

操作时，应适当调节出口阀 6 的大小，使平衡罐有适当的水位，以保持连续正常地排水，如果泵的排量较大，而出口阀又开得过大，就会频频发生泵空的现象，这是应该防止的。

平衡气压管可以接到末效罐的汽鼓上方，也可接到通至冷凝器的真空管路，后一种连接方法可使平衡罐与汽鼓间有较大的压差，汽鼓中汽凝水的排出较易。但是由于平衡罐内的真空度高了，泵的吸入水高度增大，容易引起漏气。因此，当排水管足够大时，采用前一种连接方法较好，泵送工作较正常。

我国 TYL 系列平衡罐的主要尺寸如表 9–15 所示。

表 9–15　　　　TYL 系列平衡罐外形尺寸　　　　　　　　　　　单位：mm

型号	罐体直径	罐全高	平衡管直径 d_{g1}	排水管直径 d_{g2}
TYL400	400	2128	40	50
TYL600	600	2169	70	80
TYL800	800	2200	80	100

四、热能压缩器

热能压缩器是以较高压力的工作蒸汽，将蒸发罐的低压汁汽加以压缩，提高其压力而作为蒸发罐本身加热用的设备，也称为蒸汽喷射压缩器。在蒸发系统中采用热能压缩器可以减少全厂蒸汽的消耗量。

（一）构造与工作原理

1. 热能压缩器的构造

热能压缩器的构造如图 9–50 所示，主要由蒸汽室、喷嘴座板、喷嘴、扩压器及吸入室等几个部件所构成。在蒸汽室中有工作蒸汽的入口，以压力计接管，吸入室有低压蒸汽入口，扩压器有压缩后的蒸汽出口。

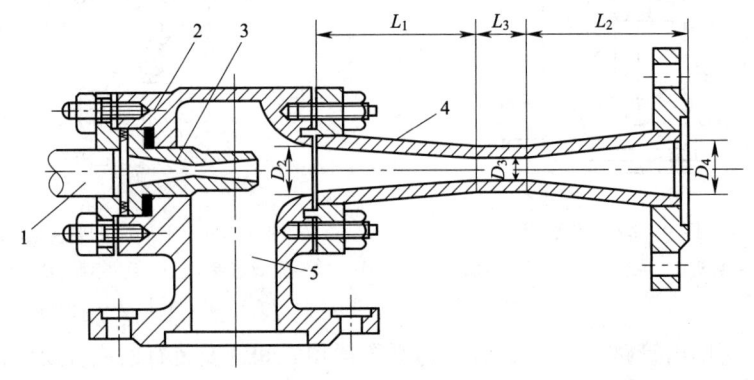

图 9–50　热能压缩器的构造

1—蒸汽室　2—喷嘴座板　3—喷嘴　4—扩压器　5—吸入室

2. 热能压缩器的工作原理

热能压缩器的工作原理是：工作蒸汽通过喷嘴，绝热膨胀，以极高的速度进入吸入室；由于流动速度大，在吸入室内产生压力降，低压汁汽即被吸入而与工作蒸汽混合。在混合过程中，相互混合的两种蒸汽进行速度的等化及升压。混合汽是可压缩的，所以在扩压器的喉部之后，速度进一步降低而压力进一步升高。简言之，热能压缩器的工作原理是，消耗工作蒸汽的能量来将低压汁汽压缩而提高到较高的压力。

如图 9-51 表示工作蒸汽及低压蒸汽在压缩器中的速度和压力的变化情况。

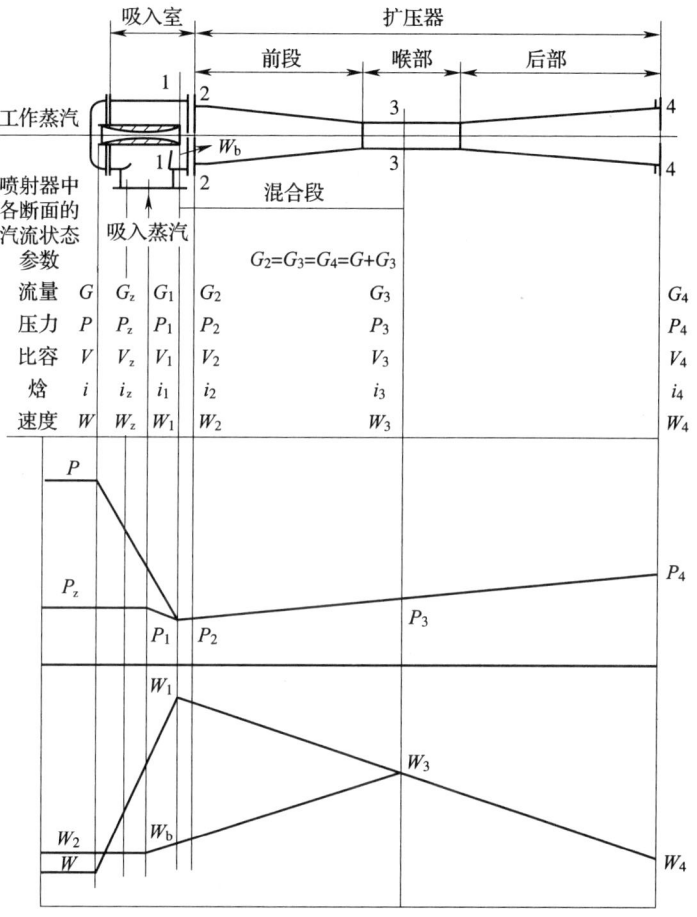

图 9-51 热能压缩器中工作蒸汽与吸入蒸汽的参数的变化

图中：

G、P、v、i、W——喷嘴前工作蒸汽的参数

G_z、P_z、v_z、i_z、W_z——被吸入的低压蒸汽入压缩器前的参数

G_1、P_1、v_1、i_1、W_1——工作蒸汽在喷嘴出口处的参数

G_2、P_2、v_2、i_2、W_2——工作蒸汽和低压蒸汽相混合后在扩压器入口 2—2 截面上的参数

G_3、P_3、v_3、i_3、W_3——混合蒸汽在喉部 3—3 截面处的参数

G_4、P_4、v_4、i_4、W_4——混合蒸汽在扩压器出口 4—4 截面处的有关参数

工作蒸汽由压力 P 降至 P_1，焓由 i 降至 i_1，比容由 V 增至 V_1，速度由 W 剧增至 W_1。

低压蒸汽的压力 P_z 稍高于 P_1，所以能进入吸入室内，并向 1—1 截面流动，其速度由 W_z 增加至 W_b。这两股速度相差很大的汽流在 2—2 截面处来不及完成能量交换，通常要在扩压器喉部才能完成，而达到同一的 W_3，压力由 P_2 增加到 P_3。最后，混合蒸汽在扩压器中压缩，压力由 P_3 增加到 P_4，速度由 W_3 降低至 W_4。

为了进一步了解热能压缩器工作过程，便于热工计算，可以在水蒸气的 $i-s$ 图上绘出热能压缩器的工作过程线，如图 9-52 所示。

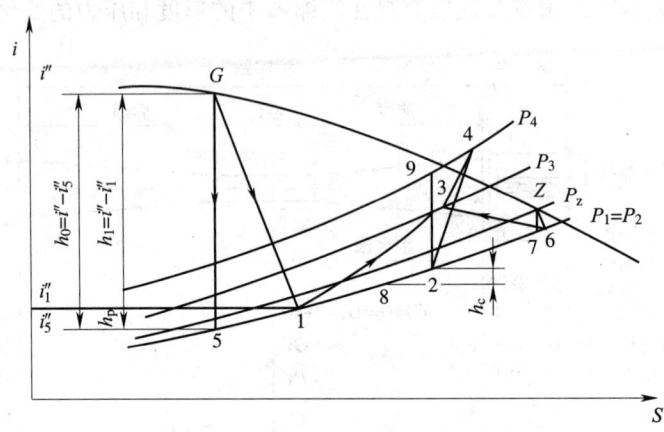

图 9-52 $i-s$ 图上热能压缩器的工作过程

图中 G 点表示喷嘴前工作蒸汽的状态。G—5 表示工作蒸汽通过喷嘴，由压力 P 绝热膨胀至 P_1 的理论膨胀过程。实际上，蒸汽在喷嘴中流动有摩擦阻力，造成能量损失 h_p。因此，实际膨胀过程线为 G—1。

Z 点表示低压蒸汽在吸入室进口的状态。Z—7 表示低压蒸汽由压力 P_z 绝热膨胀至 P_1 的理论膨胀过程。因为有能量损失，实际膨胀线为 Z—6。

1—1 截面与 2—2 截面相距很近，可以认为 $P_1 = P_2$。

因混合过程是在逐步提高压力的情况下进行的，直到扩压器喉部 3—3 截面才完成，所以混合过程线为 1—3 和 6—3，完成混合后的状态点为 3，然后继续压缩至扩压器出口状态点 4，3—4 表示实际压缩过程。

但是，由于蒸汽流动状态很复杂，目前还没有准确的理论计算法。一般均假定喷嘴出口状态点 1 的工作蒸汽与进入压缩器 1—1 截面处的状态点 6 的低压蒸汽等压混合，在没有能量损失时为状态点 8，但由于有能量损失，因此混合蒸汽的焓被提高，混合状态点假定为 2。状态点 2 虽然是假设的，但在目前理论计算方法中仍需引用，理论计算与实际的偏差用经验数据修正之。由点 2 上的状态绝热压缩至 P_4，压缩后的理论状态点为 9，用 2—9 表示理论压缩过程。因为有能量损失，在扩压器出口处实际为 4 的状态，所以压缩过程应为 2—4。

（二）喷嘴

1. 蒸汽在喷嘴中的流动特征

在连续稳定流动的情况下，通过喷嘴每一断面的重量流量相等（图 9-53），并可列出下列等式。

$$G = \frac{f \times W}{v} = \frac{f_1 \times W_1}{v_1} \quad (kg/s) \qquad (9-67)$$

式中 f, f_1——喷嘴进口与出口的断面积，m^2
W, W_1——喷嘴进口与出口处的蒸汽流速，m/s
v, v_1——喷嘴进口与出口处的蒸汽比容，m^3/kg

在绝热膨胀的条件下，喷嘴出口的流速按式（9-68）计算：

$$W_1 = \sqrt{2\frac{k}{k-1} \times P \times v \times \left[1 - \left(\frac{P_1}{P}\right)^{\frac{k-1}{k}}\right]} \quad (m/s) \qquad (9-68)$$

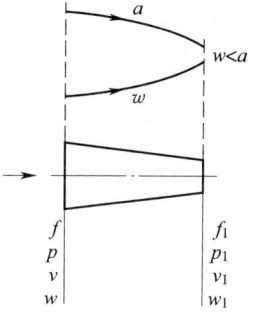

图 9-53 收缩型喷嘴的气体流动情况
a—音速 w—气体流速

又因

$$\frac{1}{v_1} = \frac{1}{v}\left(\frac{P_1}{P}\right)^{\frac{1}{k}} \qquad (9-69)$$

所以

$$G_1 = f_1 \times \sqrt{2\frac{k}{k-1} \times \frac{P}{v} \times \left[\left(\frac{P_1}{P}\right)^{\frac{2}{k}} - \left(\frac{P_1}{P}\right)^{\frac{k+1}{k}}\right]} \qquad (9-70)$$

式中 P, P_1——喷嘴进口与出口处的蒸汽压力，Pa
k——水蒸气的绝热指数，在压力为 2.45×10^6 Pa 以下可用下列数据
过热蒸汽 $k = 1.3$；干饱和蒸汽 $k = 1.135$；湿蒸汽 $k = 1.035 + 0.1x$（x 为湿蒸汽的干度）

其他符号同前。

在气体的绝热流动中（图 9-52），气体动能的增大是由于气体焓即内能的减少。因此，与气体速度增大的同时，发生气体压力和温度的降低，因而也发生当地音速的减小。喷嘴出口的压力 P_1 越低，气体速度的增大与音速的减小的程度也越甚。在某一压力 P_1 时，这压力称做临界压力 P_2，增长着的气体速度与减小着的音速变成相等时（在出口处），称做临界速度 W_L。因为气体流经收缩型喷嘴时，气体的速度不可能大于音速，所以临界速度也是可能的最大速度。

喷嘴出口处的临界速度 W_L，即为该处气流介质中的音速，可用下列公式计算：

$$W_L = \sqrt{2 \times \frac{k}{k+1} \times P \times v} \qquad (9-71)$$

对于饱和蒸汽，$k = 1.13$，则

$$W_L = 10.12\sqrt{P \times v} \quad (m/s) \qquad (9-72)$$

对于过热蒸汽，$k = 1.3$，则

$$W_L = 10.43\sqrt{P \times v} \quad (m/s) \qquad (9-73)$$

蒸汽通过喷嘴的最大流量公式：
饱和蒸汽：

$$G_{最大} = 6.23f_0\sqrt{P/v} \quad (kg/s) \qquad (9-74)$$

过热蒸汽：

$$G_{最大} = 6.36f_0\sqrt{P/v} \quad (kg/s) \qquad (9-75)$$

在这些公式中，P 和 P_1 的单位为 Pa。

当要求蒸汽通过喷嘴膨胀后的压力 P_1 低于 P_L，膨胀后的蒸汽速度 W_1 高于音速时，必须采用先收缩而后扩张的拉伐尔喷嘴，如图 9-54 所示。这种喷嘴的最小截面即临界截面，称为喉部，在喷嘴喉部，蒸汽状态达到临界压力和临界速度。通过拉伐尔喷嘴的蒸汽流量决定于喉部截面积，在扩张段中流量不变，压力逐渐降低到所需的压力，比容和速度不断增加，从而可以获得超音速射流。

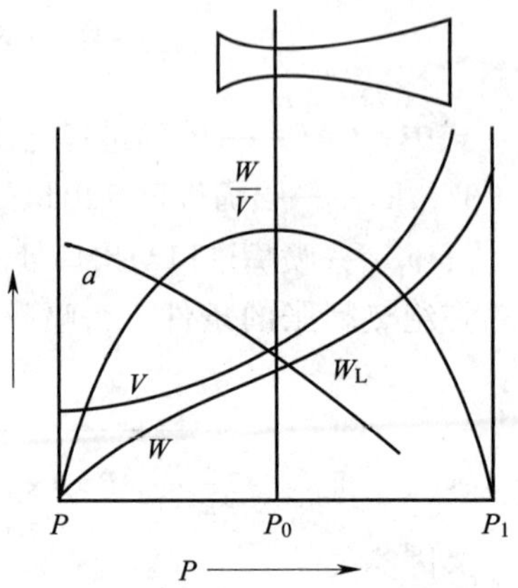

从图 9-54 可知，在亚音速范围内，比容增加较慢，速度增加较快，当流量一定时，从上式 $G = \dfrac{f \times W}{v}$

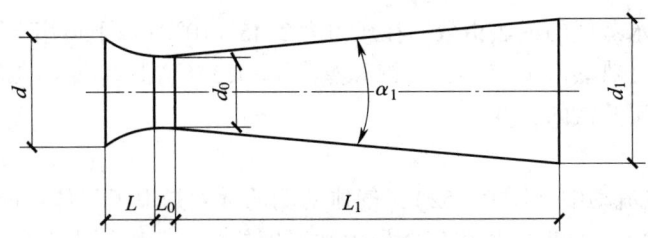

图 9-54　拉伐尔型喷嘴的特性曲线

可知，f 必须逐渐缩小；在超音速范围内，由于比容增加较快，速度增加较慢，当流量一定时 f 必须逐渐增加。

2. 喷嘴的几何形状

热能压缩器中的蒸汽喷嘴，一般均为拉伐尔型喷嘴，其几何形状如图 9-55 所示。

图 9-55　拉伐尔喷嘴的几何尺寸

喷嘴的几何形状应符合喷嘴中汽流流动的规律，才能使喷嘴中的能量损失最小。

（三）热力计算与尺寸计算

1. 喷射系数

$$u = \frac{G_z}{G} \tag{9-76}$$

式中　G_z——被吸入的低压蒸汽量，kg/h

　　　G——工作蒸汽消耗量，kg/h

u 的倒数可用工作蒸汽消耗系数 a 来表示，即 $a = \dfrac{1}{u}$，即每吸入 1 kg 低压蒸汽所消耗的工作蒸汽量。

喷射系数可分两步进行计算，第一步先粗略计算：

$$u' = 0.85 \sqrt{\frac{h_0}{h_c'}} - 1 \tag{9-77}$$

式中　h_0——从工作蒸汽压力到吸入蒸汽压力的绝热膨胀焓差，kJ/kg

　　　h_c'——从饱和蒸汽线上的吸入蒸汽压力到混合蒸汽压力的绝热压缩焓差，kJ/kg

h_0，h_c 可以焓熵图（$i-s$）查得，算出 u'，再算出 a，知道 a 可用下式计算混合蒸汽

焓 i_4：

$$i_4 = \frac{ia + i_z}{1+a} \tag{9-78}$$

式中　i——工作蒸汽热焓，kJ/kg

i_z——吸入蒸汽热焓，kJ/kg

a——工作蒸汽消耗系数

第二步再用下式计算出较准确的数值：

$$u = 0.85\sqrt{\frac{h_0}{h_c}} - 1 \tag{9-79}$$

式中　h_c——从混合蒸汽压线上的状态点 $i_{混}$ 到吸入蒸汽压力线绝热膨胀焓差

知道 u 和 a，可求工作蒸汽耗量和吸入蒸汽量

$$G = \frac{G_z}{u}$$

【例】已知工作蒸汽的压力 $P = 21$ 绝对大气压，温度为 350℃；吸入蒸汽为压力 $P_z = 1.7$ 绝对大气压的饱和蒸汽，压缩后的混合蒸汽压力 $P_4 = 3$ 绝对大气压。设压缩后的混合蒸汽总量为 10t/h，求喷射系数及吸入的蒸汽量。

解：从 $i-s$ 图中查出，$i = 3140.25$（kJ/kg）。

$i_z = 2698.52$（kJ/kg），$h_0 = 535.94$（kJ/kg），$h_c' = 107.19$（kJ/kg）。

由式（9-75）得：

$$u' = 0.85\sqrt{\frac{h_0}{h_c'}} - 1 = 0.85\sqrt{\frac{535.94}{107.19}} - 1 = 0.9$$

$$a = \frac{1}{u'} = \frac{1}{0.9} = 1.11$$

混合蒸汽的热焓 i_4 为

$$i_4 = \frac{ia + i_z}{1+a} = \frac{3140.25 \times 1.11 + 2698.52}{1 + 1.11} = 2930.9\ (\text{kJ/kg})$$

再由 $i-s$ 图中查得 $h_c = 123.52$（kJ/kg）

按式 9-77 计算 u 值

$$u = 0.85\sqrt{\frac{h_0}{h_c}} - 1 = 0.85\sqrt{\frac{535.94}{123.52}} - 1 = 0.77$$

因工作蒸汽量：

$$G = \frac{G_z}{U} = \frac{G_z}{0.77}$$

又：$G + G_z = 10$

解得：

$$G = 5.65\text{t/h}$$
$$G_z = 4.35\text{t/h}$$

考虑到计算上的误差，取安全系数为 10%，则实际工作蒸汽耗量：

$$G = 5.65 \times 1.1 = 6.22\text{t/h}$$

2. 喷嘴尺寸计算

喷嘴的理论计算方法过于复杂，计算中要考虑的参数及系数很多，如果考虑不当，就

达不到预期的效果。根据有关方面的试验研究和工程实践证明，用下述经验公式计算较简易可行。

(1) 对于饱和蒸汽的蒸汽喷嘴尺寸

① 喷嘴的喉部直径 d_0

按式（9-80）计算

$$d_0 = 0.005 \sqrt{\frac{G}{P}} \quad (\text{mm}) \tag{9-80}$$

式中　G——工作蒸汽量，kg/h

　　　P——工作蒸汽的绝对压力，kg/cm²

② 喷嘴出口直径

$$d_1 = C_b \times d_0 \tag{9-81}$$

式中　d_1——喷嘴出口直径，mm

　　　C_b——系数，根据工作蒸汽通过喷嘴的膨胀比 E 计算，对于饱和蒸汽 $C_b = 0.54(2.64)^{\lg E}$

　　　E——工作蒸汽通过喷嘴的膨胀比，$E = \dfrac{P}{P_z}$

(2) 过热蒸汽的喷嘴尺寸

① 喷嘴喉部直径 d_0

按式（9-82）计算：

$$d_0 = 0.073 \sqrt{\frac{G}{\sqrt{P/v}}} \quad (\text{mm}) \tag{9-82}$$

式中　v——工作蒸汽比容，m³/kg

其他符号同式（9-80）。

② 过热蒸汽喷嘴出口直径 d_1

按式（9-83）计算：

$$d_1 = C_g \times d_0 \quad (\text{mm}) \tag{9-83}$$

式中　C_g——常数，C_g 的计算式为：

$$C_g = 0.4761 \left[\frac{E^{1.769}}{E^{0.2308} - 1} \right]^{\frac{1}{4}} \tag{9-84}$$

式中　E——工作蒸汽通过喷嘴的膨胀比. $E = \dfrac{P}{P_z}$

③ 嘴喷喉部至出口的长度

按式（9-85）计算：

$$l_1 = \frac{d_1 - d_2}{2\tan\dfrac{\alpha_1}{2}} \quad (\text{mm}) \tag{9-85}$$

式中　α_1——喷嘴出口段的圆锥角，一般取 15~20°，α_1 过小，汽流与喷嘴内壁的摩擦损失增加；α_1 过大，汽流可能脱离器内壁造成涡流损失。

(3) 喷嘴的其他尺寸　喷嘴的其他尺寸如图 9-56 及表 9-16 所示。

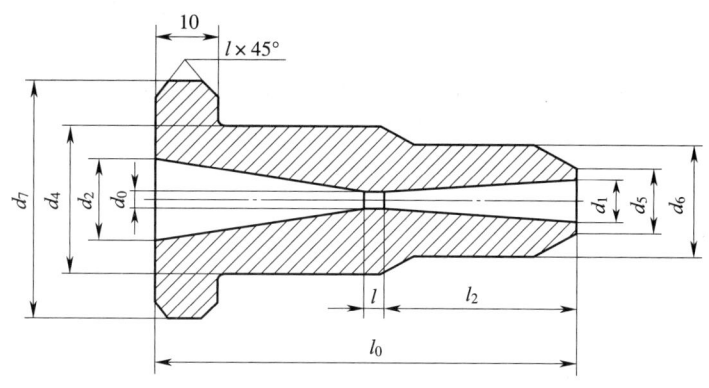

图 9-56 热能压缩器喷嘴结构图

表 9-16　　　　　　　　　喷嘴结构尺寸计算表　　　　　　　　单位:mm

$d_2 = 3.94 d_0 + 4$	$d_7 = d_4 + 15$
$d_4 \geqslant 4 d_2 + 6$	$l = 3 \sim 5$
$d_5 = d_1 + 2$	$l_2 = 4.5(d_1 - d_0)$
$d_6 \geqslant d_5 + 2$	l_0 根据安装需要确定

3. 扩压器尺寸计算

热能压缩器扩压器的形状如图 9-50 所示,各部分尺寸的计算方法如下。

(1) 扩压器喉部直径

$$D_3 = 0.005 \sqrt{\frac{G + G_z}{P_4}} \quad (\text{mm}) \tag{9-86}$$

式中　G——工作蒸汽量,kg/h

　　　G_z——吸入的低压蒸汽量,kg/h

　　　P_4——压缩器的排出压力,kg/cm²

(2) 扩压器进口直径

$$D_2 = 1.5 D_3 \quad (\text{mm}) \tag{9-87}$$

(3) 扩压器出口直径

$$D_4 = 1.8 D_3 \quad (\text{mm}) \tag{9-88}$$

(4) 扩压器前段长度 (圆锥角 $\alpha_2 = 5°30'$)

$$L_1 = 10(D_2 - D_3) \quad (\text{mm}) \tag{9-89}$$

(5) 扩压器后段长度 (圆锥角 $\alpha_2 = 5°30'$)

$$L_1 = 10(D_4 - D_3) \quad (\text{mm}) \tag{9-90}$$

(6) 扩压器喉部长度

$$L_3 = (2 \sim 6) D_3 \quad (\text{mm}) \tag{9-91}$$

(四) 安装与调节

按一定参数设计的热能压缩器,应在符合设计参数的条件下工作,否则喷嘴效率就大大降低。然而,蒸发罐的温度与压力是会发生变化的,尤其是在全面抽汁汽的情况下,由于用汽部门的用汽波动，就影响到蒸发罐本身各热力参数的稳定性，从而会影响到热能压缩器的效率。

为了解决这个问题，可以把热能压缩器分成若干个，例如其生产能力各为 1t、2t、4t 的 3 个压缩器，就能在生产能力 1~7t 的范围调节，如表 9-17 所示。

调节的方法可用人工调节，或用自动调节器调节。

表 9-17　　　　　　　　　　不同规格喷嘴的组合的生产能力

启动的喷嘴	相应的生产能力/t
1	1
2	2
1 及 2	3
4	4
1 及 4	5
2 及 4	6
1，2 及 4	7

第十章 结晶设备

第一节 概述

糖汁经蒸发浓缩成糖浆后,通常是用结晶的方法将糖分提取出来。煮糖和助晶实质上都是蔗糖的结晶过程,这一过程分别在结晶罐与助晶机中进行。

结晶罐的任务,是将从蒸发工段来的浓度为 60~65°Bx 的糖浆,用加热的方法将其继续蒸发浓缩至一定过饱和度,使蔗糖结晶析出并逐渐增大至所要求的粒度。因此结晶罐中同时并进传热与传质过程,它们在强化结晶罐的效能方面有着重要的影响。

煮糖是制糖生产的重要工序之一,结晶罐结构性能的优劣将直接影响到产品质量的好坏。当设计或评价一结晶罐时,必须能满足煮糖工艺所提出的要求,这些要求包括:

① 晶粒均匀整齐,色泽符合要求;
② 结晶速度快,以缩短煮糖时间,提高设备利用率;
③ 减少和避免糖分的损失;
④ 节约蒸汽用量,尽可能利用汁汽或低压废汽作热源,以提高全厂的热能经济。

除了满足上述工艺要求外,结构性能良好的结晶罐还应是结构简单,便于加工制造,设备价格低廉,并且考虑到操作、维修等的方便。

因此结晶罐应具备下列一些主要条件:

(1) 糖厂所用的结晶罐都应是在真空下操作,这是为了避免高温煮糖使蔗糖焦化变色而影响产品的色泽,此外,还因为真空煮糖能增大加热蒸汽与沸腾糖液之间的有效温度差,加快煮糖速度。并有可能利用低压废汽以及蒸发罐的汁汽作加热蒸汽,节约蒸汽消耗。

(2) 糖膏在结晶罐内应循环良好,这是从设备上保证晶粒整齐均匀,煮糖过程中不出现伪晶、并晶,以及加快煮糖速度的关键。因为良好的循环使得罐内糖膏过饱和度比较趋于一致,结晶速度比较均匀;可使传热系数增大,提高传热速率;还可加快晶粒间的运动速度,从而减薄附在晶粒表面的液膜厚度,提高结晶速率。

怎样才能使糖膏的循环良好呢?如图 10-1 表示糖膏在一间歇式结晶罐中的理想循环过程:首先,沸腾的糖膏在加热管中吸收了热量,一部分水分便汽化而生成蒸汽泡,形成了汽液混合物,于是糖膏密度减小而沿着加热管向上升起,在上升的过程中由于所受静压逐渐减小,糖膏的沸点也相应降低,又产生了部分自蒸发作用,当糖膏接近沸腾的液面时,蒸汽便离开液体而逃逸至汁汽室空间,重度增大了的糖膏则向着降液管方向移动,沿

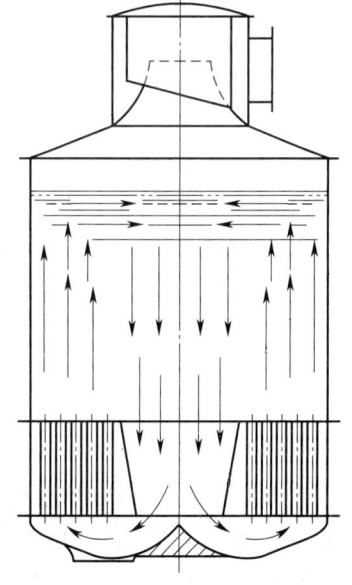

图 10-1 理想的糖膏循环过程

降液管下降后进入加热室的下部再开始另一次循环。糖膏在循环的过程中进行着蔗糖的结晶过程。

从上面所述的过程分析可知，促使糖膏循环的动力是加热蒸汽与沸腾糖膏之间的温度差，通过加热面供给热量将糖膏中水分汽化，使加热管中含有蒸汽泡的糖膏与降液管中的糖膏之间产生了明显的重度差，推动着糖膏产生剧烈地循环。因此应根据所用蒸汽来源提供足够的加热面积。此外，在考虑增大循环动力的同时，要尽可能减小循环的阻力，应合理布置加热面积和确定合适的降液通道的截面积。如果设计不当，那么从加热管中上升的带有蒸汽泡的糖膏将会走短路而很快流入降液管中，或者由于阻力过大而阻碍了糖膏的正常循环，这些都应是力求避免的。

（3）液柱静压效应小，也就是结晶罐内糖膏液面的高度不要太高。因为随着糖膏液面的上升，液柱产生的静压力也将增大，使得罐内底部糖膏的沸点比表面的高，而母液的过饱和度又是随着温度的升高而降低的，假如最上层的糖膏母液是过饱和的，那么随着液层向下其过饱和度便逐渐降低，当至一定深度时达到饱和溶液的话，在此深度以下便是不饱和溶液了，糖膏到达此处便会出现晶粒再溶的现象，这将影响煮糖的正常进行。此外，液位的增高使静压增大，加热管中心的糖膏便不易加热而使沸腾缓慢下来。国外学者曾做过这方面的试验，当加热体上管板以上的糖膏高于 2m 时，糖膏的循环便近似静止状态了。所以，新式的结晶罐都是向着缩小高度而增大罐径的方向发展。

（4）起晶容积应较小。起晶容积是指加热体上管板水平面以下的物料的容积，也就是起煮时输入罐内的底料量，所以又称底料容积。

设计结晶罐时，在可能的情况下应使起晶容积尽可能小些，这是为了煮得大小符合规格的晶粒，还为了能够消耗较多量的低纯度的糖蜜，以期得到较大的纯度降。

可以从几方面来考虑降低起晶容积，如合理选择罐型，适当地安排加热体的尺寸，尽量减少加热体以下的不必要的空间等。一般起晶容积为有效容积的 30%～33%，最大也不要超过 40%。

（5）减少死角，如果有死角存在，当对流循环不良时，糖膏将在此处停滞不动。毫无疑问，这将影响到砂糖晶粒的均匀性，甚至可能出现伪晶。

（6）入料均匀分布。一般常用的为环管进料，也有采用喇叭口进料或十字管进料的，入料均匀可使母液的过饱和系数比较均匀，如果采取集中进料，则局部位置将因浓度过稀而有导致溶晶的可能。

（7）须装置捕汁器以防止跑糖。

（8）考虑到操作维修的需要，结晶罐上应装有温度计、压力表、真空表、视镜、取样棒、人孔及真空解除阀等附件。

第二节 结晶罐的类型与构造

自制糖工业实现机械化生产以来，结晶罐的型式是多种多样的。比较早期所用的是蛇管式结晶罐。这种结晶罐由于传热效率低、糖膏在罐内的循环不够理想以及加热面的清洗与维修比较麻烦等原因，已被结构紧凑的列管式结晶罐所取代。近代发展的趋势是降低静压效应，设计了低压头结晶罐与卧式结晶罐。为了适应大容积罐的需要，在强化糖膏的循环方面出现了强制循环的结晶罐。此外,国内与国外在着手研究连续式结晶罐。与此同时还进行着间歇结晶罐实现自动程序控制方面的研究工作,都取得了不少的进展。

结晶罐的分类方法有多种,而比较常见的是根据操作的持续性将其分为间歇式结晶罐与连续式结晶罐两大类。

一、间歇式结晶罐

间歇式结晶罐的结构大体上与蒸发罐相似,它们都是由加热室、汁汽室、底盖及捕汁器等部件所组成。但是由于所处理物料性质的不同以及煮糖工艺过程的特殊要求,结晶罐在结构上各有其独特之处,也就是说结晶罐更强调物料的循环,具体体现在加热室的结构上。为此国内外从事制糖工业的科学工作者在研究改进加热室的结构方面作了很多的努力,先后出现了多种(图10-2)的加热室(又称汽鼓)。

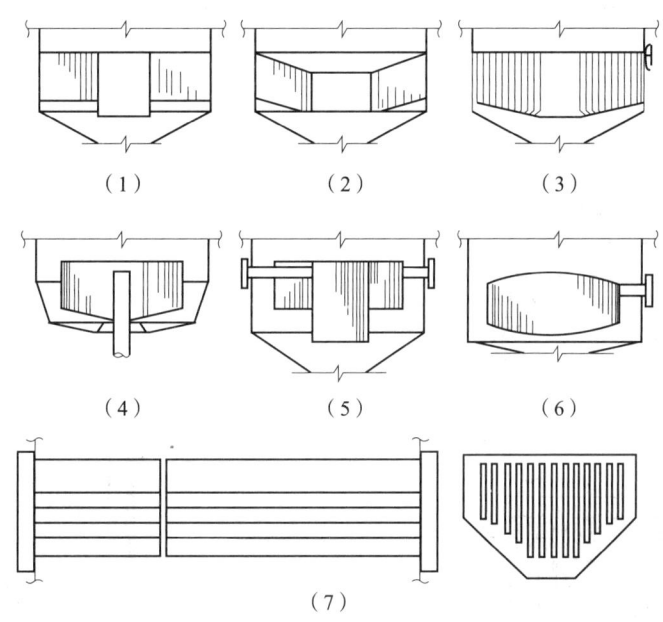

图10-2 汽鼓的结构形式
(1) 平管板汽鼓 (2) 斜管板汽鼓 (3) 环板式汽鼓 (4) 单吊鼓
(5) 双重吊鼓 (6) 圆顶形吊鼓 (7) 卧式平板汽鼓

下面介绍几种在国内应用得比较普遍以及目前在国内外比较引起重视的结晶罐型式。

(一) 中心降液循环列管式结晶罐

这种结晶罐在国内外都得到普遍的应用,其结构与通用式蒸发罐很相似,加热面是由列管组成,糖膏在加热管中受热上升,而自中心降液管下降,如此不断地进行循环。

如图10-3所示的是平管板结晶罐,加热室的上下管板都是水平的,蒸汽从四周进入,使蒸汽在加热室中能均匀分布,而不凝结气体聚积在降液管周围能基本消除气体停滞区,并使降液管中的糖膏不易受到加热。中心降液管的上端装一截锥形导向装置,其倾斜角为45°,高约20cm,目的是使上升的糖膏偏离罐体中央而折向周边,防止糖膏走短路直接进入降液管。糖浆与糖蜜从加料管进入,直至降液管下方的喇叭口,再分散到加热室的底部，使得入料分布比较均匀，但卸料不够通畅。支座与底盖相连也给维修工作带来不便。但是由于这种结晶罐的结构比较简单，循环良好，采用水平管板更使制造方便，所以曾得到广泛的使用。不过水平管板的缺点是，卸糖后有糖膏积存在管板上，当汽洗不能将其完全清除时，将影响下一罐糖膏的质量。

为克服平管板结晶罐卸糖后有糖膏积存在管板上这一缺点，出现了如图 10 -4 所示的加热室为斜管板的结晶罐。上管板倾斜可容易地排走剩留在管板上的糖膏，并加快清洗速度。下管板倾斜的目的则是补偿由于上管板倾斜所减少的加热面积，和抵消因上管板倾斜所增加的起晶容积。此外还可减少罐底的不必要的空位，汽凝水的排出也较完全。可以将上下管板设计成相同的倾斜度，将有利于简化制造过程。也可以将下管板的倾斜度取得比上管板稍许大些，虽然增加了制造的麻烦，却可以进一步降低起晶容积。考虑到胀管时的受力情况，倾斜角也不能太大，一般对前一种情况，可取上下管板的倾斜角 12°，而对后种情况可取上管板为 10°，下管板为 25°。在图 10 -4 中，将支座焊于加热室部分的外壳上，便于检修时拆除底盖及进行换管和胀管，这是一种比较合理的结构。

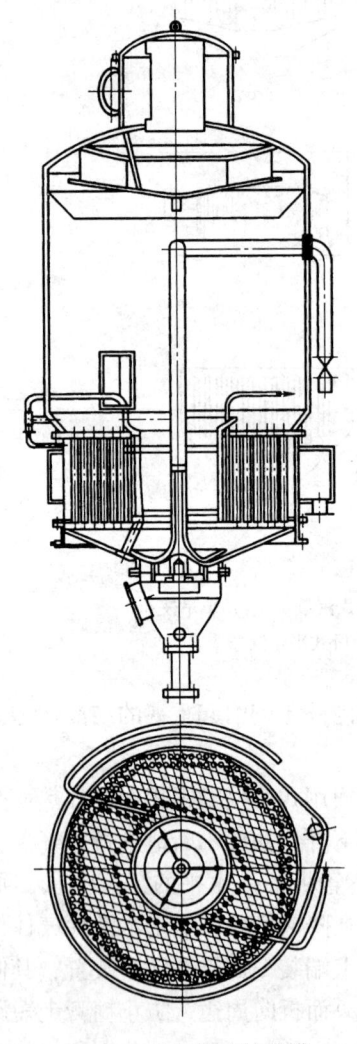

图 10 -3　平管板结晶罐

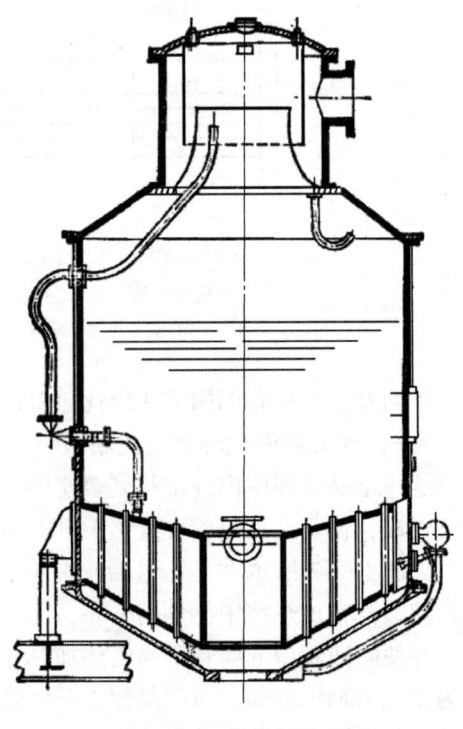

图 10 -4　斜管板结晶罐

(二) 内外降液循环列管式结晶罐（即吊鼓式结晶罐）

吊鼓式结晶罐，如图 10-5 所示，它与图 10-4 结晶罐的主要区别在于加热室与罐壁是分开加工的，采用支承件将加热室悬吊在罐壁上，而在加热室与罐壁之间构成了环形降液通道。此外，结晶罐中仍然保留了中心降液管，使得从加热管受热上升的糖膏在管板上分成两路形成内外循环。此种结晶罐具有比较大的降液截面，其循环比（即加热管的总截面与降液截面之比），可达到 2。所以对流循环良好，更适宜于处理黏稠度大的丙糖膏以及用于直径比较大的结晶罐。

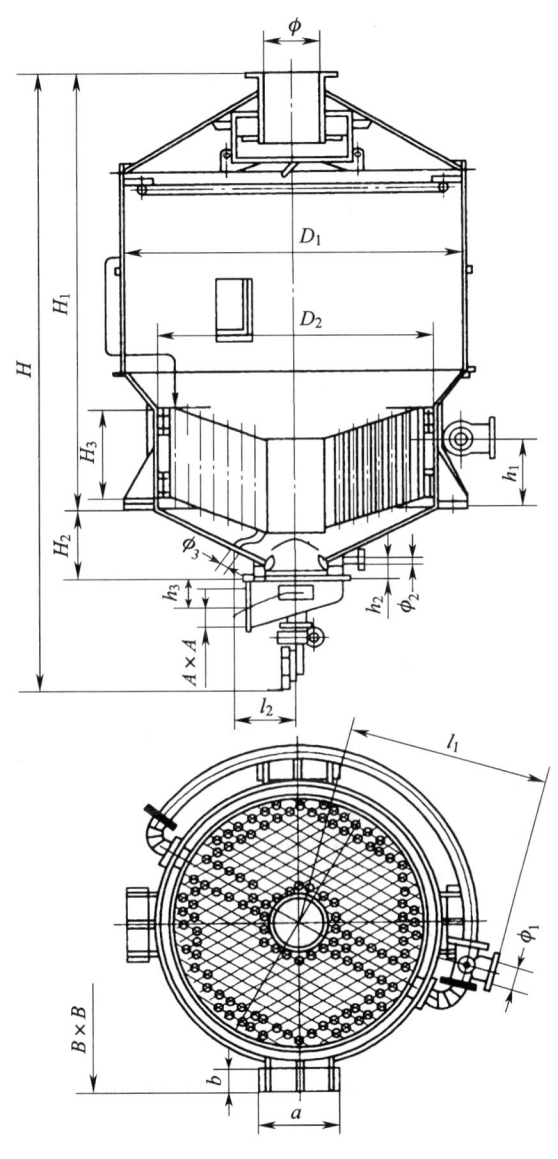

图 10-5 吊鼓式结晶罐

这种结晶罐的加热室是采用斜管板结构，考虑到制造的方便，上下管板采用相同的倾角为 12°，底盖为锥形，并选用电动卸料阀。汁汽室的直径比加热室的直径大，目的是当煮制相同容积的糖膏时可降低管板上液柱的高度，减小静压效应，从而可加强糖膏的循环。

由于采用内外降液及低压头，此种结晶罐内的糖膏循环比较良好，且具有卸糖容易、汽凝水排出完全等优点。缺点是结构比较复杂，起晶容积比较大，约为40%。

我国已将这种类型的结晶罐列为三化标准，有效容积有 5、10、20 及 40m³ 四种系列。

(三) 卧式平板型结晶罐

此种罐型在我国虽未见应用，但在国外制糖业内已引起了比较大的兴趣。近些年来，法国的费·里·居伊（Fives Lille – Cail）公司设计了如图 10 – 6 所示的结构新颖的卧式结晶罐，其截面近似圆形，加热面是由一组有间隔的平行排列的长方形金属板制成，相邻两板构成一蒸汽室，两个蒸汽室之间的截面即是糖膏上升的通道。上升后的糖膏沿着罐壁两侧的边缘下降，如此不停地进行循环。由于其纵截面自底向上逐渐扩大近似圆形。所以此种结晶罐的最大特点是在保持较低起晶容积（约 26%）的条件下仍然可以进行低液面煮糖，因而糖膏循环良好，产品质量有所提高，煮糖时间可适当缩短。但其缺点是结构比较复杂，要多个放料阀，操作麻烦，入料不够均匀，而且焊接质量要求比较高，清洗困难，占地面积比较大。

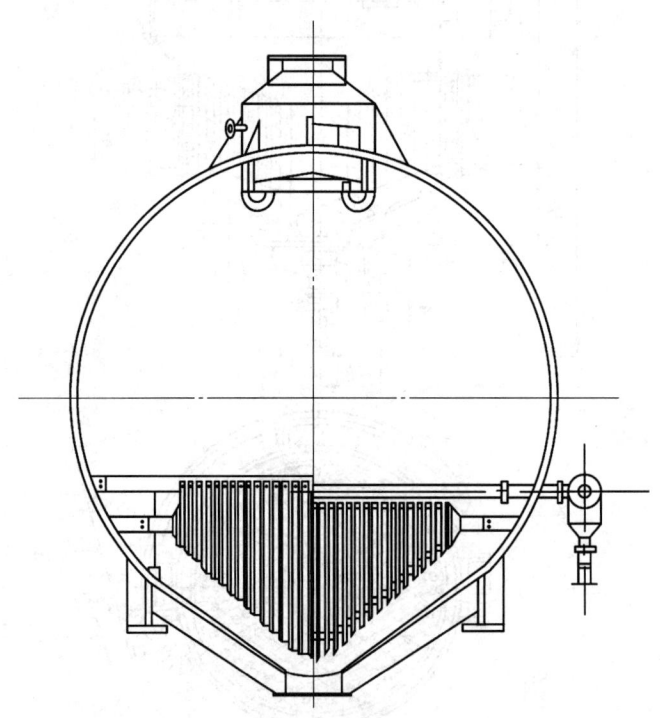

图 10 – 6 卧式平板型结晶罐

(四) 强制循环结晶罐

近些年来，国外由于糖厂向大型化方向发展，出现了大容积的结晶罐，因此保证糖膏在大型罐中能够良好地循环，是显得更为重要而又急待解决的问题。目前，解决这一问题的方法有两种：一种是在罐内装机械搅拌装置，另一种是通气流于罐内进行强制循环。这里重点介绍罐内装机械搅拌装置的机械搅拌结晶罐。

1. 机械搅拌结晶罐的结构

带有搅拌装置的结晶罐虽已出现多年，但在国外得到比较普遍的使用还是近30多年来的事。其结构如图10-7所示。电动机装于罐的顶部，通过减速机构带动一转轴转动。轴的下端在伸入到降液管的部位装置螺旋桨叶式搅拌器，当搅拌桨叶旋转时，糖膏在罐内进行着强烈的循环，从而提高了传热系数与蒸发强度，加快了结晶速度。

搅拌叶的位置：当传动装置位于上方时，因搅拌轴较长，在降液管的位置可增设一轴承，如图10-8所示。如果传动装置位于下方，传动轴可设计得比较短，但卸料口及底盖结构必须与之相适应（图10-8）。

搅拌叶的形式：小轮毂四叶片、大轮毂六叶片、大锥形轮毂、螺旋桨，如图10-9所示。

小轮毂四叶片搅拌式结晶罐的搅拌叶安装在降液管内或一半在外，如图10-10所示。叶片是可调的，通常使用的叶片角度是37°。加速器应一半装在下降液管内，一半在管外，位置应尽量低些，以减少水力涡旋效应，同时在搅拌器下应有一定的空位，以安装一倒锥体，它可把向下的流动的糖膏导向罐的周边，改善流体流动的特性。桨叶端的线速度为 5.58～5.7m/s。

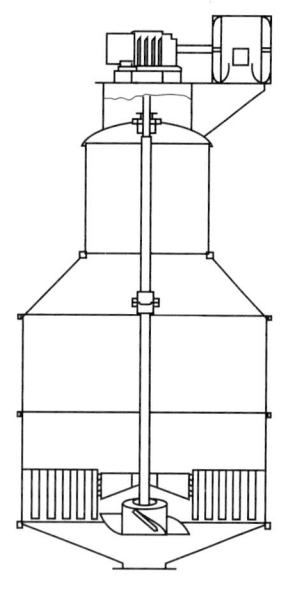

图10-7 机械搅拌结晶罐

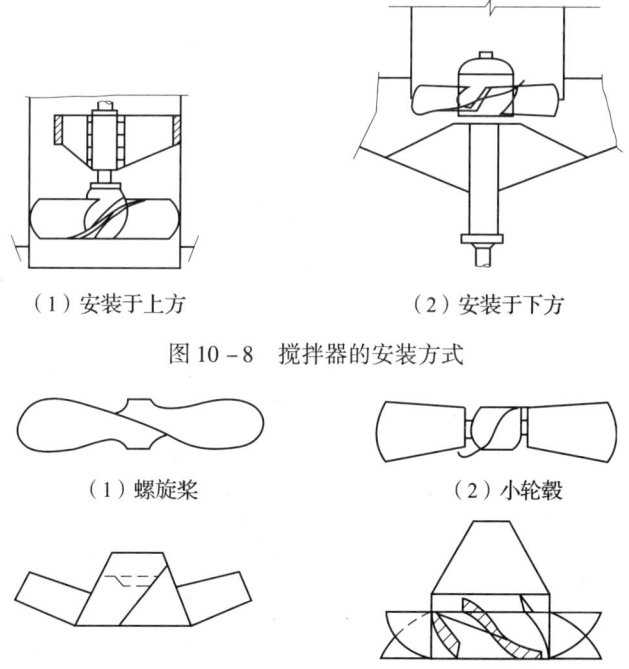

（1）安装于上方　　　（2）安装于下方

图10-8 搅拌器的安装方式

（1）螺旋桨　　　（2）小轮毂

（3）大锥形轮毂　　　（4）大轮毂

图10-9 搅拌叶的形式

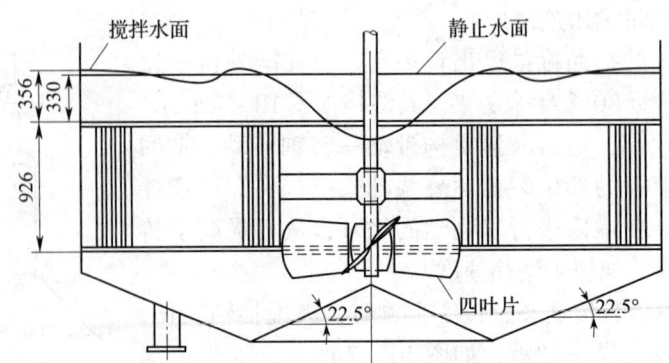

图 10-10 小轮毂四叶片搅拌式结晶罐

大轮毂六叶片搅拌式结晶罐如图 10-11 所示,该搅拌器安装在降液管之下,罐的设计应考虑汽鼓下有足够空间,罐底也可安装一倒锥台形体,叶片端的线速度为 5.58m/s。

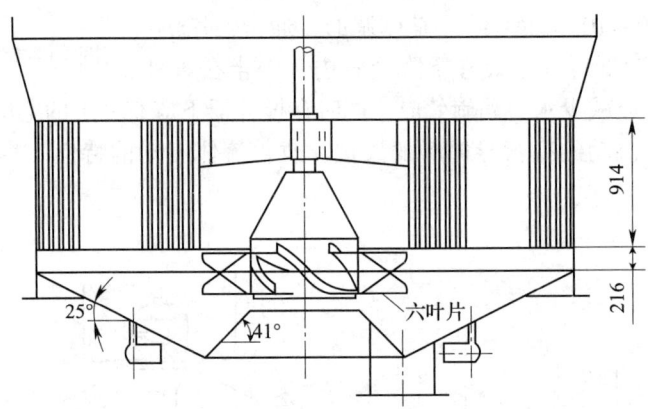

图 10-11 大轮毂六叶片搅拌式结晶罐

大锥形轮毂搅拌式结晶罐的桨叶装在轮毂的斜面上,如图 10-12 所示。搅拌器桨叶的推力向下及向外,它可适应于降液管直径较小的结晶罐,桨叶端线速度为 6.065m/s。

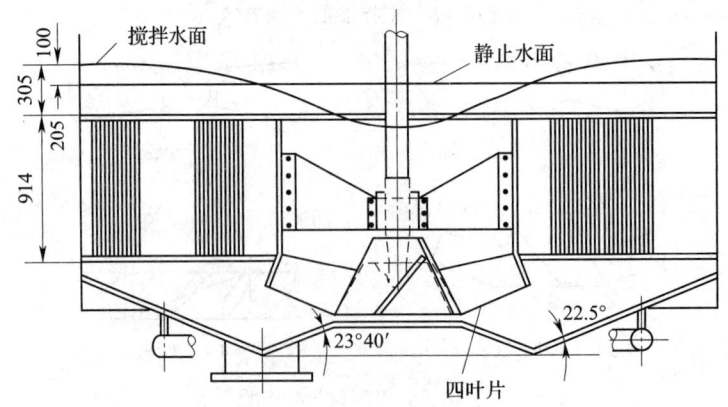

图 10-12 大锥形轮毂搅拌式结晶罐

螺旋桨搅拌式结晶罐的螺旋桨有三叶片和五叶片之分。如图10-13所示是三叶片的螺旋桨式搅拌器,这种形式结晶罐的水面旋转非常强烈,在降液管内壁和叶片上安上垂直挡板,则旋转达到消除,流型正常,搅拌器线速度5.79m/s。

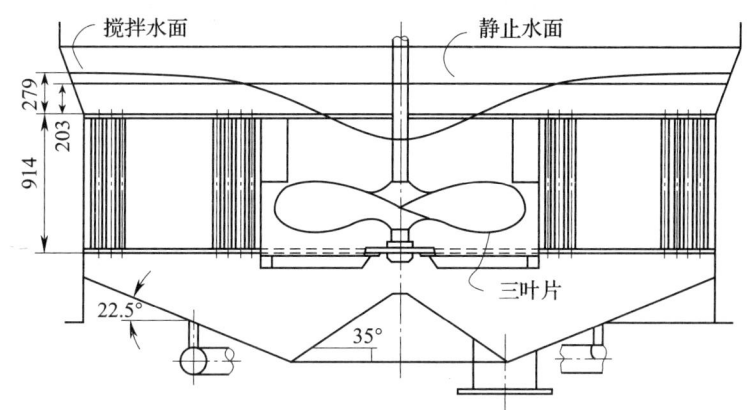

图10-13 三叶片螺旋桨搅拌式结晶罐

2. 机械搅拌结晶罐的特点

(1) 提高了结晶罐的传热系数和蒸发强度　从表10-1可看出,在煮糖开始阶段,机械搅拌对煮糖的促进作用并不明显,但在煮糖后期,机械搅拌却能使结晶罐的蒸发强度比自然循环时提高约9倍。

表10-1　自然循环与机械循环的性能对比

循环方式	传热系数/[W/(m²·k)]		蒸发强度/[kg/(m²·h)]	
	开始	终了	开始	终了
自然循环	596.8	27.68	28.8	1.03
机械循环	634.9	224.46	29.6	10.3

(2) 缩短煮糖时间　由于机械循环增加了循环速度,提高了传热系数和蒸发强度,进而提高了结晶速率,缩短了煮糖时间。国外进行过这方面的查定,对不同种类的糖膏所节省的时间大约是:甲糖膏节省15%~20%;乙糖膏节省25%~30%;丙糖膏节省40%~50%。

(3) 提高产品质量和回收率

砂糖大小均匀,颜色浅,分蜜时打水时间短,糖分损失少。

(4) 结晶罐的加热面上机积垢少　由于糖膏在加热管内流速加快,晶体冲刷加热面,使之保持洁净,积垢形成机会少,可较长时间维持正常的传热,减少洗罐时间。

(5) 增加设备的投资　搅拌式结晶罐必须在罐内安装搅拌装置,同时需要加电动机及密封装置等。

(6) 增加动力消耗　节约的蒸汽能否抵偿增加的动力,尚未有比较可靠的对比数据来说明,而且动力负荷变化大,特别是在煮糖后期功率消耗迅速增大,出现尖峰负荷,国外学者对此做过估计：

平均功率消耗为：$1.06kW/m^3$

尖峰功率消耗为：$1.85kW/m^3$

在这种情况下采用两速的搅拌装置是比较合理的，也就是当煮糖开始时采用较高转速，而当糖膏达到工作容积的 1/3 时则改为低转速搅拌，如此可使功率消耗有所降低。

（7）密封装置较为复杂，搅拌器、叶片加工较麻烦，加工精度要求高 如密封不良，会导致出现漏真空。如设计不合理，安装不当，效果可能会适得其反，而且使整个结晶罐产生剧烈的振动。

我国大型糖厂使用的强制循环结晶罐有 TB521 和 TPJ34 两种型号，它们的主要技术规格如下：

TB521 强制循环结晶罐主要技术规格

工作压力	$8.83×10^4Pa$（设备）	$19.6×10^4Pa$（管内）
工作温度	80℃（设备）	120℃（管内）
物料名称	糖膏（设备）	蒸汽（管内）
有效容积		$30m^3$
加热容积		$236m^3$
主轴转速		88r/min

TPJ34 强制循环结晶罐主要技术规格

容积	$34m^3$
加热面积	$200m^2$
降液管直径	1700/1600mm
螺旋叶直径	1585mm
螺旋叶转速	28.1/56.3r/min
电动机 N=40/55kW	n=714/1484r/min
悬挂齿轮加速器速比	20:12

丹麦的 Dds 结晶罐的系列如表 10-2 所示，它列出了结晶罐的生产能力、搅拌器直径、转速与功率等的数据。

表 10-2　　Dds 结晶罐的系列表

结晶罐生产能力 /吨糖膏	高 /mm	直径 /mm	加热面积 /m²	搅拌器直径 /mm	电机	
					功率 /kW	转速 /（r/min）
30	6450	3500	133	1400	25.76 18.4	1450/950
50	7000	4000	177	1600	33.12/22.08	1450/950
75	7050	5000	305	2000	44.16/29.44	1450/950

二、连续式结晶罐

到目前为止,国内外用于进行煮糖的设备,仍然是以间歇式结晶罐为主,但是间歇煮糖的操作条件经常在变动,不易做到均衡生产,对操作人员的技术水平要求也较高,而且耗汽量较大。在当前世界上制糖工业从原料进厂至预处理、提汁、清净和蒸发等都早已实现了连续化生产,而煮糖仍然采用着间歇式煮糖罐,它必然成为全厂连续化生产的障碍。此外,由于世界规模的能源危机,糖厂的热能经济引起极大的重视,间歇式结晶罐尽管采用了带搅拌器的强制循环,加热汁汽压力也还要求在 300kPa 以上。并且,间歇式结晶罐用汽不均衡,放罐、装罐引起蒸发罐生产条件波动,所以近十多年来世界上一些产糖的国家均企图用连续式煮糖装置来取代间歇式结晶罐。法国更进一步研究了结晶罐汁汽的压缩再利用。

尽管国内外试制的连续结晶罐的种类是这样的繁多,但其基本原则是相同的,即为了获得整齐均匀的晶粒,就必须设法使晶粒在连续结晶罐中的停留时间基本一致,这是影响到各种连续结晶罐成败的关键性的问题。在循环良好的间歇式结晶罐中,停滞死角少,因此晶粒比较均匀。而晶粒在连续结晶罐中循环及前进时则往往出现停留时间不相同的晶粒互相混合的现象,人们称这种现象为"返混",或称为"混晶"。混晶的存在使晶粒大小不一,产品质量降低。理想的情况是使物料在结晶罐内呈活塞式流动,但是由于结晶的要求又希望晶粒与母液循环良好。达到均匀地混合,因此罐内糖膏的水平运动就必须与垂直方向的运动同时进行。这样,理想的活塞式运动就受到干扰,不可避免地产生了混晶现象,对此,国内外做过一些研究,解决这一问题的方法是沿着物料前进的方向将罐体分成若干小室,其目的是使糖膏按顺序前进的同时,又保证糖膏在每一室内混合良好。如果室数越多,便越接近理想条件,即返混现象将越减少,这可从下面的实验得到验证。

返混现象可用停留时间分布密度曲线表示(图 10-14),此曲线表示在一个稳定的连续流动的系统中,当在一瞬间,以一定量的物料(可用示踪粒子)同时进入该系统中,如为理想的活塞流,则在这一瞬间(即在 t 与 $t+dt$ 的时间内),所有的粒子将全部流出,但在存在返混的情况下,各粒子将经历不同的停留时间依次自系统中流出,每隔一定的时间取样,则可测得在此时间内的粒子分率 $E(t)dt$,即在瞬时 dt 时间内流出系统的粒子占总粒子的分数。如以 $E(t)$(与时间有关的分布密度)为纵坐标,时间 t 为横坐标,则可绘出一分布密度曲线,此曲线的特征为:

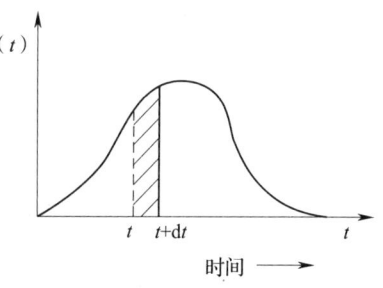

图 10-14 分布密度曲线

$$\int_0^\infty E(t)dt = 1$$

如果希望晶粒在系统内的停留时间比较一致,就应该使此曲线的峰形窄一些。它意味着大部分晶粒集中在一很短的时间内自系统流出,也就是说晶粒的停留时间比较相近。根据这一理论,国外对连续结晶罐中晶粒的停留时间分布与分室数的关系进行了试验,实践证明,当分室数增多时,可使 $E(t)$ 值提高。如图 10-15 所示,对分室数 $n=1,2,4,8$ 做了试验,在分室数 $n=8$ 时,曲线的峰形显得高而窄,即晶粒的停留时间比较接近,也就是晶粒的均匀度比较好。

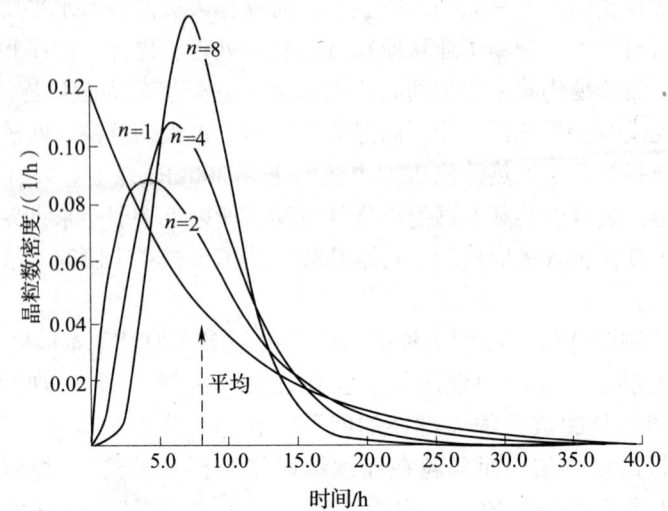

图 10-15 停留时间分布密度与分室数的关系

国外一般将连续结晶罐分成 6~11 室。我国采取在各分室中再分成数小室的办法,实质上是有 10 数室之多。

在明确了上述基本道理后,就不难理解各种型式的连续结晶罐的构造了。下面介绍几种在国内进行试验性生产及国外已经投入生产的主要几种连续结晶罐。

(一)单侧降液循环列管连续结晶罐

此结晶罐的构造如图 10-16 所示,罐身为卧式,沿着卸料端倾斜安装,倾角为 0.5°。整个结晶罐用隔板分成 7 个分室,在各分室中又用挡板或导流板分为几个小室。各分室的同一侧装置加热体,在加热体与另一侧罐壁之间的空间形成糖膏的通道,这样可使糖膏沿着预定的螺旋线路顺序循环前进,以防止糖膏走短路而产生混晶。

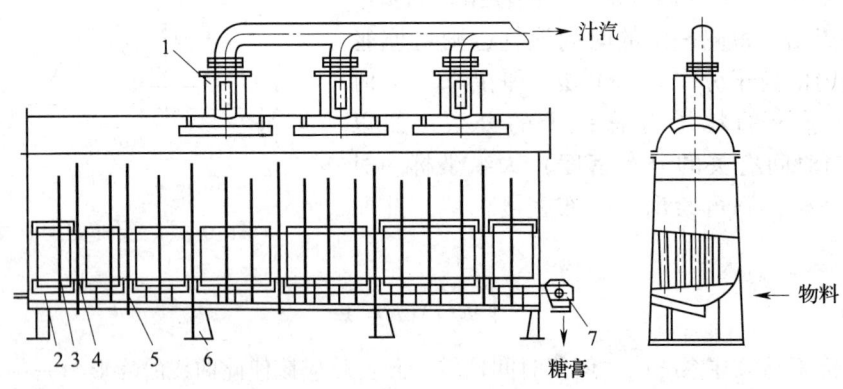

图 10-16 单侧降液循环列管连续结晶罐
1—捕汁器 2—加热室 3—导热板 4,5—分室隔板 6—支座 7—卸料器

生产时,在结晶罐的端部连续进入糖糊作种子,在前面的数分室中由管子送入糖浆,后面的分室则进入糖蜜,供晶粒在结晶罐中不断养晶长大之用。

为防止上管板积糖及考虑到清洗的方便,以及易于将汽凝水排出完全,加热体的上下管板自外侧向内均略倾料。为了利于糖膏的循环,将加热体与降液通道相连的金属壁制成夹层的,或在其中装填绝热材料。此外,在靠近降液一侧的罐壁上装设了取样棒、视镜以及其他仪表。所有分室的汁汽室均相通,汁汽经过罐顶的三个捕汁器送至水喷射冷凝器。煮成的糖膏由可调节转速的星形卸料器连续卸出,流入助晶机。

此结晶罐还采用电磁阀自动定时交替洗涤罐壁,可减少附壁挂糖和积垢。温度、压力及真空度等仪表均集中指示。

此种结构型式的连续结晶罐在广东一家糖厂中进行试验生产。生产能力相当于日处理500t 甘蔗,有效容积为 $5.5m^3$,加热面积为 $59.5m^2$,经过几个榨季的试验与改进,在结晶率、提糖包数方面与间歇式结晶罐比较接近,如表 10-3 所示。

表 10-3 糖膏主要工艺指标

项目	结晶率/%		提糖包数/(包/m^3)	
	74/75	75/76	74/75	75/76
连续罐	59.91	58.97	5.84~7.04	7~7.75
间歇罐	61.01	56.86	6.1~7.17	7

(二) 中心降液循环列管连续结晶罐

中心降液循环列管连续结晶罐如图 10-17 所示,罐体卧置,分 7 个隔室,各隔室容积依次递增,使物料在各室内的停留时间基本相等。每个分室的两侧各装一列管式加热体,对称的两个加热体之间形成糖膏下降的通道,使糖膏自加热管上升,自中心降液循环。各室的降液通道内装有若干块倾斜一定角度的导流板,在加热室的下部也装有若干块垂直隔板以引导物料的循环过程中向前移动。广东一家糖厂采用此连续结晶罐煮制甲糖膏,有效容积约 $5m^3$,其结晶率和提糖包数与间歇式相似,但晶粒均匀度较差。

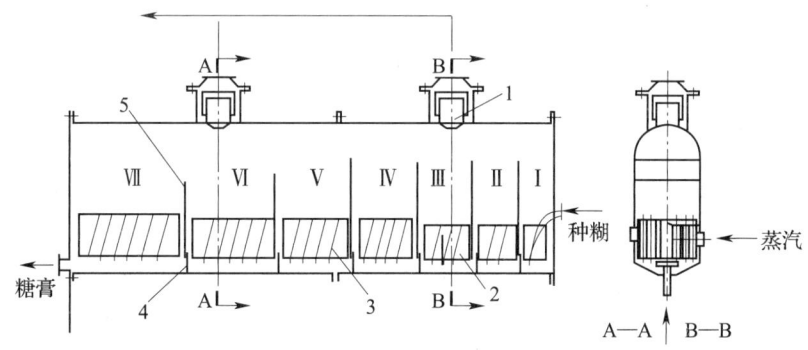

图 10-17 中心降液列管连续结晶罐示意图
1—捕汁器 2—加热器 3—导流板 4—分室滑动闸 5—分室隔板

属于同一种类型的还有广西一间糖厂用日处理 1000t 甘蔗的甲糖膏连续结晶罐如图 10-18 所示。罐身水平放置,用隔板、挡板将结晶罐分成 6 个分室共 19 小室,装有六组

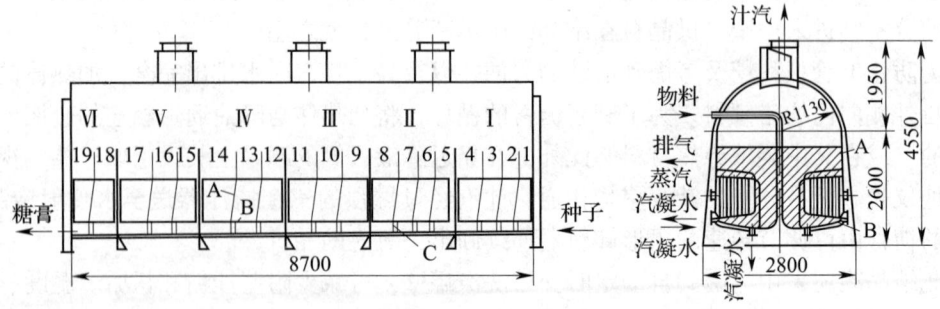

图 10-18 中心降液列管连续结晶罐示意图

列管加热室，糖膏在其中进行中心降液循环，并自隔板与挡板之间所形成的间隙从一小室过料至下一小室。糖膏的流动情况如图 10-19 所示，图为其投影视图，为了便于看清内部结构，未表示汁汽室部位的壳体，并将小室中两隔板的距离适当加长。

在结构上，它综合了前两种结晶罐的优点并予以改进。为便于清洗及排出凝结水，加热室的上下管板均做成倾斜的。加热室分单元制造并进行组装，给加工及维修工作带来不少方便。结晶罐的罐底为流线型，可利于糖膏的对流循环及减少死角。采用夹套式罐底，可利用凝结水的余热进行加热，其目的是使糖膏不致因罐底散热而降

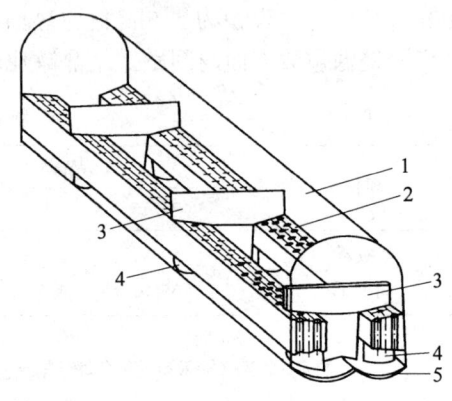

图 10-19 小室结构及糖膏流动路线
1—壳体　2—列管加热室　3—隔板
4—挡板　5—罐底夹套

低温度，避免因循环不良而产生沉砂。从试验情况来看，设备运行比较可靠，用汽平稳，操作简便。结晶率、提糖率及晶粒均匀度与间歇结晶罐比较接近。

（三）板式连续结晶罐（即费·里·居伊式结晶罐）

它是一个水平放置的纵截面为椭圆形的罐体，也称费·里·居伊式结晶罐。如图 10-20 所示，沿着罐的长度装置了两组板式加热室，加热室与两侧罐壁所形成的空间便是糖膏下降循环的通道。罐内用 6 块隔板将整个空间分成 7 个分室，隔板底部有过料孔，物料靠流体静压差从一分室流至下一分室。在每一分室中，糖膏沿板式加热室受热上升，然后沿两侧的降液通道下降，当糖膏流至每一分室的末端时，则从隔板上的过料孔通至下一分室，如此不断地循环前进。

在板式加热室的下方，罐底上有小孔喷入汁汽以加速糖膏的循环，它是借蒸发罐与连续结晶罐两者真空度不同所产生的压力差，而引入汁汽进行搅拌，效果良好。在罐壁与糖膏接触的部位都有加热夹套，为的是防止糖膏沉砂而进行保温。

为了防止糖膏附着罐壁生成积垢，各室加糖浆的方法是用一小减速电动机或由液压控制的回转式分配头使糖浆成薄膜状从顶部喷入，并顺着各室的罐壁与隔板向下流动。为了同一目的，法国甚至用不锈钢制造罐体，凡与糖膏接触的零部件还经过抛光，他们认为采取这些措施对防止积垢是有成效的。

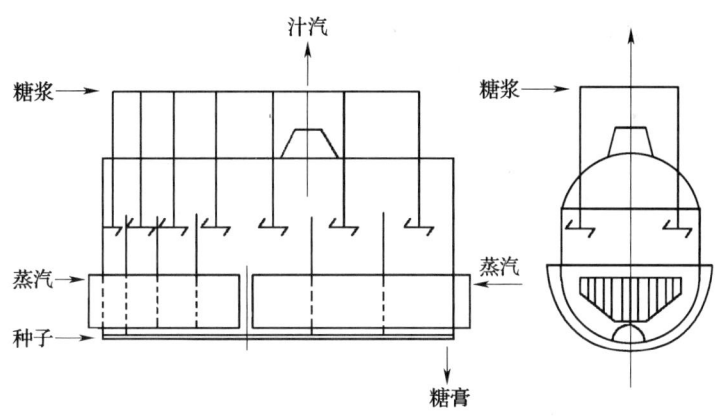

图 10-20 板式连续结晶罐示意图（费·里·居伊式）

底料是用饱和糖浆和预先制备的晶种混合而成，从第一室进入，而煮成后的糖膏则从第七分室的底部由卸料泵排出。

费·里·居伊式结晶罐长 10m，最大高度 3.9m，最大宽度 3.5m，有效容积 32m³，总加热面积为 326m²，早年在法国与西德的某几间糖厂投入生产。

（四）Tully 式外循环列管式加热元件连续结晶罐

这是在澳大利亚投产的大型丙糖膏连续结晶罐，其结构如图 10-21 所示，它是一个卧式装置，内分 7 个分室，加热室由列管式加热元件组成，上管板向外倾斜，下管板向里倾斜，三个独立加热室成直线排列安装在罐中央，汽鼓用同一汽室与两边的壁面之间形成糖膏向外循环的通道。蒸汽从罐中蒸汽管引入，物料由底部入料分配器引入。各室隔板有中间隔板阀门控制物料前进。该设备有效容积 120m³，加热面积 1200m²，平均加热面积与有效容积之比为 10m³/m²，每小时处理丙糖膏量 34t，种子加料速度 8~10t/h。糖膏浓度较高，糖膏纯度较低。实际生产能力平均 1822t/h，产品变异系数（CV）为 25%~30%，正常的液位在管板上 0.5m，该罐有十分大的汁汽空间，有利于汁汽分离。

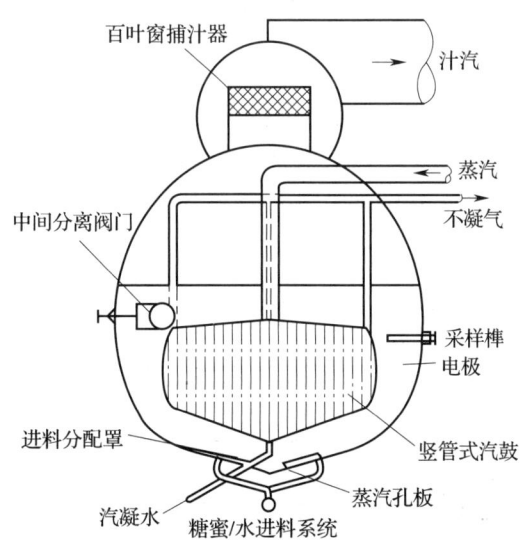

图 10-21 Tully 式外循环列管式加热元件连续结晶罐

(五) FCB 连续结晶罐

法国 F.C.B（Fives-Cail Babcock）公司生产的连续结晶罐已在世界上不少糖厂采用，这种结晶罐较多地用在三砂上，但也可用在一砂和二砂上。它的优点是能利用四效汁汽。它的蒸汽消耗很稳定，使蒸发罐非常容易控制。这种结晶罐所需的种糊量为糖膏量的 20%，是在一个间歇罐中制备的。

1. FCB 连续结晶罐的结构

这种结晶罐的结构如图 10-22 所示。它是一个卧式圆筒形罐体，两端有加强的端板并用于支撑，水平放置的加热管排成直行，管束穿过横隔板固定在端板上，两端的密封装置是 FCB 公司的专利，能允许管子自由膨胀。为便于检修，蒸汽室盖板用螺栓与汽室联接。

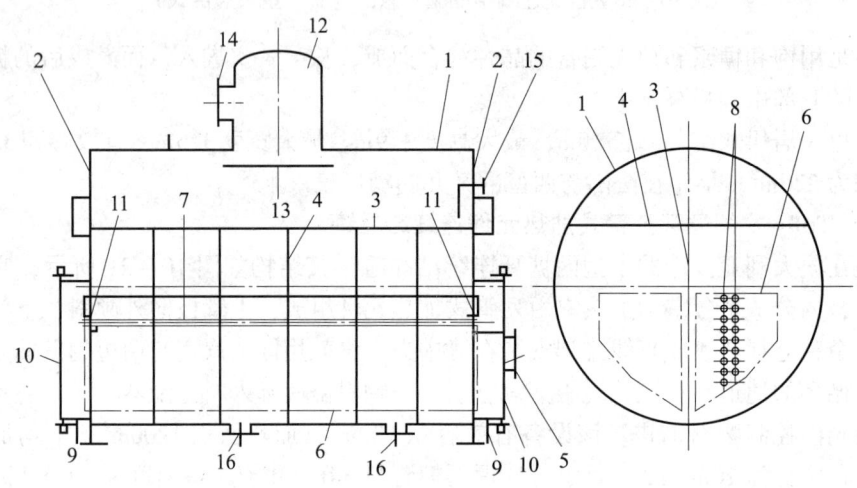

图 10-22 FCB 连续结晶罐
1—罐体 2—端板 3—纵向隔板 4—横向隔板 5—蒸汽入口 6—加热元件
7—管子 8—管排 9—蒸汽箱 10—蒸汽式盖板 11—密封装置 12—顶盖
13—折流板 14—蒸汽出口 15—糖糊入口 16—排水口

罐中间是一块垂直的纵隔板将罐体纵向分为两个室；而横隔板又将罐分为若干室，一般为 12 室，纵隔板两边各有 6 个室，相邻二室在横或纵隔板底部均有通道相通，通道的尺寸为 100mm × 400mm；因此物料在罐中以 "S" 形自一端流至另一端（图 10-23）。

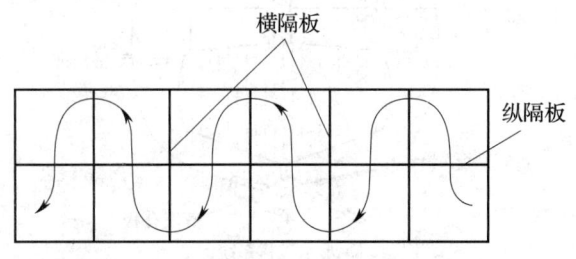

图 10-23 物料在罐中流动示意图

糖糊进口在第一室的上部。煮高纯度糖膏时，进料（如糖浆、洗蜜等）均通过每一室顶部的旋转分配器将物料旋转喷淋于隔板及罐壁上，有助于解决隔板及罐壁上的积垢问题，分配器是由电动机带动的。用于甜菜三膏及甘蔗各段糖膏的进料均由各室的底部直接引入，不用分配器。无论高或低纯度煮糖罐的搅拌用汽均由各室底部引入。

糖膏由最后一室排出，一砂及二砂膏经底部排料口由糖膏泵抽出，由泵的转速调节罐内料位。三砂膏则通过溢流口进入排料管，管长 7~8m。各罐排料口均装有电视摄像机，可在控制室观察各罐排料情况。各罐的底部均有 2~3 个排空口，便于清洗时排空。

罐顶内有捕汁器，并有一挡板。煮高纯度糖膏的罐，底部装有加热夹套，夹套的高度相当罐内正常料位。罐还附有人孔、视镜、灯、清洗装置，每两个室有一取样阀、进料流量指示器、压力计、真空计、温度计等。糖膏在罐内停留时间曾用氯化锂进行测定，一膏在罐内停留时间为 2.5h，二膏为 3h，三膏约为 5h。

2. 操作原理

传统的间歇煮糖是按"时间"操作的，FCB 连续结晶罐成功地按"空间"操作代替了前者。卧式罐体被横及纵隔板分为一定数量的室，物料由底部一系列通道从第一室到最后一室。成排水平放置的加热管加热物料。第一室中进入由蜜洗或未经蜜洗的糖与糖浆或糖蜜混合制成的糖糊。每室根据所煮的糖膏进入糖浆或糖蜜。煮成的糖膏由变速的糖膏泵抽出或由可调的溢流管气压柱卸料。

加热汁汽进入前汽室，室内由隔板将前汽室分成上下二层，汁汽首先进入下层加热管，经罐后汽室再进入上层加热管，再经由前汽室上层排出，或排至罐的加热夹套而最后引入罐底用以搅拌糖膏，或直接引入罐底。

糖膏的循环主要靠自然对流，物料在加热作用下，从排管与纵隔板间上升，由排管与罐壁间下降，加以采用自罐底引入最后的加热用汽（事实上是不凝结汽）促进了对流，使物料循环良好，温度和过饱和度均匀，减少伪晶生成，结晶良好。

根据糖厂日加工能力得出三种糖膏每小时产膏量及罐的容积。表 10-4 为一定加工能力下，各段糖膏所需的罐容积及糖膏流量。

表 10-4   FCB 连续结晶罐小时产膏量及罐容积

加工能力 / (t/d)	一号糖膏		二号或三号糖膏		
	型号（即 100 千克数）	糖膏流量 / (t/h)	型号（即 100 千克数）	二膏流量 / (t/h)	三膏流量 / (t/h)
3000	320	39.9	270	20.3	8.5
4000	450	53.2	380	27.1	11.4
5000	540	66.5	450	33.8	14.2
10000	1200 或 2×540	132.9	900	67.6	28.4

国内的连续煮糖罐，经过糖厂试用后，发现仍存在着一些问题：如存在不同程度地混晶现象；晶粒的均匀度还比较差；因加热而生成积垢，运行约10d后，煮糖效率下降；罐壁上易于附壁挂糖。此外，目前的连续结晶罐实际上是连续养晶浓缩罐，还未能做到在罐内进行连续起晶，所有这些都是有待进一步研究解决的问题。国外的连续结晶罐目前多用于精糖厂，因其物料比较稳定，不像糖厂的原料变化较大。

（六）塔式连续结晶罐

垂直串联的塔式连续结晶罐是德国的BMA制糖设备公司与Braunschwig糖业研究所共同研制的，称为VKT式结晶罐。如图10-24所示，它是由4个中央降液管的间歇式搅拌罐叠置组成的塔式四层连续结晶罐。整个装置包括4个分室，每个分室装有搅拌器，各分室的液位均在糖膏排出口之上，糖膏由上而下通过溢流管或罐底的卸糖管流入下层。各室过饱和度用流量来调节。每两层之间又有旁路糖膏管，第三、四层的糖膏可卸放到助晶机，也可用泵送回第一层。任何一层都可以停机清洗，不影响其他三个分室的正常运转。

该设备的上两个分室安装的搅拌器转速较快，下两个分室糖膏较浓，其搅拌转速较慢，搅拌的目的是帮助糖膏循环。

各分室的加热面积大小按各自所需的蒸发量来确定，降液管的直径则根据糖膏的黏度来计算。为了在过程最后阶段获得糖膏流速快、传热系数高、蒸发能力大，加热元件的水力学直径，即管子直径、管距等必须较第一室为大。BMA塔式连续结晶罐的主要规格如表10-5所示。

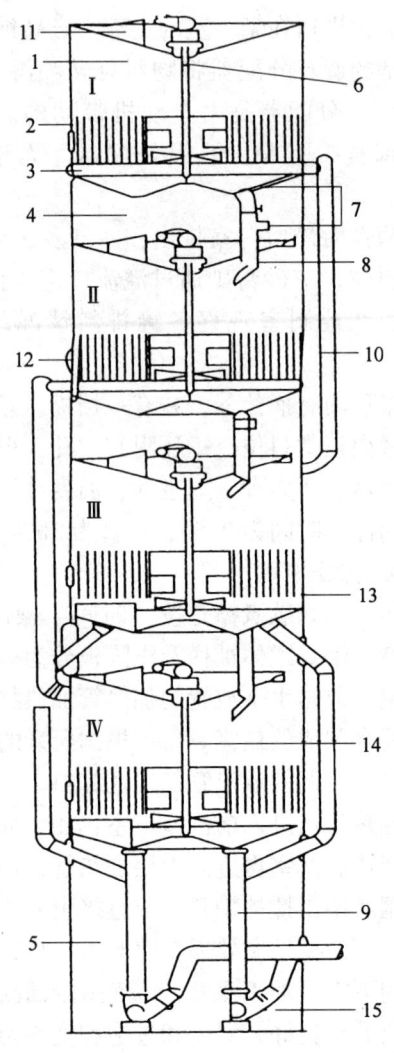

图10-24 BMA塔式四层连续煮糖罐（VKT）

Ⅰ~Ⅳ—煮糖罐分室 1—汁汽室 2—汽鼓
3—罐体底部 4—中间间隔 5—支撑结构
6—物料入口 7—种子糖糊入口
8—糖膏过室管 9—糖膏排出管
10—短路管道 11—汁汽入口
12—蒸汽入口 13—凝结水
14—搅拌器 15—糖膏泵

表10-5　　　　　　　　BMA塔式连续结晶罐的主要规范

罐身直径/mm	4500			
罐身高度/mm	23700			
层次	Ⅰ	Ⅱ	Ⅲ	Ⅳ
加热面/m²	440	440	380	330

续表

管长/mm	1270	1270	1270	1110
中心降液管直径/mm	1380	1380	2000	2000
糖膏面离汽鼓面/mm	290	290	340	341
搅拌器直径/mm	1300	1300	1900	1900
叶片数	3	3	5	5
转速/(r/min)	113	108	50	42
装机功率/kW	45	45	75	75

设备生产实绩如表10-6所示，加热蒸汽压力（6.0~7.0）×10^4Pa，汁汽压力为 $2×10^4$Pa。

表10-6　　　　　　　　　　BMA塔式连续结晶罐的工艺参数

	正常期	清洗期
结晶罐使用层数	4	3
糖膏处理能力/（t/h）	115	75
糖膏含干固物/%	91~92	最高91
注入物料干固物/%	62~78	62~78
过热蒸汽压力/10^5Pa	接近1	接近1
汁汽压力/10^4Pa	2~2.8	2~2.8
糖膏含晶体/%	58	56
小于0.2mm的晶体/%	≤0.5	≤0.8
大于2.0mm的晶体/%	≤3	≤0.3
晶体平均大小/mm	0.7~0.85	0.6~0.7
每立方米原料需种膏/m^3	0.17~0.20	0.20~0.25
工作周期	全生产期	全生产期

生产过程中，全部参数都是用仪表自动控制在固定值的范围内，通过糖膏输送阀控制各层糖膏的液位在汽鼓面300~400mm处；用γ-射线仪控制糖膏的过饱和度，根据所给定的糖膏处理量自动用蒸汽阀调节蒸汽压力。搅拌器的运转电流、糖膏温度、汁汽压力等参数均可自动控制并记录。

各分室的轮洗如图10-25所示，这是由两组设备组成的连续结晶罐，其中7个分室运行，对空白的分室进行清洗。如（1）组第8室停机清洗，（2）组为第7室停机清洗，（3）组停第4分室，（4）组停第1分室。可见，一个分室停洗并不影响其他分室连续操作。

（七）连续式结晶罐的特点

1. 连续式结晶罐的优点

（1）糖膏在罐内循环良好。由于连续结晶罐的加热面积与有效容积之比较大，同时罐内的糖膏液面较间歇式结晶罐内的低，一般糖膏液面高出加热室仅300~400mm，静压

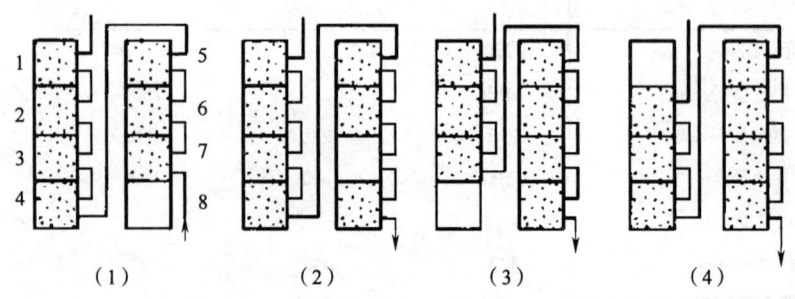

图 10-25　BMA 塔式连续结晶罐分室轮洗图

效应小，改善了循环，从而提高了结晶速率（通常连续式结晶速度为 2.58μm/min，而间歇式为 2.07μm/min），使煮糖时间有所缩短。

（2）提高了热能经济。连续式结晶罐的用汽量稳定，液面低，静压小，使罐内糖膏的平均沸点有所降低，所以可用汁汽作热源，当抽用蒸发罐汁汽时，可使蒸发罐均衡地生产，又节约了蒸汽。

（3）节省了设备投资。连续结晶罐能保证连续生产，操作条件稳定，负荷比较均匀，因此设备容量比较小，可省设备投资。而间歇式结晶罐的负荷则时高时低，其用汽量的变动范围为平均用汽量的 60%~140%。设计时，有关的设备如锅炉、真空泵以及冷凝器、管路等均需按最大耗汽量选用，所以设备投资相应增大。

（4）加热面积布置合理，传热效能较高。间歇式结晶罐的加热相对于各煮糖阶段是十分不同的，加热面是固定不变的，煮糖初期由于糖料浓度低，传热性能好，显得加热面过大，到煮糖后期，糖膏浓度大，流动性差，传热效率低，又感到加热面不足。而连续式结晶罐各加热室的加热面可按结晶过程各阶段特点及传热情况合理安排，因而布置合理，提高传热效能。

（5）能连续生产，入料、加热、出料均匀，操作稳定，技术要求不太高。当入料浓度、罐内真空度、蒸汽压力等操作条件稳定时，操作也相对稳定、方便。操作人员易于掌握煮糖技术。

（6）由于生产辅助时间少，单位容积、单位时间处理糖膏量可比间歇式结晶罐提高 25%~40%。

（7）可在较低温度下结晶，转化损失及色泽生成较少，为全厂生产的连续化、自动化创造了条件。

2. 尚待解决的一些问题

连续结晶罐经过 40 年来的试验研究，技术不断改进，已取得了很大的进展，但仍存在一些问题。

（1）存在混晶现象，晶粒大小分布不均匀、不整齐、变异系数较大。

（2）罐壁挂糖，特别是高纯度糖膏煮制时，沉晶、挂糖、结糖垢的现象严重。

（3）回收较低，这是由于放糖浓度较低，晶粒不均匀所致。

（4）要各分室取样观察，检查罐内晶体生长及母液变化情况，操作上较为麻烦。

此外，目前的连续结晶罐实际上是连续养晶浓缩罐，还未能做到在罐内进行连续起晶，所有以上的问题，都有待进一步的研究、探索和解决。

3. 塔式连续结晶罐与卧式（圆筒形）连续结晶罐的比较

可从工艺上及经济上对两种基本形式的连续结晶罐进行比较。

（1）垂直的塔式连续结晶罐在工艺上较合理。

① 垂直的塔式连续结晶罐通常是采用机械搅拌，以强化热量传递和物料循环。

② 塔式四层连续结晶罐可用较小的传热温度差，即可用较低品味的汁汽作热源。

③ 在较少的分室下，正确地控制罐内的糖膏状态，可获得较为接近的晶粒尺寸分布，底料的流量为10%～20%。

④ 在加热蒸汽缺乏，即汁汽供应或真空系统出现故障，或其他原因停产时，机械搅拌仍能维持糖膏的循环。

⑤ 有各自独立的分室，清洗时，可通过各分室旁路独立地控制加热蒸汽压力及汁汽压力，使生产能力稳定，并消除各分室糖膏相互混合的现象。

（2）塔式连续结晶罐基建投资较经济。

① 设备占地面积小。

② 不必用钢结构，只用简单的混凝土基础即可。

③ 不必建造厂房，可户外安装。

第三节　结晶罐的设计与计算

在本章的开始曾强调了糖膏循环的重要性，定性地分析了影响循环的一些因素。下面将讨论糖膏在罐内循环的流体力学，并从流体力学的观点来确定结晶罐的主要尺寸。

一、间歇式结晶罐

（一）糖膏循环的流体力学

在间歇结晶罐中煮糖时，糖膏的浓度与黏度随着时间而变化。在煮糖前期，糖膏浓度比较低，流动性比较好，即使在结构性能不太理想的结晶罐中，也能进行比较正常的循环。而到煮糖后期，由于糖膏的浓度高、黏度大、液面高度大，糖膏的流动阻力明显地增加。这时，结晶罐的性能将直接影响到糖膏的循环。而从糖膏的循环情况就可以判断一个结晶罐结构性能的优劣程度。因此，这里着重讨论的应是糖膏在煮糖后阶段的运动状态，此时糖膏在加热管与降液管中的流动都属于滞流流动，它们符合泊肃叶（Poiseuille）公式。

为使糖膏在罐内获得良好的循环，应该使糖膏在循环过程中所受的阻力为最小。如果以糖膏在中心降液列管式结晶罐中的循环为例，在允许的液面高度的范围内，糖膏在一个循环过程中所受到的阻力包括了四个方面：即糖膏沿加热管上升时的阻力降；沿降液管下降时的阻力降，以及糖膏流经加热室两端时因截面的突然扩大与骤然收缩而产生的局部阻力损失。但因后者与前两项阻力相比要小得多，为简化计算，可将其忽略不计，则糖膏在结晶罐内的循环阻力主要由下列两部分组成。

1. 通过加热管时的阻力降

糖膏在圆形加热管中流动时，其阻力降可由式（10-1）表示：

$$\Delta P_1 = \lambda \gamma \frac{L}{d} \frac{u^2}{2} \qquad (10-1)$$

式中 ΔP_1——糖膏通过加热管时产生的阻力降，N/m^2

γ——糖膏的重度，kg/m^3

L——加热管的长度，m

d——加热管的管径，m

u——糖膏通过加热管时的流速，m/s

λ——摩擦系数（为雷诺数的函数）

当糖膏在圆形管中作滞流流动时，其摩擦系数为

$$\lambda = \frac{64}{Re} = \frac{64\mu}{du\gamma} \qquad (10-2)$$

式中 μ——糖膏的黏度，$N \cdot s/m^2$

Re——雷诺数

其他符号所表示的意义和单位与前式同。将式（10-2）代入式（10-1），则得

$$\Delta P_1 = \frac{32\mu L u}{d^2} \qquad (10-3)$$

而流速 u 与通过加热管的流量 q_v 的关系为：

$$q_v = \frac{\pi}{4} d^2 u n$$

式中 n 为加热管的管数，则

$$u = \frac{4q_v}{\pi d^2 n}$$

将其代入式（10-1），则得

$$\Delta P_1 = \frac{q_v L}{n} \times \frac{128\mu}{\pi d^4} \qquad (10-4)$$

从式（10-4）可看出，糖膏在加热管中的阻力降数值除与物料性质有关外，还与加热管长 L 成正比，与管径 d^4 成反比。尤其在增大加热管径 d 时可以明显地降低糖膏的循环阻力。因此，结晶罐中采用长度比较短而直径比较大的加热管，其道理即在此。

2. 通过降液管时的阻力降

根据同样推导可得式（10-5）

$$\Delta P_2 = q_v L \times \frac{128\mu}{\pi d^4} \qquad (10-5)$$

式中 ΔP_2——糖膏通过降液管产生的阻力降，Pa

D——降液管的直径，m

其他符号与前同。

可见，加大中心降液管的直径 D 对降低循环阻力同样是有效的。

严格地说，糖膏在全部加热管中上升的流量与从降液管中下降的流量并不完全相等，但是考虑到煮糖后期的水分蒸发量比较小，因此可将两者趋于相等，都用符号 q 表示。那么，糖膏循环的总阻力降可写成式（10-6）：

$$\Delta P_1 + \Delta P_2 = \frac{128\mu q L}{\pi} \left(\frac{1}{nd^4} + \frac{1}{D^4} \right) \qquad (10-6)$$

在设计结晶罐时,欲使糖膏得到最佳的循环,就应该使总阻力 $\Delta P_1 + \Delta P_2$ 为最小。也就只有当 $\frac{1}{nd^4} + \frac{1}{D^4}$ 之值为最小时才能符合这一要求。

现令
$$Z = \frac{1}{nd^4} + \frac{1}{D^4} \tag{10-7}$$

实际上,因加热管的直径 d 与降液管直径 D 的选择是根据结晶罐尺寸的大小确定的,所以可用它们之间的相对直径来表示,假设加热室的直径为 D_C。则令

$$m = \frac{D}{D_C} \qquad P = \frac{d}{D_C}$$

当加热室直径为一定时,加热管在管板上的管数 n 有一定的限制。故取加热管的截面积与管板截面积之比值为 K,即

$$K = \frac{n\frac{\pi d^2}{4}}{\frac{\pi}{4}(D_C^2 - D^2)} = \frac{nd^2}{D_C^2 - D^2} = \frac{nP^2}{1 - m^2} \tag{10-8}$$

由上式可求得加热管数 n 与 K、P、m 间的关系为:

$$n = K\frac{1 - m^2}{P^2}$$

代入式 (10-7),得

$$Z = \frac{P^2}{K(1-m^2)d^4} + \frac{1}{D^4} = \frac{1}{D_C^4}\left[\frac{1}{K(1-m^2)P^2} + \frac{1}{m^4}\right]$$

为使总阻力 $\Delta P_1 + \Delta P_2$ 为最小,需将上式对 m 进行微分,并使 $\frac{dZ}{dm} = 0$,

即:
$$\frac{dZ}{dm} = \frac{1}{D_C^4}\left[\frac{2KP^2 m}{K^2(1-m^2)P^4} - \frac{4}{m^5}\right] = 0 \tag{10-9}$$

简化上式,得:
$$2KP^2 m^6 = 4K^2 P^4 (1 - m^2)^2 \tag{10-10}$$

即 $m^6 = 2KP^2(1 - m^2)^2$

解此方程式,求得 m 的解为

$$m = \sqrt[3]{P\sqrt{2K}} - P\frac{\sqrt{2K}}{3} \tag{10-11}$$

式 (10-11) 表明,对一直径为 D_C 的结晶罐,希望罐内糖膏的循环阻力为最小时,降液管的直径 D 是不能任意选择的,因它的数值依赖于加热管的直径 d 及加热管在管板上的布置情况。当与其有关的两系数 P 及 K 确定后,所得到的 m 值是循环阻力为最小时,或者说是糖膏循环为最好时的降液管直径与加热室直径的比值。由于它是从理论计算而得,人们称此 m 值为最佳理论值。实际上糖膏在中心降液管下降时,多少受到降液管周壁的加热,使受热后的糖膏有向上升的趋势,它对循环起了阻碍的作用。因此,对上述理论值 m 应作如下的修正。

$$M' = m + \frac{1 - m}{10} \tag{10-12}$$

式中 M'——降液管相对直径 D/D_C 的最佳值

m——降液管相对直径 D/D_C 的最佳理论值

为便于查用,将其列表于表 10-7 所示。

表 10-7　　　　　　　　　　　最佳实际值 M'

K	P				
	0.020	0.025	0.030	0.035	0.040
0.45	0.334	0.351	0.366	0.379	0.391
0.50	0.338	0.356	0.371	0.380	0.396
0.55	0.342	0.359	0.375	0.383	0.400

通过上述糖膏循环流体力学的分析,明确了影响糖膏循环的各因素,并为确定结晶罐的主要尺寸提供了理论依据。

(二) 结晶罐主要尺寸的确定

1. 加热面积

根据物料衡算与热量衡算可以进行加热面积的计算。但由于煮糖是间歇性生产,在煮糖的过程中糖膏的性质不断在变化,使得传热系数、蒸发强度、循环情况也产生了很大的改变。它属于不稳定传热过程,要想精确地计算出结晶罐的加热面积是困难的。如果取传热系数和温度差的平均值进行计算,那也只是一种粗略的算法。因此国内外一般是取用实践中得来的经验数值,即以每 m^3 糖膏所需要的加热面积以 m^2 来表示。我国采用的比值为:

$$\frac{F}{V} = \frac{结晶罐的加热面积}{糖膏的有效容积} = 5 \sim 7.5 \ (m^2/m^3)$$

比值 F/V 的选用与所使用的加热蒸汽压力和所处理物料的性质有关。当加热蒸汽的绝对压力为 196.1~294.2kPa 时,由于温差大,糖膏的循环较好,可选用偏低的数值。如全部用蒸发罐的汁汽煮糖(煮甲糖膏用 0~49kPa 汁汽;煮丙糖膏用 49~98.1kPa 汁汽),在不延长煮糖时间的情况下,可以选用较大的比值,即取 $F/V = 7 \sim 7.5$。

国外所采用的经验数值如表 10-8 所示。

表 10-8　　　　　　　不同加热参数下 F/V 经验数值

加热面型式	所用蒸汽	蒸汽压力 /kPa	F/V 最佳值 / (m^2/m^3)
蛇管	生蒸汽	49~392.3	4~4.6
列管	废汽	49~196.1	5~6.6
列管	二次蒸汽	0~39.2	6.6~7.3

国外有一种观点,认为糖膏的类别对 F/V 值的影响似乎不及蒸汽压力那么重要,然而也应该予以考虑。当煮制低纯度糖膏时,因黏度大而循环不良,为防止蔗糖焦化及生产伪晶,应当小心而缓慢地进行加热,则应选用较小的加热面积,下面介绍的是某些国家在采用废汽煮糖时,对不同类别的糖膏所选用的 F/V 值如表 10-9 所示。

表 10 – 9　　　　　　　　　　　　不同类别糖膏所选用 F/V 值

糖膏类别	煮糖时间/h	F/V/ (m²/m³)
精制糖	2	10
特级白糖	2.5 ~ 3	8.2
甲糖膏	3 ~ 4	6
低级糖膏	4 ~ 8	5

2. 加热管的管径、管长与管数

加热管的材料一般是采用无缝钢管，有条件的可用紫铜管。从减少循环阻力考虑，管径不应取得太小，而为了提高管板的利用系数，管径又不应取得太大，否则在相等的加热面积下将会增大结晶罐的直径。经验表明，当管径小于 76mm 时，循环阻力将增大，而管径大于 127mm 后，管中心部位的糖膏就比较难于加热。所以一般选用的管径视罐径的大小可在 80 ~ 130mm 内变动。我国糖厂常用的是 20 号无缝钢管 $\Phi 89 \times 3.5$，$\Phi 102 \times 3.5$ 或 T_4 紫铜管 $\Phi 89 \times 3$ 和 $\Phi 103 \times 3$，或同规格的 H_{62} 黄铜管。

关于管子的长度，由于在煮糖后期，糖膏的黏度显著增大，则循环阻力是随管子增长而增加。从静压效应考虑，管子太长也是不利的。此外，在滞流情况下，管子超过一定长度后，管内糖膏的温度即不再上升。国外做过这方面的试验，认为管长以 0.84 ~ 0.93m 为合适。我国根据结晶罐有效容积的不同，管子的长度在 0.8 ~ 1.5m 范围内变动，而以 1m 左右为最常用。

表 10 – 10 为结晶罐所用的加热管规范，可供参考。

表 10 – 10　　　　　　　　　　　　加热管规范

项目 \ 管径/mm	80 ~ 100	90 ~ 120	110 ~ 150
管有效长度/mm	800 ~ 1200	1000 ~ 1500	1300 ~ 1800
结晶罐的有效容积/m³	< 10	10 ~ 40	> 40

当加热面积 F，管径 d 及管长被确定之后，可用式（10 – 13）算出加热管的数目 n。

$$n = \frac{F}{\pi d L} \tag{10-13}$$

式中的管径 d 应是管子的对数平均直径。

总而言之，由于糖膏在滞流流动情况下，其循环阻力与管 L 成正比，而与管径 d^4 成反比，所以在加热面一定时，宁愿选用较大的管径，较短管长的管子，以便获得比较良好的循环。但是，还应考虑底料容积不能太大。

加热管在管板上的布置，与蒸发罐一样，通常为三角形排列法。加热管子与管板的联接有胀管与焊管两种方式，两者各有其优缺点。采用焊管法可适当减小管板厚度，缩小管距，管孔加工精度也较胀管法为低，但更换加热管时比较困难。采用胀管法时，管板的倾斜度不能太大，一般为 12°，否则会影响到胀管时力的平衡。胀接法更换管子比较方便。一般钢管采用焊管法而铜管则用胀管法。

3. 中心降液管的尺寸

在确定降液管尺寸时,以往所提供的资料只是定性地加以分析;认为降液管直径不能太小,否则糖膏在降液管中循环时所受到的阻力,将在总阻力中起着主要影响。降液管直径也不是越大越好,因为当降液管大至一定程度以后,会使底料容积增大,给煮糖带来不利。因此,设计时可在循环比(加热管总截面积与降液管截面积之比)$\Phi = 2 \sim 3$的范围内选用。但从流体力学的观点来看,这样所求得的降液管直径D只是适宜值,而非最佳值。从前面循环阻力计算的数学推导结果进行分析,当加热管的相对直径P及管板的利用系数K选定之后,为了使糖膏的循环阻力为最小,则最佳的降液管直径D也就从M'值而被确定了。也就是说当d/D_C及K值既定后,为保证糖膏良好地循环,降液管的直径是不能再任意选择的了。这一新观点的确立是应引起重视的。

计算时,可先选定P与K值,再根据所选用的加热管直径d按下式初步确定罐体直径D_C。

$$P = \frac{d}{D_C}$$

由P与K值可查表(10-4)而得符合最小循环阻力降时的最佳值M'。因$m = \frac{D}{D_C}$,从而求得所需的降液管直径于D,于是可用式(10-14)计算加热管数目:

$$n = K \frac{1-m^2}{P^2} \tag{10-14}$$

因加热面积F,管数n及管径d均为已知,则可由式(10-15)求出管长L:

$$L = \frac{F}{\pi d n} \tag{10-15}$$

视L是否在适宜的长度范围内,否则可另行假设。

当加热室各部分尺寸确定后,就该着手绘制草图,选择底盖,算出底料容积,如在允许范围内,可进一步确定其他尺寸,与进行结构设计,否则尚需予以调整,修改设计。

4. 液面高度

液面高度是指加热体上管板至有效容积静止液面的高度,如前所述,低液面煮糖可减少静压效应,有利于对流循环,一般取液面高度为加热管长的$0.8 \sim 1.5$倍。近代结晶罐趋向于降低罐高而加大罐径,液面高度在$1.7m$以下。在强制循环结晶罐中,因机械搅拌可促进循环,糖膏的高度可允许达到$2.4m$。

至于糖膏静液面以上的汁汽室高度一般不小于$1m$,否则可能由于操作不慎而引起跑糖。

【例】试确定一中心降液列管式结晶罐的加热室的主要尺寸,设已知其有效容积为$20m^3$。

解:加热室的主要尺寸包括加热管径d、管长L、管数n、加热室直径D_C降液管直径D。

(1)加热面积F

取加热面积与有效容积之比为:$\frac{F}{V} = 7.5$

则加热面积$F = 7.5 \times 20 = 150$(m^2)

(2) 管径 d、加热室直径 D_C 及管数 n

按表 10 – 5 的加热管规范及常用规格，管子选用无缝钢管 $\Phi 102 \times 3.5$。

按表 10 – 7，初步选 $P = \dfrac{d}{D_C} = 0.035$，$K$ 为 0.55，可从表查得 $M' = \dfrac{D}{D_C} = 0.388$，从而可分别求出：

加热室直径 D_C
$$D_C = \frac{d}{P} = \frac{95}{0.035} = 2700 \text{ (mm)}$$

降液管直径
$$D = M'D_C = 0.388 \times 2700 = 1050 \text{ (mm)}$$

加热管数目 n 可由下式求得：

因
$$K = \frac{n\dfrac{\pi d^2}{4}}{\dfrac{\pi}{4}(D_C^2 - D^2)}$$

则
$$n = \frac{(D_C^2 - D^2)}{d^2} \times K = \frac{2700^2 - 1050^2}{95^2} \times 0.55 = 380$$

(3) 加热管长 L
$$L = \frac{F}{\pi dn} = \frac{150 \times 10^6}{\pi \times 95 \times 380} = 1320 \text{ (mm)}$$

此管长 L 已在允许长度之内，但一般希望管长控制在 1m 左右，因此可以进行适当调整如下。

另选
$$\frac{d}{d_C} = P = 0.033 \qquad K = 0.55$$

则由表（10 – 4），查得
$$M' = \frac{D}{D_C} = 0.383$$

则加热室直径
$$D_C = \frac{d}{P} = \frac{95}{0.033} = 2870 \text{ (mm)}$$

降液管直径
$$D = M'D_C = 0.383 \times 2870 = 1100 \text{ (mm)}$$

加热管数 n
$$n = \frac{(D_C^2 - D^2)}{d^2} \times K = \frac{2870^2 - 1100^2}{95^2} \times 0.55 = 430$$

管长
$$L = \frac{A}{\pi dn} = \frac{150 \times 10^6}{\pi \times 95 \times 430} = 1170 \text{ (mm)}$$

计算结果，后一方案更为合适。

我国生产的结晶罐主要技术参数如表 10 – 11 所示。

表 10 – 11　　　　　　　　　　结晶罐主要技术参数

型号	加热体结构型式	有效容积 V/m^3	加热面积 F/m^2	$\dfrac{F}{V}$	加热管规范 $d/d_i \times L \times n$	循环比	起晶容积 V'/m^3	$\dfrac{V'}{V} \times 100\%$	液面高度 H/m
Q – 7 – 52	平管板中心降液	7	52	7.42	$\phi 89/\phi 82 \times 784 \times 264$	上：2.3 下：2.64	2.1	30	1.12
Q – 20 – 155	平管板中心降液	20	155	7.75	$\phi 102/\phi 95 \times 1140 \times 430$	上：2.13 下：2.69	7.17	35.85	1.35

续表

型号	加热体结构型式	有效容积 V/m^3	加热面积 F/m^2	$\dfrac{F}{V}$	加热管规范 $d/di \times L \times n$	循环比	起晶容积 V'/m^3	$\dfrac{V'}{V} \times 100\%$	液面高度 H/m
Q-30-225	平管板中心降液	30	225	7.5	$\phi 102/\phi 95 \times 1140 \times 638$	上：2.075 下：2.06	11.8	39.4	1.4
$T \times G_5$	斜管板内外降液	5	36	7.19	$\phi 89/\phi 82 \times 900 \times 159$	1.24	1.97	39.4	0.74
$T \times G_{10}$	斜管板内外降液	10	72.6	7.26	$\phi 89/\phi 82 \times 900 \times 325$	1.37	4.05	40.5	0.91
$T \times G_{20}$	斜管板内外降液	20	146	7.3	$\phi 102/\phi 95 \times 1350 \times 366$	1.45	8.16	40.8	1.12
$T \times G_{30}$	斜管板内外降液	30	214.8	7.16	$\phi 102/\phi 95 \times 1350 \times 538$	1.88	11.3	37.7	1.3

二、连续式结晶罐

（一）有效容积的确定

由于是连续性生产，其有效容积可根据糖膏的流量与所需的煮糖时间来确定，即：

$$V = \dfrac{W}{\gamma} \times T \tag{10-16}$$

式中　V——连续结晶罐的有效容积，m^3

　　　W——糖膏流量，kg/h

　　　γ——糖膏重度，kg/m^3

　　　T——连续煮糖所需的时间，h

在计算有效容积时，因连续结晶罐是由若干分室组成的，各室中因不断地续进糖浆或糖蜜，其流量是逐渐增多的。一般分室的容积也逐室递增，如我国有的糖厂考虑到最后阶段起浓缩作用，糖膏量有所减少，所以后两室采用较小的尺寸。

至于连续煮糖所需的时间，一般认为，因低液面煮糖，循环良好而有所缩短，但是这一数据的采用还有待经验的积累。

（二）加热面积的计算

在连续煮糖时，如果是正常生产，各项操作条件基本上都应是稳定的，则在稳定流动与稳定传热的情况下，可方便地进行物料衡算与热量衡算。

物料衡算如图10-26所示，可写成式（10-17）

$$G_1 + G_2 + G_3 = W + G_4 \tag{10-17}$$

式中　G_1——进入种子量，kg/h

　　　G_2——加入糖浆量，kg/h

　　　G_3——加入糖蜜量，kg/h

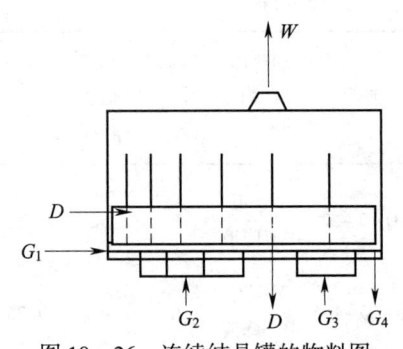

图10-26　连续结晶罐的物料图

G_4——成品糖膏量，kg/h

W——蒸发水量，kg/h

如不考虑热损失，则热量衡算可写成下列热量平衡式：

$$DH + G_1C_1t_1 + G_2C_2t_2 + G_3C_3t_3 = G_4C_4t_4 + WH' + Dh \quad (10-18)$$

式中 C_1，C_2，C_3，C_4——分别为种子、糖浆、糖蜜及糖膏的比热容，kJ/（kg·℃）

t_1，t_2，t_3，t_4——分别为种子、糖浆、糖蜜及糖膏的温度，℃

H——加热蒸汽的热焓，kJ/kg

H'——汁汽的热焓，kJ/kg

h——凝结水的热焓，kJ/kg

D——加热蒸汽的量，kg/h

由上式可求得蒸汽用量为：

$$D = \frac{G_4C_4t_4 + WH' - G_1C_1t_1 - G_2C_2t_2 - G_3C_3t_3}{H - h} \quad (10-19)$$

于是，由传热方程式可计算连续结晶罐所需要的加热面积 F 为：

$$F = \frac{Q}{K \times \Delta t_m} \quad (10-20)$$

式中 Q——通过加热面所传递的热量，kJ/h，即为 $D(H-h)$

K——传热系数，kJ/（m²·h·℃）

F——总加热面积，m²

Δt_m——对数平均温度差，℃

$$\Delta t_m = \frac{\Delta t_i - \Delta t_0}{\ln \frac{\Delta t_i}{\Delta t_0}}$$

一般进入各分室的加热蒸汽的温度是一致的，各室的汁汽室是共同的，因此真空度是相等的，但是糖膏的沸点随着浓度的增加而升高，所以连续结晶罐中入口端的温差 Δt_i 大于出口端的温度 Δt_0。

由于各室中糖膏的浓度、黏度与温度均不相同，所以各室中加热室的传热系数 K 是有区别的。可分别进行查定，或取其平均数值。但是这一数据还有待在实践中不断积累。

所求得的加热面积可根据煮糖过程各阶段的特点合理进行安排。但是在这方面还缺少成熟的经验数据。

我国目前在试验设备中所用的平均加热面积与有效容积的比值 $F/V \approx 9$ 左右，该比值不宜过大，因其反应敏感，在无自控的情况下反而难以控制。一般要求煮甲糖膏时可适当取得大些，煮丙糖时通常可取得小些。法国费·里·居伊式结晶罐的 F/V 值约为 10。

第四节 助 晶 设 备

助晶是结晶过程的继续，其基本原理与煮糖相同，所不同之处只是煮糖时的结晶是通过加热将水分不断蒸发，使母液浓缩以保持母液的过饱和系数；而助晶则是通过冷却不断移去糖膏中的热量，使母液的温度逐渐降低，在此过程中增大了母液的过饱和系数，蔗糖分子因溶解度降低而析出，沉积在原有晶体上，使晶粒进一步长大。所以助晶的目的是继续吸收糖膏母液中的糖分,提高糖分收回率。

助晶情况的好坏,不仅影响到助晶过程中糖分的收回,还直接关系到后续工序分蜜操作的进行,如助晶时糖膏的温度、浓度控制不当或出现伪晶,将给分蜜操作带来很多困难并造成糖分的损失。

并非各级糖膏都需助晶。当煮甲糖膏时,因原料纯度较高,糖膏黏度较低,对流循环好,结晶速度较快,晶粒在煮糖过程中能比较充分地吸收糖分,一般不经过助晶就可进行分蜜,这时甲糖膏助晶机只起贮存的作用。但是近代在国外为了减少煮糖段数,也有将甲糖膏进行助晶的。在煮制末段糖膏时,因纯度低,黏度大,结晶速度慢,为了提高结晶罐的利用率和减少废蜜中的糖分损失,当煮糖至一定程度后必须放至助晶机中,进行较长时间的助晶,使废蜜中的糖分损失降低到允许的范围之内。

按上所述,助晶机应具有下列一些特点:

(1) 应有足够的冷却面积,以保证糖膏在一定的时间内冷至所需要的温度。
(2) 根据分蜜操作的需要,助晶机应具有升温装置。
(3) 冷却面的结构形状与安排应合理,使与糖膏能均匀地接触,均匀地冷却。
(4) 助晶机内应装置搅拌器,以提高冷却速率和助晶速率,使晶粒与母液均匀地接触,晶粒长大均匀,并防止局部过浓而产生伪晶,同时,应配备手动装置,以免突然停电而产生晶粒沉积事故。

一、助晶机的类型与构造

按生产的持续性,助晶机通常分为间歇式助晶机与连续式助晶机两大类。

(一) 间歇式助晶机

在这类助晶机中,又有气冷式助晶机与水冷式助晶机两种。

(1) 气冷式助晶机 TZL型气冷式助晶机是一个水平放置的纵截面为U形的卧式钢制贮槽如图10-27所示。在其水平长轴上装置着简单的螺旋带式搅拌器,搅拌器与下面半圆形贮槽相接近,以防晶粒沉积槽底。搅拌器是由传动轴通过蜗轮蜗杆减速机构带动,以每分钟约半转的速度进行搅拌。在这种助晶机的内部不装置冷却面,而是通过与糖膏接触的金属壳体表面,将热量传递给周围的较冷的空气中,以及通过暴露在空气中的糖膏表面进行冷却。因此这种助晶机的冷却速率低,冷却时间长,不适宜于低级糖膏的助晶,一般仅用来作为甲糖膏分蜜前的储存容器。也有糖厂用来作为乙糖膏的助晶。

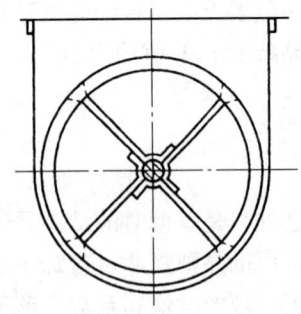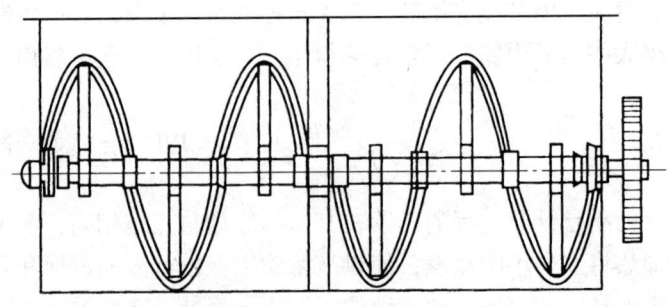

图10-27 气冷式助晶机

助晶机的端部壁上开有长方形的卸料门，用齿轮齿条机构启闭。一般用手工操作，现在有的改用汽动控制，操作比较轻便。

（2）水冷式助晶机　为了提高低级糖膏的助晶速率，缩短助晶时间，提高设备的生产能力，低级糖膏均在水冷式助晶机中进行助晶。这种助晶机槽体内部装置冷却管，通入冷水或热水以控制助晶所需要的温度。根据冷却面所处的状态，又可分为固定水冷式与回转水冷式两种，前者因传热效率低，糖膏冷却不均匀等缺点已为后者所取代。

目前我国常用的是TSL型回转蛇管水冷式助晶机，如图10-28所示。冷却水管盘成蛇形管，固定在随轴转动的椭圆形环带上，一根轴上装有4~6只，左右对称，如此在搅拌轴转动时，糖膏不仅产生上下的翻动，还兼有前后的搅动，因此冷却比较均匀，冷却效率较高。转轴的一端有蜗轮蜗杆减速，正常情况下由电动机带动，转速在1r/min以下。为避免因电源偶尔中断而造成晶粒沉积凝固的事故，同时配备了手动装置，必要时由人工搅动。此外助晶机尚需设置一套冷热水箱及冷热水泵，供降温及升温时用。

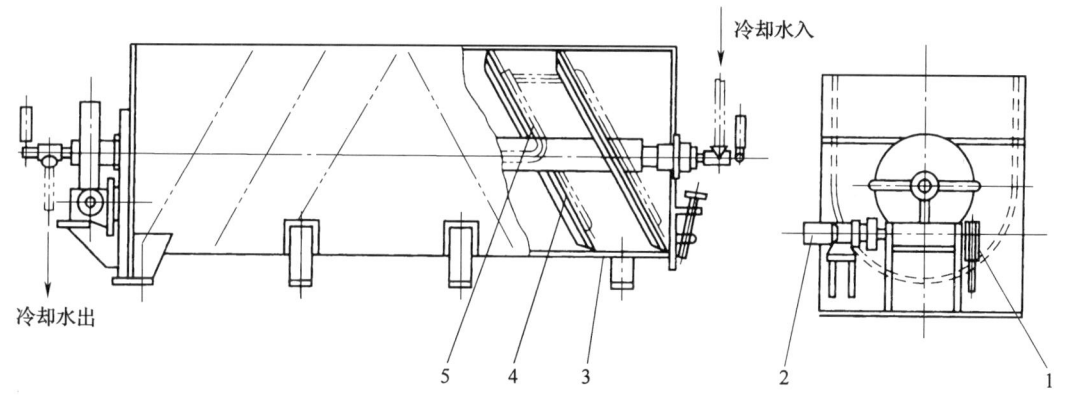

图10-28　回转蛇管水冷式助晶机
1—手动装置　2—传动装置　3—箱体　4—搅拌装置　5—水管

这种结构的助晶机由于冷却面回转，传热效果好，降温速度可达3~4℃/h，助晶速度比较快，糖膏温度比较均匀，冷却管不易渗漏，维修更换也比较方便。由于糖膏在其中流动阻力比较小，更适合于三膏的助晶。

总的来说，间歇式助晶机中，糖膏与冷水不能进行有规律的冷却，如助晶开始时，糖膏与冷却水的温差比较大，糖膏的冷却速度与结晶速度不相协调，控制不当则易产生伪晶。此外还由于助晶时间长，需用较多数量的助晶机，因而近些年来，国内外已将助晶过程进行连续化。

（二）连续式助晶机

连续式助晶机可分为卧式和立式两种类型。

1. 卧式连续助晶机

国内外在助晶连续化方面，采用了两种方式：一种是在单台连续助晶机中进行快冷助晶，另一种则是串联几台原有的间歇式助晶机进行连续助晶，后一种情况更适用于老厂的技术改造，现分别介绍于下。

（1）连续快冷式助晶机　使用得比较成熟的是回转盘形助晶机（图10-29），此种助晶机的壳体与前面所述的间歇式助晶机相似，所不同的是冷却元件为若干带缺口的冷却圆盘，盘的内部是中空的，其间用隔板隔成适当的通道，使冷却水在盘内成"之"字形流过（图10-30）。相邻两盘之间用短管相连，这些冷却盘装于轴上，使得冷却水从空心的搅拌轴流进后，依次序地流过各个冷却盘而从轴的另一端排出。

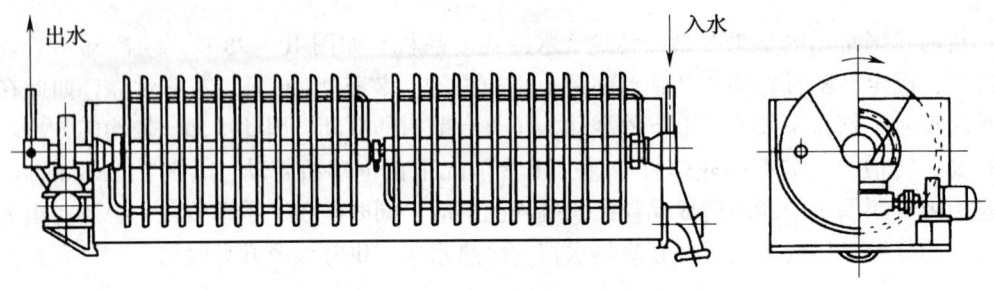

图10-29　回转盘形助晶机

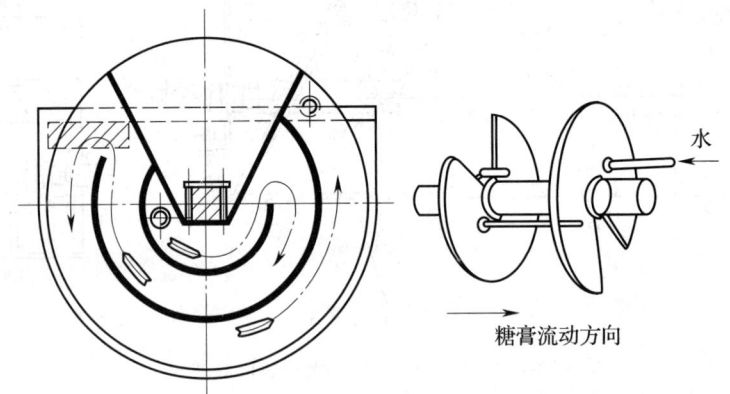

图10-30　冷却圆盘

装置冷却盘时，应该使相邻两个冷却盘的缺口在方位上错开180°，也就是说若所有单数圆盘的缺口向上时，则所有双数圆盘的缺口都向下。目的是使任何部位的糖膏都能沿着搅拌轴的方向前进，避免糖膏在助晶槽内出现死角。

连续式圆盘助晶机可使糖膏与冷却水成逆流流动。在进口处，热糖膏与流出的温水间接传热。在出口处，温度较低的冷糖膏与刚进入的冷却水传热。因此温差的变化比较均匀（图10-31），可使蔗糖分的扩散速度与沉积速度比较相适应，这不但提高了结晶速率，且不易产生伪晶。此外还由于逆流传热提高了平均温度差，使冷却面积可以相应减少。

圆盘式助晶机结构比较紧凑，可容纳较大的加热面积，具有较高的传热系数，能在较短的时间内达到助晶要求，因而被称为快冷式连续助晶机。

为配合间歇式结晶罐工作，必须在连续助晶机之上装一贮槽以接受间歇卸出的糖膏，作连续供料之用。

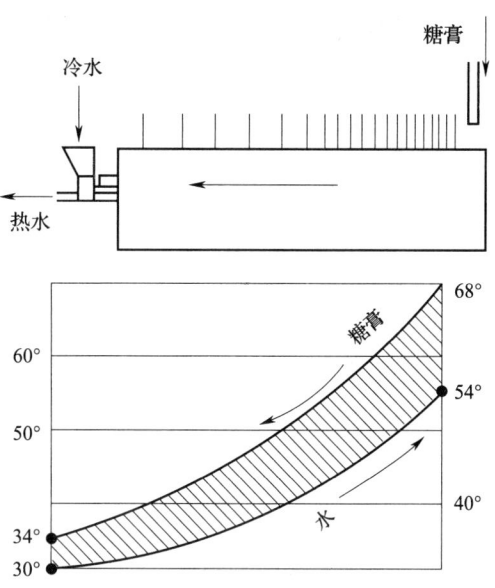

图 10-31 连续式圆盘助晶机的温度变化曲线

在甜菜糖厂也有采用这种型式的助晶机作为间歇助晶机之用的，但因糖膏流过时的阻力较大，耗用功率也较多。

（2）串联式连续助晶机 为了在现有设备的基础上提高助晶机的生产能力，简化助晶管理和适应连续离心机的需要，很多糖厂将原有的几台间歇式助晶机串联起来，实行助晶连续化。如图 10-32 所示，相邻两助晶机之间用短槽沟通，在助晶机中间位置的上半部装一隔板，使糖膏流至隔板下面时产生折流，最后通过短槽溢流至下一助晶机。冷却水则自相反方向通过冷却管与糖膏形成逆流流动。最后一台助晶机则通入热水，提高糖膏的温度以适应分蜜的需要。

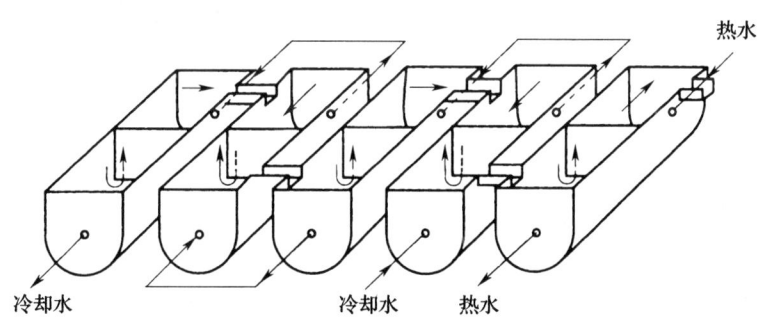

图 10-32 串联式连续助晶机

为配合间歇式结晶罐的操作，在连续助晶机上需放一糖膏输送槽，如果由于厂房高度所限难以装置时，根据某些糖厂的经验，可以用第一台助晶机作为暂存贮槽，利用气压输升器周期性地（2~2.5min）压送糖膏至助晶机。

将间歇式助晶机串联连续生产后，比较明显地提高了设备的生产能力。这是由于间歇式助晶机往往有两台不能发挥作用的原故。此外，连续助晶的降温较间歇式快，晶粒也较均匀，并简化了操作。

连续助晶机存在的问题是不能按不同糖膏质量分别进行管理，因此连续助晶要求间歇结晶罐煮出的糖膏质量比较稳定，晶粒整齐均匀。今后，如果连续助晶机能与连续结晶罐配套使用，当更为合理。

2. 立式连续助晶机

立式连续助晶机是20世纪70年代开始发展起来的，经过30多年的不断改进，技术已十分成熟，在国外已普遍使用。其共同的特点是垂直的圆筒体，在机内自上而下每隔一定距离安装有冷却元件，中间装有垂直中空的搅拌轴，轴上介于换热元件之间安装有搅拌桨，以搅拌糖膏，使糖膏有径向的流动和混合，并有清洁换热元件表面的作用，糖膏自上而下，冷却水自下而上，糖膏与冷却水成逆流流动。逆流相对运动，传热效果良好，传热速率与结晶速率相适应，即使在较高的冷却温差下操作，也不致在助晶过程中形成细晶和糖垢等。同时竖立安装，占地面积少，又可安装在厂房之外，对扩建厂增加生产能力适应性强，现国内有不少糖厂引进使用，效果良好。

（1）BMA立式连续助晶机　该立式助晶机主要由机体、冷却圆盘、装置、传动装置和电动机组成，如图10-33所示。机体是一立式圆筒，直径为3.6~4.5m，容量100~185m³，高10~12m。在圆筒内按等距安装有多个冷却圆盘，将圆筒分为多层。每个冷却圆盘由上、下两块钢板及内部弧形导板焊接而成，圆盘均开一个30°~60°的弓形缺口，使糖膏能从一层流入另一层，各层冷却圆盘的缺口位置自上而下逆时针顺次改变90°，冷却圆盘的上、下两块钢板起到冷却作用，冷却水在它们之间沿弧形导板流动，与糖膏进行热交换。

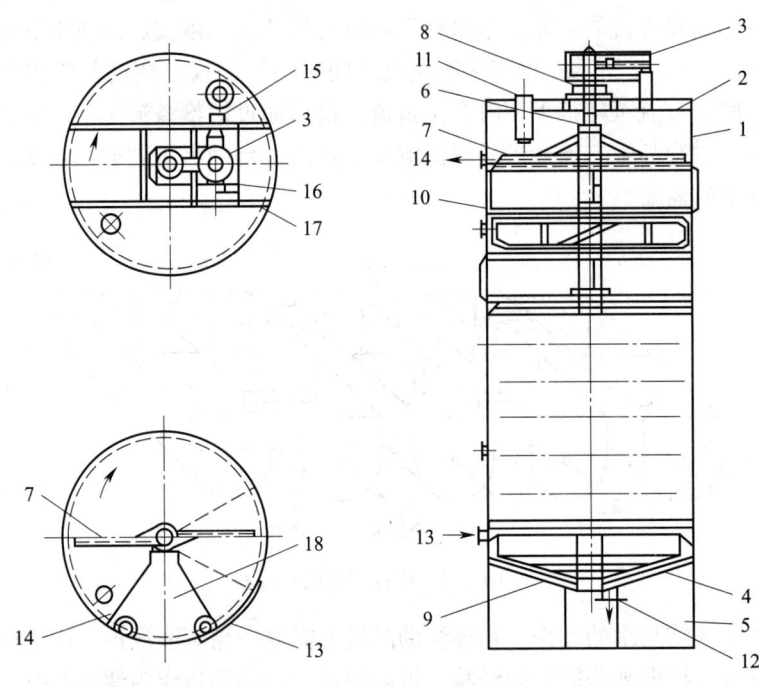

图10-33　BMA立式连续助晶机结构图

1—外壳　2—加强壳　3—带有减速齿轮的传动装置　4—锥形底　5—支座　6—分装式管状轴　7—搅拌桨
8—上轴承　9—下轴承　10—冷却元件　11—糖膏进口　12—糖膏出口　13—冷却水进口
14—冷却水出口　15—三相电动机　16—转矩臂　17—加强架　18—冷却元件缺口

相邻两个冷却圆盘的水流向是相反的，如图 10-34 所示。助晶机内装有垂直空心轴带动的多组搅拌桨叶，每组分为上、下两组，分别贴近冷却圆盘上、下表面，间隙一般为 10~15mm。搅拌叶一方面强化传热，另一方面促进糖膏流动。搅拌轴由安装在顶部的电机通过减速装置带动，转速为 0.55r/min 及 0.8r/min。助晶机工作时，糖膏可以从顶部进入，底部排出；也可以从底部进入，顶部排出，冷却水则与糖膏逆流。这种助晶机既可几个串联使用，也可与间歇助晶机串联使用。该机的优点是可露天放置，占地少且容积大，设备造价低，但这种助晶机要求进入的糖膏量和提高温度很稳定。

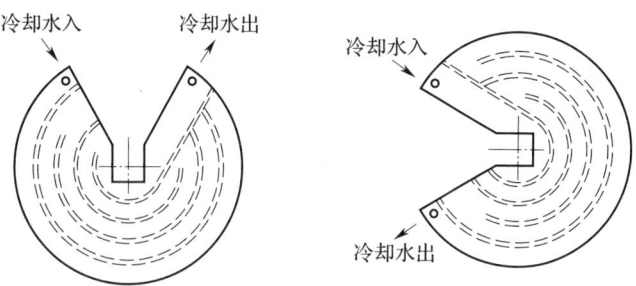

图 10-34　冷却元件的结构及水的流向图

BMA 公司的立式连续助晶机已有系列标准规格，如表 10-12 所示。

表 10-12　　　　　　　　BMA 立式连续助晶机系列规格

直径/mm	高度/m	糖膏体积/m³	糖膏质量/t	冷却面积/m²	搅拌器 $n=0.8$r/min	
					装机容量/kW	最大转矩/(N·m)
3600	10	100	145	93~186	11	13.1×10^4
4500	10	150	220	150~300	15	17.9×10^4
4500	12	185	270	175~350	15	17.9×10^4

（2）TL-150 立式助晶机　我国大型甜菜糖厂采用的立式助晶机有效容积为 150m³，冷却面积为 150m²，搅拌轴转速为 0.4~0.5r/min，电机功率为 22kW，设备总重近 30t（图 10-35）。

助晶机为一直立圆筒，直径 4.5m，高 10.5m；筒中心装一旋转轴，在轴上各冷却面之间装有搅拌器。各组冷却水管位于两排搅拌器之间，固定在筒壁上。相邻两组冷却水管在筒体外连接，冷却水自下而上流经各层（组），最后由上层冷却水管排出。糖膏自上盖进料口连续进入，逐渐冷却到规定温度，至筒底出料口连续排出。

搅拌轴由液压系统驱动。由电动机驱动齿轮油泵，产生油压，推动一对双行程液压油缸，再通过棘轮机构使搅拌轴做间歇式的转动。

机体上部装有一台卧式槽形稀释器（图 10-36），其主轴转速为 8~10r/min，电机功率为 2.2kW。糖膏通过回转泵由槽下部引入该槽，经过四个点，注入水稀释到适当锤度后，从另一端溢流入助晶机。在溢流处按稠度计与稀释用水管连接成为水量的调控系统。此稀释器可保证按指标进行均匀稀释并可防止局部溶糖。

立式助晶机的优点：

① 设备能力较大，单机容积可达 $150 \sim 300 m^3$，运行可靠；

② 制造和安装简单，可直接安放在水泥基础上。加上保温外壳可安装在室外；

③ 设备成本费比较低；

④ 糖膏和冷却水流向比较理想，温度下降均匀，助晶效果比较好；

⑤ 从工艺上看，末段糖膏可有较高的放罐锤度。助晶系统实行自控后，各工艺指标稳定，有利于降低废蜜损失；

⑥ 减少管理人员，甚至可自控，防止操作者失误；

⑦ 占地面积较少。

立式助晶机的缺点：

① 糖膏需要用泵上送，会造成晶粒磨损（特别是新泵开始投入运行时，磨损晶粒情况严重）；

② 液压传动系统的齿轮泵噪音大，油压换向阀换向时冲击力大，发生很大声响。

（3）Dds 立式连续助晶机　丹麦 Dds 设计的立式连续助晶机如图 10-37 所示。它是一个高度为 12.9m、直径为 3.9m、有效容积为 $100m^3$ 的圆

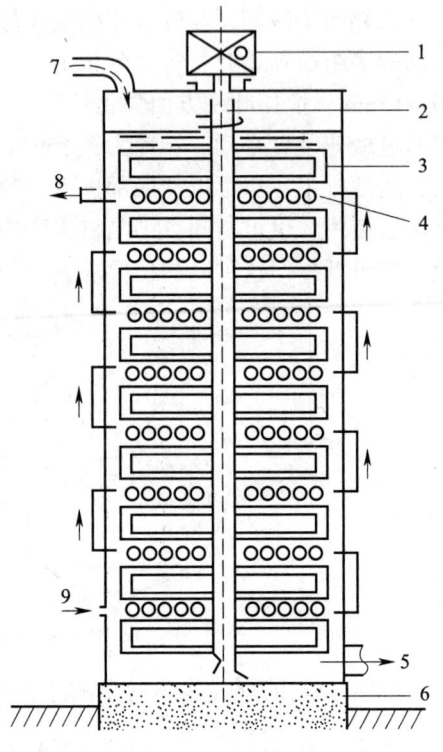

图 10-35　立式连续助晶机结构
1—驱动电机　2—空心轴　3—搅拌器
4—冷却水管　5—糖膏出口　6—水泥基础
7—糖膏进口　8—水出口　9—水进口

筒形壳体，机内装有搅拌器和冷却元件等。在机内纵向分成两个冷却区域和中央、周边糖膏流动空间。冷却元件是相对成楔形垂直安装的直径为 50m、长度 10m 的列管式冷却管，冷却面积为 $360m^2$，外部的夹套冷却面积为 $120m^2$，总冷却面积与有效容积之比为 $4.8m^2/m^3$。在 10m 高处用管板把筒体分隔出上、下两个有限的糖膏空间。10m 高的区域也有若干管板和支撑板，把冷却区域分成若干小区域，以保证控制糖膏从上到下按一定流向向下流动，以便提高传热效率。其流动方向如图 10-37 所示。

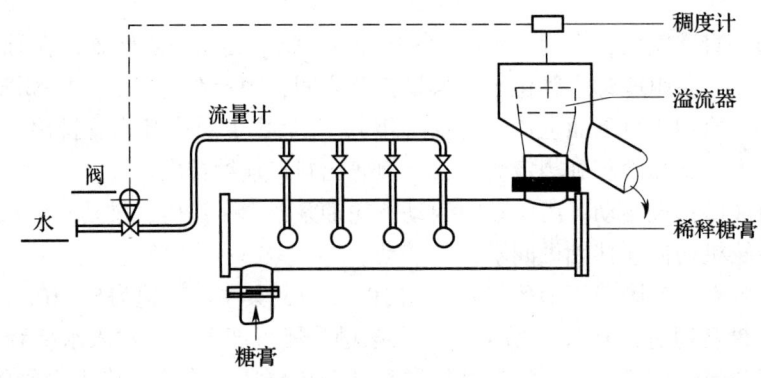

图 10-36　稀释器

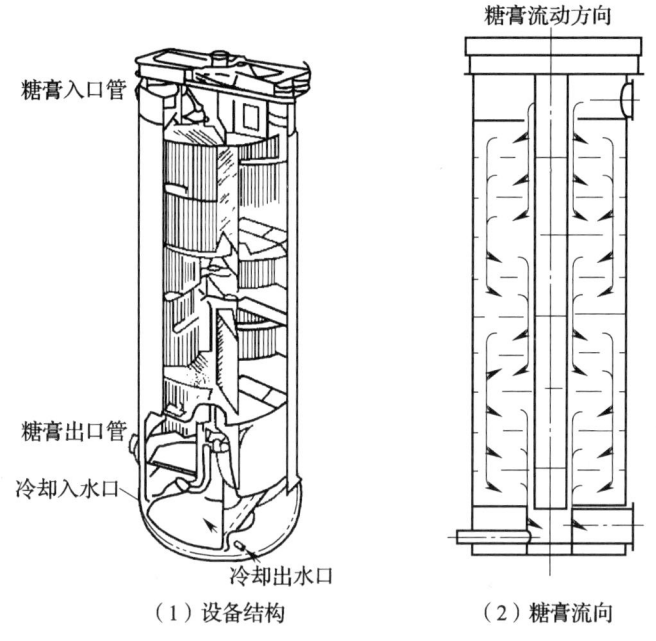

（1）设备结构　　　　（2）糖膏流向

图10-37　Dds立式连续助晶机

助晶机的搅拌翼用两套液压传动装置来驱动，液压装置安装在设备顶部的机座上，搅拌轴上部装有径向推力滚动轴承，底座装有径向滚动轴承。搅拌器各桨叶置于冷却区间的糖膏中，以±52.5°角做往复摆动，因此使管子外表面的糖膏不断变换位置，而有高的传热和混合效果。

助晶机内的最高和最低的空间各有分配冷却水的容器，设备有独立的冷却水循环系统，冷却水量大约为120m^3/h。

Dds立式连续助晶机的优点：

① 设备紧凑，占地面积小；
② 容易安装；
③ 达到某一结晶程度所需的糖膏停留时间短；
④ 由于采用液压驱动，电动机不会过载；
⑤ 不需要用水稀释；
⑥ 搅拌效果好；
⑦ 冷却面积和体积之比高；
⑧ 快速冷却而不会产生细晶；
⑨ 整个助晶系统容易扩展；
⑩ 可置于室外操作；
⑪ 自动化简单可靠。

Dds连续助晶机的技术说明如表10-13所示；几种不同型号立式助晶机的技术参数如表10-14所示。

表 10 – 13　　　　　　　　　　　Dds 连续助晶机参数

参数	A 型	B 型
直径/m	4.0	3.9
高/m	12.9	13.4
糖膏温度范围/℃	80~50	60~35
冷却管的冷却面积/m²	360	250
冷却夹套的冷却面积/m²	120	无
糖膏体积/m³	100	100
总冷却面积/体积/（m²/m³）	4.8	2.5
停留时间/h	18*	
生产能力/[t 糖膏/（d·台）]	200*	
折合糖厂生产能力/（t 甜菜/d）	2000*	
最小冷却温度/℃	35	
最大冷却速率/（℃/h）	5	
传热速率/[kJ/（m²·h·℃）]	151~201	
冷却水泵输水能力/（m³/h）	200	150
冷却水泵电动机功率/kW	3.7	3.3
冷却水容积/m³	25	25
搅拌叶频率/（r/min）	0.75	
搅拌叶消耗功率/kW	40	
质量/t	60	55

*如果煮炼纯度很低的糖蜜，则应推荐用比较长的停留时间，当然连续助晶机的生产能力也就比较低了。

表 10 – 14　　　　　　　　几种立式助晶机的技术参数

技术参数	类型		
	BMA	TL – 150	Dds
直径/m	4.5	4.5	4
高/m	12.7	10.5	12.4
有效容积/m³	155	150	100
冷却面积/m²	250	150	360 + 120
栅空间距离/m	1	—	1
搅拌器转速/（r/min）	—	0.5 – 0.5	—
冷却面积/有效体积/（m²/m³）	1.61	1	4.8

二、助晶机的计算

（一）间歇式助晶机的计算

1. 助晶机的数目

为了避免糖膏在助晶机内因发胀而溢出，一般取助晶机的有效容积为所配套使用的结晶罐的有效容积的 1.15~1.2 倍。在一砂糖膏不助晶的情况下，一膏助晶机只作储存用，助晶机的数目可取与一膏结晶罐数相等。而二膏、三膏的助晶机数目则与助晶及分蜜的时间有关，同时须考虑一台助晶机作为备用，则助晶机的数目为：

$$m = \frac{VT}{V_c \times 24} + 1 \tag{10-21}$$

式中　m——助晶机数目，台

　　　V——每日所得某级糖膏的容积，m^3/d

　　　V_c——每台助晶机的有效容积，m^3（我国助晶机产品有 5、10、20、30m^3 四种系列）

　　　T——助晶与分蜜总共需要的时间，h

2. 冷却面积

间歇式助晶机属于不稳定传热。每一截面上糖膏的温度与冷却水的温度都是随着时间而变化的，温度差始终是一个变量，因此进行精确的计算是有困难的。粗略计算的方法是分别求取糖膏与冷却水的平均温度，再求出温度差。一般糖膏与水的温差不应超过 20~30℃。采用蛇管冷却时，对三膏的传热系数 K 可取为 36kcal/（$m^2 \cdot h \cdot ℃$）。而通过助晶槽周壁及糖膏与空气的接触表面所散失的热量大约为总传热量的 25%。

也可以不进行计算而采用经验数据，我国取冷却面积对有效容积之比为：

$$\frac{A}{V_c} = 0.9 \sim 1.1 \; (m^2/m^3)$$

式中　V_c——助晶机的有效容积，m^3

　　　A——助晶机的冷却面积，m^2

国外根据糖膏的具体条件，而希望快速助晶，为缩短助晶时间（一般为 12~20h，平均为 16h），偏向采用较大的冷却面积，因此取：

$$\frac{A}{V_c} = 1.0 \sim 2.67 \; (m^2/m^3)$$

3. 功率计算

对于蛇管水冷式等具有简易搅拌装置的助晶机，当用于三膏助晶时，搅拌轴的转速约 0.5r/min，建议采用经验公式（10-22）：

$$W = \frac{0.03 V_{最大} K}{\eta_m} \tag{10-22}$$

式中　W——功率，kW

　　　$V_{最大}$——最大的糖膏贮量，m^3

　　　K——过载系数，一般取 1.3~1.5

　　　η_m——减速装置的机械效率取 0.5~0.6

若为一砂、二砂糖膏助晶时，则功率消耗要略为低些。

（二）连续式助晶机的计算（以圆盘式助晶机为例进行计算）

1. 助晶机容积

当由工艺计算已知每日处理各级糖膏的容量后，根据连续助晶所需的时间，即可算出助晶机的容量为：

$$V_c = \frac{V}{24} \times T \tag{10-23}$$

式中 V_c——连续助晶机的有效容积，m^3

V——每日助晶某级糖膏的容量，m^3/d

T——糖膏连续助晶所需的时间，h

2. 冷却水用量

在连续式助晶机中，糖膏与冷却水的进出口温度是比较稳定的，如某糖厂中糖膏及冷却水的进出口温度一般为：

糖膏进口温度　　65℃

糖膏出口温度　　38℃

水进口温度　　　35℃

水出口温度　　　50℃

通过热量平衡可计算出冷却水的用量为：

$$W(t_0 - t_i)c_水 = aV_c\gamma c(T_i - T_0) = Q \quad (10-24)$$

式中 W——冷却糖膏所需要的水量，kg/h

t_0——冷却水的出口温度，℃

t_i——冷却水的进口温度，℃

V_c——所需处理的糖膏容积，m^3/h

γ——糖膏的重度，kg/m^3

c——糖膏的比热容，$c = 1.84$ kJ/（kg·℃）

$c_水$——水的比热容，$c = 4.18$ kJ/（kg·℃）

T_i——糖膏的进口温度，℃

T_0——糖膏的出口温度，℃

α——系数，考虑到如将离心机出来的废蜜加入糖膏时也需将其冷却，因此而引进的系数，取 $1.15 \sim 1.2$

其次，冷却水的用量为：

$$W = aV_c\gamma c \frac{T_i - T_0}{c_水(t_0 - t_i)} \quad (10-25)$$

因糖膏约有25%的热量通过糖膏液面与金属壁散失于空气中，所以实际用水量比计算值为小。

一般，实践中大约每 $1m^3$ 糖膏需 $1.2m^3$ 冷却水，或每千克糖膏需 $0.75 \sim 0.80$ kg 冷水进行冷却。

3. 冷却面积

由下列传热基本方程式可以算出助晶机所需要的冷却面积：

$$Q = KA\Delta t_m$$

式中 Q——单位时间的传热量，kJ/h

K——传热系数，kJ/（m^2·h·℃）

对各级糖膏为：

一砂糖膏　334.4 kcal/（m^2·h·℃）

二砂糖膏　313.5 kcal/（m^2·h·℃）

三砂糖膏　271.7 kcal/（m^2·h·℃）

A——冷却面积，m^2

Δt_m——糖膏与冷却水之间的平均温度差，℃

$$\Delta t_m = \frac{(T_i - t_0) - (T_0 - t_i)}{\ln \dfrac{T_i - t_0}{T_0 - t_i}}$$

因此可求得圆盘助晶机的冷却面积为：

$$A = \frac{Q}{K \times \Delta t_m} = 2.3a \frac{V_c \gamma c}{Kc_{水}} \times \frac{T_i - T_0}{(T_i - t_0) - (T_0 - t_i)} \lg \frac{T_i - t_0}{T_0 - t_i} \tag{10-26}$$

4. 冷却圆盘的面积及数目

对于缺口为45°的冷却圆盘，圆盘的外径一般比槽的内径小20~30mm，则圆盘的冷却面积可近似地用式（10-27）计算：

$$A_{圆盘} = (1 + 0.03D) D'^2 \tag{10-27}$$

式中 $A_{圆盘}$——一个圆盘的冷却面积，m^2

D——槽的直径，m

D'——圆盘的直径，m

当 f 已知后，便可方便地求得圆盘的数目：$n = \dfrac{A}{A_{圆盘}}$

式中 A——所需要的总冷却面积，m^2

$A_{圆盘}$——每只圆盘的冷却面积，m^2

第十一章 分蜜设备

糖膏经过助晶之后仍然是蔗糖晶粒与糖蜜的混合物。为了得到成品白糖或半制品粗糖，必须将晶粒与糖蜜进行分离。在糖厂，将晶粒与糖蜜分开的离心设备也称为分蜜设备。

工业离心机诞生于欧洲，在19世纪中叶，随着工业化和机械化的发展，制糖工业的分离糖膏大都是在离心机中进行的。最初的立式离心机是在下方传动，从上方卸料。这种间歇操作和人工排渣给操作人员带来很多不便。后来英国工程师威斯顿（Weston）通过对卸渣机构进行改进，出现了分离结晶砂糖使用的上悬式离心机。接着他又设计改进了挠性悬吊结构，降低了轴的临界转速，使上悬式离心机在高于临界转速的速度下工作，从而大大提高了离心机的分离效能。到了20世纪以后，分蜜装备又向连续化方面发展，如将人工卸料改为机械卸料，变人工操纵为自动程序控制等，间歇操作离心机也因实现了自动控制而得到发展。

第一节 离心分蜜原理

离心分离就是利用离心机转子高速旋转产生的强大的离心力，加快液体中颗粒的沉降速度，把物料中不同沉降系数和浮力密度的物质分离开。

当物体绕轴作匀角速圆周运动时，作用于此物体的力是向心力。在运转着的离心机转鼓中分离糖膏的情况下，糖的晶粒被篮壁上的筛网所阻而留在篮壁上。此时晶粒受到转鼓壁作用于它的向心力；同时，转鼓壁则受到晶粒作用于它的离心力。这是作用在不同物体上，同时存在的一对力，作用力与反作用力。

如以匀角速转动的转鼓为参照系，人们所看到的对地面而言作匀角速圆周运动的物体对转鼓而言就是静止的了。物体受到向心力的作用而又静止，说明在转鼓参照系中牛顿定律不能成立。为使牛顿定律在此参照系中成立，就须假想一个与向心力大小相等方向相反的力也作用在同一物体上，人们称此力为惯性离心力，习惯上简称它为离心力，但它不是向心力的反作用力。这个惯性离心力在转鼓参照系中说明了晶粒向篮壁移动的原因。糖蜜也可认为是在惯性离心力的作用下向外运动，穿过糖层的。而人们在离心机外可以看出糖蜜是受惯性作用沿着转篮壁的切线方向被甩出机外，于是晶粒与糖蜜得以分离。

当离心机绕轴旋转时，所产生的离心力可用式（11-1）表示：

$$F = \frac{GV^2}{R} \tag{11-1}$$

式中　　F——离心力，N
　　　　G——回转物的质量，kg
　　　　R——转篮的半径，m
　　　　V——转鼓的圆周速度，m/s

$$V = 2\pi Rn/60$$

式中　n——转篮的转速，r/min

将 V 代入式（11-1），得：

$$F = \frac{G}{gR}\left(\frac{2\pi Rn}{60}\right)^2$$

因重力加速度 g 的数值与 π^2 相近，所以得：

$$F \approx \frac{GRn^2}{900} \tag{11-2}$$

由上式可知，离心力的大小不仅与转篮半径 R 成正比，还与转速的平方（n^2）成正比，因此，用提高离心机的转速来增大离心力，比增大转篮的直径更为有效，但它将受到转篮材料强度的限制。所以转速高的离心机其转篮直径相对较小，而转速低的离心机其转篮直径相对较大，其道理即在于此。

衡量离心机工作效能的主要特征是它的分离因数。分离因数是指离心力与重力之比，也就是离心加速度与重力加速度之比，它用 f 表示。

$$f = \frac{V^2/R}{g} = \frac{V^2}{gR} \tag{11-3}$$

也可写为 $f \approx Rn^2/900$

分离因数大，意味着分离过程迅速，分离效果好，同时也意味着转速快，对制造转篮的材料及动平衡的要求也相应提高。因此，对那些分散度高，难分离的物料才选用分离因数高的离心机。糖膏是含有较大晶粒的悬浮液，相对而言较易于分离，所用的离心机的分离因数一般小于 2500，属于常速离心机。如用于甲糖的上悬离心机 XZ1200，其分离因数为 636，而分离丙糖的锥篮连续分蜜机，其分离因数高达 1800~2000。

从公式（11-3）可知，分离因数取决于 n 和 D。已知 n 和 D 便可很快地从图 11-1 中查得其分离因数 f。

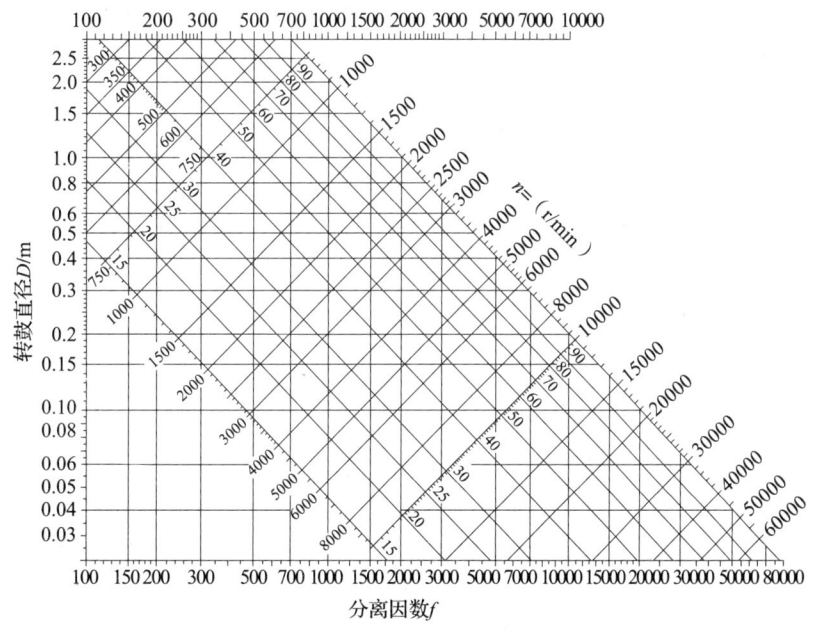

图 11-1　分离因数与转篮直径和转速的关系

第二节　离心机的类型与构造

离心机是一种为很多工业所广泛应用的通用机械，种类很多，制糖工业所用的离心机可按其操作的持续性，基本上分为两大类：间歇式离心机与连续式离心机。本节着重介绍几种糖厂用的主要离心机的结构与性能。

一、间歇式离心机

在间歇式离心机中，分蜜过程（包括起动、进料、分蜜、洗涤及卸料操作）均按次序周期性地进行。属于这一类型的有三足式离心机及上悬式离心机等。三足式离心机的结构简单、操作稳定，其最大的缺点是需要人工从离心机上方卸料，劳动强度大，生产能力低，目前只有一些很小的机制糖厂才使用它，而在大、中型糖厂普遍采用的则是上悬式离心机。

（一）上悬式离心机中糖膏分蜜过程

在此类过滤式离心机中，分蜜糖膏的过程基本上可分为四个阶段（对一膏、二膏），如图 11-2 所示。

(1) 第 1 阶段　转鼓开始装料，在非常短的时间内，转鼓中糖膏的情况可以用图 11-2 中的（1）表示。由于晶粒的相对密度大于糖蜜的相对密度，在离心力的作用下，晶粒在转鼓壁上的筛网阻挡而形成结晶糖层，糖蜜运动至鼓外壁后就因惯性被不断地分离出去。此时糖层较薄，晶粒间距较大，糖蜜穿过糖层所遇到的阻力较小，所以排蜜迅速是这一阶段的主要特征。随着加料的继续，糖层逐渐增厚。由于糖层沿着半径方向向外，离心力造成的压强是逐渐增大的，所以越靠近鼓壁，晶粒之间的距离越小，压得越紧密。

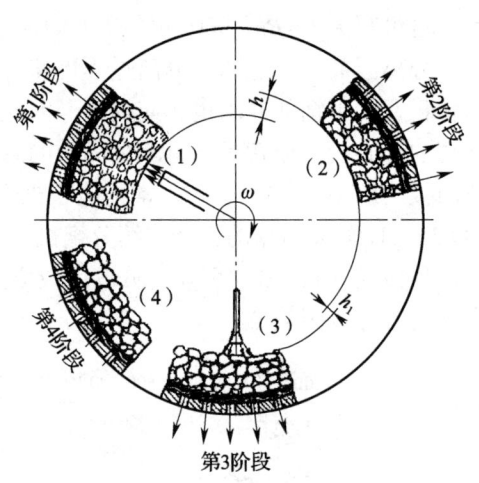

图 11-2　上悬式离心机中糖膏分蜜过程各阶段的图示

加料是对离心机施加偏心载荷。为了减少震动，在第 1 阶段中应控制离心机在较低转速下运转。

(2) 第 2 阶段　如图 11-2 中（2）所示，这一阶段的特征是停止进料，压缩糖层和排除晶间蜜，此时糖层的内层表面上的糖蜜已被排除。

在停止进料后，应将离心机的转速迅速调至工作转速，此时糖的晶粒受到最大的离心压力，糖蜜继续被排除，晶粒间的空隙继续被压缩。但在糖层之间一定量的晶间蜜因下列两种因素而留存着：一是由于毛细管力的作用，使糖蜜留存在晶粒间的毛细管内；另一则是由于分子间的吸引力，使糖蜜滞留在晶粒的表面。仅仅依靠离心力是不足以将它们排除干净的。当晶粒越小，或晶粒间的毛细管道越细时，则毛细管力和分子吸引力越大，晶粒的带蜜量也越多，这正是三砂糖的含蜜量比一砂糖多的原因。

举例来说，如果留存于毛细管中的不是糖蜜而是水，那么水的单位面积的毛细管力可以用式（11-4）表示：

$$P = \frac{2a}{r} \tag{11-4}$$

式中　P——单位面积的毛细管力，N/cm^2
　　　a——水的表面张力，N/cm
　　　r——毛细管的半径，cm

当水的表面张力 $a = 73.55 \times 10^{-5} N/cm$，毛细管半径 $r = 0.005cm$ 时（三砂糖的毛细管直径约为 $0.01cm$）。则

$$P = 2 \times 73.55 \times 10^{-5}/0.005 = 0.294(N/cm^2)$$

如毛细管长150mm，则总的毛细管力为 F'

$$F' = P \times 2\pi r \times L = 0.294 \times 2\pi \times 0.005 \times 15 = 0.139(N)$$

如果离心机的转速 $n = 900r/min$，转鼓半径 $R = 0.6m$，离心机中的糖层厚度为150mm，假定毛细管的平均长度也为150mm，则一根毛细管中的水所受到的离心力可用式（11-5）计算。

$$F = \frac{GRn^2}{900} \tag{11-5}$$

式中　F——毛细管中水所受的离心力，N
　　　G——毛细管中水的重力（$G = \pi r^2 \times L \times \rho$），N
　　　r——毛细管半径，取为 $5 \times 10^{-5}m$
　　　L——毛细管长，取为 $0.15m$
　　　γ——水的密度，取为 $1000kg/m^3$

则 $G = 1.178 \times 10^{-6} \times 9.807$ （N）

因此

$$F = \frac{1.178 \times 10^{-6} \times 9.807 \times 0.6 \times 900^2}{900} = 0.00612(N)$$

虽然上述离心力 F 是按最大的 R 计算的，但是毛细管力 F' 仍然要比离心力 F 大20多倍。如果毛管中的不是水而是糖蜜，则由于糖蜜的表面张力大，毛细管力与离心力的差距将会更大，可见仅靠离心力来完全排除掉毛细管中的存蜜是不可能的。

（3）第3阶段　虽然利用离心力不能排完晶间残存的糖蜜，但此阶段却可用热水洗蜜。它可以洗去以膜状形式存在于晶粒表面，或存在于毛细管道中的糖蜜。洗糖的过程，实质上是以水取代糖蜜并进行糖分扩散的过程。热水通过糖层，将其中存留的糖蜜稀释，稀释的洗蜜从鼓壁的小孔排出，与此同时，糖层的颜色变白，而热水也溶化了晶粒之间的细小晶粒，糖层继续被压紧，其厚度比第2阶段减少了 h_1，如图11-2（3）所示。当分离一膏时还应进行汽洗，以 $39.23 \times 10^4 \sim 78.46 \times 10^4 Pa$ 的蒸汽吹洗晶粒表面的液膜。

在糖层被压紧的过程中，晶粒间的毛细管径越来越小，最后仍然有少量液体以分子吸引力与毛细管力的形式残留在糖层之中，不过它已不是原蜜而是洗蜜了。

（4）第4阶段　控制适宜时机进行卸糖。当离心机继续运转时，这时糖层中固、液、气三相共存（糖的晶粒、洗蜜与空气）。在这种情况下，如果离心机运转时间过长，晶粒

之间接触的糖蜜陷入而使晶粒表面形成凹面，如同晶粒被焊接一样，增大了联接面，提高了结合力，此时无论用自动卸料或人工卸料都是困难的。人们称这种现象为机械干燥。在离心机中产生这种情况，实际上是操作不当的结果，因此，掌握适宜的时机进行卸料是必要的。

（二）上悬式离心机的种类与主要部件

上悬式离心机是因为转篮悬挂在长轴上并支承于上部轴承装置中而得名。由于传动装置安在上方，所以上悬式很适宜于从下面卸料。按照卸料方式的不同又可分为人工卸料、机械卸料与自动卸料等三种型式。它们的基本结构是相似的，都是由电动机、转动部件、联轴器、刹车装置、散糖盘、升降装置及机壳、机架等部件所组成，但是三者之间也各有其独特之处。

在人工卸料上悬式离心机中，转篮采用平底结构，因此在分蜜结束时，需用人工铲除物料，这是一项很为繁重的体力劳动。为了减轻劳动强度，设计了机械卸料上悬式离心机，如图11-3所示，即在人工卸料离心机的机壳上加装一刮刀装置（图11-4）。它由刮刀、座架、手轮、齿杆及操纵盘所组成。刮刀固定在齿杆的顶部，刀锋装置的方向与转篮的回转方向相反。当用刮刀卸料时，为减少振动，应使离心机在低速下回转。操作时刮刀借手柄的转动压在糖层的表面上，当控制操纵盘时，装置刮刀的齿杆便上升或下降，这样，刮刀就沿着转鼓的半径及高度方向依次将糖层铲除干净。刮刀卸料虽然使劳动强度得到减轻，并缩短了操作周期，但要求操作人员具备熟练的操作技术。由于刮刀铲料不可避免地使晶粒多少受到损伤，因而它通常只用于三膏分蜜。

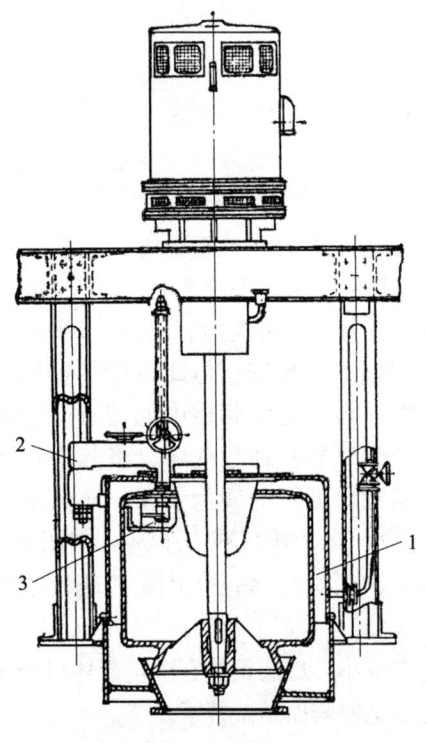

图11-3 机械卸料上悬式离心机
1—转鼓 2—杆 3—刮刀

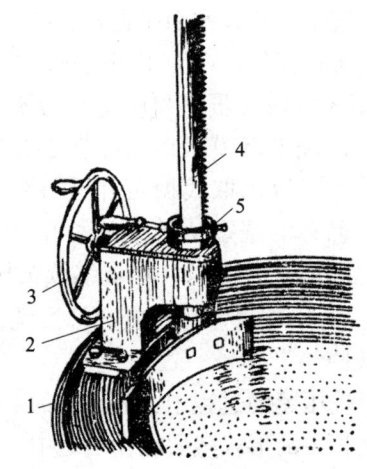

图11-4 刮刀卸料装置
1—刮刀 2—座架 3—手轮 4—齿杆 5—操纵盘

人们又研制出了依靠重力卸料的自动卸料上悬式离心机,如图11-5所示。其主要特征是采用了带有锥底的转篮,转篮的上部为圆筒形,而下部为截锥形,糖膏在较低转速下进入转篮,糖蜜分离后,结晶的糖层附在篮壁上。在离心机处于工作转速时,由于离心力远远大于重力,糖层挤压在篮壁上而不可能降落,但是当转篮的转动接近停止时,离心力大为减小,晶粒便依靠重力沿着斜面下滑,此卸料原理,可用下面的受力分析说明。

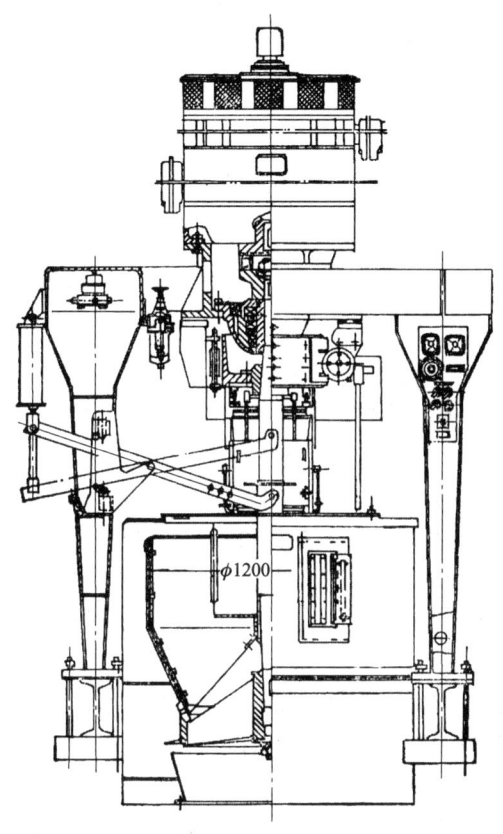

图11-5　XZ-1200（B）自动卸料上悬式离心机

令在回转着的转篮锥形部分的壁上有一质量为 m 的物料,它受到离心力 F 和重力 G 的作用,现将力 F 和 G 沿着垂直于锥形面及平行于锥形面的方向进行分解,可得如下的几个分力如图11-6所示:

F——作用于砂糖质量为 m 上的离心力

F_t——离心力沿着锥形面分力

F_n——离心力垂直于锥形面的分力

G——质量为 m 的砂糖所受到的重力

G_t——重力沿着锥形面的分力

G_n——重力垂直于锥形面的力

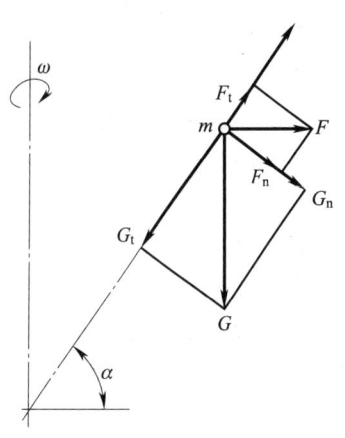

图11-6　自动卸料原理图

当锥底的斜面与水平之间的倾斜角为 α（即砂糖的自然堆积角度）时，则：

$$F_t = F\cos\alpha$$
$$F_n = F\sin\alpha$$
$$G_t = G\sin\alpha$$
$$G_n = G\cos\alpha$$

欲使砂糖自动下滑，必须使它沿着锥面的下滑力大于其下滑时所受到的摩擦力，则：

$$G_t - F_t > f(G_n + F_n) \tag{11-6}$$

即 $G\sin\alpha - F\cos\alpha - f(G\cos\alpha + F\sin\alpha) > 0$

以 $G\cos\alpha$ 除式（11-6），可得式（11-7）：

$$\tan\alpha - f > \frac{F}{G}(1 + f \times \tan\alpha) \tag{11-7}$$

因 $F = mR\omega^2$，以及 $G = mg$，代入式（11-7）得：

$$\tan\alpha - f > \frac{R\omega^2}{g}(1 + f \times \tan\alpha) \tag{11-8}$$

如果要求离心机停止运转才能自动卸料，此时式（11-8）的右项为零，则必须保证的条件为：

$$\tan\alpha > f \tag{11-9}$$

一般砂糖对筛网的平均摩擦系数为 $f = 1.75$，则由式（11-9）求得：

$$\alpha > 60°$$

实际生产中一般取 α 为 65°~67°。所以，实际上在转鼓尚未停止转动之前，砂糖已开始自动下滑。例如，对 XZ-1000 离心机，其 α 为 66°30′，经过计算，在转鼓转速为 16.6r/min 时，即开始自动卸糖。我们只用静力学来分析忽略了制动转篮时晶粒尚有惯性而与转篮产生差速的力。因此自动卸糖时，掌握制动的时间对卸糖效率关系甚大。

自动卸料上悬式离心机缩短了卸糖的时间，其生产能力与人工卸料式相比，提高了 25%~40%，劳动强度大为减低。还由于自动卸糖能保持晶粒的完整，特别适用于一砂糖膏的分离。

我国生产的自动卸料上悬式离心机有 XZ-1000，XZ-1200、XZ-1250 及 XZ-1350 等数种型号。XZ-1000 的最大装料量为 300kg，XZ-1200 及 XZ-1250 则均为 500kg，XZ-1350 为大型糖厂所用，最大装载量为 800kg。如图 11-5 所示为 XZ-1200 的结构总图。此机采用电气、气动及机械三种方式联合控制，配备特制的 4 速电动机，机器运转平稳，操作方便，采用焊接机架结构轻巧。现以 XZ-1200 型为主，结合其他型式对自动卸料上悬式离心机和它的主要部件进行结构分析。

1. 转篮

转篮（图 11-7）是离心机的重要部件之一，一般用金属板卷制焊接而成。在运行时，转篮壁受到其本身的离心力以及糖层作用于其上的离心压力，因此制造转鼓所用的材料，必须有良好的延伸性及可焊性。常用的有优质热轧碳素钢板，优质低合金钢板以及含碳量小于 0.12 的含钛不锈钢板等，由于转鼓主要承受环向应力，全部纵向焊缝均经过 X 光检验。

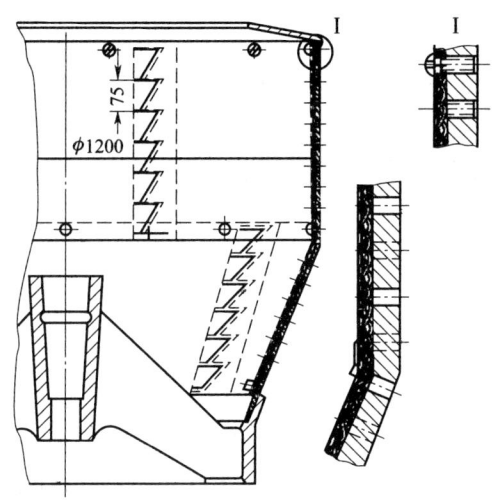

图 11-7 转篮结构图

糖厂用于糖膏分离的均为过滤式离心机,因此转鼓壁上必须开孔,孔径 d 通常为 5~8mm,孔间距 t 一般为 $(3~4)d$,开孔的有效面积为转鼓总面积的 5%~6%。孔的位置按三角形排列,并且应使篮壁的纵截面上受到最小的削弱(图 11-8)。必须指出,在转鼓的焊缝上,不允许开孔。

为了提高离心过滤的效能,和防止晶粒被筛出转鼓之外,在转鼓内铺一层过滤筛网,在过滤筛网与篮壁之间还衬有衬里筛网。

过滤筛网又称面网,其作用是便于糖蜜顺利通过,而蔗糖晶粒被阻留于筛面上,因此面网应具有较大的过滤面积和较好的耐磨性能,糖厂所用多为编织网或机钻网,材料为铜或不锈钢。筛孔的尺寸视所分离糖膏的品种而不同:用于一膏、二膏的筛网为 62~93 孔/cm^2,用于三膏的则为 101~140 孔/cm^2。

衬里筛网又称底网,用于支承面网,使不致紧贴在转篮壁上,以保证糖蜜通畅地排出。因此它与面网和鼓壁之间应具有最小的接触面积,而本身应有足够的强度以承受糖层作用于其上的离心压力。常用的底网有两种:一种为用直径 1mm 的镀锌铁丝编成 5×5mm 或 10×10mm 的方形孔(图 11-9)。另一种则为冲压筛网冲制成鱼鳞状(图 11-10)。底网可以衬一层也可以衬数层,后者的效果较好。

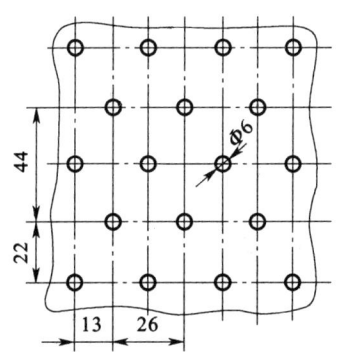

图 11-8 转篮壁上孔的布置

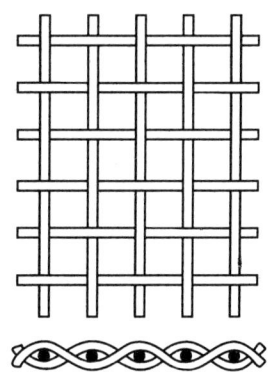

图 11-9 编织衬网

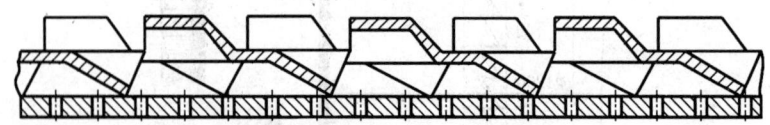

图 11-10　冲压衬网

2. 轴

上悬式离心机的轴细而长，其下端加工成锥面，与转鼓支架的锥面相配合，两者之间以键联接传递扭矩。为了装置联轴器、轴承及制动装置，轴的上端应加工成阶梯形。在轴的两末端各车削一段左螺纹，是为装配锁紧螺母的部位。轴可以加工成整体，为了装拆方便，也可以分两段制造，中间用刚性联轴器联接。

轴的材料一般用 35~45 号优质热轧碳素钢或用同质的锻钢制造。

3. 联轴器

上悬式离心机的转轴是由电动机通过联轴器直接传动的。联轴器常用有弹性圈联轴器、摩擦式联轴器及传动球联轴器等三种。

弹性圈联轴器（图 11-11）由上下两部分组成，上联轴器用键与电动机轴相联，下联轴器则套在轴的端部，其间也是以键传递扭矩。上下联轴器均有凸齿，分别交错地嵌入弹性圈的各凹槽中，因而当电动机转动时，轴与转鼓便与之同速回转。弹性联轴器因胶圈接触面积大，弹性好，即使两轴线不能严格对中，也不致产生严重后果。XZ-1200 离心机所用即为此种型式的联轴器。

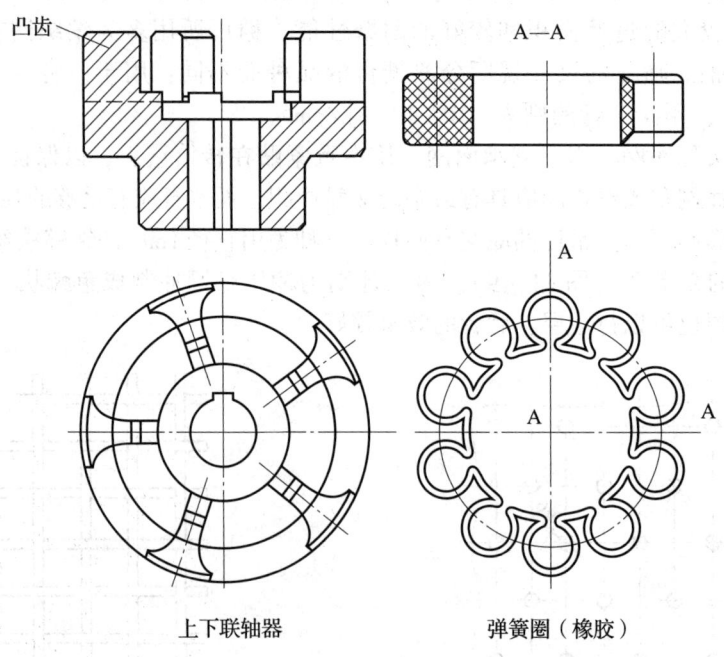

上下联轴器　　　　　弹簧圈（橡胶）

图 11-11　弹性联轴器

带式离心摩擦联轴器（图 11 – 12）由传动轮毂与摩擦轮两部分组成，传动轮毂套在电动机轴上，用键联接。轮毂上装置 2~4 只挠性摩擦带，通常是由夹铁砂帆布制成。当传动轮毂随着电动机转动至一定转速，摩擦带即在离心力的作用下甩向摩擦轮，并在绕带与摩擦轮之间产生了摩擦力，从而带动着摩擦轮共同回转。这种联轴器的特点是启动比较平稳，但启动时间比较长，摩擦带易磨损，且启动时放出大量热量，对操作人员的健康及轴承的工作寿命均带来不利的影响。

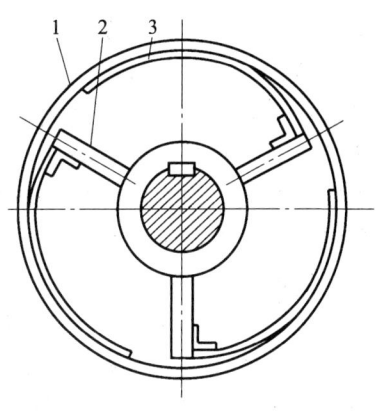

图 11 – 12　带式离心摩擦联轴器
1—皮带轮　2—接头　3—摩擦带

传动球联轴器（图 11 – 13）是由上下两部分组成，与电动机轴相联的上联轴器装有两只钢球，钢球分别卡在下联轴器的两对支承耳内，其间衬以胶垫起缓冲作。传动球联轴器的特点是减少了启动时间，并可消除启动时的放热现象，制动也比较快。

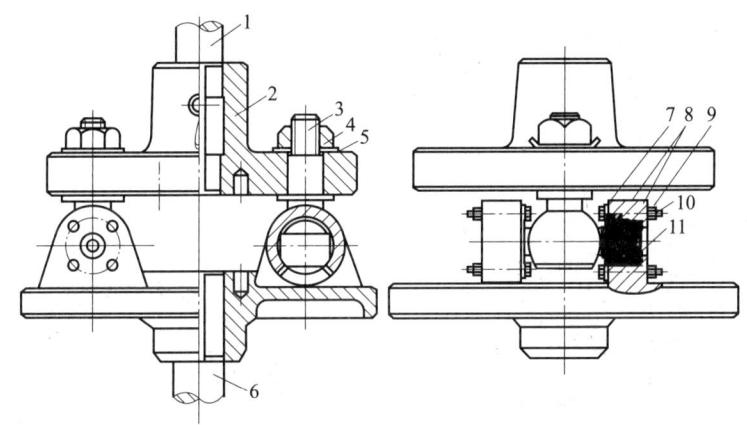

图 11 – 13　传动球联轴器
1—电动机轴　2—上传动轴　3—传动球　4—螺母　5、7、11—垫圈
6—离心机轴　8—胶垫　9—螺母　10—螺栓

4. 轴承装置

轴承装置位于转动部分的上方，主要是承受离心机在运转时所产生的载荷，并将其通过机架传递到基础上。

上悬式离心机的轴承装置通常是由一对径向轴承（滚球或滚柱轴承）和一只止推轴承（或向心止推轴承）组成。如图 11 – 14 所示，是 XZ – 1200 型离心机轴承组合结构。径向轴承承受动载荷，止推轴承承受转动部件的全部重量，安放轴承的轴承座为球面（或锥面），与支座的球面（或锥面）相配合，球面接触可使轴的摆动比较灵活（可达 8°~10°），两球面之间衬有橡皮缓冲器，起减震作用。

5. 制动装置

上悬式离心机的分蜜工作是周期性进行的，在分蜜结束后虽然切断了电源，但离心机的转动部件由于惯性作用仍然以较高的速度回转，为发挥设备的效能，使转鼓在短时间内停止转动,所以装置了制动机构。

制动装置有多种型式,上悬式离心机多采用带式制动器,如图 11-15 所示。它是由摩擦片及钢带等组成,两只钢带的一端分别固定于刹车架上,而另一端则固定在螺母 3 和 5 上,两只螺母的螺纹方向相反,装在一个带有相应左右螺纹的螺杆上,螺杆的一端装有手轮。刹车时,转动手轮使螺杆转动,则两螺母在螺杆上作相向运动,使钢带拉紧并紧压在制动轮的表面上,钢带内面的摩擦片对制动轮产生了摩擦力矩,阻止了制动轮的运动,达到了制动的目的。但这种机构需采用人工制动。XZ-1200 离心机则为电气控制自动刹车,如图 11-16 所示,它是由支架、气缸及制动钢带等所组成。钢带内为摩擦片(又称刹车皮),在制动钢带一端把气缸盖及活塞杆等装于座耳上,另一端则铰接于支架 7 上。当需刹停主轴时,揿动按钮将压缩空气通入气缸后端之进气孔内,活塞运动而使弹簧受到压缩并使制动带压紧在制动轮上。如欲松脱,则将按钮扳回,停止进气,靠弹簧使之复位。支架 2 上装有行程开关,在通入压缩空气刹紧制动轮之前,行程开关应确保断电,而当松开制动带后应使行程开关接通电源,使主轴重新起动。

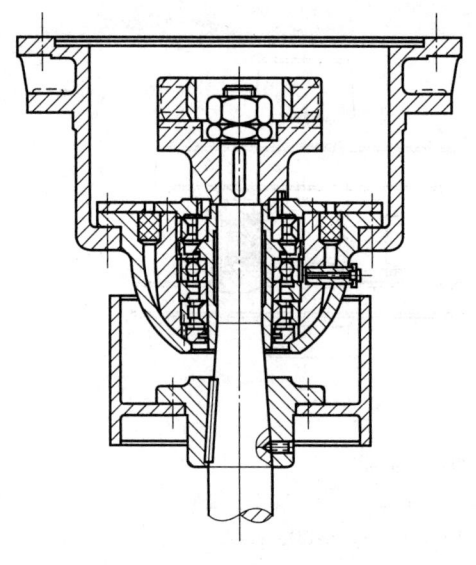

图 11-14 轴承装置

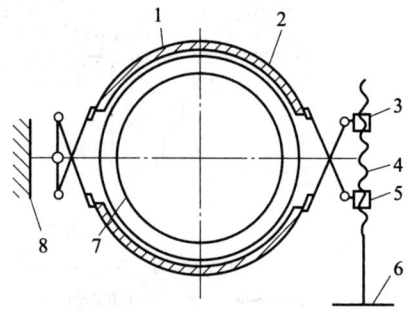

图 11-15 摩擦带式制动器
1—摩擦片 2—钢带 3、5—左右螺母
4—螺杆 6—手轮 7—制动轮 8—支座

带式制动器的优点是结构简单,能较快地制动离心机,且附加给轴的载荷比较均匀,所以得到比较广泛的应用。

6. 散料盘与升降罩

散料盘为一水平的圆盘,其作用是将进入的糖膏均匀地抛向转篮壁。升降罩则为锥形,在完全放下时便与转鼓相贴合以免漏料,并防止空气涡流进入转鼓而降低糖膏温度和增加能量消耗。当卸料时,可提起锥形罩,砂糖则因自重而从转篮底部辐条的空隙中排出。

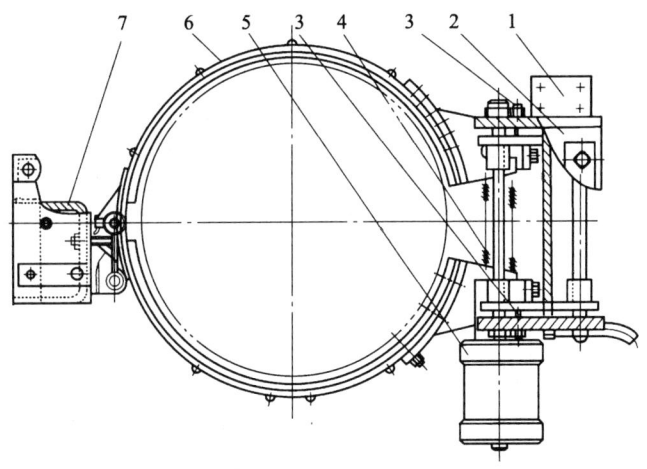

图 11-16 气动刹车装置
1—行程开关 2、7—支架 3—调节螺钉 4—弹簧 5—气缸 6—制动钢带

散料盘与锥形罩焊接于套筒上成一整体,可用气动或手动使其沿轴上下滑动如图 11-17 所示。

7. 喷水器

为使洗水能均匀地以薄层喷射于糖层上(图 11-18),采用了特殊的喷嘴。如图 11-19 所示的两种喷嘴仅是调节螺母的位置有所区别,一般喷射角为 140°,而环形缝隙的大小可根据水压进行调节。水压通常为 150~200kPa,缝隙的宽度约为 0.3~0.5mm。

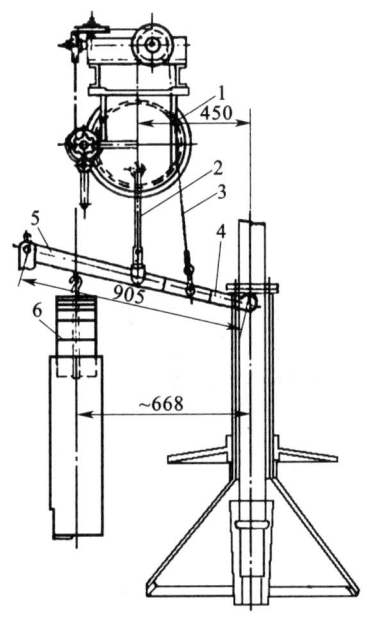

图 11-17 散料盘和锥形罩
1—提升机构 2—拉杆 3—绳索
4—夹叉 5—杆 6—平衡重锤

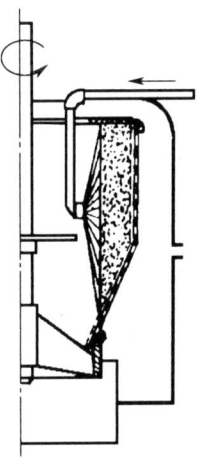

图 11-18 水洗糖层

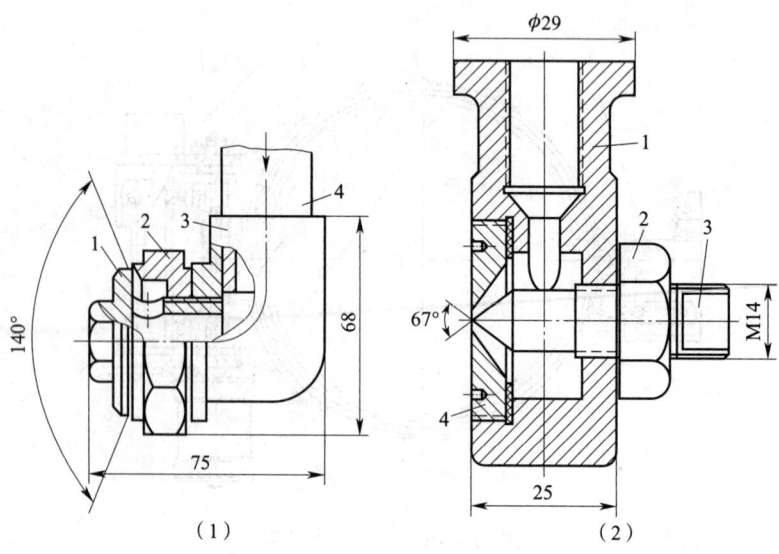

图 11-19 喷水装置
(1) 1—细调节器 2—螺母 3—壳体 4—进水管 (2) 1—壳体 2—螺母 3—细调节器 4—嵌入物

8．分溜器

在分离一膏与二膏时，根据工艺要求必须将原蜜与洗蜜分开，于是在离心机外壳底部的糖蜜出口处装置了糖蜜分溜器。如图 11-20 是槽形分溜器，图中的 3 与 4 是不同糖蜜的接受槽。糖蜜从管中流出后，可变动斜槽的倾斜位置，将糖蜜送至槽 3 或槽 4。此种型式的分溜器结构简单，制造方便。

如图 11-21 所示是另一种常见的糖蜜分溜器，其中有一块与转动杆相连的带孔圆板，器体的下面有排出孔。当圆板的孔转到左边时，原蜜自管子流入分溜器后即自排出口 5 流出；若圆板转动到相反的位置时，洗蜜则从排出口 6 流出。

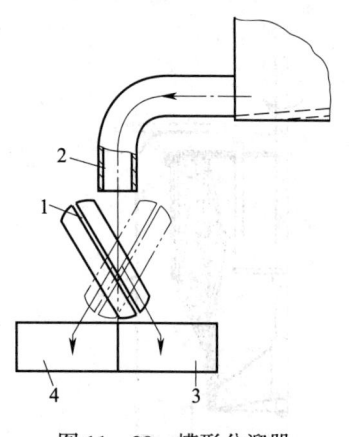

图 11-20 槽形分溜器
1—斜槽 2—管
3—原蜜接受槽 4—洗蜜接受槽

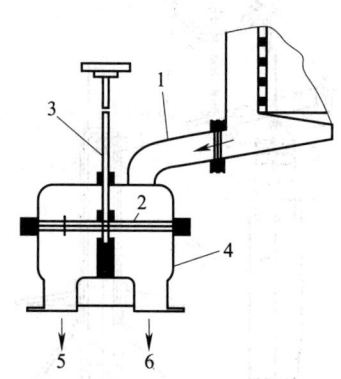

图 11-21 分溜器
1—管子 2—带孔圆盘 3—转动杆
4—器体 5—原蜜出口 6—洗蜜出口

为了适应我国大型糖厂发展的需要，我国糖机厂有设计和生产了 XZ-1350 上悬式重力卸料自动离心机。这种离心机和 XZ-1250 比较具有下列特点：

(1) 生产能力较大（XZ – 1350 的糖膏处理量为 8.2m³/h，而 XZ – 1250 为 6.1m³/h）；

(2) 起动电流低（XZ – 1350 为 210A，而 XZ – 1250 为 510A）；

(3) 采用再生制动低速抱闸，降低了电耗，减少了制动带的磨损，延长了使用寿命并可减少污染。XZ – 1350 离心机由高速降至低速（约 150r/min）是采用再生制动。制动时，机械能可以转变成电能，通过整流器反馈给电网，从而节约了电能；

(4) 自动化程度较高，劳动强度低。XZ – 1350 离心机采用了可控硅整流调速装置，限位开关，时间继电器，二位四通滑阀，气缸等电器和气动元件的联合控制，实现了低速进料、高速分离、洗涤、干燥、制动和卸料全部过程的自动化。

这种 XZ – 1350 离心机的主要技术参数如下：

转鼓内径	1350mm
转鼓高	1254mm
转鼓锥角	47°
有效容积	0.535m³
装料量（以一膏计）	800kg
转鼓转速	960r/min（无级调速）
分离因素	697
操作周期	≥3min
电动机：	
型号	Z_2 – 111（直流电机）
功率	100kW
额定转速	1000r/min
离心机外形尺寸（长×宽×高）	2200mm × 2135mm × 4960mm
离心机重量（包括电机）	6000kg

目前国内外在提高离心机的效能方面仍进行着两方面的工作。一方面是使上悬式离心机实现自动程序控制，已取得不少经验，并已应用于生产上。自动控制的主要的形式有电子继电器自动控制、射流程序自动控制及晶体管逻辑程序自动控制。分蜜过程自动化改善了操作人员的劳动条件，缩短了周期，使上悬式离心机的生产能力有所提高。另一方面的工作则是使离心机向着连续化方向发展。但是由于自动卸料上悬式离心机能保证晶粒的完整性，因此它仍然是目前分离一膏所不可缺少的机器，至于三膏的分离，则基本上由连续锥篮式离心机来完成。

二、连续式离心机

目前我国制糖工业上所采用的连续离心机主要是锥篮式离心机。国外除了连续锥篮式离心机外，在精炼糖工业中还采用脉动卸料离心机。

(一) 锥篮式离心机

近十多年来，我国研究试制了多种锥篮式连续离心机用于三膏的分蜜。其中常用的有 ZhL – 700，ZhL – 1000，Φ650 – 64° 及 LIT – 800 等几种型式。在早期阶段都曾出现过机身震动大、生产能力低、赤砂糖质量差、废蜜纯度高等一系列问题。经过多年的研究、改进与提高，上述缺点得到克服，现在已充分显示出锥篮连续离心机的优越性。现就锥篮离心机的工作原理及结构性能进行说明。

1. 工作原理

锥篮连续离心机的转鼓为截锥形。在匀速转动下的糖膏由于离心力的分力的作用，沿着锥形面不断上升。在此过程中，糖蜜通过筛孔时，由于惯性作用沿篮壁的切线方向被抛向糖蜜室；砂糖晶粒升至筛面的上端边缘时，也由于惯性作用被抛向糖室中。

为使砂糖沿着锥面不断上升所需要保证的条件，可从下面的力学分析中求得。

如图 11-22 表示了砂糖运动时的受力情况。假设锥篮的锥角为 2α，即锥面与垂直轴线的夹角为 α，锥鼓以角速度 ω 回转，位于锥鼓表面的质量为 m 的晶粒受离心力 F 与重力 G 的作用。在转篮工作时，重力 G 与离心力 F 相比显得很小，可以忽略不计。现将离心力 F 分解为法向分力 F_n 和篮壁水平分力 F_t，则：

$$F_n = F\cos\alpha$$
$$F_t = F\sin\alpha$$

当晶粒沿着锥篮表面移动时，产生与移动方向相反的摩擦力 F'，其数值为：

$$F' = fF_n = fF\cos\alpha$$

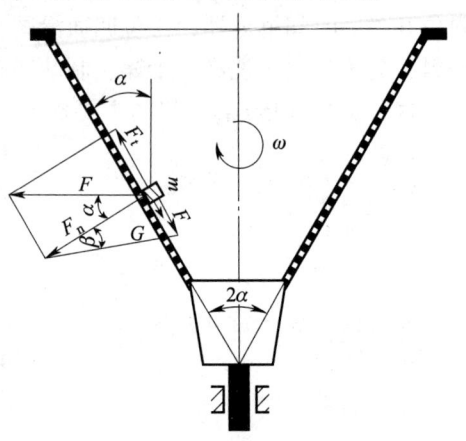

图 11-22 砂糖向上移动时的受力分析

f 为摩擦系数。如果摩擦力 F' 大于或等于篮壁水平分力 F_t 时，晶粒是不可能运动的，所以保证晶粒沿着筛面运动的必要条件是，使晶粒向上移动的篮壁水平分力必须大于阻止其运动的摩擦力，即：

$$F_t > F' \tag{11-10}$$

将前式代入，得：

$$F\sin\alpha > fF\cos\alpha \tag{11-11}$$

由式（11-11）得

$$\tan\alpha > F \tag{11-12}$$

可见，锥角（2α）的大小应根据摩擦系数 f 的大小来选定，它受糖膏的性质、浓度、温度及组成等因素的影响，且对晶粒的停留时间、设备的生产能力及分蜜效能，起了较大的作用。若锥角小，砂糖晶粒在筛鼓内停留时间长，从而降低了生产能力，但糖蜜分离较好。反之锥角大，晶粒沿锥面迅速上升，停留时间短，生产能力虽然较大，但糖蜜分离差。

对于甜菜糖厂的三膏，因其浓度和黏度比甘蔗糖厂的丙膏小，锥篮离心机的锥角可取为 60°。

2. 锥篮式连续离心机的结构

锥篮式离心机的型式虽然有多种，但其基本结构是相近的。它们都是由转篮、传动装置、升温布料器、机壳及支座等部件所构成。锥篮固定于转轴上，由电动机经过皮带带动。糖膏自上部加入，通过升温布料器进入锥篮的底部，随即在离心力的作用下沿锥篮壁上升并分成均匀的薄层。此时，糖蜜穿过筛网进入糖蜜室，砂糖晶粒则沿篮壁上升而进入环形挡板与外壳的砂糖收集室中。此外，为了操作、检查和维修的需要，在机壳上还装有取样器、视孔和手孔等。下面结合 $\Phi 650-64°$（图 11-23）和 LIT-800（图 11-24）两种型式来分析锥篮式离心机的结构。

第十一章 分蜜设备

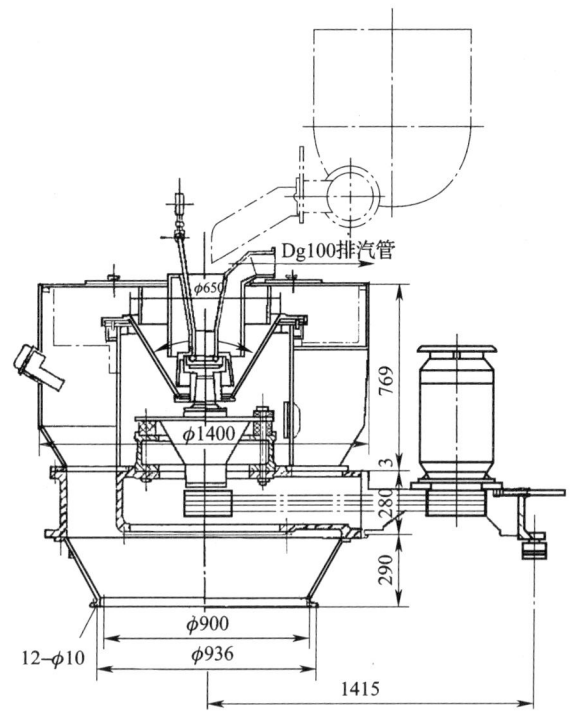

图 11-23 Φ650-64°锥篮离心机

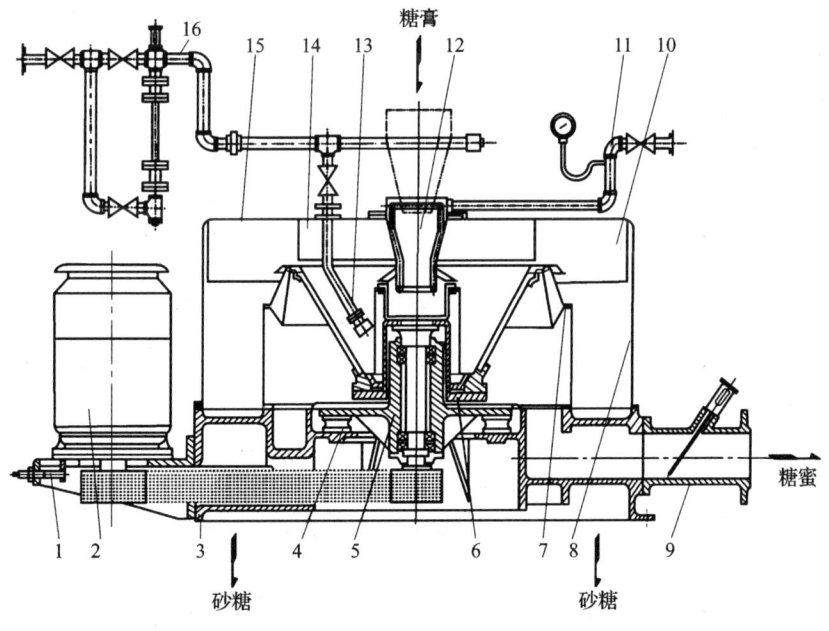

图 11-24 LIT-800 锥篮离心机

1—调节螺栓 2—电动机 3—机座 4—吸震圈 5—传动座 6—锥篮 7—内机壳 8—外机壳
9—排蜜管 10—挡糖圈 11—汽洗管道 12—进膏管 13—洗涤管 14—挡圈 15—盖 16—水洗管道

（1）锥篮　锥篮的结构型式主要有两种：一种是采用圆钢与加强环焊接的钢骨架型锥篮，由于骨架凹凸不平，易使面网损坏，当高速回转时还容易造成蜜室内的糖蜜雾化，增加跑蜜的可能性。此外，平衡校正工作也比较困难，因为存在上述缺点，钢骨架型锥篮已很少采用。另一种比较理想和比较通用的则是钢板卷制的筛篮，阿城糖机厂制造的 $\Phi650-64°$ 型离心机的转篮，是用普通碳素钢热压成形，再焊接加工镀铬而成，其内壁车有环形沟槽，槽内钻孔供排蜜之用。上海化工机械厂生产的 LIT-800 型离心机的锥篮，则是采用了含钛不锈钢板卷制而成，因此它可防止酸性废蜜所引起的腐蚀其他零件如回转盘、布料器、内机壳等也选用不锈钢板或不锈钢铸件等优质材料制造，除防腐蚀外，还具有防止晶粒对零件磨损的作用。由于 LIT-800 型所用的材料不需考虑腐蚀问题，锥篮的壁厚便相应地减薄。

（2）锥篮内铺上的筛网　筛网型式、筛孔大小及筛孔面积百分数，将影响到产品的质量、生产能力和废蜜的纯度。筛孔缝隙小了，会使排蜜量降低，产品带蜜量增加。当筛孔缝隙大了，细小的砂糖晶粒将穿过筛孔而增大了废蜜纯度。根据糖膏的情况，一般缝隙的宽度为 0.06~0.1mm，开孔率为 10% 左右。孔隙沿着厚度从内向外逐步扩大成楔形，可防止细的晶粒堵塞筛孔，使排蜜方便。

由于物料与筛面间有相对运动，为避免晶粒磨损，不宜选用编织网。近年来我国已研究试制成功电铸镍网，使用效果比较好。

我国现有锥篮式离心机的锥篮，按其大端直径的尺寸，有 $\Phi650$、$\Phi700$、$\Phi800$、$\Phi1000$ 等数种，其锥角一般为 64°~70°。

（3）轴　锥篮离心机的轴比较粗而短。轴在低于临界转速下工作，因此称为刚性轴。轴的材料一般选用 45 号钢，轴的两端部加工成锥度，分别装置三角皮带轮与转篮。轴在转篮中的装配型式有两种，一种为轴端与锥篮底部相平，另一种则是轴的上端伸进锥篮底部。后者的结构比较合理，因其可提高轴的临界转速，使轴运转平稳。$\Phi650-64°$ 及 LIT-800 均采用此种型式。

（4）布料加温装置　实践证明，糖膏的黏度以及糖膏在锥篮上的分布是否均匀，是影响锥篮连续分蜜机运转情况和生产能力的重要因素。有两种降低糖膏黏度的方法；一种是稀释法，采用加水或废蜜以降低其黏度，过去是甜菜糖厂常用的方法；另一种是提温法，即在离心机的入口处将蒸汽喷入糖膏进行瞬时加热，以提高糖膏的温度，降低其黏度。由于黏度的降低，增大了糖膏的流动性，有利于糖膏在锥篮上的均匀分布与排蜜，从而提高了离心机的生产能力。

分蜜时糖膏的温度一般控制在 55~65℃，或相当于蜜室内的温度为 60℃ 左右。如糖膏温度超过 70℃，则有可能产生溶晶现象而增大了废蜜纯度，且导致离心机内蒸汽弥漫，赤砂糖晶粒表面附着水滴，还可能导致轴承温度升高。这些都不利于离心机的正常工作。

目前采用的提温装置有两种：一种是采用一条环形蒸汽喷管（图 11-25）装在糖膏进入布料器的部位，蒸汽从环形管的小孔中直接喷向糖膏，提高其温度；另一种为锥形夹套加热（图 11-26）。此提温器装在机壳的顶盖上。为提高传热效率，锥形夹套的内层选用紫铜材料，外层用钢板制造。夹套长 800~1000mm，锥角为 6°。沿夹套的纵长分隔为两室，上室为热水室，其内壁开着少许小孔；下室为蒸汽室，在内壁上也均

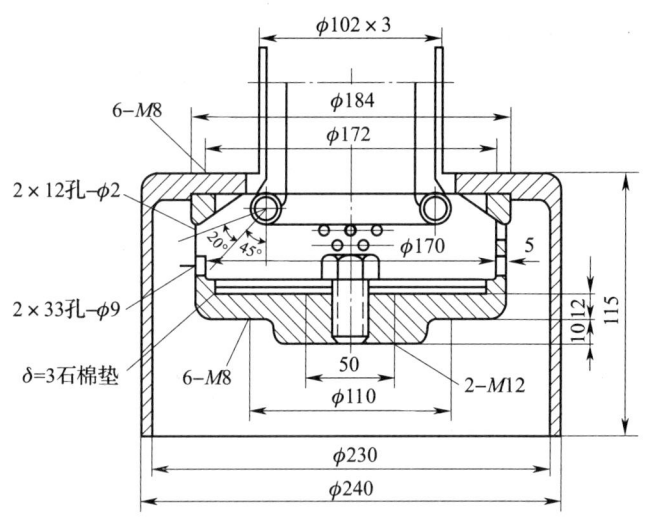

图 11-25 环形管提温布料器

匀地开数排蒸汽小孔。开始孔距较大，喷入少量蒸汽将糖膏预热；然后孔距缩短，喷入较多蒸汽使糖膏快速加热；最后在提温器的底部有比较密集的小孔，通入蒸汽再加热，同时使浓度高的成团块状的糖膏迅速分散，提高其分布均匀性。由于糖膏的受热时间很短，糖蜜的导热较快，而糖膏中的晶粒导热较慢，它还未及溶解就已进入布料器，因此废蜜纯度不致因加热而升高。

所用加热蒸汽的压力，一般为 3.94×10^5 Pa。在夹套加温器中，因糖膏流柱的周围有蒸汽包围，使糖膏不会黏附于提温器的内壁，并起到阻碍冷空气吸入的作用。

锥篮连续离心机是在高转速下加料的，如果糖膏在进入筛网时分布不均匀，将引起锥篮运转时的不平衡，产生剧烈的机械振动，使转动零件及筛网易于损坏。装置加温和布料装置后，对克服上述缺点取得了良好的效果。

布料器的型式有一级布料器与两级布料器之分。

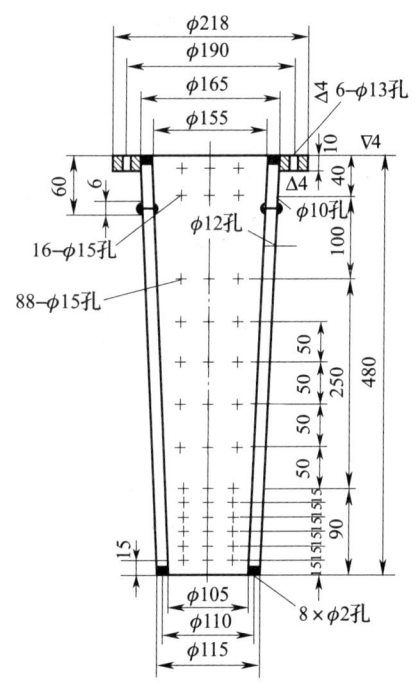

图 11-26 锥形夹套加温器

经过实践，两级布料器的效果较好。第一级布料器为圆柱形，周壁有孔，第二级为圆柱形。也有第一级为无孔的圆柱形，而第二级为圆锥形如图 11-27 所示，糖膏经过提温器时可先加少量水稀释，接着用蒸汽加热以降低黏度，提高其流动性，然后沿着随轴旋转的圆柱形布料器被分散溢流至锥形布料器。由于离心力的作用，糖膏流向底部，再折而送至筛网上，使糖膏在筛网上呈薄层均匀地分布，因而分蜜效果好，机器振动少，筛网损耗率也得到降低。

（5）密封装置　密封作用主要是防止砂糖与糖蜜混合，并避免运转时产生大量气流。一般有两种结构型式，一是迷宫式密封，它是由挡蜜环与逆风板组成，防止糖蜜从顶环底部漏向外壳与砂糖混合。在锥篮上焊有挡蜜环，它与固定的中机壳之间留有一定间隙，防止由于锥篮转动时产生的空气涡流而将已分离的糖蜜液滴带到锥顶。在锥篮底部与轴承室底板处也应密封，以防止液滴滴入轴承室，并保证胶垫不受糖蜜侵蚀而变质。另一种密封是LIT-800型所采用的气流式密封，这是一种比较新颖的密封结构。从图11-28可以看出，锥篮为夹层，并附有锥形甩蜜罩。在离心机运转时，糖蜜穿过筛网，在夹层中由底层向顶层移动，并从锥篮上的集液槽排向与锥篮同速运转的甩蜜锥形罩，然后自锥形罩的上部再移向下部，最后以很高的速度沿切线方向抛向内机壳的壁上。在该截面处形成了负压，使少量空气从外部流入，于是形成了气流密封，保证了蜜室中糖蜜不易漏入糖室，比较好地解决了一般锥篮连续离心机易发生的跑蜜现象，同时在结构上也解决了糖蜜室与传动底座的漏蜜问题。

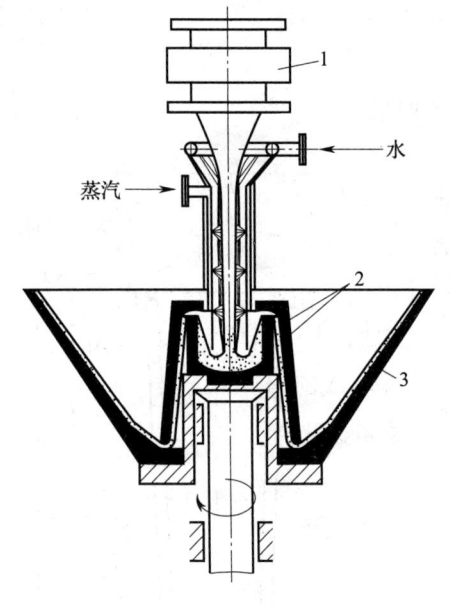 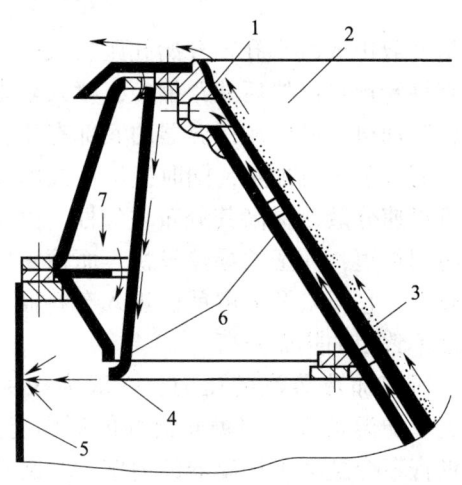

图 11-27　两级布料器　　　　　　图 11-28　气流式密封结构
1—糖膏分配阀　2—布料器　3—锥篮　　　1—糖粒　2—锥篮　3—糖膏　4—甩蜜罩
　　　　　　　　　　　　　　　　　　　　5—内机壳　6—糖蜜　7—空气

总的来说，锥篮连续离心机与上悬式离心机相比，显示出不少优越性。如工作连续，生产能力高，结构简单，功率消耗低且无尖峰负荷，操作维修方便等。但也存在一些缺点，如当晶粒在筛网上移动时，晶粒表面由于受到摩擦而失去光泽。此外，当晶粒从锥篮上端边缘在惯性作用下，以高速撞击到机壳壁上时，使晶粒破碎，影响到产品赤砂糖的质量。为了减少晶粒的破损，国外采取的方法之一是延长晶粒射出的路程，即大大地增加外壳的直径，利用空气的阻力降低晶粒的速度。根据实验，将离心机外壳的直径加大到3m，用来处理晶粒平均粒度为0.4~0.5mm的二膏时，可以避免或减弱晶粒破碎现象。但机壳直径大，必然带来金属消耗增多、占地面积大的缺点。国内采取的办法是在离壳壁25~35mm处安置一厚为2~3mm的环形尼龙布带或涤棉布，用来缓冲、减弱晶粒的撞击力。

国外还在进行另一种方法的研究，发现晶粒在介质中运动的过程与介质的密度有很大的关系。如将整个机器放在封闭的壳体中，操作时壳体内充以压缩空气，也可以降低从锥篮中甩出的晶粒的速度，减少晶粒的破碎。

由于锥篮连续离心机存在着一些尚待进一步研究解决的问题，目前它还不能代替上悬式离心机以分离一膏，但用于二膏、三膏的分离，基本上可算是成功的设备了。

我国糖用离心机主要产品规范如表 11-1 所示。

表 11-1　　　　　　　　　　我国糖用离心机主要产品规范

产品名称	型号	转篮规格 内径×高/mm	转速 /(r/min)	有效容积/kg	最大分离因数	生产率 /(t/h)	电动机
上悬式离心机	XZ-1000	Φ1000×770	960, 500, 220, 100	300	530	3.2	JR81-6TZ, 28kW
上悬式离心机	XZ-1200 (B)	Φ1200×1055	1000, 500, 220, 110 (1000)	500	636		JDL-(6/12/28/56) P.(JRO$_2$-82-6L$_3$) 40kW
上悬式离心机	XZ-1250	Φ1250×825		500			JQ-82-B$_3$, 40kW
锥篮离心机	ZhL-1000A	Φ1000 锥角70°	2000 (最大)		~2200	~2m^3/h (三膏)	JQROZ 或 JO$_3$, 30kW
锥篮离心机	LIT-800	Φ800 锥角65°	1800		1450	≥1.5m^3/h (三膏)	JO$_3$-180M$_4$ (L$_3$型) 22kW
锥篮离心机	Φ650-64°	Φ650 锥角64°	1700, 1850, 2000		1045, 1235, 1450	1m^3/h	JO$_2$-62-4L$_3$ 17kW

注：锥篮离心机的生产率一栏中的数字，是甘蔗糖厂的数据，甜菜糖厂约比此高 50%。

(二) 脉动式连续离心机

脉动式连续离心机开始出现于 20 世纪初期，主要用于化学工业，后来制糖工业也用来分离糖膏。比较早期出现的是单级脉动式离心机，后来发展为多级脉动式离心机。如图 11-29 是比较完善的四级脉动离心机，转篮为卧式，由四个不同直径的筛篮所组成，第一级和第三级转篮用肋与内鼓底相连，不仅作回转运动，还随活塞与推杆做往复运动。控制油压系数或专门油泵的油量可以调节往复运动的次数。第二级与第四级的转篮也有肋相连，并与外部的底固定在一起，仅能作回转运动。

在转鼓的内表面装置了缝隙宽度为 0.30~0.35mm 的筛。转篮外的机壳上用隔板将其分成隔室，使原蜜与洗蜜分开。

工作时，糖膏沿着加料管连续地送入第一级内转篮，在离心力的作用下，糖蜜通过筛孔

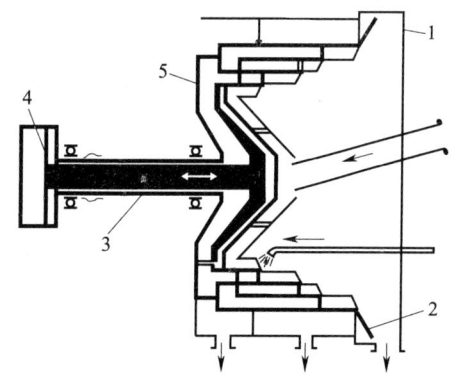

图 11-29　四级脉动式离心机的转鼓
1—离心机外壳　2—反射盘　3—推杆
4—活塞　5—四级转子

被分离，同时在筛网上形成结晶糖层。当推杆使第一级和第三级转鼓向左移动时，糖层移动的距离即为活塞的行程（50mm）。与此同时，第二级和第四级转篮空出的部分接受了从第一和第三级卸出的砂糖。当第一级和第三级转篮向右移动时，推杆则推送第二和第四级转篮中的物料，这时第一级转篮伸出的空位继续接受入料管的糖膏。第二级转篮中的物料卸在第三级转篮中，第四级转篮卸出的物料则落入卸料斗。

从脉动式离心机分离出来的白砂糖，晶粒受到磨损，缺少光泽，并夹带粗块。三糖质地较软，更不宜于这种卸料方式。因此，这种离心机除了用于国外的一些精炼糖厂之外，未能普遍推广使用。

第三节 离心机的计算

本节着重介绍有关离心机生产能力及功率的计算。

一、生产能力的计算

（一）上悬式离心机的生产能力计算

上悬式离心机是间歇性操作的，其生产能力除与转鼓的尺寸及机器的性能有关外，还受所分离的糖膏的性质及操作人员的技术熟练程度等因素的影响。

假设转篮的直径为 D，高度为 H，分离终了时物料层的厚度为 100~150mm，如果操作一个周期所需的时间为 T，则：

1. 人工卸料式离心机

其最大生产能力为：

$$G_{max} = \frac{\pi(D^2 - d^2)H\gamma}{4} \times \frac{60}{T} \times \frac{24}{1000} \qquad (11-13)$$

式中 G_{max}——最大生产能力，t/d

D——转篮直径，m

d——限料环板的内径，m

H——转篮高度，m

γ——糖膏的重度，kg/m³

T——一个循环周期的时间，min

2. 自动卸料上悬离心机

设圆筒部分高为 H，圆锥部分高为 H_1，则生产能力可用式（11-14）计算：

$$G_{max} = \left[\frac{\pi(D^2-d^2)H}{4} + \frac{\pi}{12}(D^2+Dd-2d^2)H_1\right] \times \frac{60\gamma}{T} \times \frac{24}{1000} \qquad (11-14)$$

式中符号意义与式（11-13）同。

自动卸料上悬式离心机在分离一膏时，一个循环周期所包括的阶段时间一般为：

起动至转速为 150r/min	8s
在转速 150~300r/min 时装料	20s
自 300r/min 加速至 1000r/min	48s
正常运转（水洗、汽洗）	85s
关电动机（自 1000 至 300r/min）	31s

机械刹车	11s
卸糖	25s
最短的工作周期	228s

甜菜糖厂一砂、二砂、三砂糖膏分蜜的操作周期一般为：

一砂糖膏或绵糖膏	4~6min
二砂糖膏	8~10min
三砂糖膏	15~30min

为了防止糖膏溢出转篮外，实际装载糖膏的量仅为最大值的95%。换言之，实际生产能力 G 仅为最大生产能力 G_{max} 的95%，即：

$$G = 0.95 G_{max} \tag{11-15}$$

国内上悬式离心机已属定型设备，其规格与分离因数均为定值。因此只有缩短操作周期，才能有助于提高生产能力，首先要求晶粒大小整齐均匀，如晶粒大小悬殊，则小晶粒存在于大晶粒之间，堵塞了糖蜜流出的道路，必然延长分蜜的时间；进料应掌握适宜的浓度与温度，这一点对三膏的分蜜尤为重要；此外还须熟练地操作离心机，掌握加速的快慢与制动的时间。所有这些因素对生产能力的提高都有一定的影响。

算得每台离心机的生产能力之后，根据每日所分离各种糖膏的量，不难求得离心机的台数。另外还须外加适当数量的备用离心机。

（二）锥篮式离心机的生产能力计算

目前有关锥篮连续离心机生产能力的一些计算公式还是不够成熟的。下面介绍的是于戈（E·Hugot）在《蔗糖工程手册》中所建议的方法。

连续式离心机的生产能力是以每小时通过离心机的糖膏量来表示的。假如取糖膏的一微元质量为 dm，令 $dm = 1$，并认为生产能力是与作用在单位质量上的离心力以及总的物质质量所具有的分离面积成正比。

如图11-30所示，垂直于筛面的离心力的分力为：

$$F_n = dm \cdot \omega^2 \cdot x \cdot \cos\alpha = 1 \cdot \omega^2 \cdot x \cdot \cos\alpha \tag{11-16}$$

式中 ω——角速度，1/s

x——质量 dm 处的回转半径，m

α——半锥角

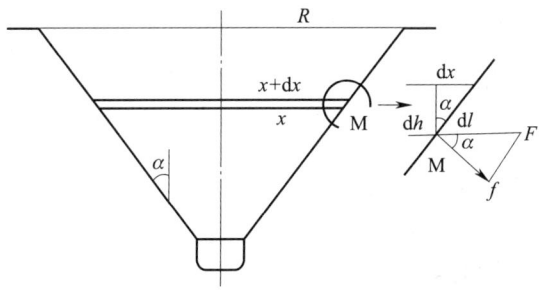

图11-30 生产能力计算说明图

若分离面积为 ds，则生产能力为：

$$dG = kF_n ds \tag{11-17}$$

或 $dG = k\omega^2 x\cos\alpha ds$

式中 k 是与被分离糖膏的性质等因素有关的系数。

位于 M 平面上半径为 x，高度为 dh 的环形糖膏层。其面积为：

$$ds = 2\pi x \cdot dl = 2\pi x \frac{dh}{\cos\alpha} = 2\pi x \times \frac{dx}{\cos\alpha\tan\alpha}$$

因此

$$dG = k\omega^2 x\cos\alpha \cdot 2\pi x \frac{dx}{\cos\alpha\tan\alpha}$$

$$= \frac{2\pi k\omega^2}{\tan\alpha} x^2 dx \tag{11-18}$$

将式（11-18）式沿着锥面从 r 积分到 R，则得生产能力的计算公式为：

$$G = \int_r^R \frac{2\pi k\omega^2}{\tan\alpha} x^2 dx = \frac{2\pi k\omega^2}{\tan\alpha} \int_r^R x^2 dx = 2k\omega^2 \frac{\pi(R^3 - r^3)}{3\tan\alpha} = 2k\omega^2 V \tag{11-19}$$

根据上述推导过程，式中各符号的单位应为：

式中 G——离心机生产能力，kg 糖膏/h

k——比例系数，$1/(m^2 \cdot h)$

ω——角速度，$1/s$

V——锥篮截锥形的体积，m^3

$$V = \frac{1}{3}\pi H(R^2 + Rr + r^2) \quad H \text{ 为截锥体高度}$$

α——半锥角

R, r——锥篮大、小端半径，m

由式（11-18）可知，锥篮式离心机的生产能力与锥篮的容积 V 及角速度的平方 ω^2 成正比。系数 k 决定于所处理糖膏的黏度、温度以及筛网开孔的百分率；k 为有因次的系数，视公式中各项所采取的单位不同而有不同的值。我国生产的几种锥篮式离心机的比例系数 k 可参考表 11-2。

表 11-2　　　　　锥篮式离心机的比例系数 k

	锥篮上下口直径之比 D/d	$\alpha°$	$n/(\text{r/min})$	$A/(\text{kg/h})$	$k/[1/(m^2 \cdot h)]$
ZhL-1000A	1000/330	40	2000	2900	0.160
LIT-800	800/370	65	1800	2175~2900	0.285~0.380
Φ650-64°	650/250	64	1700~2000	1800~2000	0.357~0.492

若以每天加工甜菜的吨数表示生产能力，则锥篮式离心机的生产能力为

$$G = \frac{24 \times 2k\omega^2 V \times 100m}{1000a} = \frac{4.8k\omega^2 Vm}{a} \tag{11-20}$$

式中 G——生产能力或甜菜加工量，t/d

a——糖膏重量对甜菜百分数

m——锥篮式离心机台数

也可以采用下式计算锥篮式离心机的生产能力：

$$G = \frac{2400mAS}{a} \tag{11-21}$$

式中 G——生产能力或甜菜加工量，t/d

a——糖膏重量对甜菜百分数

m——锥篮式离心机台数

f——每台离心机的筛面积，m²

S——分离的糖膏，t/（m²·h），对三砂糖膏取 $S = 3 \sim 4$ t/（m²·h）

【例】 某甜菜糖厂有 ZhL-1000A 锥篮式离心机 3 台，三砂糖膏重量为甜菜重量的 7%，试计算其生产能力（t/d）。

解：因为 ZhL-1000A 锥篮式离心机的锥篮上端直径为 1000m，下端直径为 330m，锥角为 70°，转速为 2000r/min，所以

$$\omega = \frac{2\pi n}{60} = \frac{2\pi \times 2000}{60} = 209(1/s)$$

$$V = \frac{\pi(R^2 - r^2)}{3\tan\alpha} = \frac{\pi(0.5^2 - 0.165^2)}{3\tan 35°} = 0.207(\text{m}^3)$$

$$k = \frac{G}{2\omega^2 A} = \frac{2000}{2 \times 209^2 \times 0.18} = 0.160$$

所以

$$G = \frac{4.8k\omega^2 Vm}{a} = \frac{4.8 \times 0.160 \times 209^2 \times 0.207 \times 3}{7} = 2976(\text{t/d})$$

二、功率的计算

（一）上悬式离心机的功率计算

上悬式离心机是间歇性生产的，各阶段的运转条件都不一样，因此功率计算是比较复杂的。离心机功率的消耗，一般可包括下列四个方面。

1. 启动转鼓的功率 N_1

空转篮从静止到转动所消耗的动能为：

$$E_1 = \frac{1}{2}G_0 V^2 = \frac{G_0}{2}(R\omega)^2 \qquad (11-22)$$

式中 E_1——启动转篮所消耗的动能，J

G_0——转篮的质量，kg

ω——转鼓的角速度，1/s

R——转鼓的半径，m

则启动转篮所需的功率 N_1 为：

$$N_1 = \frac{E_1}{t_1} = \frac{G_0 R^2 \omega^2}{2t_1} \text{（W）} \qquad (11-23)$$

式中 t_1 为转篮起动的时间（s），它与转篮的重量、直径、转数、传动方式及电动机的类型有关，也与操作人员的熟练程度有关。起动时间短，则消耗功率大，但生产能力也大；反之，消耗功率小，生产能力也低。一般 t_1 在 30~120s。设计时往往取较短的起动时间，使设备有一定的潜力。

2. 转动物料所需的功率 N_2

由于物料层有一定厚度，在不同厚度处物料的回转

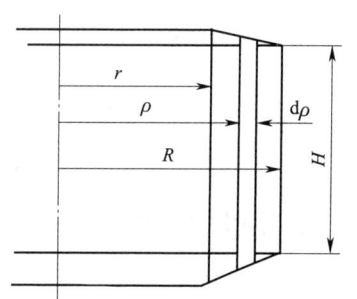

图 11-31 转篮中物料层示意图

半径便不等。现沿着半径为 ρ 处取一厚为 $d\rho$ 的环形料层（图 11-31），则转动所消耗的动能为：

$$dE_2 = \frac{1}{2}dG \cdot V^2 = \frac{1}{2} \times 2\pi\rho d\rho H\gamma\rho^2\omega^2 = \pi H\gamma\omega^2\rho^3 d\rho \tag{11-24}$$

式中　E_2——转动物料所需的动能，J
　　　H——物料层高度，m
　　　γ——料层密度，kg/m³

将式（11-24）从料层半径为 r 到 R 处积分，得：

$$E_2 = \pi H\gamma\omega^2 \int_r^R \rho^3 d\rho = \frac{\pi H\gamma\omega^2}{4}(R^4 - r^4) = G \cdot \frac{R^2 + r^2}{4}\omega^2 \tag{11-25}$$

式中　G——料层的质量，kg
其他符号意义同前。

于是转动物料所需的功率 N_2 为：

$$N_2 = \frac{E_2}{t_2\eta} \text{（W）} \tag{11-26}$$

式中　t_2——转动物料所使用的时间，s
　　　η——物料的滑动系数，取其值为 0.85

3. 克服轴承摩擦所消耗的功率 N_3

$$N_3 = \frac{fGr\omega}{102} \text{（kW）} \tag{11-27}$$

式中　f——轴承的摩擦系数，考虑一定的安全系数而取为 0.03
　　　G——转鼓及糖膏的重量，kg
　　　r——轴承处轴颈半径，m
　　　ω——轴的角速度，1/s

4. 克服转篮与空气之间摩擦所需的功率 N_4

$$N_4 = \alpha HD^4 n^3 \text{（kW）} \tag{11-28}$$

式中　H——转篮高度，m
　　　D——转篮直径，m
　　　n——转篮转速，r/min
　　　α——空气与有孔转篮之间的摩擦系数，取 $\alpha = 1.34 \times 10^{-9}$

间歇式离心机在运转过程中，各阶段所消耗的功率不同，根据经验可采用下列方法计算。

起动加料阶段所需功率 N_{I}：

$$N_{\mathrm{I}} = N_1 + N_2 + N_3 + N_4 \text{（kW）} \tag{11-29}$$

中间阶段所需功率 N_{II}：

$$N_{\mathrm{II}} = \frac{1}{4}N_2 + \frac{2}{3}N_3 + N_4 \text{（kW）} \tag{11-30}$$

最后阶段所需的功率 N_{III}：

$$N_{\mathrm{III}} = \frac{3}{5}N_3 + N_4 \text{（kW）} \tag{11-31}$$

根据各阶段时间的长短，离心机的平均功率为：

分离一砂糖膏: $\quad N_{平均} = 0.23N_{\text{I}} + 0.44N_{\text{II}} + 0.33N_{\text{III}}$ (kW) $\quad$ (11-32)

分离三砂糖膏: $\quad N_{平均} = 0.1N_{\text{I}} + 0.8N_{\text{II}} + 0.1N_{\text{III}}$ (kW) $\quad$ (11-33)

离心机的最大功率为 $\quad N_{\max} = N_{\text{I}}$

(二) 锥篮式离心机的功率计算

在锥篮式离心机中，所消耗的能量主要是用于克服物料的惯性和移动物料、克服在轴承中的摩擦及转篮与空气间的摩擦。对于 $\Phi650-64°$ 型离心机，其功率消耗包括下列几项。

1. 克服物料惯性消耗的功率 N_1

因糖膏中晶粒与糖蜜所获得的能量不相同，现分别进行计算。

蔗糖晶粒所消耗的功率：

$$N_{晶} = \frac{G_{晶} R^2 \omega^2}{2} \quad (11-34)$$

式中 $N_{晶}$——蔗糖晶粒所消耗的功率，W

$G_{晶}$——单位时间进入离心机的晶粒重量，kg/s

R——锥篮大端直径，m

ω——锥篮的角速度，1/s

糖蜜所消耗的功率：

$$N_{蜜} = \frac{G_{蜜} R_1^2 \omega^2}{2} \quad (11-35)$$

式中 $N_{蜜}$——糖蜜所消耗的功率，W

$G_{蜜}$——单位时间进入离心机的糖蜜重量，kg/s

R_1——糖蜜基本从晶粒中排除的位置，m。一般 R_1 离锥篮小端直径的距离约为锥篮高的 1/3 处

则： $\quad N_1 = N_{晶} + N_{蜜}$ $\quad$ (11-36)

2. 物料与筛面的摩擦所消耗的功率 N_2

$$N_2 = P_{料} \cdot f \cdot L \quad (11-37)$$

式中 N_2——物料与筛面的摩擦所消耗的功率，W

$P_{料}$——物料对网面的正压力，N/s

$$P_{料} = G_{晶} R \omega^2 \times \cos\alpha$$

f——物料对网面的摩擦系数

$$f = \tan\alpha = \tan32° = 0.625$$

L——锥篮壁的长度，m

3. 在轴承中摩擦所消耗的功率 N_3

$$N_3 = \frac{f\rho d\omega}{2 \times 102} \quad (11-38)$$

式中 N_3——轴承摩擦所消耗的功率，kW

ρ——轴承上所受的动载荷，kg

f——轴与轴承间的摩擦系数

d——轴颈直径，m

4. 锥篮与空气摩擦所消耗的功率 N_4

$$N_4 = aHD_{av}^4 n^3 \quad (11-39)$$

式中　N_4——锥篮与空气摩擦所消耗的功率，kW

　　　D_{av}——锥篮的平均直径，取几何平均值，$D_{av} = \sqrt{D_1 \cdot D_2}$，$D_1$、$D_2$ 为锥篮大端、小端的直径，m

　　　H——锥篮高度，m

　　　n——锥篮的转速，r/min

　　　a——系数 $a = 1.34 \times 10^{-9}$

于是功率消耗为：

$$N = N_1 + N_2 + N_3 + N_4 \tag{11-40}$$

三、离心机转篮的强度计算

转篮在运转的过程中，由于转篮本身的离心力及被分离物料作用于篮壁表面的离心压力，使转鼓篮内产生了环向应力。

（一）上悬式离心机转篮的强度计算

若转篮本身的离心力使转篮壁内产生的环向应力为 σ_1，而空转篮的离心力为：

$$F_0 = G_0 R \omega^2 = 2\pi H S \gamma_0 R^2 \omega^3$$

式中　F_0——空转篮的离心力，N

　　　G_0——空转篮质量，kg

　　　R——转篮半径，m

　　　H——转篮高度，m

　　　S——转篮壁厚，m

　　　ω——角速度，1/s

　　　γ_0——转篮材料的密度，kg/m³

于是作用在转篮表面上单位面积的压力为：

$$P_0 = \frac{F_0}{2\pi R H} = \frac{2\pi H S \gamma_0 R^2 \omega^3}{2\pi R H} = S \gamma_0 R \omega^2 \text{（Pa）} \tag{11-41}$$

在离心力作用下，转篮壁上所产生的环向应力（σ_1）（图 11-32）为：

$$\sigma_1 = \frac{P_0 R}{S} = \frac{S \gamma_0 R \omega^2 R}{S} = \gamma_0 R^2 \omega^2 \tag{11-42}$$

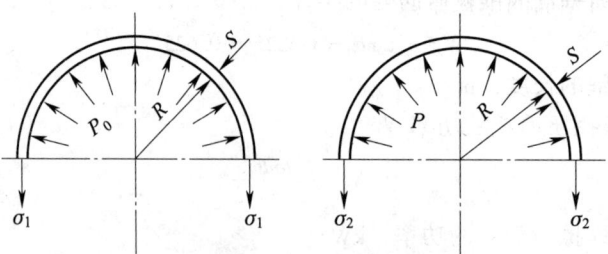

图 11-32　转篮壁中应力

由式（11-42）可见，应力 σ_1 与壁厚 S 无关，而增大转篮直径及角速度的可能性直接取决于材料的许用应力 [σ]。因此对现有的离心机不经强度校核，不应随意提高其工作转速，否则转篮壁将因强度不足而破裂。

糖膏作用在转篮壁面上的离心压力而使壁厚上产生的环向应力为 σ_2，而糖膏由于离心力的作用挤压到转篮表面上所造成相应的压强 P，其大小为：

$$P = \frac{\gamma \omega^2}{2}(R^2 - r^2) \tag{11-43}$$

式中　P——糖膏对转篮表面的作用压强，Pa
　　　γ——糖膏的密度，kg/m³
　　　R——糖膏外层的半径，m
　　　r——糖膏内层的半径，m

因此在转篮壁内所产生的环向应力为：

$$\sigma_2 = \frac{PR}{S} = \frac{\gamma \omega^2}{2S}R(R^2 - r^2) \tag{11-44}$$

于是，转篮壁内所受到的总的环向应力为：

$$\sigma_1 + \sigma_2 = \gamma_0 R^2 \omega^2 + \frac{\gamma \omega^2}{2S}R(R^2 - r^2) \tag{11-45}$$

转篮壁因开孔而受到削弱，为保证转篮在运动过程中不致因强度不足而受到破坏，则应保证下列条件，即：

$$\frac{\sigma_1 + \sigma_2}{Z} \leq [\sigma] \tag{11-46}$$

式中　Z——开孔转鼓的削弱系数，其值为 $Z = \frac{t-d}{d}$，t 为相邻两孔的中心距，d 为孔径

　　　$[\sigma]$——转鼓材料的许用应力

根据上述公式，可计算转篮的壁厚或校核转篮的强度。但应指出，这只是简易的强度验算，因忽略了整体结构的弯曲力分析。

（二）锥篮式离心机锥篮的强度计算

锥篮在绕轴回转时，由于锥篮本身以及物料作用于其上的离心力，在锥篮壁内也产生了环向力 σ_1 与 σ_2。对于 $\Phi650-64°$ 这一类型式的离心机，可按下列公式进行计算。

令：S——锥篮壁的厚度，m
　　γ_0——锥篮材料的密度，kg/m³
　　R'——垂直于母线的篮壁截面处的半径，m
　　ρ——轴线垂直的锥篮截面处的半径，m（图 11-33）

在篮壁上取表面积为 A，壁厚为 S 的单元体积（图 11-33）作用于其上的离心力为：

$$F = m\rho\omega^2 = A \cdot S \cdot \gamma_0 \rho \omega^2 \quad (N) \tag{11-47}$$

垂直作用于面积 A 上的力为：

$$F\cos\alpha = A \cdot S \cdot \gamma_0 \rho \omega^2 \cos\alpha \quad (N)$$

则面积 A 上所受的压强为：

$$P = \frac{F\cos\alpha}{A} = S \cdot \gamma_0 \rho \omega^2 \cos\alpha \quad (Pa)$$

此处锥篮壁内所受到的环向应力为：

$$\sigma_1 = \frac{PR'}{S}$$

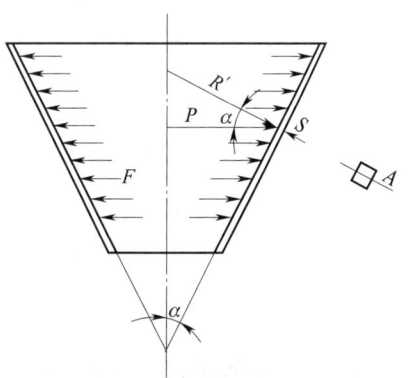

图 11-33　锥篮壁应力计算说明图

而

$$R' = \frac{\rho}{\cos\alpha}$$

以 R' 代入上式得：

$$\sigma_1 = \gamma_0 \rho^2 \omega^2 \quad (\text{Pa}) \tag{11-48}$$

可见环向应力在锥篮的大端处（即 $\rho = R$ 处）为最大，即：

$$\sigma_{1\max} = \gamma_0 R^2 \omega^2 \tag{11-49}$$

同理，可推导出因为物料作用于锥篮壁表面上的离心压力而产生于壁内的环向应力 σ_2 为：

$$\sigma_2 = \frac{\delta \gamma \rho^2 \omega^2}{S} \tag{11-50}$$

式中　γ——糖层密度，kg/m^3
　　　δ——糖层平均厚度，m
　　　S——锥篮壁厚，m

此应力 σ_2 也是在锥篮大端处为最大，即：

$$\sigma_{2\max} = \frac{\delta \gamma \rho^2 \omega^2}{S} \tag{11-51}$$

于是，锥篮大端处壁内所承受的总的环向应力为 $\sigma_1 + \sigma_2$，强度校核的条件是：

$$\sigma_1 + \sigma_2 \leq [\sigma] \quad (\text{Pa}) \tag{11-52}$$

式中 $[\sigma]$ 为锥篮材料的许用应力。

如果计入面网与衬网所产生于篮壁内的应力，将使计算结果的精确性有所提高。

四、轴的强度计算及临界转速

在设计离心机的轴时，需要特殊考虑的有两方面的问题，一方面是轴的强度计算，另一方面则是轴的临界转速。

（一）轴的强度计算

上悬式离心机及连续锥篮式离心机的轴，主要传递扭矩，根据扭矩进行强度校核。

$$M_K = 9550 \frac{N}{n} \quad (\text{N} \cdot \text{m})$$

式中　N——离心机的最大功率，kW
　　　n——离心机的转速，r/min

则轴所受的扭转应力为：

$$\tau_K = \frac{M_K}{W_K} = \frac{M_K}{0.2 d^3} \leq [\tau_K] \tag{11-53}$$

式中　W_K——轴的抗扭断面系数
　　　$[\tau_K]$——许用扭转应力，取 $3.92 \times 10^7 \text{Pa}$

根据上列公式可计算轴的直径：

$$d = \sqrt[3]{\frac{M_K}{0.2[\tau_K]}} \quad (\text{m}) \tag{11-54}$$

对离心机的轴进行强度计算是必要的，但还必须校核离心机轴的临界转速，使离心机在适宜而安全的转速下工作。

(二) 轴的临界转速计算

临界转速相应于轴自振频率。在有偏心距时，如果轴的转速与临界转速相等，则其挠度趋于无穷大，便产生了共振，可以从下面的推证来计算轴的临界转速。

对一高速回转的机械，如果转动物体的重心与回转中心不在同一直线上（即存在偏心距），就会产生不平衡离心力而产生振动。如图 11-34 所示，一个偏心圆盘装在一个重量可忽略不计的轴上，轴支承在两个自位轴承上。圆盘的几何中心为 W，而质量重心为 S，则 e 表示圆盘重心 S 的偏心距。当回转时，轴受到圆盘对其产生的不平衡离心力而被弯曲产生挠度 f，同时产生反抗变形的弹性反力 P，一直到弹性力与离心力平衡为止。因弹性反力 P 与挠度 f 成正比，即：

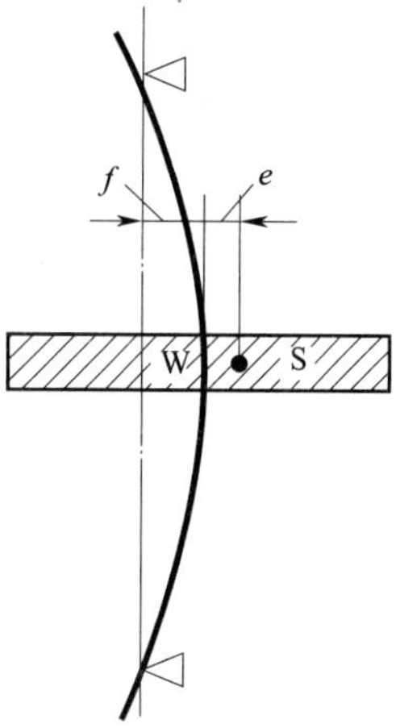

$$P = af$$

式中 a 为比例系数，与轴的尺寸、材料、力的作用点及轴的固定特性等有关，而轴所受的离心力为：

图 11-34 刚性轴的挠度计算说明图

$$F = MR\omega^2 = M(f+e)\omega^2$$

式中　M——圆盘的质量，kg

　　　ω——圆盘的角速度，1/s

　　　f——挠度，cm

　　　e——偏心距，cm

当弹性力与离心力平衡时，

$$M(f+e)\omega^2 = af$$

则挠度为：
$$f = \frac{Me\omega^2}{a - M\omega^2} \text{ (cm)} \tag{11-55}$$

由式（11-55）可知，随着角速度 ω 的增加，挠度 f 也增大，振动将加剧。

当分母 $a - M\omega^2 = 0$ 时，挠度 f 为无穷大，也就是说，此时轴的转速和轴的自然频率相一致，便产生了共振现象。人们称产生共振时的角速度为临界角速度 ω_K，即

$$\omega_K = \sqrt{\frac{a}{M}} \text{ (1/s)} \tag{11-56}$$

与 ω_K 相应的转速被称为临界转速 n_K，则：

$$n_K = \frac{60\omega_K}{2\pi} = \frac{30}{\pi}\sqrt{\frac{a}{M}} \text{ (r/min)} \tag{11-57}$$

根据轴的各种支承特点及圆盘的布置情况，轴的临界角速度值可用表 11-3 的公式进行计算。

从理论上讲，当轴达到临界转速时，此时挠度为无穷大，轴应被破坏。实际上，如果通过临界转速时进行得相当快，则使轴的挠度来不及达到危险值，同时人们在离心机上设计了减震装置，在通过临界转速时大大地改善了轴的工作条件。

为了保证离心机能平稳地工作，离心机的工作转速应该选择远小于轴的临界转速，实际上如图 11-35 所示，当工作角速度 ω 小于 0.7 倍的临界角速度或者大于 1.5 倍临界角

速度时，轴的工作均能处于正常状态。如

$$轴的工作转速\ \omega < 0.7\omega_K \tag{11-58}$$

表 11-3　　　　　　　各种情况下的临界转速值

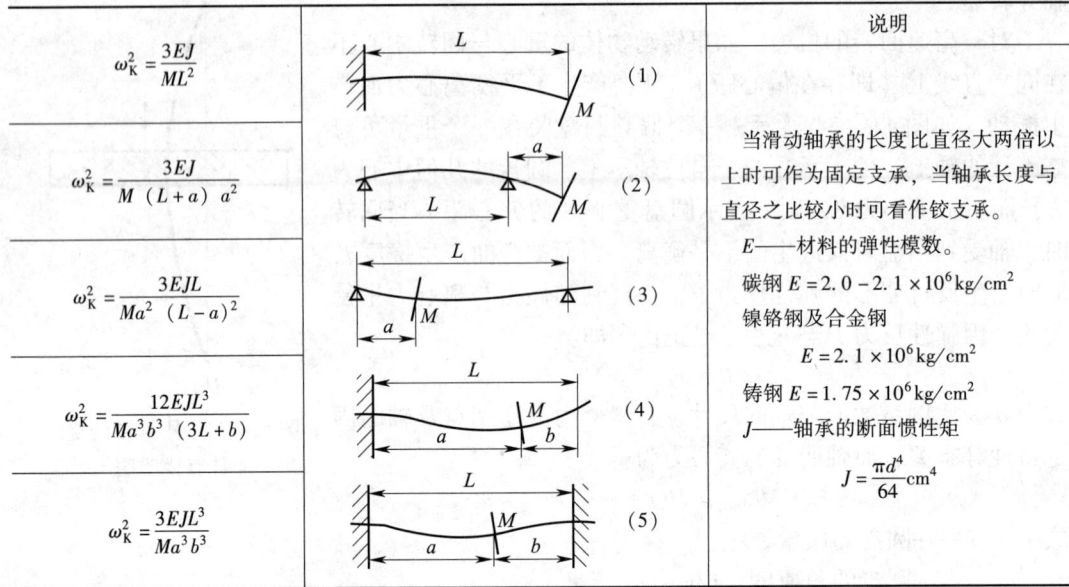

		说明
$\omega_K^2 = \dfrac{3EJ}{ML^2}$	(1)	
$\omega_K^2 = \dfrac{3EJ}{M(L+a)a^2}$	(2)	当滑动轴承的长度比直径大两倍以上时可作为固定支承，当轴承长度与直径之比较小时可看作铰支承。 E——材料的弹性模数。 碳钢 $E = 2.0 - 2.1 \times 10^6\,kg/cm^2$ 镍铬钢及合金钢 $E = 2.1 \times 10^6\,kg/cm^2$ 铸钢 $E = 1.75 \times 10^6\,kg/cm^2$ J——轴承的断面惯性矩 $J = \dfrac{\pi d^4}{64}\,cm^4$
$\omega_K^2 = \dfrac{3EJL}{Ma^2(L-a)^2}$	(3)	
$\omega_K^2 = \dfrac{12EJL^3}{Ma^3b^3(3L+b)}$	(4)	
$\omega_K^2 = \dfrac{3EJL^3}{Ma^3b^3}$	(5)	

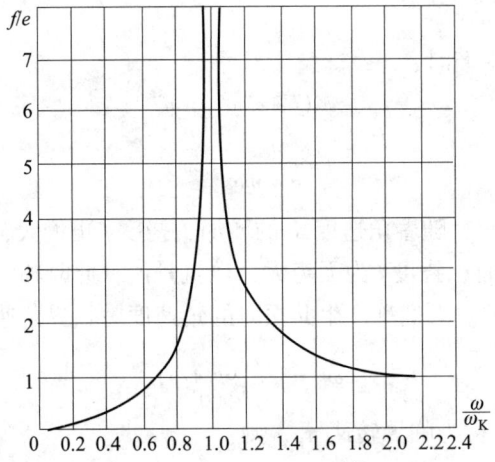

图 11-35　角速度与挠度的关系图

我们称它为刚性轴。如

$$轴的工作转速\ \omega > 1.5\omega_K \tag{11-59}$$

我们称它为挠性轴。

当轴的转速处于 $\omega > 6\omega_K$ 时，轴的工作反而更趋于平稳，因为此时出现了自动对中现象。

实际上，轴本身是有重量的，而且在大多数情况下所受的载荷不是一个而是几个，所以实际情况要较上述为复杂。

在设计时，采用什么性质的轴将取决于所处理物料的性质及离心机的结构。若选用挠性轴就要设法增加轴的挠性，降低临界转速。采用的措施为：

(1) 在满足强度的条件下，轴的直径尽可能取得小些。
(2) 轴的长度尽可能长些，使转鼓重心尽量远离轴承的中心。
(3) 轴承采用球面支承或弹性支承，使轴在通过临界转速时能降低机器的震动。
(4) 转篮应该高些。

如上悬式离心机的轴即是属于挠性结构。

若选用刚性轴，就应该设法增加轴的刚性，使临界转速提高，保证轴在远低于临界转速下工作。采取的措施为：

(1) 轴的直径取得大一些。
(2) 轴的长度尽可能短一些。
(3) 轴承采用固定支承，不允许轴产生摆动。
(4) 转篮高度尽可能短些，采用深凹面的筒底，使转篮重心尽可能靠近轴承的中心。

连续式锥篮离心机及三足式离心机的轴都属于刚性轴结构。

第四节　离心机的平衡

如前所述，为避免产生共振现象，离心机的工作转速总是选择低于临界转速，或高于临界转速。但即使在远离临界转速下工作的离心机，只要存在有偏心载荷，就产生了不平衡离心力与振动，因此要想绝对避免振动是困难的。但是人们可以在加工装配后对转子进行静平衡与动平衡，在操作离心机时尽量减少那些使机器产生不平衡的因素，以使离心机的振动降低至最小程度。

一、转子的静平衡与动平衡

由于制造转篮的材料的密度不均匀，轴与转篮等在加工与装配中产生的偏差，以及轴承室及减震器的安装不妥等原因，都会使转子的重心与回转中心偏移，使离心机产生不平衡离心力，引起了机械震动。对于这种情况可以进行动静平衡予以消除。

不平衡离心力 F 为：

$$F = \frac{Gn^2 e}{900}$$

式中　F——不平衡离心力，N

　　　G——转篮重力，N

　　　n——转速，r/min

　　　e——转篮重心偏移，m

转子的不平衡有两种情况。一是转子重心与回转中心不重合，此为静不平衡，如图 11-36 所示，可用静平衡的方法处理。将转子放在平行的水平轨道上时，如图 11-37 所示，不平衡的转子就会滚动，直到其重心位于最低的位置为止。为使转子达到静平衡，可在转鼓的一边去掉一些材料，或在另一边增加一些重量进行平衡，使转子达到在上述导轨上能任意平衡的状态。另一种情况如图 11-38 所示。转子在两个不同的平面上都存在着静不平衡，因而在转动时将出现两个不平衡的离心力，这两个不平衡离心力大小相等，方向相反,构成一对离心力偶,这种情况称为动不平衡。由于它们在静态时处于平衡状态,所以在静平衡试验时不会被发现。

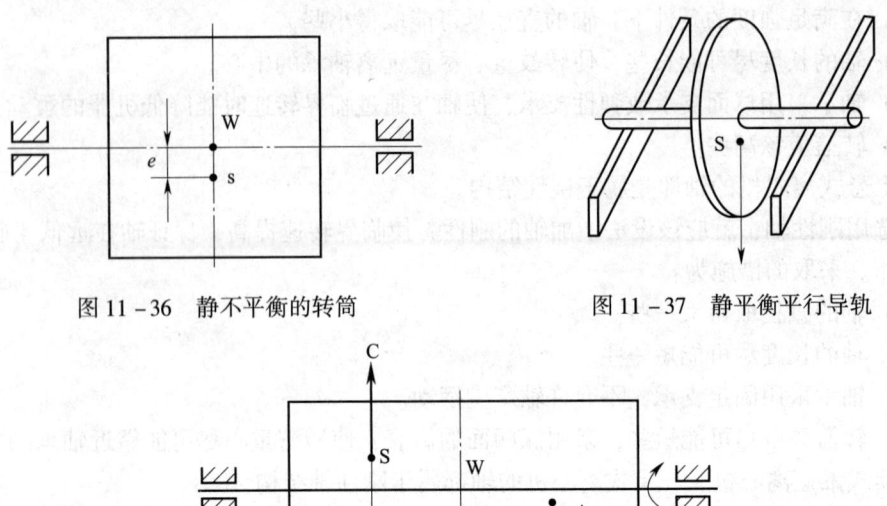

图 11－36　静不平衡的转筒　　　　图 11－37　静平衡平行导轨

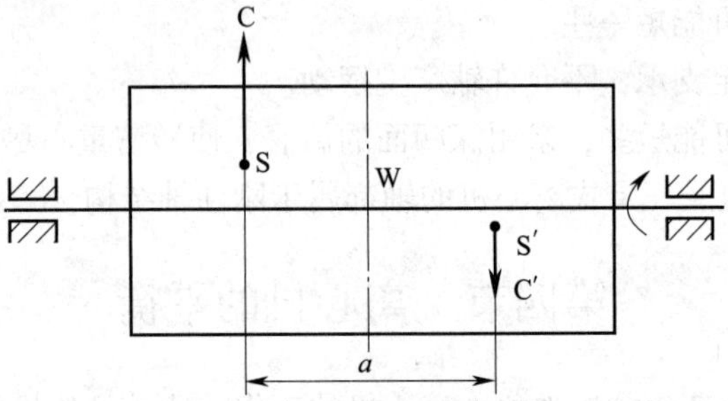

图 11－38　动不平衡的转鼓

离心力偶为:

$$M = Fl = mR\omega^2 l \tag{11－60}$$

式中　M——离心力偶,N·m

　　　F——离心力

　　　l——力臂

　　　m——转鼓的质量,kg

　　　R——转鼓的半径,m

　　　ω——转鼓的角速度,1/s

由上式可见,如果两不平衡平面的距离越大,则离心力偶 M 也越大,动不平衡也就越严重。动平衡一般是在制造厂中用专门的机器检定的。

二、运转中的不平衡

离心机转子经过动平衡后,如在使用过程中操作不当,仍然可能出现不平衡而产生振动,如转篮内部有积糖,进料过快或不均匀,糖膏中有团块等。此外如轴承损坏、机件松脱、筛网破裂等,也都是造成转篮不平衡的原因。因此,在操作过程中转篮一旦发生振动,应立即分析并找出其原因,及时予以消除。

第五节　离心机的维护、检修要点

离心机经常性的维护工作有下列主要内容:

(1) 经常检查离心机的运转是否平稳,以及附属设备如电动机和仪表等工作是否正常，如发现异常，应及时停机检查。

(2) 检查离心机筛网有无破裂，注意制动器的磨损情况。

(3) 检查传动部分的润滑是否良好，并定时加油。

(4) 检查水、汽、物料管路及阀门有无渗漏现象。

(5) 每班至少清洗离心机及附属设备一次。

离心机的易损件有面网、底网、分配盘、滚动轴承和轴、支架的橡皮减震器等。因此在使用一定时间之后，必须进行检修。根据各零件工作条件的不同，一般当离心机运行700~1400h 之后进行小修。小修的内容是清洗轴承部件、补筛网、紧固螺栓等工作。运行了一定的时间（具体时间各厂不同）则进行中修。中修时要更换筛网、制动带等，并检查滚动轴承。只有当轴损伤、转鼓腐蚀、轮圈断裂或轮壳与转鼓的配合松动时，才进行大修。有些厂每年对转篮做一次静平衡调校。

在糖厂停工后，根据需要可将离心机进行解体，检查筛网是否破裂；清洗轴并检查其光洁度，必要时将端部的锥形配合面进行研磨；拆开并清洗轴承室，检查轴承有无损坏，检查轴承室的支承球面有无擦伤；检查制动带，如磨损超过 1/2，就应进行更换；检查转篮周壁有无裂纹并检查其腐蚀程度，若腐蚀超过原厚度的 1/3 就需要更换；此外还需检查转篮底的锥孔面；检查联轴器，更换摩擦带或胶垫等。

转篮与轴非不得已时不要拆去。转篮不应敲打变形。拆出的转轴应注意垂直吊放。

经过检修并经装配好的转子（包括转鼓、轴、制动轮等），必须做平衡检查，用振动计或千分表检查运转时的残余振动，若不合要求，还应作动平衡校正。

第十二章　砂糖干燥、筛分、包装与仓库设备

第一节　砂糖干燥的基本概念

在糖厂中，分蜜后所得到的成品糖，其中一砂糖（即白砂糖）作为糖厂的主要产品，二砂糖一般被制成糖糊作一砂种，而三砂糖作为赤砂糖出售，或作二砂种或回溶。成品糖中的精糖、白砂糖与绵白糖等均必须经过干燥。

为使砂糖在贮运过程中不致因微生物的生长而变质，以及防止糖潮解或结块，砂糖的水分含量必须限制在允许范围之内。

砂糖允许的含水量，按国家标准，视产品的类别不同而异，如表12-1所示。

表12-1　成品糖分水标准

产品种类	糖分/%	水分/%
精糖	99.8	0.05
优级白砂糖	99.7	0.06
一级白砂糖	99.6	0.07
二级白砂糖	99.5	0.10
精制绵糖	98.4	1.6
普通绵糖	97.95	2.0

从离心机卸出的糖，除赤砂糖的水分已符合指标不需干燥可直接包装外，其他产品因水分含量均较要求的指标为高，所以工业上一般采用干燥的方法，以除去其中多余的水分。所谓干燥是指借热能将固体中的水分汽化并除去的方法。干燥砂糖一般用热空气作干燥介质。目前国内外所用的干燥方法基本上有以下两种。

（1）在干燥机中干燥　此时在离心机中可进行无汽或少量蒸汽分蜜，砂糖的温度较低（一般是50~60℃），水分较高（2%~3%），须在干燥机中借助热空气干燥的方法，将砂糖干燥到所要求的水分标准。

（2）在离心机中干燥　也就是在分蜜后期用饱和高压蒸汽或热蒸汽（压力为0.6~0.8MPa）吹进糖层，刚卸出的砂糖温度约为90℃，水分含量可降低到0.5%以下。因为砂糖中水分大部分已在离心机中除去，剩下含量不多的水分便可用自然冷却的方法来干燥。不难证明，从砂糖本身降低温度所放出的热量完全足够用来作自然冷却干燥之用。所以，汽洗分蜜后的砂糖，一般经过输送、筛分进行自然冷却，不需要特殊的干燥设备就可进行包装。

砂糖干燥过程的实质是将水分从砂糖转移至空气中，实际属于扩散过程的范畴。欲使干燥得以顺利进行，必须使砂糖表面上的蒸汽压强大于空气中的蒸汽分压强，也就是说要保持扩散的推动力，才能使砂糖表面的水分不断汽化，砂糖中的水分方能继续扩散到表

面。如果砂糖与一定的温度和湿度的空气相接触，当砂糖中的水分达到一定值后，不再随着与空气接触时间的延长而减少时，则称此值为在此条件下的砂糖的平衡水分。当接近平衡水分时，干燥即不再进行。即使相同的物料，当与之接触的空气性质不同时，其平衡水分也不相等。因此，可用改变空气的温度及相对湿度等参数来改变物料的平衡水分。而在干燥过程中物料能被除去的水分（即大于平衡水分的水分）称自由水分。

衡量干燥效能的好坏，不仅要看物料达到最终湿含量的大小，主要是考虑达到所要求的湿含量时，所需时间的长短，即是指物料的干燥速度。所谓干燥速度是指单位时间内在单位干燥面积上所能汽化的水分量，它直接关系到干燥机的生产能力与干燥机的尺寸。

影响干燥速度的因素是很多的，如：
(1) 物料的性质与形状，如晶粒的大小、均匀程度及砂糖层的厚度等。
(2) 砂糖的最初与最终湿含量及其临界湿含量。
(3) 砂糖本身的温度，如温度高，则干燥速度大。
(4) 热空气的温度，只要在不损害砂糖质量的前提下，提高热空气的温度将增大干燥速度。
(5) 热空气的湿度和流动速度，如空气的相对湿度低，流动速度大，则水分汽化快，干燥速度快。
(6) 热空气与砂糖的流动方向。逆流流动比并流好，而当热空气垂直流过砂糖层时，是为错流流动，可减少气体边界层的厚度，所以比前两种干燥速度快，效果好。

因此在设计干燥机时，应考虑能满足下列要求：
(1) 干燥速度快，在较短的时间将砂糖干燥至所要求的水分。
(2) 晶粒磨损小，光泽性好。
(3) 动力消耗少。
(4) 设备结构简单，操作与维修方便.

第二节 干 燥 设 备

一、干燥机的类型与构造

干燥机的形式很多，而用于砂糖的干燥机主要有下列一些形式。

(一) 转筒式干燥机

转筒式干燥机如图 12-1 所示，它是一个回转的圆筒，与水平线之间有很小的倾角，圆筒外壳上装有两只滚圈，整个转筒的重量通过滚圈传到两对支承托轮上，并借助摩擦力与托轮一起回转。圈筒外还套一齿圈，它由电动机通过减速装置再由小齿轮带动之。为了防止转筒产生轴向移动，还加有挡轮。干燥机的进口与出口处都装有固定料斗。在固定部分与转动部分之间有密封装置，通风机装在出口处使转筒内造成很小的负压，以防止粉尘外流，在空气出口处装有旋风分离器来收集糖粉。转筒内有抄板，它是用来提升砂糖并使之分散的装置（图 12-2）。砂糖进入转筒后，落入底部抄板，当转筒转动时，抄板将砂糖带至上部而下落。由于转筒倾斜放置，当砂糖垂直落至底部时便已前进了一段距离。砂糖在下落的进程中与吹入的热空气直接接触，热空气将热量传给砂糖，砂糖吸热将使水分汽化，砂糖因不断失去水分而得到干燥。

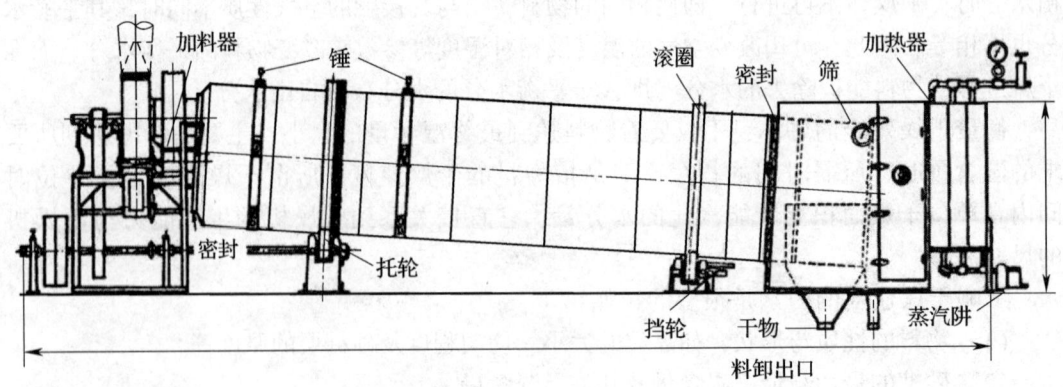

图 12-1　转筒式干燥机

转筒式干燥机有单段转筒与双段转筒之分，单段转筒仅起干燥加热之用。若干燥与冷却同时进行时，可采用双段转筒，这种装备称为干燥-冷却机。进行这两个过程所需要的条件是不同的，为使砂糖有效地干燥，应取相对湿度较低的热空气作干燥介质。而当冷却时，则应将砂糖与冷空气相接触。

双段转筒式干燥机如图 12-3 所示，糖粒在干燥机内沿着整个长度方向向前移动。转筒的中部外壳上有孔隙，此为空气吸出的通道，但特殊型式的抄板使砂糖不致穿过孔隙而漏出。孔隙的

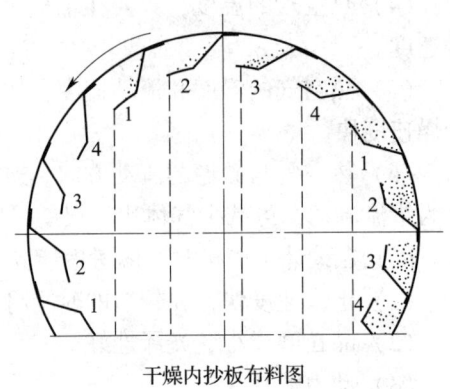

图 12-2　干燥内抄板布料图

部位，其外有固定室，通风机与其相连而形成负压，热空气自左方进入与砂糖呈并流流动，冷空气刚从右端进入与砂糖作逆流流动。于是砂糖在前段得到干燥，而在后段进行冷却。

双段转筒干燥机的优点是结构紧凑，占地面积小，生产能力高。我国北方常用于干燥绵白糖。

上述带有提升式抄板的干燥机，是利用抄板将砂糖带至高处而自由下落，晶粒必然遭受损坏而缺少光泽，且会生成较多糖粉而被带走。于是出现了结构比较合理的百叶窗转筒式干燥机（图 12-4），其特点是转筒内部结构在沿着转筒内壁的纵向装有十多片隔板，每个隔板构成单独的热风通道。从横截面上看去，隔板沿着半径方向呈辐射状，其高度由进口至出口处逐渐降低。在隔板半径方向的端部沿切线方向装置条板，其长度与隔板相等。隔板之间及条板之间的空隙是为空气的通道，所有条板的内表面形成圆筒。砂糖从转筒一端的中心部位送入，随着转筒的转动，条板借摩擦力将砂糖带至一定高度而自由下滑，于是砂糖偏于转筒的一侧形成一定扇形体的堆积层（其偏转位置与砂糖的自然倾角有关），砂糖像在无抄板的光滑筒内一样，以螺旋线轨迹向前移动。这种设备从结构上保证

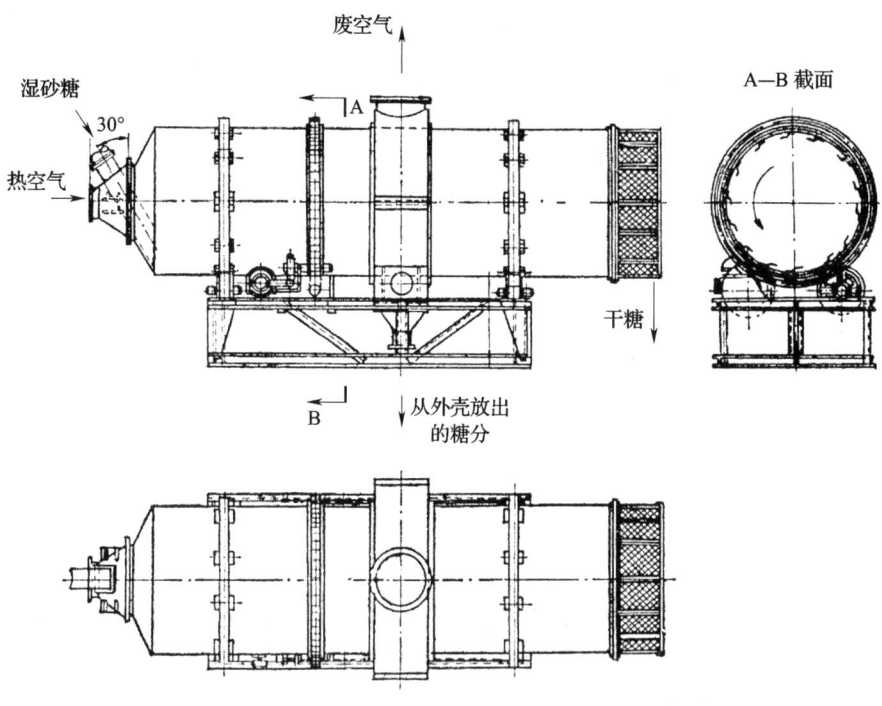

图 12-3 双段转筒式干燥机

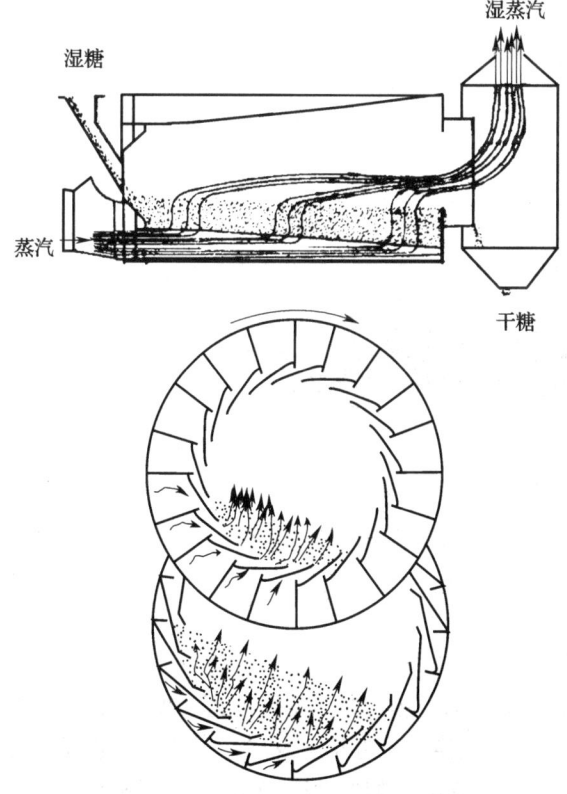

图 12-4 百叶窗转筒式干燥机（无抄板）

热空气只能从堆积着砂糖的那部分隔板间通道内送入，随即分散至板条间的间隙内，然后均匀地穿过糖层。如果需要，也可将百叶窗式转筒干燥机设计为干燥－冷却机。即在隔板中分别通入热空气与冷空气，前者起干燥作用，后者可使砂糖冷却。

无抄板转筒干燥机具有的优点包括：由于新鲜热空气不断与砂糖呈错流流动，因而提高了干燥强度，其效率比一般抄板型干燥机为高。此种隔板结构使糖层向着转筒的出口方向逐渐减薄，于是较多量的空气通过较厚而湿的料层，而较薄的并逐渐干燥的层料只能通过较少量的空气，这正与干燥的工艺要求相符合。此外，由于砂糖在转筒内是自然地滑落，晶粒破损比较小，减少糖粉生成，光泽也较好，这更是百叶窗转筒式干燥机优越之处。不过，这种干燥机的结构比提升式抄板干燥机复杂。特别分配入热风的结构，较难克服漏风。

（二）振动式干燥机

振动式干燥机为目前得到比较广泛应用的砂糖干燥设备，一般汽洗分蜜后的砂糖，可直接送入，进行自然冷却干燥。

1. 百叶窗式振动干燥机

从图12－5可知，它是由传动装置、槽体、连杆、隔板、筛网及弹性臂等部分组成。槽体由许多倾斜的弹性摇臂支承。当传动装置带动偏心轮（或曲轴）转动时，连杆便使槽体作往复的运动。槽体上的物料，在惯性力的作用下，以一定角度向前抛而作跳跃前进的运动。槽底有百叶窗式叠板，将槽体分隔成上下两层，每块百叶窗板的向上倾斜角为5°，水平投影约为150mm，板间缝隙约6mm。考虑到外界空气条件可能的变化，必要时需吹冷风和热风，因此槽分两段，前段可通入热风。当需要通入热空气为干燥介质时，槽上应装有面盖，并与管路及糖粉收集器相连，砂糖在前进的过程中与从槽底吹上的热空气直接接触而被干燥。如果条件允许，仅自然冷却就可达到干燥要求，则在操作时可拆除面盖。

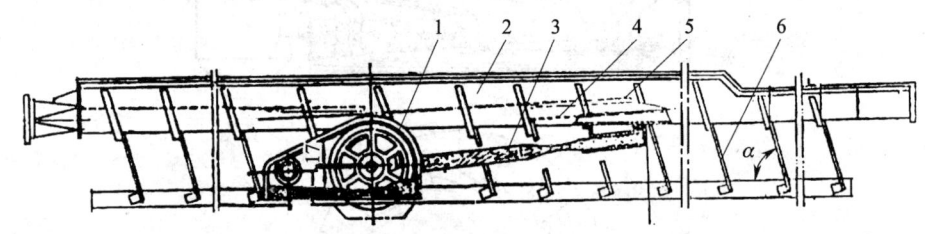

图12－5 振动式干燥机

1—传动装置 2—槽体 3—连杆 4—隔板 5—筛网 6—弹性臂

振动式干燥机的优点是结构简单、紧凑、投资省，在干燥的同时兼有输送的效果；由于晶粒是跳跃式前进，晶粒的磨损不大。但其缺点是风道积糖，空气分配不均时影响干燥效果，制造困难，易变形，运转时有噪音。但它仍然是我国糖厂中进行砂糖干燥的主要设备。

2. 振动流化床干燥机

TGZZ振动流化床干燥机基于热力对流干燥原理，配置振动装置对料层强制振动形成流化状态，强化热交换与质交换，是近年来发展起来的先进设备。

（1）振动流化床干燥机结构　如图12－6所示。该机由进料口、出料口、进风口、出风口、振动器、振动机架、减振弹簧。

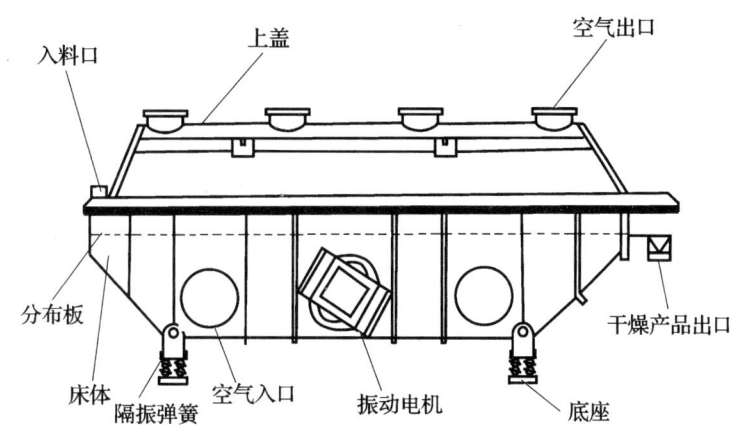

图12-6 振动流化床干燥机结构

振动器一般包括两个反向旋转的偏心电机,它被称为自同步双轴惯性直线式振动器。通过改变振动电机的振幅及其安装角度,可以改变物料的运行速度、可无级调节料层厚度及机身振幅的大小,可适应不同物料的干燥作业。

目前所采用的隔振方式都是弹簧隔振。弹簧在振动筛和地基之间起隔振作用,同时又支撑着振动筛。为了减少传给地基的动力,弹簧刚度应该越小越好,但是太小又不能支撑振动筛,必须有一个恰当的弹簧刚度,还必须满足其压缩量的要求。

振动机架由上盖、床体底座、分布板和橡胶弹簧组成,可保证振动装置对物料的激振。

分布板起到支撑固体颗粒物料,使气体得到均匀分布的作用,分散气流,在分布板上方产生较小的气泡。要使气流分布均匀,就必须使各孔道两端的压力损失一样。气体通过孔道的阻力,取决于孔道与容器的截面积之比和孔内气体流速。气体流速也取决于分布板孔道面积与分布板总面积之比即开孔率。试验表明,一般流化床干燥器开孔率越大,流化质量越差;减小开孔率,可以改善流化质量。但开孔率过小,会使阻力增大,电力消耗增加。根据物料的粒度大小,应选择适宜的开孔率,一般为3%~10%,其下限常用于低流化速度,即干燥颗粒细、密度小的物料。孔径常为1.5~2.5mm。

(2)振动流化床干燥机工作原理 如图12-7所示,TGZZ振动流化床干燥机是在普通流化床基础上施加振动而成,湿物料自进料口进入振动床干燥机内,通过振动电机产生激振力作用,使物料向前做抛掷连续运动,流化床底部输入的热风穿过分布板再向上穿过湿物料,在激振力与热气流的双重作用下,物料呈悬浮流化状态,湿物料与热风进行强烈的传热传质,湿空气经旋风分离器除尘后由排风口排出;干燥物料由排料口排出。

振动流化床的物料流态化不仅由热风而且同时由床的振动共同完成的。振动加强了流态化,也加强了换热强度。

(3)振动流化床干燥机系统 如图12-8所示,振动流化床装置除了振动流化床本身之外,还必须有给料机、给风机、吸风机、除尘器、振动电机、热交换器、排料阀等附属设备。

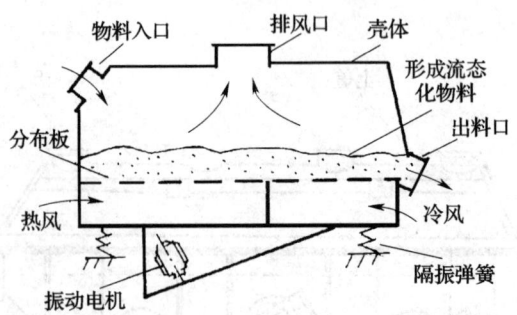

图 12-7 振动流化床干燥机工作原理示意图

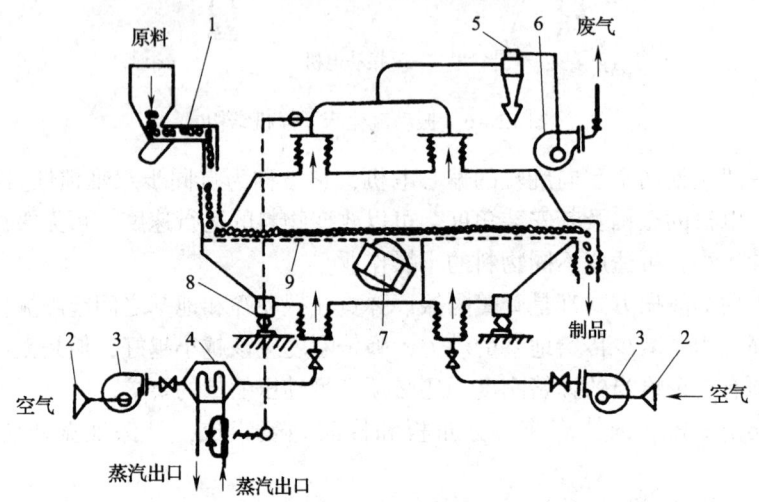

图 12-8 振动流化床干燥机
1—振动给料器 2—空气过滤器 3—给风机 4—加热器
5—集尘器 6—吸风机 7—电机 8—隔振弹簧 9—分布板

振动流化床能否正常操作、其产量和效率等均与附属设备的关系很大。给料机的均匀给料，除尘器的有效除尘，风机的吸压方式，都对物料的干燥质量产生很大的影响。

(4) 振动流化床干燥机特点

①全封闭式结构。有效地防止了物料和外界的交叉污染，保证了作业环境卫生。

②机械性能优良。采用先进的振动电机为驱动机构，代替偏心振动机构，运转平稳，具有维修量小、维修方便、噪音低、寿命长等特点。

③操作调节简便。采用的振动电机为驱动机构，调节振动电机激振力的大小和方向，能控制料层厚度和机内物料的移动速度级机身振幅。

④流化质量完美。采用振动电机使物料强制流化，再加上热空气的作用，床层温度分布均匀，无局部过热现象，流态化均匀，无死角现象，压力降波动较小，干燥均匀。

⑤主机热效率高。机械振动促使流化形成，热空气的流速小，用气量少。机械振动使有效传热系数增大，热效率提高。比一般固定流化床干燥装置可节能 30% ~ 60%。

⑥物料损伤减小。本机处理物料缓和、颗粒的破碎和磨损小，可保持干物料的光泽。

⑦运行稳定，物料适应性强。可用于易碎物料的干燥，物料颗粒不规则时也可使用，不影响效果。

⑧当用干燥于高水分物料大批量生产时，可采用多台串联的方式以达到要求。

表 12-2 为我国 ZLG 系列的振动流化床干燥机的数据。

表 12-2　　　　　　　　　　TZD 系列砂糖干燥机技术参数

机型	流化床面积/m²	进风温度/℃	出风温度/℃	蒸发水分能力/(kg/h)	振动电机功率/kW
ZLG 0.30×3	0.9	70~140	40~70	20~35	0.75×2
ZLG 0.30×4.5	1.35	70~140	40~70	35~50	0.75×2
ZLG 0.45×4.5	2.025	70~140	40~70	50~70	1.1×2
ZLG 0.60×4.5	2.7	70~140	40~70	70~90	1.1×2
ZLG 0.45×6	2.7	70~140	40~70	80~100	1.1×2
ZLG 0.6×6	3.6	70~140	40~70	100~130	1.5×2
ZLG 0.75×6	4.5	70~140	40~70	120~170	1.5×2
ZLG 0.9×6	5.4	70~140	40~70	140~170	2.2×2
ZLG 0.6×7.5	4.5	70~140	40~70	130~150	2.2×2
ZLG 0.75×7.5	5.625	70~140	40~70	150~180	3.0×2
ZLG 0.9×7.5	6.75	70~140	40~70	160~210	3.0×2
ZLG 1.2×7.5	9	70~140	40~70	180~270	3.7×2
ZLG 1.5×7.5	11.25	70~140	40~70	200~350	3.7×2
ZLG 2×20	40	70~140	40~70	800~1500	22×2

二、干燥机的计算

（一）转筒式干燥机的计算

1. 主要尺寸及参数的确定

转筒式干燥机的主要尺寸及参数如筒径、筒长 L、倾角 α 及转速 n 等数值，均直接关系到物料在转筒内的停留时间，也就是影响到被干燥物料的质量。根据物料在光滑转筒内的运动，可以推导出物料在其中的停留时间。在此基础上，考虑到抄板及气流方向等因素的影响，加以经验校正，则得出下列公式：

$$T = mK \frac{L}{Dn\tan\alpha} \qquad (12-1)$$

式中　T——砂糖在转筒内的停留时间，min

　　　L——转筒长度，m

　　　D——转筒直径，m

　　　n——转筒转速，r/min

　　　α——转筒的倾斜角

　　　K——与气流流动方向有关的系数

　　　　　并流时　$K=0.2$

　　　　　逆流时　$K=0.5$

　　　m——与抄板型式有关的系数，对提升式抄板 $m=0.5$

由上式可知，增大筒长和采用逆流流动可使停留时间增加，而增大筒径和倾角以及提高转速时，停留时间可缩短。因此，转筒的体积以及长度和直径应根据下列因素来考虑，其中，转筒的体积可由式（12-2）求得：

$$V = \frac{W}{a} \quad (12-2)$$

式中　V——转筒体积，m^3

　　　W——单位时间内砂糖除去的水分量，kg/h

　　　a——水分蒸发强度，即单位时间从单位转筒体积所蒸发的水分量，$kg/(m^3 \cdot h)$

转筒直径 D 的确定与气流速度有关。提高气流速度可以提高干燥强度，但气流速度不能太大，否则小的晶粒有可能被气流所带走，而造成糖分损失。因此，气流的速度不应大于晶粒的飞翔速度，而晶粒的飞翔速度，可以用式（12-3）进行近似地计算：

$$v_S \approx 4\sqrt{d\gamma} \quad (12-3)$$

式中　v_S——晶粒的飞翔速度，m/s

　　　d——晶粒的直径，mm

　　　γ——物料的视密度，kg/dm^3

根据干燥砂糖所需要的空气流量 v_S 则可列出下列公式：

$$3600 \times \frac{\pi}{4} D^2 v = V_a$$

式中　v——空气流速，m/s

　　　V_a——空气流量，m^3/h

则转筒的直径为：

$$D = \sqrt{\frac{V_a}{900\pi v}} \quad (m) \quad (12-4)$$

于是可以求得转筒的长度为：

$$L = \frac{V}{\frac{\pi}{4}D^2} = \frac{4V}{\pi D^2} \quad (12-5)$$

转筒的直径一般在3m以下，筒长与直径之比为 4~8，转速为 3~5r/min，倾角为 3°~6°。当这些参数初步确定后，需要根据公式（12-1）验算砂糖在转筒内的停留时间，它应大于或至少等于在特定工艺条件下干燥砂糖所需要的时间。如两者相差较大，则应对上述参数进行合理调整。

工艺所需的干燥时间与干燥速度有着密切的关系。如前所述，它受很多因素的支配，涉及干燥动力学的问题。目前还未能完整地用数学函数的形式表示它们的关系，因此在设计干燥机时只能根据具体情况选用适合该条件的实验数据作为计算的依据。例如设计常压操作的转筒干燥机时，其所需干燥物料的时间是根据转筒的水分蒸发强度和物料平衡而求得：

$$T' = \frac{120\varphi\gamma_{cp}(W_1 - W_2)}{a[200 - (W_1 + W_2)]} \quad (min) \quad (12-6)$$

式中　γ_{cp}——转筒中物料的平均视密度，kg/m^3

　　　W_1，W_2——物料在干燥前与干燥后的湿含量（以湿物料为基准）

　　　a——转筒的水分蒸发强度，$kg/(m^3 \cdot h)$，对于砂糖的干燥条件，取 $a=7$

　　　φ——填充系数，即物料所占的面积对转筒的圆截面之比，一般取 φ 为 0.1~0.2

2. 生产能力

转筒干燥机的生产能力，可用式（12-7）求出：

$$G = 3600 V_0 \frac{\pi}{4} D^2 \gamma \varphi \tag{12-7}$$

式中 G——转筒干燥机生产能力，t/h

V_0——砂糖沿着转筒前进的速度，m/s，可以根据（12-1）进行计算，即

$$V_0 = \frac{L}{T} = \frac{Dn\tan\alpha}{60mK}$$

γ——砂糖的视密度，取 0.8t/m³

3. 功率计算

转筒干燥机的功率主要消耗于克服滚圈与托轮间的滚动摩擦，托轮轴颈在轴承内的滑动摩擦，砂糖在转筒内的滑动以及提升砂糖至一定高度所做的功。可以用经验公式（12-8）进行计算。

$$N = 0.746 \ (0.5 + 0.6D + 0.1L) \tag{12-8}$$

式中 N——转筒干燥机的功率，kW

D——转筒直径，m

L——转筒长度，m

4. 物料衡算

如砂糖在干燥机中无损失，则干燥前后砂糖中的干物料重量可视作不变，可用式（12-9）表示：

$$G_1 \times \frac{100 - W_1}{100} = G_2 \times \frac{100 - W_2}{100} \tag{12-9}$$

式中 G_1——进入干燥机的砂糖重量，kg/h

G_2——离开干燥机的砂糖重量，kg/h

W_1——进入干燥机的砂糖水分含量，%（湿基）

W_2——离开干燥机的砂糖水分含量，%（湿基）

干燥过程中除去的水分重量为进入与离开干燥机的砂糖重量之差，即：

$$W = G_1 - G_2 \ (\text{kg/h})$$

代入式（12-9），则：

$$W = G_1 \times \frac{W_1 - W_2}{100 - W_2} = G_2 \times \frac{W_1 - W_2}{100 - W_1} \ (\text{kg/h}) \tag{12-10}$$

因为通过干燥机的绝对干空气的重量是不变的，故可作为依据来计算空气消耗量，即：

$$A = \frac{W}{H_2 - H_1} \tag{12-11}$$

式中 A——通过干燥机的绝对干空气的重量，kg/h

W——干燥过程中除去的水分重量，kg/h

H_1——进入干燥机时空气的湿含量，kg 水/kg 干空气

H_2——排出干燥机时空气的湿含量，kg 水/kg 干空气

考虑到空气中尚含有少量水分，则所需的空气量为：

$$A_1 = A + AH_1 \ (\text{kg/h}) \tag{12-12}$$

5. 热量衡算

通过热量衡算可确定湿空气的性质，并计算出预热空气所需要的蒸汽消耗量。干燥砂

糖所消耗的热量由下列几项组成：

蒸发水分消耗的热量 $Q_1 = W(2677 - 4.18 t_1')$ （kJ/h）

加热砂糖消耗的热量 $Q_2 = G_2 c_2 (t_2' - t_1')$ （kJ/h）

损失于周围的热量 $Q_3 = (Q_1 + Q_2) \times (5\% \sim 15\%)$ （kJ/h）

所以总热量消耗为：

$$Q = Q_1 + Q_2 + Q_3 \quad (\text{kJ/h}) \tag{12-13}$$

式中　t_1'——干燥前砂糖的温度，K

t_2'——干燥后砂糖的温度，K

c_2——砂糖的比热，kJ/(kg·K)

其他符号与前相同。

上述消耗的热量，是由热空气供给的。在干燥前后热空气的温度由 t_1 降至 t_2，所放出的热量为：

$$Q = 1.01(t_1 - t_2)A + 1.96(t_1 - t_2)H_1 A \quad (\text{kJ/h}) \tag{12-14}$$

式中　Q——干燥过程热空气放出的热量，kJ/h

t_1——从预热器排出空气的温度，K

t_2——空气离开干燥器时的温度，K

因 $A = \dfrac{W}{H_2 - H_1}$，代入上式，则得：

$$\frac{t_1 - t_2}{H_2 - H_1} = \frac{Q}{W(1.01 + 1.96 H_1)} \tag{12-15}$$

在式（12-15）中，Q 可由热量衡算求得，t_2 和 H_2 为状态参数并和相对湿度 φ 有关。若假定 φ 和 t_2 值，便可由 $I-H$ 图求得 H_2。

（二）振动式干燥机

至目前为止，有关砂糖在振动式干燥机内的干燥动力学问题研究得还不多，也缺少有关干燥速度等的实验数据。至于振动式干燥机技术参数的确定及功率计算等，可参考振动式筛分机。表 12-3 为我国 TZD 系列的砂糖干燥机的数据。

表 12-3　　　　　　　TZD 系列砂糖干燥机技术参数

型号	槽宽/mm	本机长度/mm	曲轴转速/(r/min)	振幅/mm	配用电动机	
					功率/kW	转速/(r/min)
TZD1000×L	1000	10000≤L≤20000	280	17	5.5	1440
TZD1200×L	1200	10000≤L≤20000	280	17	5.5	1440

第三节　砂糖筛分设备

为使产品砂糖的晶粒整齐均匀，必须将干燥后的砂糖进行分级，筛去不合格的糖粉与糖块（因糖粉易受潮，而糖块的色泽又较深）并将它们回溶。

用于砂糖分级的设备称为筛分机。我国常用的为振动式筛分机，其结构与振动式干燥机及振动输送机基本相似,所不同的是在槽体内装有不同孔径的筛网,前面的筛孔较小,后面的则逐渐增大。根据筛孔大小可将晶粒分成数种(表12-4)。

表12-4　　　　　　　　　　　　筛网规格与晶粒种类

筛网规格 (每毫米孔数)	6	12~24	25~37	37~50	50~78
晶粒种类	团、块糖	粗晶粒	一般晶粒	细晶粒	糖粉

筛分时影响筛分效率的因素：
①糖层厚度：太厚将阻止一些糖粒筛下。
②糖及筛网振动不当：太弱时网孔易被稍大的糖粒堵塞,太强时应筛下糖粒跳跃而过。
③网孔堵塞：由于糖中含水引起的,它使网丝上积累物料而网孔变小。静电是造成网孔堵塞的另一种现象。
④糖层通过速度：停留时间越长,则糖粒通过网孔的机会越多。
⑤筛网倾斜度：它对网孔的有效尺寸及糖的通过速度有影响。
⑥筛网开孔面积：开孔面积越大,筛分效率越高。
⑦网孔的尺寸：网孔越大,筛下的糖量越大。

一、筛 分 机 制

为了达到良好的筛分效果,须增加物料对筛面的接触长度,并防止物料从筛面上跳起而导致与筛面的接触机会减少,须选择适宜的曲柄半径与转速,这可从物料在筛面上的运动情况进行分析。

如图12-9所示,当曲柄轴旋转时,筛体作往复运动,在一般情况下,由于连杆及弹性摇臂远比曲柄半径为大,因此可将筛面的运动视作直线简谐运动。令 $\theta = \omega t$,则筛体的位移可用式(12-16)表示：

$$S = r(1 - \cos\omega t) \tag{12-16}$$

式中　S——筛体沿着运动方向的位移,m
　　　r——筛体的振幅,即曲柄半径,m
　　　θ——曲柄回转角度,rad
　　　ω——曲柄角速度,rad/s
　　　t——曲柄由 A 位开始的回转时间,s

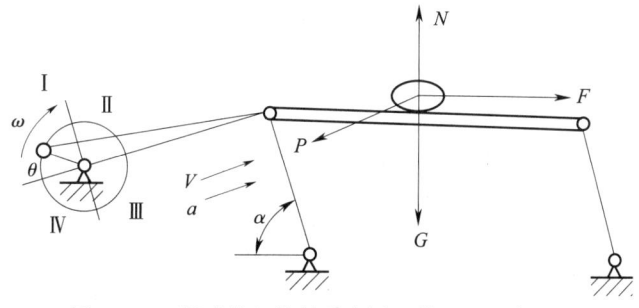

图12-9　振动筛上物料受力图(第Ⅰ、Ⅳ象限)

将上式对 t 微分，可得筛面运动的速度与加速度方程为：

$$V = \omega \cdot r\sin\omega \cdot t \quad (12-17)$$

$$a = \omega^2 \cdot r\cos\omega \cdot t \quad (12-18)$$

当曲柄处于第Ⅰ、Ⅳ象限时，筛面向右作加速度运动，此时物料受力有重力 G、筛面的法向反作用力 N 及筛面对它的摩擦力 F。若在其上加一惯性力 P，则可将晶粒对筛面的相对运动用动静法来解。为使晶粒不致沿料槽向后滑动，必须保证下述条件，即：

$$P\sin\alpha > (Gg + P\cos\alpha)f \quad (12-19)$$

式中　f——为砂糖对筛面的摩擦系数

　　　P——为加于晶粒上的惯性力

$$P = G\omega^2 r\cos\omega t$$

　　　α——弹性摇臂与水平面之间的倾角

将式（12-19）变换可写成：

$$\frac{G}{g}\omega^2 r(\cos\omega t\sin\alpha - \cos\omega t\cos\alpha f) > Gf$$

当曲柄处于极端位置（即左端时），$\cos\omega t = 1$，上式简化为：

$$\frac{\omega^2 r}{g}(\sin\alpha - \cos\alpha f) > f$$

因 $\omega = \dfrac{2\pi n_1}{60}$，$g \approx \pi^2$

代入上式得：

$$n_1 > 30\sqrt{\frac{f}{r(\sin\alpha - f\cos\alpha)}} \quad (12-20)$$

当曲柄处于第Ⅱ、Ⅲ象限时，物料的受力如图 12-10 所示。欲使晶粒在槽向后运动时能够沿料槽前滑动，其条件为：

$$P\sin\alpha > (G - P\cos\alpha)f \quad (12-21)$$

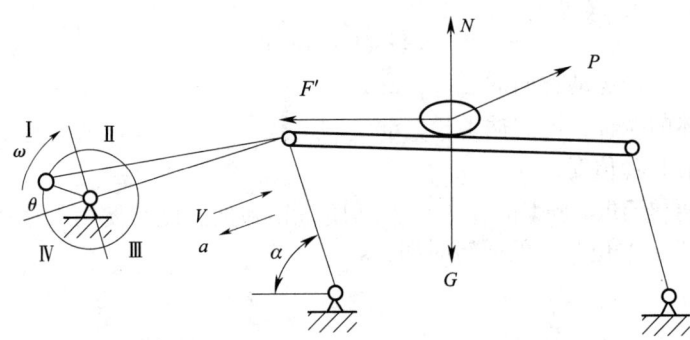

图 12-10　振动筛上物料受力图（第Ⅱ、Ⅲ象限）

推动结果得出所需要的曲柄转速为：

$$n_2 > 30\sqrt{\frac{f}{r(\sin\alpha + f\cos\alpha)}} \quad (12-22)$$

为不使晶粒跳离筛面，必须保证：

$$G > P\cos\alpha$$

即 $\dfrac{\omega^2 r}{g}\cos\omega t < \dfrac{1}{\cos\alpha}$

在极端位置 $\cos\omega t = 1$ 时，可得出：

$$n_3 < 30\sqrt{\dfrac{1}{r\cos\alpha}}$$

根据上述分析，为使晶粒在筛面上产生往返运动而又不致跳起，振动筛的转速 n 应在 n_1 与 n_3 之间，即：

$$30\sqrt{\dfrac{1}{r\cos\alpha}} > n > 30\sqrt{\dfrac{f}{r(\sin\alpha - \cos\alpha f)}} \tag{12-23}$$

在筛分机（振动干燥机与振动输送机也类似）α 一般可取 $60°\sim 80°$，而振幅 r 取 17mm。为满足上述条件，筛与机转速 n 取 $280r/min$。

对于连杆式振动机，转速与振幅的关系如表 12-5 所示。

表 12-5　　　　　　　连杆式振动机械的转速与振幅的关系

转速/(r/min)	240~420	420~600	600~840
振幅/mm	17~15	15~10	10~5

二、筛分机的计算

1. 生产能力

筛面的生产能力（G）可用式（12-24）计算：

$$G = 3600bhu\gamma \tag{12-24}$$

式中　G——筛面的生产能力，t/h

　　　b——槽体宽度，m

　　　h——槽筛面上物料的厚度，m

　　　u——物料在槽面上的移动速度，m/s，一般采用生产查定数据

　　　γ——物料的视密度，t/m^3

当要求提高现有砂糖筛分机的效能时，可适当加大振动的频率，减少弹性摇臂的安装倾角 α，和选用较合理的筛网规格。

2. 功率计算

振动式筛分机的功率主要消耗于使振动质量得到加速度与使物料移动所需功率的总和，可用式（12-25）计算：

$$N_1 = \dfrac{G_{振动}n^3 r^2}{5440} + \dfrac{GL\zeta}{367} \tag{12-25}$$

式中　N_1——筛分机的功率，kW

　　　$G_{振动}$——输送机振动部分的重量，t

　　　G——糖的重量，t/h

　　　n——曲柄转速，r/min

　　　r——曲柄的偏心半径，m

　　　L——输送机长度，m

　　　ζ——阻力系数，当 $\alpha = 60°\sim 80°$ 时，$\zeta = 0.6\sim 0.8$

于是，电动机功率为：

$$N = K \frac{N_1}{\eta}$$

式中　N——电动机功率，kW

　　　N_1——筛分机功率，kW

　　　η——机械效率

　　　K——过载系数，取 1.1~1.3

我国的 TZD 型砂糖筛分机的规格及主要技术参数如表 12-6 所示。

表 12-6　　　　　TDZ 型砂糖筛分机的规格及主要技术参数

型号	机身宽/mm	筛网 1段 面积/m²	筛网 1段 规格/目	筛网 2段 面积/m²	筛网 2段 规格/目	转速/(r/min)	电动机/kW
TDZ-1000	1000	4	50	3.2	22	280	5.5
TDZ-1200	1200	6	50	4.8	22	280	7.5
TDZ-1500	1500	7.5	50	6	22	280	7.5

国外也采用振动式筛分机，但其木板条制的弹簧臂改为弹簧圈，最新式的则是橡胶柱，不仅简化了结构，便于安装维修，而且降低了设备高度，减少了噪音。近些年来，还设计了电磁振动式筛分机，筛面坡度较大（33°~38°），由电磁铁通过连杆与筛体连接。当电磁铁通入交流电后，便使筛体产生了振动。振幅的大小可通过电磁铁上的弹簧进行调节。这种筛分机还可将筛面做成几层，重叠放置装于框架上，使得设备紧凑，并节约了用地。此外还具有动力消耗少，易于变速及筛分效率高等优点。

第四节　包装和仓库设备

产品糖的储存有两种方式，即袋装储存和散装储存，对于绵白糖只宜袋装储存。

袋装储存需要将成品糖装入料仓，然后称重，包装成袋并送至仓库堆垛储存。散装储存只须用输送机将糖送入仓库堆放即可，糖的重量通常在输送过程中称得。

一、包　　装

包装过程主要包括称重、装袋和缝袋等环节。包装用糖袋主要有麻袋，每袋装 100kg；塑料编织袋每袋装 50kg 或 25kg。如需长期储存和长途运输，有的在袋内再衬一层纸袋或塑料袋。此外为了便于当地销售，也可采用小包装，如 1kg、0.5kg 或 5~10g 装的聚乙烯塑料袋或纸盒包装等。

近年来，糖的包装工序逐渐采用了自动化或半自动化的设备以减轻工人的劳动强度。如图 12-11 所示为一种半自动化包装砂糖的过程。过程中采用了料仓、称量斗、自动秤、定量斗、灌装器、底架、缝袋机、缝袋输送机等设备和装置。

1. 料仓

料仓是一个大的贮糖斗，成品糖首先装入料仓，糖在仓内暂时储存并冷却。料仓的数目一般不应少于两个，每个料仓的容积至少应容纳工厂一个班所生产的糖量。如果包装工序每天只工作一个班，料仓的总容量还应加大。通常，料仓的上部呈长方体形状，下面联着四角锥。为了保证料仓内的糖能够顺利地通过下端的放糖口，四角锥的侧壁与水平面的夹角直大于糖堆的自然安息角，一般夹角取60°。在料仓的底端，设有两个放糖口，一个较大，为主放糖口，一个较小，为小放糖口，各有闸板门控制。放糖门的开启与关闭系由自动秤来的信号自动控制。

2. 称量斗

称量斗与自动秤是准确称量一袋糖重量的设备。料仓内的砂糖经放糖门控制装入称量斗过称，当达到要求的重量时，料仓停止放料，称量斗内的糖经设在下部的灌袋器装入袋中。开始时，料仓的两个放糖门同时开启，以求快速地将糖放入称量斗，当装入的糖量接近所要求的糖量时，自动秤发出信号关闭料仓的主放糖门（例如每次称量100kg

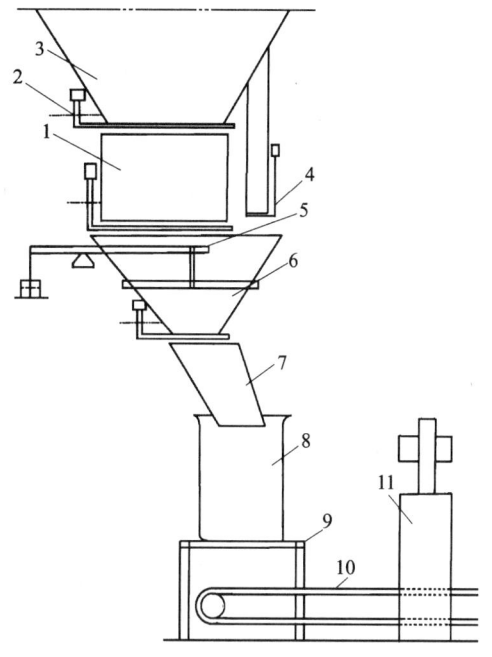

图12-11 成品糖包装示意图
1—定量斗 2—主放糖门 3—料斗仓 4—小放糖门
5—自动秤 6—称量斗 7—灌袋器 8—袋
9—灌袋底架 10—板式输送机 11—缝袋机

糖，当称量斗内糖量达到95~98kg时即关闭主放糖门）只留小放糖口继续加足100kg再关闭小放糖门。称量斗的下部设有闸板门，当称好糖以后开启此闸门将糖放入灌袋器。

3. 自动秤

自动秤是一种精密的设备，当前，自动秤的种类不少，但精确度较高的秤仍然是在杠杆原理的基础上配备以各种自控线路制成的。自动称量的准确性有着很大的经济意义，通常要求称量的误差低于0.1%，为此必须经常对秤进行校正（每班校正1~2次）并保持各联动部件及支点刀口的良好状态。影响自动称量的主要因素有：秤的灵敏度及附属部件的状态；自控线路及元件质量情况、砂糖的温度、湿度及晶粒情况；料仓内贮糖量；机械设备设计的合理性及操作等。为了保证称量的准确无误，应该对各主要影响因素给予足够的注意。

4. 定量斗

在料仓主放糖门与称量斗之间常安置一个定量斗，其目的是克服由于料仓内砂糖料面的高低和砂糖本身的特性变化对称量过程带来的影响。定量斗的容量略小于一袋糖的重量（若每袋装100kg糖，可取容量为95~98kg）。定量斗的上端由料仓的主放糖门控制，下端也设有放糖门。上下两个控制门交替地开闭。安置定量斗的另一个优点是能在很短的时间内将斗内的糖放入称量斗，提高了称量速度。安装定量斗后仍需用料仓的小放糖门最后将称量斗内的糖量添足。

5. 灌袋器和底架

最简单的灌袋器乃是一个漏斗形的溜子，由薄钢板制造，漏斗的下口略小于糖袋的开口，将糖袋套入灌袋器的下口即可将糖灌入袋内。将空糖袋张开，接受灌袋器放出的糖和将糖袋放到板式输送机上的操作，我国目前多由人工来完成。灌糖时糖包的重量由设在相应位置上的底架或带钳制装置的支架来承担。底架是由糖袋的下面承担重量，而钳制支架是用钳住糖袋开口边缘的方法承担重量。如图12-12所示为某糖厂采用的底架示意图。底架在静止时，左翻板在上，右翻板在下，由起落杆支撑糖袋压在翻板上的重量。当糖袋装满后，工人用脚踏在脚踏杆的外端，起落杆绕固定在机座上的支点转动，糖袋压翻左右翻板而下落到运动着的板式输送机上，将糖袋运走。此时，左右翻板靠平衡锤的作用重新恢复原来静止的状态。调节平衡锤的位置，可使翻板复原时总是左翻板在上，右翻板在下。

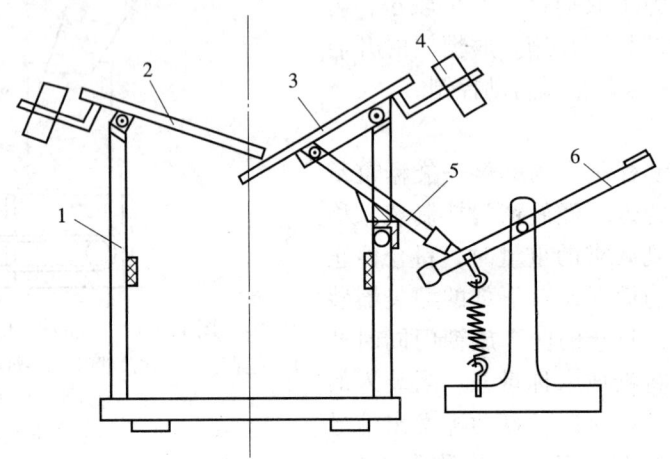

图12-12 底架示意图
1—机座 2—左翻板 3—右翻板 4—平衡锤 5—起落杆 6—脚踏杆

自动灌袋器可将上述灌袋过程全部实现自动化。如国外的自动灌袋机每小时最多可装900袋，即每4s装一袋，它的构造大致由自动装袋机、传送装置、夹袋装置、糖袋整理装置及缝袋机等组成。首先由送袋机每次送250～300个糖袋，然后有一对真空环把糖袋拾起来，由传送装置把袋子送上包装滑动口，并由另一对真空环将袋口撑开，夹紧的袋子在滑送口上牢牢固定，把灌袋器送入袋口，灌入砂糖。当把经过砂糖自动称量机准确称量的砂糖装入袋后，由糖袋整理装置把糖袋从滑动口取下，并把袋口三角并料折叠整齐，然后送往缝袋机缝口。

6. 缝袋输送机

缝袋输送机是一台板式输送机，这种输送机与缝袋机的性能相匹配，使用方便。我国缝袋输送机的定型产品是木板式输送机，这种输送机全长3m，糖袋在输送机上的运动速度与上海产GV8-4型横针缝袋机的缝袋速度相适应，当针距为8～10mm时，每小时缝麻袋600袋。

缝袋输送机只能将糖袋送至不远的地方，随后应由其他的运输和起重设备将糖袋送至仓库并堆垛储存。

二、仓库设备

产品袋装砂糖不能马上运出厂外销往市场，因此必须建立储存一定时间的糖仓库。袋装仓库应具备以下条件：

(1) 具有一定容量；
(2) 储存温度应控制在 15~25℃；
(3) 保持空气相对湿度在 70%~80%；
(4) 要求砂糖水分尽可能低，其 pH 在 8.5~9.0；
(5) 要具有完整的袋装砂糖输入输出设备及堆垛设备。

影响产品糖在储存中产生变质的主要因素是温度和湿度。通常要求库内温度不超过 25℃，相对湿度不超过 80%。为此，建设仓库应选择远离水坑、干燥而平坦的地方，仓库的地基与地面应具有防水层。仓库的墙壁和屋顶应使用导热性较小的材料。仓库的窗不宜过大和过多，以便保持库房内干燥，少受外界环境的干扰。如果库内的砂糖需较长期的储存，仓库还需设置通风和暖气设备。暖气应采用空气-预热器型式。

（一）仓库结构

糖仓库容量的大小应视工厂的条件及糖的周转情况而定。我国现阶段，一般以储存糖厂 15~20d 的生产量为宜。如果糖的外运没有保证，仓库容量应加大。在俄罗斯，按糖厂年产量的 40%~60% 估算仓库的容量，其他国家的糖厂也因周转情况不同，容量也不相同。

仓库的高度，一般 9~10m 为宜，低于 6m 是不可取的。对于机械化的仓库，希望仓库的宽度大于 25m，且仓库内无支柱。小于 25m 宽的仓库，对输送机械的操作和运动有妨碍。

仓库的地面，通常采用混凝土地面，地面的合理高度应与运货火车的车厢底相平。地面的抗压能力应足够高，以承担糖袋垛的压力。按堆放 25 层麻袋（每袋装糖 100kg）估算，每平方米地面须承受 4.25~4.75t 的压力。

仓库内还应安装温度计、湿度计和电话以便于管理。

（二）仓库设备

仓库内的主要操作有堆垛、卸袋和运输等，这些操作的劳动强度大，因此，应广泛采用各种起重运输机械来实现仓库的机械化，以减轻劳动强度和提高劳动生产率。

适合于仓库内使用的起重运输机械类型很多，应当根据糖厂和仓库的具体条件安排出适当的操作流程。仓库中常用的机械设备有：带式输送机（水平式或倾斜式；固定式或移动式）、板式输送机、堆垛机、超重吊车（悬吊式或桥式）、螺旋降落机、电瓶叉式装卸车等。

1. 带式输送机

它可以用于输送成袋的糖，输送机的带最好用金属的、橡胶带也可以。它能够作水平输送也可作倾斜输送。除了固定式带式输送机外，移动式输送机也广泛地用于仓库中。移动式输送机是将整套带式输送机安置在一个两轮车架上，它可以根据需要任意移动位置，使用起来很方便。

2. 板式输送机

板式输送机也是一种常用的水平或倾斜式输送机。它的承载部件是板条，可用金属条或木板条。这些板条按横向固接在牵引链的各环节上，由链轮驱动。整条输送带绕过驱动链轮和转向链轮联系起来，形成无端的板条式输送带。通常可采用平板条，但随着被输送物品的特性不同和安装倾斜度不同，也可采用异形板条或挡板。为了使输送机正常运转，应附设有张紧装置和防止倒滑的棘轮装置。

板式输送机的优点是能承担和运输较重的物体，当采用异形板或挡板时，输送机安装倾斜角度可以较大。输送机的缺点是运动速度较慢，一般 0.5m/s 左右；输送机本身重量较大。

3. 螺旋降落机

螺旋降落机又称螺旋滑梯。它是一种把糖袋从高处降落到低处的固定设备，如图 12-13 所示。糖袋从高处靠本身的重力沿着螺旋斜槽滑到低处。当糖袋落下后可用输送机或电货车等将糖袋送给堆垛机。这种设备占地面积少，对于包装间高于仓库的情况很适用。

4. 电瓶叉式装卸车

它是以蓄电池为动力的运货车。如图 12-14 所示的车是其中一种叉式装卸车。这种叉车的载重量 0.5~2t，常用于仓库中。它不仅可运送糖袋，还可以将糖袋举高 0.5~2.0m 作装卸用。这种车的车身小，动作灵活，不需很宽的场地即能操作。

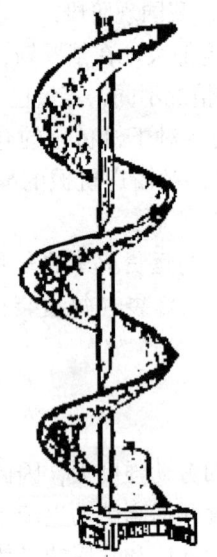
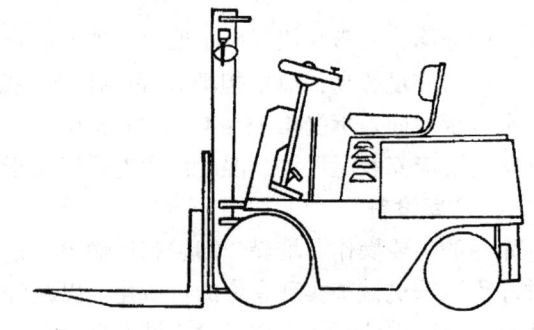

图 12-13　螺旋降落机示意图　　　图 12-14　电瓶叉式装卸车示意图

5. 板式堆垛机

它实际上是一台特殊的倾斜式板式输送机。在它的滚子链上固定着金属板条或木板条，链条由电动机通过减速箱和链轮来驱动。堆垛机的倾斜角可以改变，还可以通过转换开关使堆垛机正转或反转，以便将糖袋送上或卸下。堆垛机应当能够围绕自己的竖轴可以左右转动以扩大它的工作面。为了防止糖袋在输送中下滑，在滚子链上每隔一段距离固定一块尺寸较大的金属棒或木棒。在堆垛机的入料端，通常用可移动的带式输送机、电瓶车等轻便设备供应糖袋。

如图 12-15 所示为一种板式堆垛机，适用于大型的宽敞的仓库。

在容量较小又窄的仓库内可以采用简单而陡峭的板式堆垛机，如图 12-16 所示。这种堆垛机占地面积少，尺寸小，能够把糖袋几乎垂直地送至垛顶。但是这种堆垛机不适于当作连续输送线的一环，而且需靠人力供给糖袋。

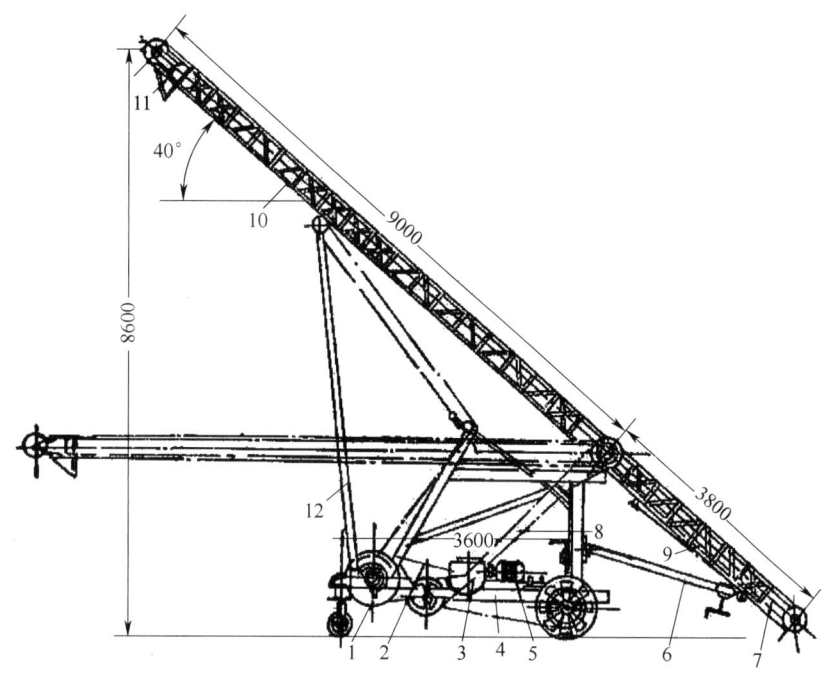

图 12-15 大型板式堆垛机示意图

1—起升卷扬机 2—起升卷扬机传动装置 3—变速箱 4—车架 5—电动机 6—调整输送机高度的装置
7、11—张紧装置 8—输送机转轴的传动装置 9—输送机 10—输送机架 12—升高装置的支撑杆

6. 起重吊车

在糖仓库内使用吊车也是一种很好的方法,吊车同时具有起重和输送两种作用,它可以完成堆垛、卸袋和输送多种操作。通常可以采用悬吊式或桥式吊车。它的缺点主要是在仓库内占据较大的空间,降低仓库的有效高度。在较老的仓库内安设简单的电葫芦吊车也能够改善仓库的劳动条件。

总之,适合于糖仓库使用的起重运输机械很多,重要的是根据具体的情况和条件设计出技术上先进、经济上合理的机械化方案。正因为这样,当前各地糖厂的机械化方案都不尽相同。作为一个例子,图 12-17 表示出一个以板式输送机和堆垛机为主体的仓库机械操作流程。

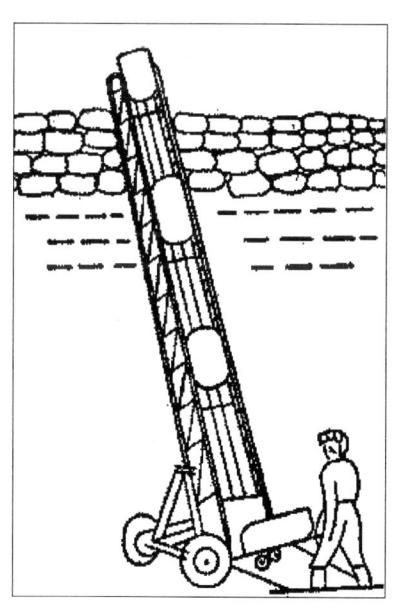

图 12-16 陡峭的板式堆垛机示意图

如图 12-17 所示,在包装间的糖袋经缝袋机封口并由板式输送机送到包装间的总输送机上,由此输送机经拐角辊轮输送机再把糖袋输送给仓库间的主输送机,进入仓库。仓库主输送机是一条固定式板式输送机,靠近仓库的墙壁安装,沿主输送机安置几个卸袋装置,可以在需要的地方将糖袋卸下。卸袋装置的下口处,有可移动的带式输送机将糖袋接住并把它运给可移动板式输送机,再由堆垛机把糖袋送至垛顶。

从糖垛上取袋、装车的顺序为：将堆垛机的输送带反转，把垛上的糖袋取下，再由可移动的板式输送机、带式输送机把糖袋送入车厢。

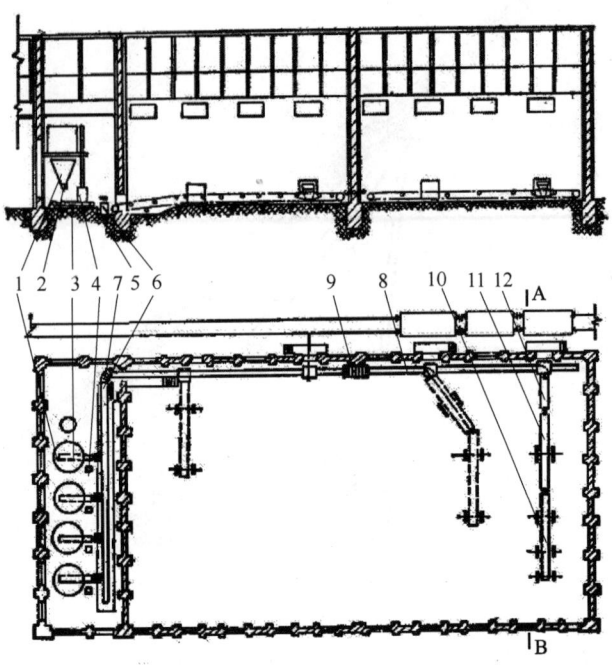

图 12-17 仓库机械流程示意图

1—称量斗 2—灌袋器 3—板式输送机 4—缝袋机 5—辊轮输送机 6—包装间总输送机 7—拐角辊轮输送机 8—仓库总输送机 9—辊轮输送 10—堆垛机 11—可移动板式输送机 12—可移动带式输送机

第十三章 固体物料及砂糖输送设备

第一节 概 述

在糖厂中固体物料及砂糖的输送都采用固体物料的连续输送设备。糖厂中要输送的固体物料有甜菜、菜丝、废粕（包括新鲜的、干燥的和压榨的）、滤泥、成品糖等。此外糖厂中有些辅助材料如煤、石灰石、石灰等也要用固体输送设备输送。在糖厂的综合利用车间中用固体输送设备也是常见的事。在糖厂中的一些专业机械，连续输送设备经常是它的一个主要组成部分（渗出器、干燥机和过滤机等），因此充分了解固体物料的连续输送装备的性能、种类和结构对糖厂生产的管理是很有必要的。

固体物料的连续运输机械可以根据是否有挠性牵引构件而分成两类：一类是具有挠性牵引构件的连续运输机械，如皮带运输机、刮板运输机、链板运输机和斗式提升机等；另一类是不具有挠性牵引构件的连续运输机械，如螺旋运输机（即绞龙）和振动式输送机等。固体物料的连续运输机械也可根据输送的方向分类，如水平输送的运输机械，有皮带运输机、螺旋运输机、刮板运输机和链板运输机等；还有垂直输送的运输机械，有提升机等。此外也有根据输送散粒物料或者成件物体而分类：输送散粒物料的运输机械有皮带运输机、刮板运输机、螺旋运输机等；输送成件物体的运输机械有皮带运输机、板式运输机等。

糖厂对固体物料的运输机械的要求是在输送过程中必须避免输送的物料（如砂糖）因机械作用而受到磨损，保持运输物品的完整和光泽。

下面将介绍几种甜菜糖厂常用的固体物料和砂糖的输送机械。

第二节 皮带输送机

皮带输送机是利用无端输送带的往复运动来输送物料，可输送块状物料、粉末状物料、成件物料。另外还可用作选择、检查、包装、清洗和预处理操作台等。皮带输送机是甜菜糖厂输送固体物料应用最多的一种连续输送机械，它常用于干法输送甜菜、菜丝、砂糖、滤泥、废粕、煤及石灰石等。皮带输送机一般是用于水平方向的输送，也可以按一定倾斜角度输送物料。

皮带输送机的主要优点是：操作可靠，结构简单，管理和维护比较容易，工作时无噪音，动力消耗小（与链条输送机相比），生产能力大，输送能力稳定，输送距离长，能够在全机身中任何地方进行装料和卸料，运行安全可靠。主要缺点是不密闭，输送轻质的粉状物料时易飞扬。

一、皮带输送机的构造

带式输送机是具有挠性牵引构件的运输机，如图 13-1 所示。主要由输送带、支承托辊、鼓轮、机架、驱动装置和张紧装置构成。物料由进料斗装在运输带上，并被输送至输送机的另一端。如需在输送带的中间部位卸料，可另设卸料机。

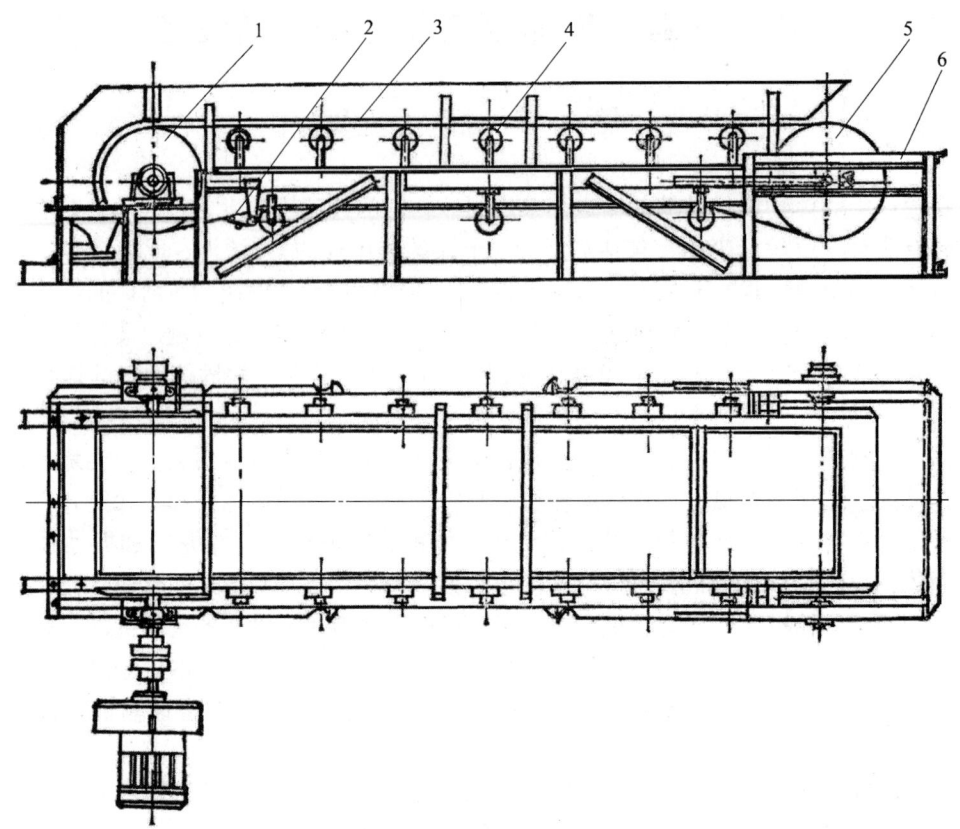

图 13-1　皮带输送机
1—主动鼓轮　2—刮板　3—输送带　4—托辊　5—从动鼓轮　6—机架

（一）输送带

输送带是指绕过主动鼓轮和从动鼓轮的封闭的环形带，起到牵引与承载作用。输送带材质应具有强度高、挠性好、本身重量小、延伸率小、吸水性小、对分层现象的抵抗性能好、耐磨性好等特点。输送带按照材质通常可分为橡胶带、钢带、网状钢丝带、帆布带、塑料带等。糖厂常用的是橡胶带，有时也用钢带。

橡胶带是由 2~12 层棉织品或化纤的衬布作为带芯，它是胶带承受拉力的主要部分。层与层之间用橡胶加以粘合而成的，其上下两面和左右两侧还附有橡胶保护层，其主要作用是防止帆布磨损及腐蚀。

目前，国内胶带已规格化，应用时可参考有关资料（GB/T 4490—2009《织物芯输送带　宽度和长度》）。其标记为：长度（mm）、宽度（mm）、带芯材质代号、带芯层数、纵向全厚度拉伸强度（N/mm）、上覆盖层厚度+下覆盖层厚度（mm）、覆盖层性能等级代号。

皮带的带芯层数可用式（13-1）计算：

$$i = \frac{F}{KB} \tag{13-1}$$

式中　　i——带的层数

　　　　B——带宽，cm

　　　　K——带 1cm 宽的胶带的许用工作拉力，N/（层·cm）

　　　　F——带子的工作拉力，N

胶带的连接有多种型式，有皮线缝纽法、胶液冷粘缝纽法、加热硫化法等，其中采用硫化接头最好，这种接头可达到原来强度的 90%，同时结合处无缝，表面平整。也有用金属搭接（通接卡子接头）接合，这种很容易接合，但强度降低很多，只有原来的 35%~40%。

（二）托架和托辊

由于带式输送机较长，胶带下设有若干托架。托架由固定支架和托辊组成，其作用是支承输送带及其上面的物料，保证带子平稳运行。

托辊分为承载带托辊和空载带托辊，即上托辊和下托辊。下托辊为直型托辊，上托辊分为直型和槽型，如图 13-2 所示。直型是指有一个固定托架和一个辊柱组成。槽型是指有一个固定托架和 2 个、3 个或 5 个辊柱组成。托辊主要由固定轴、转动辊、滚动轴承组装而成。

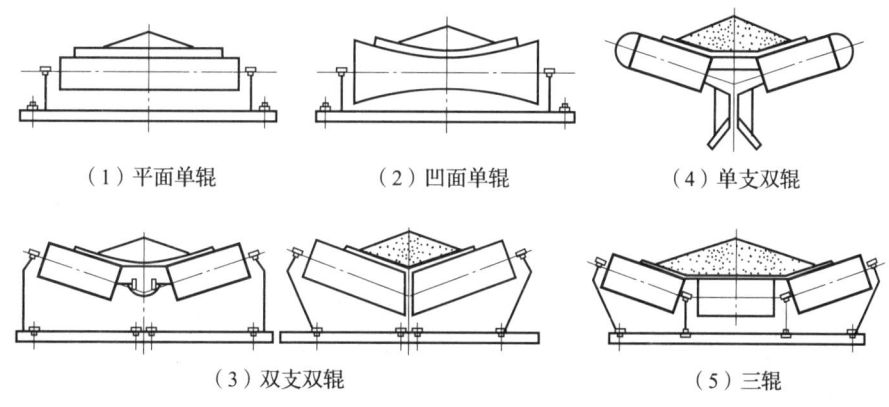

图 13-2　上带支撑装置的形式

托辊的总长度应比带宽 B 大 100~200mm。

托辊的间距和直径与带宽及输送物料的情况有关。定型的托辊直径可采用 $\varPhi 89$、$\varPhi 108$、$\varPhi 159$mm 等无缝钢管或铸铁。其间距在工作段，当物品为大于 20kg 的成件物品时，间距不应大于物料在运输方向的锤度的 1/2，以保证物品至少支持在 2 个托辊上，通常取 0.4~0.5m。物料比较轻的，托辊间距可取 1~2m。

（三）驱动装置

驱动装置是使输送带能运动起来的动力。它是由电动机、传动装置（减速器和联轴器）和驱动鼓轮等组成的。驱动鼓轮通过轴承安装在机架上，由电动机驱动鼓轮转动，输送带的运动是靠鼓轮与输送带之间的摩擦力来实现的。驱动鼓轮一般是用钢板焊接而成，为增加鼓轮和输送带间的摩擦力，常在鼓轮外表面包有木材、皮革或橡胶带。鼓轮的宽度一般比输送带宽 100~200mm。驱动鼓轮常做成鼓形（即鼓轮的中间直径比两侧的直径稍大），这样鼓轮可实现自动纠正胶带跑偏。另外还有改向鼓轮，又称从动鼓轮，只作为改变胶带运动方向之用，不需传递动力，负荷较轻，故大部分结构尺寸都比传动滚筒小。

（四）张紧装置

输送带的运动是靠鼓轮与输送带之间的摩擦力来实现的，为防止输送带打滑必须调整好输送带的适宜张弛度，通常采用螺旋弹簧、重锤或等张紧装置来调节输送带的张弛度，如图13-3所示。

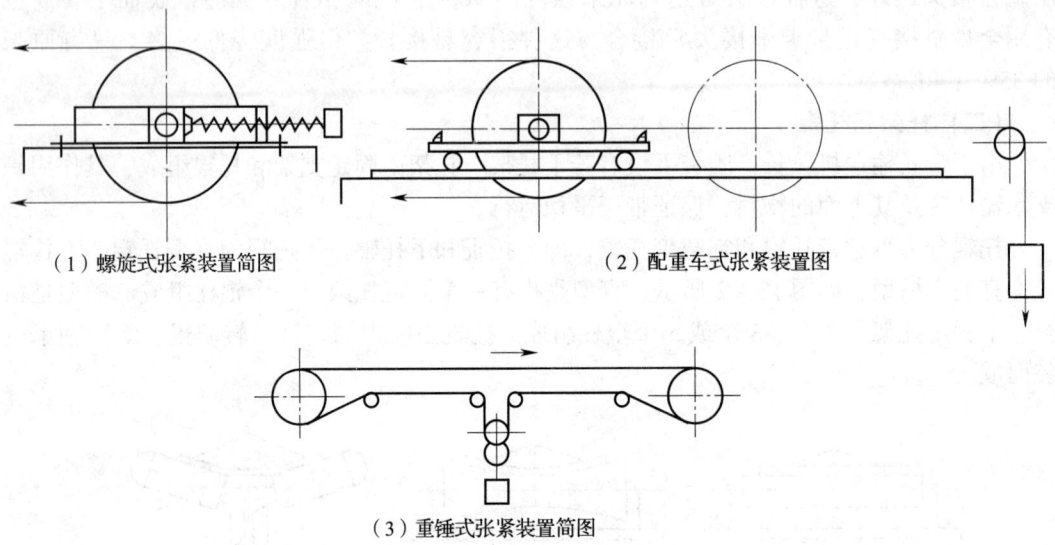

图13-3 皮带机张紧装置示意图

螺杆式张紧装置是利用拉力螺杆、压力螺杆或齿轮与齿条等，使之张紧。主要优点是外形尺寸小，较紧凑。缺点是必须经常观察和张紧。

配重车式张紧装置是张紧鼓轮系装在一可以沿轨道前后移动的小车上，而借重物的作用将皮带张紧。优点是能够保证皮带有一定的张紧力，保持带子与鼓轮间有一定的摩擦力。缺点是装置体积大，且笨重，维修时费时。

重锤式张紧装置是在自由悬垂的重物作用下，产生张紧作用力。其优点是能够保证皮带有一定的张紧力，保持带子与鼓轮间有一定的摩擦力。

二、皮带输送机的计算

1. 输送能力计算

$$G = 3600Bh\rho v\varphi c \tag{13-2}$$

式中　G——输送能力，t/h

　　　B——带宽，m

　　　h——堆放一层物料的平均高度，m

　　　ρ——装填密度，t/m³

　　　v——带速，m/s，一般为 0.8~2.5m/s

　　　φ——装填系数，一般取 0.75

　　　c——考虑到倾斜运输时的系数，其数值取决于倾斜角度（表13-1），不同物料带式输送机的允许倾斜角度如表13-2所示

表 13-1　　　　　　　　　系数 c 与倾斜角度的关系

倾斜角度	0°~7°	8°~15°	16°~20°	21°~25°
c	1.00	0.95~0.90	0.90~0.80	0.80~0.75

表 13-2　　　　　　　　　带式输送机的允许倾斜角度

物料名称	甜菜	糖、石灰石	菜丝、水粕、煤	压粕	袋装成品
倾斜角度	14°	16°	18°	20°	22°

2. 带式输送机所需功率计算

$$N = \frac{G_{阻力}L}{1000K} + \frac{G_{阻力}H}{1000} \tag{13-3}$$

式中　N——带式输送机的功率消耗，kW

　　　L——输送机的长度，m

　　　$G_{阻力}$——输送阻力，N/s

　　　K——系数，与 G、L 有关，可查表 13-3

　　　H——提升高度，m，上升为正，下降为负，水平为0

此式有两项组成，前一项为带式输送机在输送过程中克服输送阻力而消耗的功率，后一项为提升物料而消耗的功率（如为倾斜的皮带运输机）。

表 13-3　　　　　K 与 L、$G_{阻力}$、G（输送量）的关系（即系数 K 值）

$G_{阻力}$/(N/s)	G/(t/h)	K				
		L/m				
		5	10	15	20	30
13.62	5	0.167	0.259	0.333	0.370	0.426
27.24	10	0.222	0.333	0.407	0.444	0.500
40.86	15	0.259	0.389	0.463	0.500	0.555
54.48	20	0.296	0.426	0.500	0.537	0.592
68.10	25	0.315	0.444	0.518	0.555	0.629
81.72	30	0.333	0.463	0.537	0.592	0.629
108.96	40	0.370	0.518	0.592	0.629	0.666
136.20	50	0.407	0.555	0.629	0.666	0.740
272.40	100	0.518	0.703	0.759	0.796	0.851

第三节　斗式提升机

在糖厂中垂直输送固体物料是用斗式提升机。斗式提升机主要用于提升甜菜、干粕、糖、煤等干物质。

斗式提升机根据挠性牵引构件来分类，可以分为带式和链式两类；也可以根据速度来分类，有高速和低速两种。在糖厂中，也有根据物料来分类，如输送甜菜的甜菜提升机，输送砂糖的砂糖提升机。

斗式提升机的主要优点是占地面积小，可把物料提升到较高的位置（30~50m），输送能力的范围较大（在3~160m³/h）。其缺点是过载较敏感，必须均匀地供料，安全运转率较低，维修难度大、环境差。

一、斗式提升机的构造

斗式提升机是由料斗、皮带（或链轮）、驱动鼓轮（或链轮）、导向鼓轮（或链轮）、机壳、张紧装置和传动装置的部分组成，如图13-4所示。料斗按一定间距联接在链条上，链条由驱动轮带动。驱动轮在上方，转向轮在下方。转向轮的轴承上连接一个张紧装置能够移动转向轮的位置。

1. 料斗

料斗是提升机的承载构件。根据被运送的物料性质和提升机的构造特点，料斗有三种不同的形式，即圆柱形底的深斗、圆柱形底的浅斗和尖角形料斗。如图13-5所示。

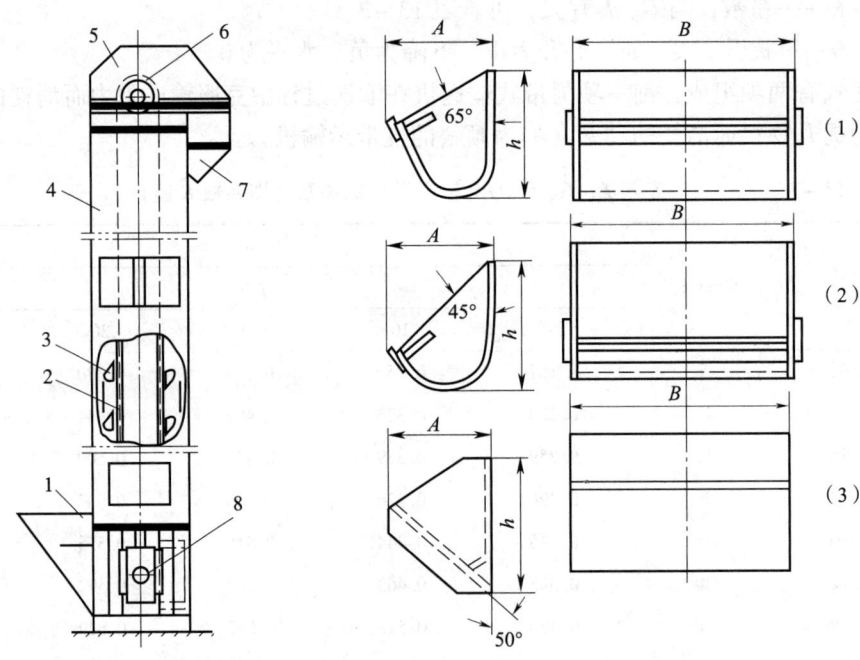

图13-4 斗式提升机
1—装料斗 2—牵引带 3—料斗 4—机壳
5—机头 6—鼓轮 7—出料口 8—张紧装置

图13-5 料斗的形式
（1）圆柱形底的深斗 （2）圆柱形底的浅斗
（3）尖角形料斗

（1）圆柱形底的深斗 斗口呈65°倾斜，深度较大。适用于干燥、流动性好、能很好撒落的粒状物料的输送。

（2）圆柱形底的浅斗 斗口呈45°倾斜，深度较浅。适用于潮湿的和流动性较差的颗粒物料。由于倾斜度较大且斗浅，因此使斗能更好的卸料。

无论深斗还是浅斗，二者都有圆柱形的底部，在升送机上的节距2.3~2.4倍的斗深。

斗是用 2~6mm 的不锈钢板、薄钢板或铝板等焊接、铆接或冲压而成。

(3) 尖角形料斗　它与上述两种斗的不同之处在于斗的侧壁延伸到板外，使之成为挡边，卸料时，物料可沿着前一个斗的挡边和底板所形成的槽定向自流式卸料，这种斗用于密集布置定向自流式卸料，适用于黏稠性大和沉重的块状物料的输送，斗间一般没有间隔。糖厂的提升机主要采用深斗和浅斗。

料斗的几何参数是它的形式和主要集合参数（斗宽 B、伸距 A、容积 V 和高度 h）。

2. 牵引构件

牵引构件有胶带和链条两种。选择何种牵引构件取决于升送机的生产率、升送高度和物料的特性（形状、密度、粒度等）。一般胶带主要用于中小生产能力的工厂以及中等提升高度，适合于体积和密度小的粉状或小颗粒等物料的运输。而链条则适用于生产能力大、升送高度较高或较重的物料的运输。

通常所用胶带与皮带运输机相同。料斗用特别的螺钉和弹性垫片固接在带子上，带宽比料斗的宽度大 35~40mm。

链条常用的是板式或衬套式滚子链条。其节距有 150、200、250mm 等，当料斗的宽度为 160~250mm 时，用一根链条固接在料斗后壁上，深斗和浅斗可用角钢以螺钉固接在链子上。

牵引构件的选择，取决于提升机的生产能力、提升高度、输送物料的特性。糖厂输送砂糖采用带式提升机，输送甜菜采用链条式提升机。

3. 驱动机构

驱动机构包括电动机、减速装置、驱动鼓轮等。驱动鼓轮一般是装在提升机的上部机头处。

4. 张紧装置

张紧装置有三种：螺旋式、重锤式和配重车式。在糖厂大都采用螺杆式。

5. 料斗布料方式

在带式提升机中料斗以后壁（背部）固接到带子上，而在链式提升机中，链条可固接到料斗的后壁上，也可以固接到料斗的侧壁上，但只有双链式才行。如图 13-6 所示是料斗在带子（或链条上）布置简图，它是根据被输送物料特性、使用场合和料斗装载和卸载的方法来决定的。通常分为料斗疏散和料斗密接两种方式。糖厂的料斗大都采用图 13-6 的形式。

6. 机壳及卸料管

一般采用薄钢板制成。卸料管的安装位置，要求从料斗内抛出的物料，在升送机外罩的上部内沿着抛物线而运动，并落在卸料流管的料槽内，物料不会撒落及造成太多的破损。它通常由卸料角 β（β 即水平线与流管槽的起点 C 和驱动轮中心的连线之间的夹角）来决定，这个夹角大致为 30°~45°，较小值适用于干燥物料，而较大时，则适用于潮湿物料。

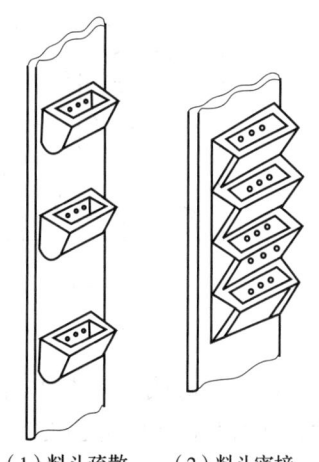

(1) 料斗疏散　(2) 料斗密接

图 13-6　料斗布料方式

二、斗式提升机的装、卸料方式

1. 装料

按装料位置可分为底部装料和中间装料两种型式；按装料方法可以分为挖取装入和直接装入两种（图13-7）。

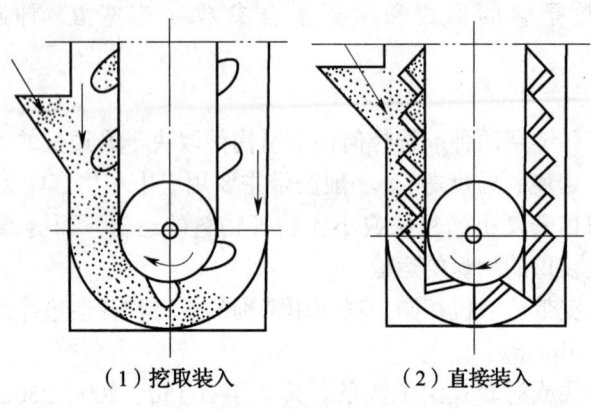

（1）挖取装入　　（2）直接装入

图13-7　料斗进料方式

挖取装入法的物料是由提送机下部进料，进入底部被运动着的料斗挖取提升。这种方法适用于中小粒度、粉末状或磨损性小的物料，由于物料的阻力小，所以粒度可以有较高的速度（0.8~2.0m/s）。而直接装入法则是物料由下部进料口直接撒入运动着的料斗而被提升，这种方法适用于大块或磨损性大的物料，一般料斗采用紧密布置，所以其速度较小，一般不超过1.0m/s。

2. 卸料

斗式提送机的卸料方法有三种形式，根据物料在经过上鼓轮时所受离心力的大小可分为离心式、无定向自流式和定向自流式，如图13-8所示。

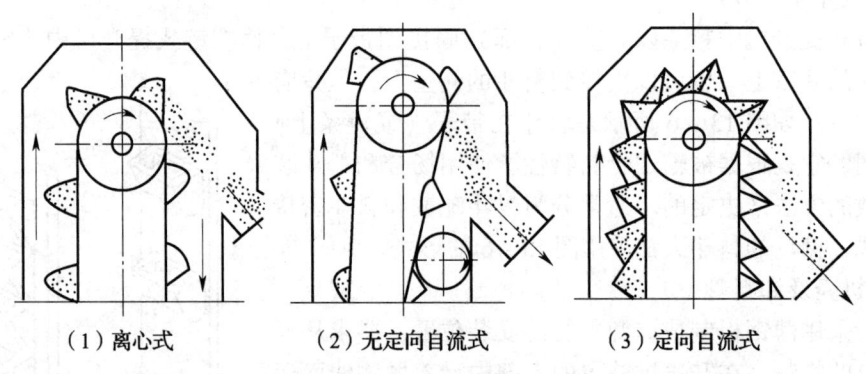

（1）离心式　　（2）无定向自流式　　（3）定向自流式

图13-8　料斗卸料方式

（1）离心式　在转数较高，离心力就大于重力，这时物料就在斗内向着它的外壁运动，从而使料斗作离心式卸料。此时料斗运动速度快，所以适合物料提升速度较快的场合，一般在1~2m/s，利用离心力将物料跑出，斗与斗之间要保持一定距离。它适用于颗粒较小而且磨损性小的物料的输送，如砂糖。

（2）无定向自流式　在转数较低时，离心力就小于重力，利用重力料斗作无定向自流式卸料。适合在低速下输送物料，速度为 0.4~0.8m/s，物料在前一个料斗的背部落下，因此斗与斗之间紧密相连。它适用于提升块大、相对密度大、磨损性大和易碎的物料，如甜菜。

（3）定向自流式　转数适中，一般在 0.6~0.8m/s，输送速度小。离心力等于重力，它是利用离心力和重力进行卸料。适用于流动性不良的散状、纤维状物料或潮湿物料的提升。

三、斗式提升机的计算

1. 生产能力

斗式提升机的生产能力（G）与斗的容积、链条速度、斗的疏密及斗内物料的充填系数等因素有关，可用式（13-4）计算。

$$G = 3600 \frac{i}{a} u \rho \varphi \qquad (13-4)$$

式中　G——生产能力，t/h

i——料斗的容积，m³

a——两料斗的中心距，m，$a = 2.3 \sim 2.4H$ 或 $a = H$，H 为斗高度

$\frac{i}{a}$——料斗线容积，即每米长度上可装载的容积，m³/m

u——牵引构件（带子或链条）的速度，m/s

ρ——物料的堆积密度，t/m³

φ——料斗的填充系数，取决于物料种类和填充方法

$$\varphi = \frac{\text{所装物料的容积}}{\text{料斗的理论容积}}$$

甜菜糖厂斗式提升机计算参数如表 13-4 所示。

表 13-4　　斗式提升机计算参数

物料名称	φ	ρ/(kg/m³)	u/(m/s)
甜菜	0.70	500	0.65（环形链），0.80（铰链）
糖	0.75	800	1.5
干粕	0.70	250	1.0
压粕	0.50	500	1.0
废粕	0.75	600	1.0
煤	0.75	750	1.5

2. 电动机功率计算

$$N_{\text{电机}} = K_0 \frac{G_{\text{阻力}} H}{1000 \eta} \qquad (13-5)$$

式中　$N_{\text{电机}}$——斗式提升机所需功率，kW

$G_{\text{阻力}}$——提升阻力，N/s

H——提升高度，m

η——传达效率，取 0.8~0.9

K_0——电动机的备用系数，一般取 1.15~1.20

第四节　螺旋输送机

螺旋输送机在甜菜糖厂中广泛用于甜菜、废粕、滤泥、糖膏和二砂、三砂糖等物料的输送。螺旋输送机是一种不具挠性构件的连续运输机械。

螺旋输送机一般用来水平输送，也可以稍作倾斜输送（一般倾斜角度在15°左右）。虽然螺旋输送机也可以垂直输送，但是输送的功率消耗较大。

一、螺旋输送机的构造

螺旋输送机如图13-9所示，主要由U形槽体、转动轴与固定在轴上的螺旋叶片和传动装置组成。槽体为一U形长槽，槽的两端有端板，上部可加盖活动盖板。转轴两端穿过槽的端板由两端的轴承支承，轴的首端与传动装置的减速器输出轴联结。轴上焊有薄钢板制成的螺旋片，两端轴承和中间轴承将螺旋支撑，固定在机壳（料槽）内，在沿螺旋的方向上安装多个进料口和出料口，各出料口用平板闸门启闭。

物料从螺旋始端槽体的上部进入螺旋输送机，靠螺旋叶片的连续旋转将物料在固定的机壳（料槽）内逐渐向前推进，在螺旋末端槽体的下部排出。

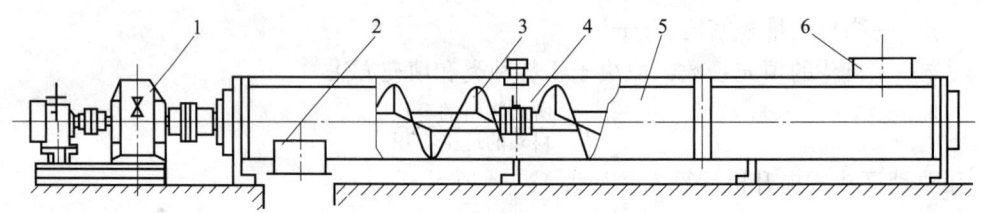

图13-9　螺旋输送机示意图

1—驱动装置　2—出料口　3—螺旋轴及片　4—中间吊挂轴承　5—壳体　6—进料口

1. 螺旋

螺旋有左旋、右旋之分和单线、双线、三线之别，但一般为单线。螺旋叶片的形状可分为实体式、带状式、叶片式和成型式四种，如图13-10所示。运输干燥的小颗粒或粉状物料时，多采用实体螺旋；运送块状或黏滞性物料时，多采用带式螺旋；运送韧性或可压缩性物料时，宜采用叶片式或成型的螺旋，这两种螺旋往往在运送物料的同时，还可以对物料进行搅拌、揉捏及混合的工艺操作。糖厂常采用实体形叶片。

螺旋的叶片大多是用厚4~8mm的薄钢板冲压而成，然后相互焊接或铆接到轴上（有些螺旋是用宽的钢带经过链形轧辊轧成的一个没有接头的整螺旋体）。有时在一根螺旋轴上，可以设计为左螺旋，或为右螺旋，或者为一半是左螺旋，一半是右螺旋，这样可将物料同时从中间输送到两端或从两端输送物料到中间，根据需要进行设计。

螺旋的螺距有两种，一种是实体式螺旋，其螺距等于直径的0.5~0.6倍，输送甜菜时$S=(0.7~0.8)D$；另一种是带状式螺旋，其螺距等于直径。

2. 轴

根据所输送物料的性质，即阻力的大小，在设计时可将轴设计为空心的或实心的，一般由 2～4m 的各节段装配而成，通常采用钢管制成的空心轴，因在相同的强度下，它的重量要小得多，而且互相连接也方便。

轴的连接有插入连接和法兰连接两种方式。

轴的各个节段的连接，如图 13-11 所示，可以利用轴节段 3 插入空心轴的衬套 5 内，以螺钉 2 固定连接起来。这些圆轴还可用轴承和头部轴承的颈部。这种方式可使结构紧凑，但装卸较麻烦，大型螺旋输送机则是采用法兰连接。如图 13-12 所示，采用一段两端带法兰的短轴 2 和螺旋轴 1 的法兰连接起来。这种连接方法装卸容易，但径向尺寸相对大一些。

一般在输送轻质物料的较大的输送机中，轴的连接多有插入式和法兰式混合使用的现象。

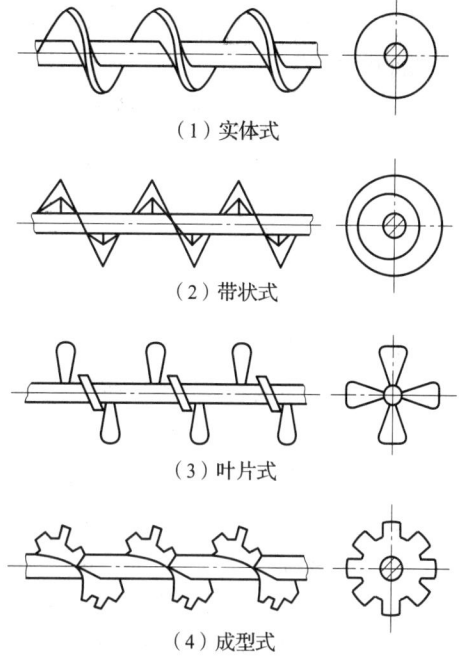

图 13-10 螺旋的形状
（1）实体式
（2）带状式
（3）叶片式
（4）成型式

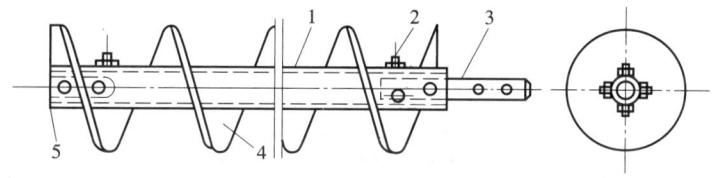

图 13-11 螺旋运输机轴
1—轴　2—轴连接　3—对开式滑动轴承　4—螺旋面　5—衬套

3. 轴承

螺旋输送机中所使用的轴承有头部轴承和中间轴承两种。

头部轴承应使用止推轴承，以承受由于运送物料的阻力所产生的轴向力，一般在输送物料的前方。当轴较长时，应在每中间节段内装一吊轴承，用于支撑螺旋轴，吊轴承一般采用对开式滑动轴承。

4. 料槽

它是由 3～8mm 厚的薄钢板制成带有垂直侧边的 U 形槽，为便于连接和增加刚性，在料槽的纵向边缘及各节段的横向接口处都焊有角钢。每隔 2～3mm 设一个支架。槽上有可拆卸的盖子。

料槽的直径要稍大于螺旋直径，使两者之间有一间隙。螺旋和料槽制造装配越精确，间隙可越小。这对减少磨损和动力消耗很重要。一般间隙为 6.0～9.5mm。

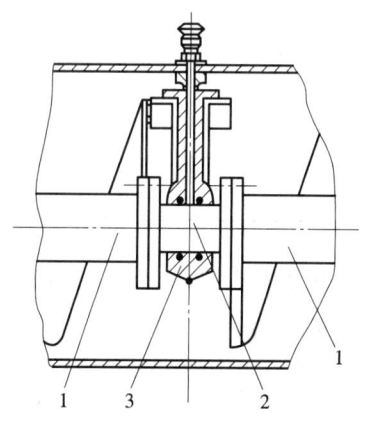

图 13-12 螺旋轴的连接
1—轴　2—轴连接　3—对开式滑动轴承

螺旋输送机的优点是结构简单，便于中途卸载和装载，操作安全方便，也可以密封输送。但是它也有缺点，由于物料与机壳和螺旋间都存在摩擦力，因此单位动力消耗较大，物料和机器部件磨损大。要求入料必须均匀，否则容易阻碍或引起更大的磨损。因而这种输送机不适于输送成品白砂糖。另外，螺旋输送机输送物料时，输送距离不宜太长，一般在30m以下。

二、螺旋输送机的计算

1. 生产能力的计算

$$G = 3600 A u \rho = 3600 \frac{\pi(D^2 - d^2)}{4} \varphi C \frac{Sn}{60} \rho \tag{13-6}$$

式中　G——螺旋输送机的生产能力，t/h

　　　A——料槽内物料的横断面积，m²

　　　u——物料输送速度，m/s

　　　ρ——物料的堆积密度，kg/m³

　　　D——螺旋直径，m，用于输送甜菜D应大于600mm

　　　d——螺旋轴的直径，m，$d = 0.2D$，输送滤泥取$d = 0.1D$

　　　φ——物料的填充系数（某些物料φ的推荐值如表13-5所示）

　　　C——与输送机的倾角有关的系数（表13-6）

　　　n——螺旋轴的转数，r/min，可由选定的圆周速度（V）及螺径直径（D）算出，

$$n = \frac{60V}{\pi D}$$

　　　S——螺旋的螺距，m

表13-5　　　　　　　　　　　螺旋输送机计算参数表

物料名称	倾斜角度β	物料填充系数φ	ρ/(kg/m³)	n/(r/min) 或 v/(m/s)	阻力系数μ_0
甜菜	<36°	0.54	500	$v = 1.1$	3.5
	36°~40°	0.46			
	40°~45°	0.43			
湿粕		0.4	600	$v = 0.8$	3.0
压榨粕		0.15	500	$v = 0.8$	3.0
干粕		0.8	250	$v = 0.8$	2.5
绵糖、红糖		0.25	800	$n = 40$	3.0
石灰石		0.32	800	$n = 3$	3.5
滤泥		0.15	1250	$n = 30$	5.0

对于带式螺旋，$S = D$，则有：

表13-6　　　　　　　　　　　螺旋输送机的C值

螺旋输送机的倾角β	0°	5°	10°	15°	20°
C	1.0	0.9	0.8	0.7	0.65

2. 螺旋轴转数的计算

从螺旋输送机的工作原理可知，要使物料平稳地在料槽内被螺旋推移前进而不致被螺旋所抛起，就必须保证物料所受的切向力小于物料的重力和对槽壁的摩擦力。否则物料就会被抛起，且磨损较大。而物料所受的切向力的大小又直接与转数有关，所以螺旋的转数不能过高，即实用的转数应与临界转数保持一定的关系。

根据实验得出，螺旋轴的极限转数为：

$$n = \frac{A}{\sqrt{D}} \quad (13-7)$$

式中　n——螺旋轴转数，r/min

　　　D——螺旋直径，m

　　　A——物料综合特征系数，如表 13-7 所示

表 13-7　　　　　　　　　物料综合特征系数

物料	A	推荐的螺旋面形式
石灰	75	实体式
糖	30	实体式
煤、石灰石（小块）	40	实体式
块煤、块状石炭（中等及大块）	30	实体式或带状式
干黏土、焦炭、硫矿石（中等及大块）	15	实体式或带状式
含水的糖	20	带状式

计算时，一般先根据物料特征从表 13-7 中选取 A 值，再求螺旋直径 D，然后圆整为标准的螺旋直径。我国的标准螺旋直径系列为 150，200，250，300，400，500，600mm，标准的转速系列为：20，30，45，60，75，90，120，150，190r/min。

3. 功率计算

螺旋输送机的电动机功率计算可用式（13-8）

$$N_0 = \frac{gG(L\mu_0 + H)}{1000\eta} \quad (13-8)$$

式中　N_0——电动机功率，kW

　　　G——螺旋输送机的输送能力，kg/s

　　　μ_0——阻力系数，如表 13-5 所示

　　　L——螺旋输送机长度，m

　　　H——螺旋输送机提升物料的高度，m

　　　η——机械效率，取 0.6

　　　g——重力加速度，取 9.807m/s²

三、螺旋输送机的使用与维护

螺旋输送机在安装时，要特别注意各节料槽的同轴度和整个料槽的直线度，否则，会导致动力消耗增大，甚至损坏机件。开机前应检查各传动部件，确保其运转灵活且有足够的润滑油，然后空载运转，如无异常方可添加物料。加料应当均匀，否则会在中间轴承处

造成物料的堵塞，使阻力急剧升高而导致完全梗塞。停机前应先停止进料，待物料排空后再停机。停机后应及时清洁机器、加油，以备下次使用。平时应定期检查螺旋的工作情况，发现部件磨损过大时应及时修复或更换。并要特别注意转动部件的密封，严防润滑油外溢污染食品和原料进入转动部件而导致磨损加剧。

第五节 振动式输送机

振动式输送机又称簸送机，在甜菜糖厂主要用于成品砂糖的输送。

一、振动式输送机的构造

振动式输送机主要由槽、摇臂、连杆-曲柄机构及驱动装置组成，如图13-13所示。

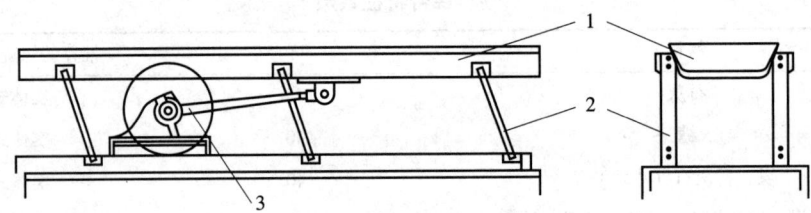

图 13-13 振动式输送机示意图
1—槽 2—摇臂 3—连杆-曲柄机构

输送机的槽是一个长方形浅盘，槽宽为 400~800mm，槽长一般不超过 16m，常用 8~10m，槽边高度为 200~230mm，视生产能力的大小而定。弹性摇臂倾斜地安装，沿槽的纵长方向每隔约 1m 安装一条摇臂。曲柄的半径为 15~30mm，槽的振动频率为 250~400 次/min。由于曲柄的半径远小于摇臂的长度，所以槽的运动可近似地看做是往复直线运动，其方向与水平成 α 角，如图 13-14 所示。

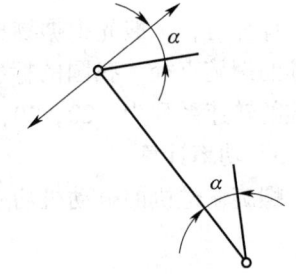

图 13-14 输送机运动的角度

当槽向前运动时，同时也向上运动，物料对槽的压力增大，因此，物料与槽无相对滑动，随着槽一起向前运动。当槽向后运动时，同时也向下运动，由于惯性的作用，物料跃向前方。这样，每振动一次，物料向前跃进一段位移，持续地振动就能把物料由槽的一端输送到另一端。

这种输送机的优点是结构简单。它所消耗的功率低于螺旋输送机，同时，因机械作用所造成的物料磨损及破碎程度较轻，适用于白砂糖的输送。但是，这种输送机在设计方面比较复杂，并且工作时噪音很大。

二、振动式输送机的计算

1. 生产能力计算

振动式输送机的生产能力可用式（13-9）计算

$$G = 3600bhu\varphi \tag{13-9}$$

式中 G——生产能力，t/h

b——振槽的宽度，m

h——槽面砂糖层的厚度，一般取 0.05m

u——砂糖在槽面上的移动速度，m/s

ρ——砂糖的视密度，取 0.8t/m³

砂糖的移动速度为 0.15~0.21m/s，更准确的数值则由式（13-10）求出：

$$u = 0.21rnf\tan\alpha \quad (13-10)$$

式中　u——砂糖的移动速度，m/s

r——曲柄半径，m

n——曲柄旋转次数，r/min

f——砂糖对槽的摩擦系数，取 $f=0.3$

α——摇臂与垂线所成的夹角，$\alpha = 16° \sim 20°$

2. 功率计算

振动式输送机所需的功率应为消耗于使输送机产生振动及使砂糖运动的功率之和，即：

$$N = \frac{G_{振动}n^3r^2}{5440} + \frac{G_{糖}L\zeta}{367} \quad (13-11)$$

式中　N——输送机的功率，kW

$G_{振动}$——输送机振动部分的重量，t

n——输送机振动频率，次/min

r——曲柄半径，m

$G_{糖}$——砂糖的输送量，t/h

L——输送机长度，m

ζ——阻力系数，当 $\alpha = 16°$ 时，$\zeta = 0.67$；$\alpha = 20°$ 时，$\zeta = 0.53$

参 考 文 献

[1] 华南理工大学等. 糖厂技术装备（第二、三册）. 北京：轻工业出版社，1981
[2] 王鸿生. 甜菜糖厂技术装备. 北京：中国轻工业出版社，1994
[3] 宁方尧，周志萍. 食糖制造工——加热蒸发. 北京：中国轻工业出版社，2009
[4] 张俭. 食糖制造工——结晶. 北京：中国轻工业出版社，2009
[5] 轻工业部甜菜糖业科学研究所. 甜菜制糖工业手册（上、下册）. 北京：轻工业出版社，1981
[6] 张裕中. 食品加工技术装备. 北京：中国轻工业出版社，2000
[7] 胡德才，侯俊侠. 甜菜糖厂设备使用与维护. 黑龙江省甜菜制糖学会出版，1991
[8] 杨卓. 糖厂节能原理与技术. 北京：轻工业出版社，1989
[9] 黑龙江省甜菜制糖学会编. 甜菜糖业国外技术考察报告汇编（上、下册）. 黑龙江省甜菜制糖学会出版，1993
[10] 陈其斌，周重吉. 甘蔗制糖手册. 第12版. 广州：华南理工大学出版社，1993
[11] 无锡轻工业学院，天津轻工业学院编. 食品工厂机械与设备. 北京：轻工业出版社，1981
[12] 高福成. 现代食品工程高新技术原理. 北京：中国轻工业出版社，1997
[13] 王韧，王志贤. 甜菜糖厂设计基础. 北京：轻工业出版社，1981
[14] 广东轻工业学校、四川轻工业学校. 甘蔗制糖机械设备. 北京：轻工业出版社，1983
[15] 金国淼等. 干燥设备. 北京：化学工业出版社，2002
[16] 孙福倚等. TGZZ型振动流化床干燥机. 粮食与饲料工业，1991，2：56-59
[17] 韦河光，甘迪宁，陈观荣等. 高效冷凝喷射器在糖厂的应用. 甘蔗糖业，2008，4：38-40，44
[18] 李绪国，杜平. 浅谈立式助晶机在糖厂的应用. 广西蔗糖，2006，1：36-37
[19] 于金保. 流化床式干燥系统在制糖生产中的应用. 中国甜菜糖业，1998，2：57-58